21 法学教材 21世纪法学系列教材

合同法分则教程

The Law of Nominate Contrats

周江洪　陆　青 | 著

法律出版社
——北　京——
始创于1954年

好书，同好老师和好学生分享

图书在版编目（CIP）数据

合同法分则教程 / 周江洪，陆青著．-- 北京：法律出版社，2025．-- ISBN 978-7-5244-0324-1

Ⅰ．D923.6

中国国家版本馆 CIP 数据核字第 2025K84S48 号

合同法分则教程
HETONGFA FENZE JIAOCHENG

周江洪　陆　青　著

责任编辑 郑怡萍
装帧设计 孙　杨　苏　慰

出版发行 法律出版社
编辑统筹 法律教育出版分社
责任校对 王语童
责任印制 刘晓伟
经　　销 新华书店

开本 787 毫米×1092 毫米　1/16
印张 22　　**字数** 469 千
版本 2025 年 8 月第 1 版
印次 2025 年 8 月第 1 次印刷
印刷 北京中科印刷有限公司

地址：北京市丰台区莲花池西里 7 号（100073）
网址：www.lawpress.com.cn
投稿邮箱：info@lawpress.com.cn
举报盗版邮箱：jbwq@lawpress.com.cn

销售电话：010-83938349
客服电话：010-83938350
咨询电话：010-63939796

书号：ISBN 978-7-5244-0324-1
定价：49.00 元

凡购买本社图书，如有印装错误，我社负责退换。电话：010-83938349

出版说明

法律出版社作为中国历史悠久、品牌积淀深厚的法律专业出版社，素来重视法学教育图书之出版。

“21世纪法学系列教材”作为本社法学教育出版的重心，延续至今已有二十余年。该系列一直以打造新世纪新经典教材为己任，遍揽名家新秀，覆盖法学各科，因其卓越品质而颇受瞩目并广受肯定。该系列也一直根据法学教育的改革方向和发展变化的客观需要，不断进行调整重组，以便更好地为法学师生服务。

中国的法学教育正面临深刻变革，未来的法学教育势必以培养德法兼修的高素质法治人才为目标，以素质教育与职业教育相结合、理论教育与实践教育相结合、知识教育与应用教育相结合、国际视野与本土特色相结合为导向，法学教育图书的编写与出版也由此进入更新与创新的时代。

为顺应法学教育的改革方向和培养目标，顺应学科交叉融合和数字技术的发展态势，本社将应时而动，为不同学科、不同层次、不同阶段、不同需求的法学师生量身打造法学教材及教学辅助用书。或革新，或全新，以厚基础、宽口径、多元化、开放性为基调，力求从品种、内容和形式上呈现崭新风采，增强教材的时代性、科学性、实效性和可读性，致力于打造“理想信念塑造、专业知识传授、实践能力培养”三位一体的法学教材与教学辅助用书，为法学师生提供更好的教本与读本。

“好书，同好老师和好学生分享。”本社在法学教育图书出版上必将继往开来，以精益求精的专业态度，打造全新“21世纪法学系列教材”，传播法学知识，传承法学理念，辅拂法律教育事业，积累法律教育财富，服务万千法学师生和明日法治英才。

法律出版社

2025年6月

出版说明

作 者 简 介

周江洪

浙江磐安人，法学博士。浙江大学光华法学院教授、博士生导师。兼任2018～2022届教育部高等学校法学类专业教学指导委员会委员、中国法学会常务理事、中国法学会民法学研究会常务理事、中国法学会法学教育研究会理事等。曾获得司法部第三届全国法学教材与科研成果奖、浙江省哲学社会科学优秀成果奖等。先后入选国家重要人才计划青年拔尖人才、教育部新世纪优秀人才支持计划、教育部重要人才计划青年学者项目、中宣部文化名家暨“四个一批”人才、国家重要人才计划领军人才等。在《中国社会科学》《法学研究》等杂志发表论文多篇，主要有《区分所有建筑物的灾后重建》《侵权赔偿与社会保险并行给付的困境与出路》《风险负担规则与合同解除》《作为民法学方法的案例研究进路》《买卖不破租赁规则的法律效果》《委托合同任意解除损害赔偿》《法律行为效力瑕疵情形的返还清算》等。独著《典型合同原理》《服务合同研究》《服务合同立法研究》等，主编《民法判例百选》《合同法案例研习》等。

陆　青

浙江上虞人，法学博士。浙江大学光华法学院教授、博士生导师。兼任中国法学会民法学研究会理事、海峡两岸法学交流促进会理事、浙江省法学会民法学研究会副会长兼秘书长，浙江省法学会案例法研究会副会长等。曾获得中国法学会民法学研究会“佟柔民商法发展基金青年优秀研究成果奖”，浙江省哲学社会科学优秀成果奖一等奖等。先后入选浙江省之江青年社科学者、浙江大学求是青年学者、浙江省文化宣传系统“五个一批”青年英才。在《法学研究》《中外法学》等杂志发表论文多篇，主要有《数字时代的身份构建及其法律保障：以个人信息保护为中心的思考》《离婚协议中的“赠与子女财产”条款研究》《以房抵债协议的法理分析——〈最高人民法院公报〉载“朱俊芳案”评释》等。独著《合同解除论》《合同解除效果的意思自治研究：以意大利法为背景的考察》，译著《债是法锁：债法要义》，共同主编《民法判例百选》《数字法学判例百选》等。

作者简介

前　言

我国《民法典》的正式颁布与实施，是新时代推进全面依法治国、完善中国特色社会主义法律体系的重大里程碑，为社会主义市场经济运行提供了更为全面和系统的法治保障。作为《民法典》的重要组成部分，合同编在原《合同法》的基础上进行了全面系统的修订与创新，除了“通则”部分的大量体系性调整和新增“准合同”分编外，在“典型合同”部分也实现了重大突破：一方面，新增了保证合同、保理合同、物业服务合同和合伙合同四种典型合同类型，使典型合同体系更加完备；另一方面，通过对司法实践经验的系统总结和理论研究成果的充分吸收，全面优化和完善了既有合同规则。这些立法创新既体现了我国市场经济发展的最新需求，也展现了立法者对交易实践规律的深刻把握。

在这一重大立法变革背景下，合同法教学与研究既迎来新的发展机遇，也面临着如何系统阐释《民法典》立法理念、如何实现理论教学与司法实践深度融合的挑战。其中，尤其值得注意的是，典型合同分编共384个条文，从条文数量上看，占到了合同编的70%以上以及整部《民法典》的30%以上。如此庞大的规范体量，充分彰显了典型合同制度在民法典体系中的重要地位。因此，如何更好地阐释合同法分则，即“典型合同”部分的内容，成了合同法教学过程中的一个重大难题。本教材以合同法分则部分为核心，其编写构想，源于我们在浙江大学光华法学院从事合同法教学的经验积累与反思。多年来，我们的合同法教学团队坚持在本科教学中尝试“总则与分则并重”的模式，逐步积累了一些特色化的教学素材与心得，为本教材的编写奠定了较为扎实的教学实践基础。

本教材严格遵循《民法典》合同编的立法体系和规范内涵，聚焦各类典型合同的理论与实务问题，致力于打造一本体系清晰、内容前沿、教学适配性强的现代法学教材。在内容设计上，教材全面涵盖买卖合同，供用电、水、气、热力合同，赠与合同，借款合同，保证合同等19种典型合同。每章的行文安排，大致由概述（包括概念、性质、类型、相关合同辨析、当事人等）、合同成立、合同效力、合同终止或解除等部分组成，有时也包括分析该类典型合同法律适用中的特殊问题等。每章论述的重中之重在于合同效力层面。我们结合《民法典》的制度安排，梳理出该类合同双方或多方当事人（如合伙）的具体权利义务，力求能清晰呈现每类典型合同的规范内核与制度特色。

本教材在整体风格上力图呈现鲜明的本土化、专业性和实践性特色。本土化体现在充分依托我国合同法规范体系，构建现行法框架下的典型合同知识体系，对具有中国特色的合同规则和司法创新进行重点解读，增加学生的本土意识和文化自信；专业性体现在整合了大量特别法、司法解释、指导性案例，广泛应用文义解释、体系解释、历史解释、目的解释等民法解释学方法，致力于提升学生的问题意识和法律思维；实践性体现在将典型合同规则的理解和适用作为教学重点，密切关注典型合同所涉行业和司法实践的发展进程,突出学生实践能力的训练。

在教学形式创新方面,本教材也进行了一些探索:每章开始以图表形式勾勒本章知识逻辑框架,帮助学生快速建立整体认知;各章以"设例"开篇,激发学习兴趣,引导带着问题进入知识探索;采用页边注形式,标示一些核心概念、关键法条、实务要点,便于学生复习和检索;设置"思考"、"拓展"、"典型案例"等板块,或剖析理论难点,或引入学术前沿观点,或深化实务技能训练;章末附"拓展阅读文献",为学有余力、希望深入研究的学生提供学术导航。这些教学辅助设计,使本书在保持学术严谨性的同时,也能提升教学实用性和学习体验。

本教材主要面向法学专业本科生,可作为民法及合同法课程的教学用书,也适于作为法律实务工作者培训用书及学习参考用书。在使用过程中,教师可根据教学计划和学时安排,灵活选择重点章节进行讲解,引导学生通过自主学习掌握其他内容。

本教材的编写工作得到了多方的支持。衷心感谢浙江大学光华法学院提供的优秀学术平台与宽松研究氛围,感谢浙江省普通本科高校"十四五"重点教材建设项目的立项资助,感谢法律出版社教育分社编辑团队的辛勤付出与专业建议。在编写过程中,我们广泛参考了国内外同仁的学术成果,受益匪浅。本书引用的诸多裁判案例,源于各级法院的智慧,为法律教学与研究提供了宝贵资源。还要感谢历届选修合同法课程的同学,他们在课堂互动中提出的宝贵意见与思考,是本书不断完善的重要动力。

尽管我们倾注心力,力求完美,但鉴于《民法典》施行不久,诸多规则的解释与适用仍在探索发展之中,加之作者学识有限,本书疏漏与不足之处在所难免。我们诚挚期待各位读者同仁、专家学子不吝赐教,提出宝贵批评与修改建议,以待来日修订完善,使之更臻成熟。

周江洪　陆　青

2025 年 8 月

缩略语表

一、主要法律

《中华人民共和国民法典》	《民法典》
《中华人民共和国招标投标法》	《招标投标法》
《中华人民共和国电力法》	《电力法》
《中华人民共和国慈善法》	《慈善法》
《中华人民共和国商业银行法》	《商业银行法》
《中华人民共和国担保法》	《担保法》
《中华人民共和国物权法》	《物权法》
《中华人民共和国海商法》	《海商法》
《中华人民共和国城市房地产管理法》	《房地产管理法》
《中华人民共和国经济合同法》	《经济合同法》
《中华人民共和国城市房地产管理法》（2019 修正）	《城市房地产管理法》
《中华人民共和国建筑法》	《建筑法》
《中华人民共和国铁路法》	《铁路法》
《中华人民共和国海商法》	《海商法》
《中华人民共和国民用航空法》	《民用航空法》
《中华人民共和国邮政法》	《邮政法》
《中华人民共和国道路交通安全法》	《道路交通安全法》
《中华人民共和国海上交通安全法》	《海上交通安全法》
《中华人民共和国专利法》	《专利法》
《中华人民共和国涉外经济合同法》	《涉外经济合同法》
《中华人民共和国技术合同法》	《技术合同法》
《中华人民共和国合伙企业法》	《合伙企业法》
《中华人民共和国矿产资源法》	《矿产资源法》

二、主要司法解释

最高人民法院《关于适用〈中华人民共和国民法典〉总则编若干问题的解释》	《民法典总则编解释》
最高人民法院《关于适用〈中华人民共和国民法典〉合同编通则若干问题的解释》(法释〔2023〕13号)	《民法典合同编通则解释》
最高人民法院《关于适用〈中华人民共和国民法典〉物权编的解释(一)》(法释〔2020〕24号)	《民法典物权编解释(一)》
最高人民法院《关于适用〈中华人民共和国民法典〉有关担保制度的解释》(法释〔2020〕28号)	《民法典担保制度解释》
最高人民法院《关于适用〈中华人民共和国民法典〉婚姻家庭编的解释(一)》(法释〔2020〕22号)	《民法典婚姻家庭编解释(一)》
最高人民法院《关于审理买卖合同纠纷案件适用法律问题的解释》(法释〔2020〕17号)	《买卖合同解释》
最高人民法院《关于审理买卖合同纠纷案件适用法律问题的解释》(法释〔2012〕8号)	原《买卖合同解释》
最高人民法院《关于审理矿业权纠纷案件适用法律若干问题的解释》(法释〔2020〕17号)	《矿业权纠纷解释》
最高人民法院《关于审理商品房买卖合同纠纷案件适用法律若干问题的解释》(法释〔2020〕17号)	《商品房买卖合同解释》
最高人民法院《关于审理涉及国有土地使用权合同纠纷案件适用法律问题的解释》(法释〔2020〕17号)	《国有土地使用权合同纠纷解释》
最高人民法院《关于审理涉及农村土地承包纠纷案件适用法律问题的解释》(法释〔2020〕17号)	《农村土地承包纠纷解释》
最高人民法院《关于审理融资租赁合同纠纷案件适用法律问题的解释》(法释〔2020〕17号)	《融资租赁合同解释》
最高人民法院《关于审理融资租赁合同纠纷案件适用法律问题的解释》(法释〔2014〕3号)	原《融资租赁合同解释》
最高人民法院《关于适用〈中华人民共和国担保法〉若干问题的解释》(法释〔2000〕44号)	《担保法解释》
最高人民法院《关于审理物业服务纠纷案件适用法律若干问题的解释》(法释〔2020〕17号)	《物业服务解释》
最高人民法院《关于审理物业服务纠纷案件具体应用法律若干问题的解释》(法释〔2009〕8号)	原《物业服务解释》
最高人民法院《关于审理建设工程施工合同纠纷案件适用法律问题的解释(一)》(法释〔2020〕25号)	《建设工程施工合同解释(一)》
最高人民法院《关于审理民间借贷案件适用法律若干问题的规定》(2020第二次修正)	《民间借贷规定》

最高人民法院《关于审理民间借贷案件适用法律若干问题的规定》(法释〔2015〕18号)	原《民间借贷规定》
最高人民法院《关于贯彻执行〈中华人民共和国民法通则〉若干问题的意见(试行)》[法(办)发〔1988〕6号]	《民法通则意见》
最高人民法院《关于审理独立保函纠纷案件若干问题的规定》(法释〔2020〕18号)	《独立保函规定》
最高人民法院《关于审理民事案件适用诉讼时效制度若干问题的规定》(法释〔2020〕17号)	《诉讼时效规定》
最高人民法院《关于审理城镇房屋租赁合同纠纷案件具体应用法律若干问题的解释》(法释〔2020〕17号)	《城镇房屋租赁解释》
最高人民法院《关于审理技术合同纠纷案件适用法律若干问题的解释》(法释〔2020〕19号)	《技术合同解释》
最高人民法院《关于审理建筑物区分所有权纠纷案件适用法律若干问题的解释》	《建筑物区分所有司法解释》

目　　录

第一章　买卖合同

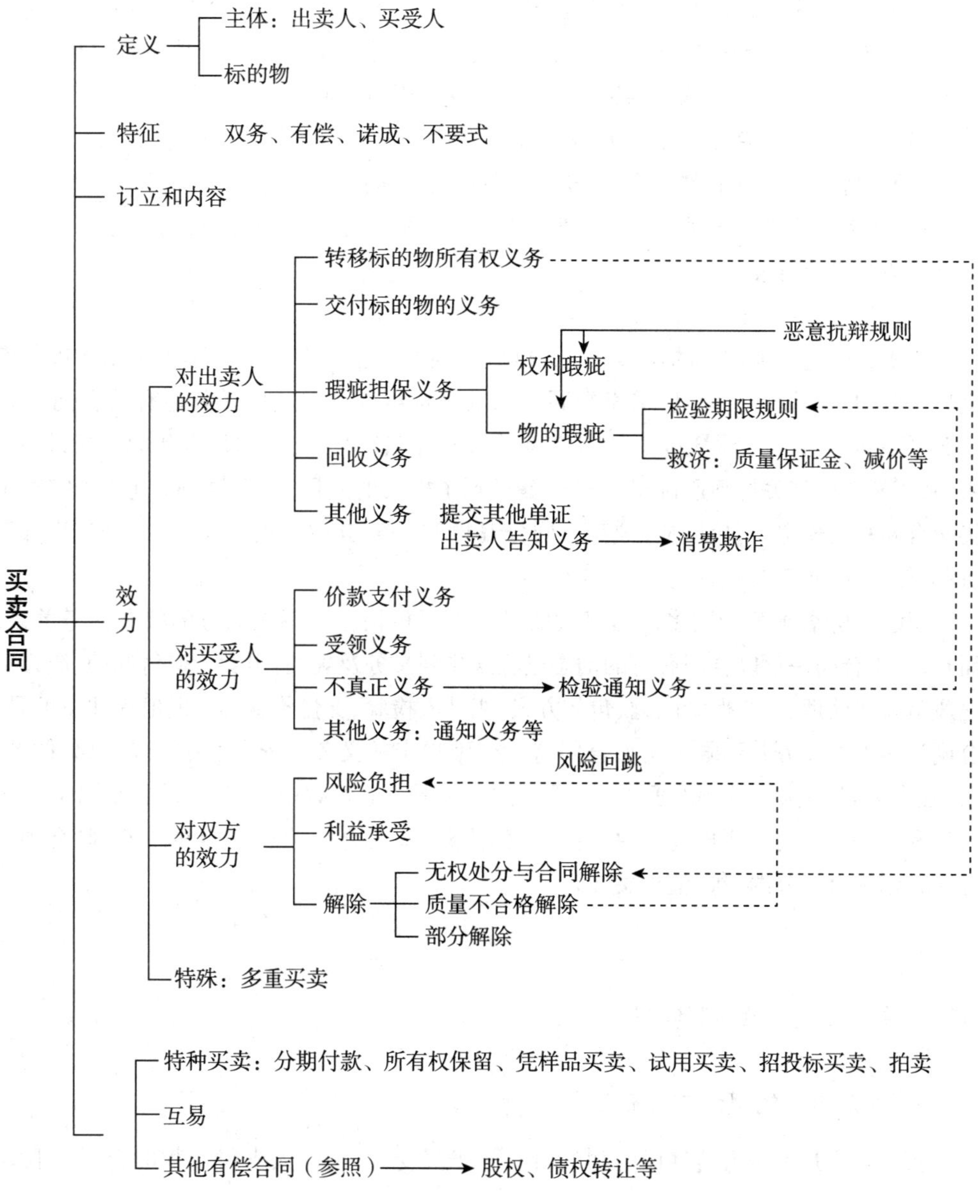
买卖合同
定义
主体：出卖人、买受人
标的物
特征
双务、有偿、诺成、不要式
订立和内容
效力
对出卖人的效力
转移标的物所有权义务
交付标的物的义务
瑕疵担保义务
权利瑕疵
恶意抗辩规则
物的瑕疵
检验期限规则
救济：质量保证金、减价等
回收义务
其他义务
提交其他单证
出卖人告知义务
消费欺诈
对买受人的效力
价款支付义务
受领义务
不真正义务
检验通知义务
其他义务：通知义务等
风险回跳
对双方的效力
风险负担
利益承受
解除
无权处分与合同解除
质量不合格解除
部分解除
特殊：多重买卖
特种买卖：分期付款、所有权保留、凭样品买卖、试用买卖、招投标买卖、拍卖
互易
其他有偿合同（参照）
股权、债权转让等

设　例

1. 甲、乙为夫妻，共同共有A房屋，但登记在甲的名下。甲未经乙同意，与丙签订买卖合同，将A房屋以市场上合理的价格卖给了丙，并完成交付和登记。问：

(1)甲、丙之间的买卖合同是否有效？

(2)丙可否基于买卖合同取得A房屋的所有权？

(3)若乙得知甲未经其同意处分共同共有的房屋，其该如何寻求救济？

2. 甲与乙4S店签订关于某型号轿车1辆的买卖合同。合同中约定"卖方保证所购车辆为新车"。甲收到车辆使用一段时间后发现该车在签订合同前就曾经维修过，维修原因在于该车在从厂家运输到4S店的过程中遭到划伤。问：

(1)甲可否以乙存在欺诈为由，要求撤销买卖合同？

(2)甲可否以车辆有瑕疵为由，要求解除买卖合同？

(3)甲可否在撤销合同或解除合同的同时，依据《消费者权益保护法》主张消费欺诈下相应的惩罚性赔偿？

买卖合同是最为重要的典型合同，合同法、债法乃至法律行为的不少规则均以买卖交易为典型予以设计。而且，买卖合同一章的规定可以参照适用于其他有偿合同(《民法典》第646条)。《合同法》自1999年实施以来，随着司法实践的积累和学理探讨的深入，其买卖合同相关规则通过司法解释等得到了极大的发展。《民法典》进一步完善了买卖合同相关规定。《民法典》典型合同分编共384条，其中买卖合同一章共53条(《民法典》第595～647条)，占比接近14%。

《民法典》各典型合同多以当事人的义务为视角构建当事人双方的权利义务关系。而且，买卖合同一章以合同履行的动态过程来排列义务及规则：出卖人交付标的、履行遭遇风险如何处理、履行瑕疵问题、包装方式、买受人检验、支付价款等。但值得注意的是，合同当事人的义务并不限于典型合同这一分编规定的义务。依《民法典》的总分体系，《民法典》合同编第一分编"通则"及《民法典》总则编等各编中的义务，均构成合同当事人权利义务关系的重要规范来源。我国《民法典》买卖合同的规定还参考了《联合国国际货物销售合同公约》等，值得关注。

第一节　买卖合同概述

一、买卖合同的概念与性质

买卖合同是出卖人转移标的物的所有权于买受人，买受人支付价款的合同(《民法典》第595条)。

买卖合同是典型的双务合同。出卖人交付标的物并转移所有权的义务与买受人的价款支付义务构成给付与对待给付的牵连关系。买卖合同适用同时履行抗辩权、不安抗辩权等双务合同履行中的抗辩权规则(《民法典》第525～528条)。双务合同亦有风险负担规则之适用，但《民法典》并未在合同编第一分编规定通则意义上的风险负担规则，而是在《民法典》第604条～611条就买卖合同的风险负担规则作出了规定。

买卖合同是不要式合同。买卖合同的订立并不要求采用书面等特定形式（《民法典》第135条）。当然，在一些特别法中也会规定书面形式。如《城市房地产管理法》第15条第1款规定，“土地使用权出让，应当签订书面出让合同”；第41条规定，“房地产转让，应当签订书面转让合同，合同中应当载明土地使用权取得的方式”。

买卖合同是诺成合同。买卖合同的成立并不要求交付标的物或完成其他给付，双方意思表示一致即可成立。

买卖合同是有偿合同。当事人一方享有合同规定的权益，须向对方偿付相应的对价。《民法典》第595条明确规定了买受人的价款支付义务；同时在《民法典》第626条以下就价款的支付作出了具体规定。作为有偿合同的典型，《民法典》关于买卖合同的规定参照适用于其他有偿合同（《民法典》第646条）。

二、买卖合同的主体与标的

买卖合同的主体包括出卖人和买受人。原《合同法》第132条第1款规定，出卖的标的物，应当属于出卖人所有或者出卖人有权处分。《民法典》合同编已删去该规定。出卖人不限于财产所有权人，只是“因出卖人未取得处分权致使标的物所有权不能转移的，买受人可以解除合同并请求出卖人承担违约责任”（《民法典》第597条第1款）。

依我国《民法典》第595条，买卖合同原则上限于“标的物”的买卖，而不包括权利的买卖。不过，在我国其他法律及司法解释中并未将“买卖”的标的物限定为“物”。例如，依《拍卖法》第3条规定，拍卖的标的是“特定物品或者财产权利”。《买卖合同解释》虽然没有明确将权利作为买卖的标的物，但明确规定债权转让、股权转让得以参照适用买卖合同的有关规定（《买卖合同解释》第32条）。不仅如此，在我国，建设用地使用权等用益物权，一直以来都作为买卖的标的物存在。随着时代的发展，“信息”“数据”等虽有争议，但亦已成为买卖的标的物。当然，日常生活中经常用“买”来表述的行为，并不一定构成“买卖”。例如，“买保险”“买车票”等均不构成买卖合同，而分别成立保险合同、旅客运输合同等。前述“数据”“信息”的交易，亦有不少属于许可使用合同，而不是买卖合同。

“买卖”的日常用语和规范表达

虽然出卖人对标的物没有所有权或者无权处分并不影响买卖合同的效力，但对法律、行政法规禁止或者限制转让的标的物，则需要作出特别考虑。为此，《民法典》第597条第2款规定，“法律、行政法规禁止或者限制转让的标的物，依照其规定”。法律、行政法规禁止或者限制转让的标的物，常称之为“禁止或者限制流通物”。以禁止或者限制流通物为标的物的买卖合同，原则上无效，但并不绝对。[1] 具体是否无效，还须结合《民法典》第153条的规范旨趣，具体情况具体分析。例如，虽然《矿产资源法》第6条对探

〔1〕 黄薇主编：《中华人民共和国民法典合同编解读》（上册），中国法制出版社2020年版，第496页。

禁止、限制流通物转让合同效力

矿权、采矿权的转让作出了严格限制，其转让需经依法批准，但当事人仅以矿业权转让申请未经自然资源主管部门批准为由请求确认转让合同无效的，人民法院不予支持（《矿业权纠纷解释》第6条第2款）。关于违反强行性规定的效力问题，《民法典合同编通则解释》第16～18条在总结司法实践经验基础上有更详细规定。

三、买卖与互易

《民法典》第647条规定，“当事人约定易货交易，转移标的物的所有权的，参照适用买卖合同的有关规定”。易货交易，也即互易。因其并不存在“价款的支付”，故并非买卖范畴。但互易与买卖一样，均为诺成、有偿、双务和不要式合同。

互易作为有偿合同，依《民法典》第646条的规定，亦参照适用买卖合同的规定，但《民法典》第647条就互易参照适用买卖合同作出单独规定。究其原因，或在于互易与一般有偿合同相比，又有其特殊之处，故就此有独立规范之必要。互易情形下，因无价款支付义务的存在，所以对价款支付相关规则的参照适用应当慎重。例如，关于价款支付地点规定在《民法典》第627条。考虑到金钱债权支付地点的特殊性和标的物互易的不同，该条不应参照适用于互易合同。另外，互易合同属于双务合同，双务合同中违约损害赔偿存在替代说和差额说的讨论。通常来说，由于对待给付请求权大多以金钱为对象，两种理论通常结果相同，但在互易之情形中，采用何种理论在结果上会形成差别。[1]

替代说和差额说

例如，A将其自行车（价值1800元）与B的摩托车互易（价值2500元）。在完成互易之前，摩托车在B有过错而发生的交通事故中被完全毁损。根据替代说，A向B转让自行车的义务仍然存在，替代让与摩托车请求权的是价值补偿请求权。也就是说，A可以在转让自行车所有权的同时向B请求支付2500元。根据差额说，A可以保留自行车，并向B请求赔偿700元。一般情况下损害的计算是根据差额说进行的。但在互易的情况下，债权人可能对提供对待给付有正当的利益，因此，债权人也可根据替代说来计算损害赔偿请求权。

四、买卖合同规定的参照适用

《民法典》第646条规定：“法律对其他有偿合同有规定的，依照其规定；没有规定的，参照适用买卖合同的有关规定。”《买卖合同解释》第32条明确规定了债权转让、股权转让等权利转让合同，可以根据该条规定参照适用买卖合同的有关规定。须注意，“参照适用”并不是直接适用，在规范援引上应当特别注意，即“权利转让或者其他有偿合同参照适用买卖合同的有关规定的，人民法院应当首先引用民法典第六百四十六条的规定，再引用买卖合同的有关规定”（《买卖合同解释》第32条第2款）。

---

〔1〕［德］迪尔克·罗歇尔德斯：《德国债法总论》（第7版），沈小军、张金海译，中国人民大学出版社2014年版，第240页。

思 考

在参照适用过程中，类似性判断，即参照对象相互之间的类似或相异程度，决定了参照适用的具体范围和具体规则。基于该原则，有学者认为，买卖以外的其他有偿合同若为一时性合同、财产性合同、移转财产所有权合同，无须变通即可适用买卖合同规定的可能性较大。反之，若这些合同为继续性合同、劳务性合同、移转财产使用权合同，则往往需要对被援引的买卖合同规定的构成要件或法律效果加以调整。至于买卖以外的有偿合同是单务还是双务、要式还是不要式、要因还是不要因、本合同还是预约、一时性移转财产所有权还是终局性移转财产所有权等，在理论上也存在影响《民法典》第646条适用的可能性，但相较于上述性质，其影响的程度较弱，对此还应结合合同的缔约目的、具体的个案情况等个别判断。无论如何，在类似性判断这一作业过程中，应避免不合时宜的等量齐观，不可自始排除事物本身（被规整的生活关系本身）所要求的差别待遇。[1]

参照适用中的类似性判断

第二节　买卖合同的效力

一、对于出卖人的效力

（一）转移标的物所有权的义务

主给付义务

出卖人负有标的物所有权的转移义务（《民法典》第595条、第598条）。它与后面提到的标的物交付义务共同构成买卖合同中出卖人的主给付义务。

关于所有权移转义务的履行，《民法典》就因法律行为的物权变动作出了详细的规定（《民法典》第209条、第224～228条、第311条），是否完成所有权移转依此等规则予以判断。动产所有权虽依交付等转移所有权，但可通过约定保留所有权（《民法典》第641条）。此外，所有权转移义务意味着出卖人不仅应提供标的物，而且应协助完成所有权变动所需要的公示或对抗要件，如协助进行特殊动产的过户登记等。所有权转移义务亦可通过"交付提取标的物的单证"的拟制交付予以实现，其对应于《民法典》第227条规定的指示交付，即标的物由第三人占有时，出卖人将对于第三人的请求提取标的物的权利让与买受人，以代替标的物的现实交付。最常见的指示交付是通过仓单、提单等有价证券实现交付。

所有权移转义务的违反，构成债务不履行，除非存在免责事由，出卖人应承担违约责任；符合合同解除条件时，可解除合同。《民法典》第597条规定，"因出卖人未取得处分权致使标的物所有权不能移转的，买受人可以解除合同并请求出卖人承担违约责任"。所有权转移义务履行不能时，出卖人免除其所有权转移义务（《民法典》第580条），但是否免责，应依免责事由的有无判断。不可归责于当事人的事由致使所有权转移义务履行

〔1〕 易军：《买卖合同之规定准用于其他有偿合同》，载《法学研究》2016年第1期。

不能时，出卖人免除其给付义务，买受人的价款支付义务的有无依风险负担规则处理（《民法典》第604条以下）。

（二）交付标的物的义务

虽然买卖合同的定义中并未规定标的物的交付义务（《民法典》第595条），但《民法典》第598条明确将标的物交付义务作为出卖人的给付义务予以规定，即“出卖人应当履行向买受人交付标的物或者交付提取标的物的单证”。

出卖人的交付义务与所有权移转义务不同，其旨在使买受人取得标的物的占有。交付不必然伴随所有权的变动，如所有权保留、需要登记的不动产物权等。交付是否发生所有权的变动依物权变动规则处理。且，若认为存在独立的物权合意，《民法典》第598条规定的交付仅意味着出卖人以履行给付义务的意思转移标的物的占有，有别于物权变动公示要件的交付（《民法典》第209条、第224条）。

交付的不同含义

《民法典》第601～603条就标的物交付义务的履行要求作出了具体规定。

1. 交付期限

出卖人应当按照约定的时间交付标的物。约定交付期限的，出卖人可以在该交付期限内的任何时间交付（《民法典》第601条）。当事人没有约定标的物的交付期限或者约定不明确的，可以协议补充；不能达成补充协议的，按照合同相关条款或交易习惯确定；据此仍不能确定的，出卖人可随时交付，买受人也可以随时请求交付，但是应当给对方必要的准备时间（《民法典》第602条）。若未按交付期限履行标的物交付义务，构成履行迟延；就定期行为而言，若未依交付期限交付，其后续的交付就失去了其意义，进而构成目的不达之履行不能，应依合同编通则规则承担违约责任，买受人亦可依法解除合同。若出卖人提前交付，买受人可根据《民法典》第530条第1款予以拒绝，但提前履行不损害买受人利益的除外。

拓 展

第602条与第511条的衔接

《民法典》第602条虽然援引了《民法典》第510条、第511条的规定，但存在微妙的区别。《民法典》第511条是“当事人就有关合同内容约定不明确”才适用该条规定的条款予以补充，但《民法典》第602条则将其扩张为“没有约定或约定不明确”之情形亦适用《民法典》第511条第4项。从理论上来说，“没有约定”包括“沉默”，沉默原则上并不能构成有效的意思表示（《民法典》第140条第2款），但就合同非必备要素而言，《民法典》通常不区分“没有约定”和“约定不明确”，即使《民法典》第602条未作规定，将《民法典》第511条扩张适用于“没有约定”之情形亦无妨。

2. 交付地点

依《民法典》第603条的规定，出卖人应当按照约定的地点交付标的物。当事人没有约定交付地点或者约定不明确的，可以协议补充；不能达成补充协议的，按照合同相关条款或交易习惯确定；据此仍不能确定的，则根据标的物是否需要运输而适用不同的规定进行交付。标的物需要运输的,出卖人应当将标的物交付给第一承运人以运交给买受人。标的物不需要运输,出卖人和买受人订立合同时知道标的物在某一地点的,出卖人应当在该地点交付标的物;不知道标的物在某一地点的,应当在出卖人订立合同时的营业地交付标的物。未依上述交付地点交付标的物的,并未完成有效的交付,不构成清偿,应承担违约责任;因地点不符致使合同目的难以实现的,买受人可以解除合同。

拓 展

《民法典》第511条第3项关于履行地点的确定规则与《民法典》第603条并不相同。前者规定:"履行地点不明确,给付货币的,在接受货币一方所在地履行;交付不动产的,在不动产所在地履行;其他标的,在履行义务一方所在地履行。"该条根据标的物的性质就履行地点的确定作出了不同的安排。而《民法典》第603条并未援引《民法典》第511条,并未采用不动产与其他标的的区分标准,而是就此作出了分则层面的特别规定,采用是否需要运输来确定履行地点。所谓"标的物需要运输的",是指标的物由出卖人负责办理托运,承运人系独立于买卖合同当事人之外的运输业者的情形(《买卖合同解释》第8条)。

第603条与第511条第3项的差异

3. 交付数量

标的物数量是买卖合同的必备条款,交付的标的物数量少于约定数额的,构成数量瑕疵的违约行为。买受人可拒绝出卖人的部分交付,但该部分履行不损害买受人利益的除外(《民法典》第531条第1款)。

若交付数量多于约定数额,买受人可以接收或拒绝接收多交的部分。一旦接收标的物,构成合同数量的变更。若买受人拒绝接收多交部分,应根据诚实信用原则及时通知出卖人(《民法典》第629条)。拒绝接收多交标的物,仅限于多交部分,对于合同规定数量的交付仍需受领。买受人拒绝接收多交部分标的物的,可以代为保管多交部分标的物。出卖人应负担买受人代为保管期间的合理费用;代为保管期间非因买受人故意或重大过失造成的损失,由出卖人承担(《买卖合同解释》第3条)。

4. 交付方式

对于买卖合同中的包装方式,《民法典》并未完全援引第511条第5项"按照有利于实现合同目的的方式履行",而是在买卖合同一章中就此作出了特别规定,即出卖人应当按照约定的包装方式交付标的物。对包装方式没有约定或者约定不明确的,可以协议补充;不能达成补充协议的,按照合同相关条款或交易习惯确定;据此仍不能确定的,应当按照通用的方式包装;没有通用方式的,应当采取足以保护标的物且有利于节约资源、保护生态环境的包装方式。较之"有利于合同目的的方式",《民法典》买卖合同一章的规定更加强调通用方式包装及绿色包装,以贯彻《民法典》总则编的绿色原则。

买卖合同的标的物为电子信息产品时,其交付亦有其特殊性。标的物为无须以有形载体交付的电子信息产品,当事人对交付方式约定不明确,且依照《民法典》第510条的规定仍不能确定的,买受人收到约定的电子信息产品或者权利凭证即为交付(《买卖合同解释》第2条)。

(三)瑕疵担保义务

出卖人就交付的标的物负有权利瑕疵担保义务和物的瑕疵担保义务(《民法典》第612条、第615条)。

拓 展

法定特别责任说和违约责任统合说

出卖人的瑕疵担保义务,经历了从罗马法到现代民法的发展历程,存在法定特别责任说和违约责任统合说等观点之争。法定责任说立足于特定物买卖,就逻辑上而言,双方的买卖着眼于"该特定物",因该特定物本身就存在瑕疵,交付完全无瑕疵之物的合同义务从一开始就不存在,因此只要交付了该特定物就已完成履行。但从合同有偿性角度来看,具有瑕疵的标的物与价款之间存在不平衡,故导入特别的担保责任(如减少价款、解除权等限定的救济措施)来保障买受人之利益。而对于种类物,则将其作为不完全履行对待,受传统的债务不履行规则(如不完全履行)的调整。违约责任统合说将无瑕疵标的物的给付作为合同义务,标的物存在瑕疵即构成合同义务违反,进而与通常的债务不履行采取同样的救济措施,统一其法律效果,如损害赔偿、减少价款、修理重作等补救措施以及合同解除。从合同法的发展趋势来看,特别是随着《德国债法现代化法》的出台和日本债法的修改,统合说已成为世界的潮流。我国《民法典》亦采统合说。我国《民法典》以"义务违反"为中心构建违约责任体系,传统意义上的不完全履行、不完全给付均可以纳入"履行合同不符合约定"的范畴。在责任承担方面,也以违约责任而不是法定责任说含义上的"担保责任"来解决瑕疵给付问题。例如,《民法典》第617条在原《合同法》第115条援引原《合同法》第111条"修理、重作、更换、退货、减少价款或者报酬"等救济措施(《民法典》第582条)的基础上,增加了《民法典》第583条、第584条规定的损害赔偿请求权,更是进一步明确了瑕疵担保的特别责任与违约责任的统合,瑕疵担保义务的违反只是违约的一种形态,[1]其责任亦为违约责任之一种,表明我国《民法典》不存在独立的瑕疵担保责任,无瑕疵构成买卖合同义务的基本义务。

1. 权利瑕疵担保义务

出卖人就交付的标的物,负有保证第三人对该标的物不享有任何权利的义务,但是法律另有规定的除外(《民法典》第612条)。

权利瑕疵的情形主要是指买卖标的物上带有不该有的权利负担。例如,标的物上存在物权负担(如抵押权、地役权、居住权等)、债权负担(如存在租赁等),或第三人根据知识产权等主张权利要求等。当然,对于买卖标的物所有权之私法上的限制,例如,物权法上的袋地通行权或其他因相邻关系所产生的限制,由于出卖人不可能使买受人取得无上

[1] 王利明:《合同法研究》(第2版第3卷),中国人民大学出版社2015年版,第71页。

述负担的所有权，故此不构成权利瑕疵。另外，标的物上附有公法上的负担或者公法对标的物的适用进行了限制，是作为"权利瑕疵"抑或"物的瑕疵"尚有争议。有学说认为，权利瑕疵指的是第三人享有权利（《民法典》第612条），而公法上的限制，并无第三人享有民事权利，而应当界定为"物的瑕疵"。[1]

思　考

第三人享有所有权是否构成权利瑕疵

第三人对该标的物享有所有权之情形，是否构成此处的"权利瑕疵"？对此，大部分学说认为第三人享有所有权构成权利瑕疵。甚至有观点认为，若所有权之外的权利构成权利瑕疵，举轻以明重，第三人享有所有权更应构成权利瑕疵。[2] 但也有认为，所有权移转义务由追夺担保发展而来，自该义务从担保提升为出卖人主给付义务后，因第三人享有所有权而使买受人无法取得所有权的，即不再是权利瑕疵，而是所有权移转义务的违反。据此，权利瑕疵中的"权利"系所有权以外的权利。

值得注意的是，我国《民法典》第613条规定了"恶意抗辩规则"。若买受人订立合同时知道或者应当知道第三人对买卖的标的物享有权利，出卖人不承担《民法典》第612条规定的权利瑕疵担保义务。如此一来，若认为权利瑕疵包括第三人对标的物享有所有权，连环买卖等情形就会面临解释的难题。当买受人知道其交易为连环买卖之情形，则势必会落入《民法典》第613条规定的"出卖人不承担权利瑕疵担保义务"之境地。这就意味着，买受人在缔约时若明知或应知出卖人非所有权人，嗣后即使无法取得所有权，出卖人也不必承担违约责任。如此解释，不仅与出卖他人之物产生违约责任的规则不符（《民法典》第597条第1款），也对买受人过于严苛。此亦表明，所有权瑕疵固然较之其他权利瑕疵为"重"，但恰恰如此，有必要为之提供更"重"的保护，而瑕疵救济难堪此任。因而，第三人享有所有权不宜认定为权利瑕疵，应纳入违反所有权移转义务的救济轨道。

权利瑕疵担保义务亦存在得以排除的情形。如《民法典》第613条规定的"恶意抗辩规则"，买受人订立合同时知道或者应当知道第三人对买卖的标的物享有权利的，出卖人不承担权利瑕疵担保义务。买受人知道存在权利瑕疵的，意味着其甘愿承受此等风险而在价款等交易条件上作出了妥切考虑，当无保护之必要；同时，遵循"买者当心"的原则，买受人也应尽到一定的注意义务，其应当知道权利存在瑕疵时，亦作同样处理。若双方当事人就第三人权利的存在在价款等交易条件方面已作特别考虑的，亦无须承担瑕疵担保义务。当然，买受人虽知道权利瑕疵的存在，若当事人约定或依交易习惯出卖人

---

〔1〕关于公法上的限制是构成物的瑕疵抑或权利瑕疵的争论，参见韩世远：《租赁标的瑕疵与合同救济》，载《中国法学》2011年第5期；金晶：《〈合同法〉第111条（质量不符合约定之违约责任）评注》，载《法学家》2018年第3期；黄茂荣：《买卖法》（增订7版），台北，植根法学丛书编辑室2015年版，第256页以下。黄茂荣认为一般应属权利瑕疵。

〔2〕吴香香：《〈民法典〉第598条（出卖人主给付义务）评注》，载《法学家》2020年第4期。

应当除去权利瑕疵时,并不应适用“恶意排除规则”。另外,《民法典》第 613 条并未对“恶意排除规则”的“排除”作出规定。对此,《买卖合同解释》第 24 条关于物的瑕疵担保义务的“恶意排除规则”规定,“买受人在缔约时不知道该瑕疵会导致标的物的基本效用显著降低的”,不适用恶意排除规则,可参照适用于权利瑕疵担保义务之情形。[1]

当事人也可以通过约定排除或限制权利瑕疵担保义务,除非该免责条款无效(《民法典》第 506 条),或因出卖人故意或者重大过失不告知买受人标的物瑕疵(《民法典》第 618 条的参照适用)。此外,法律另有规定之情形,出卖人亦不承担权利瑕疵担保义务。例如,《拍卖法》第 61 条第 3 款规定,“因拍卖标的存在瑕疵未声明的,请求赔偿的诉讼时效期间为一年,自当事人知道或者应当知道权利受到损害之日起计算”。虽然该条没有直接排除权利瑕疵担保义务,但就拍卖标的物的瑕疵救济作出了诉讼时效方面的特殊规定,从时效抗辩权角度作了一些限制。

买卖合同标的物上存在权利瑕疵,买受人可中止支付相应的价款,即“买受人有确切证据证明第三人对标的物享有权利的,可以中止支付相应的价款,但是出卖人提供适当担保的除外”(《民法典》第 614 条)。值得注意的是,此处的“中止支付价款”,与《民法典》第 527 条以下规定的不安抗辩权行使略有不同。

买卖合同标的物上存在权利瑕疵。虽然《民法典》没有像规定物的瑕疵一样设定类似《民法典》第 617 条的援引规则,但权利瑕疵同样构成出卖人不履行合同义务或履行合同义务不符合约定(《民法典》第 577 条),应按照《民法典》“违约责任”一章承担违约责任。符合合同解除条件的,亦可解除合同。当然,在各种救济措施的适用上,应当适当修正适用。如《民法典》第 582 条规定的修理、重作、更换等物的瑕疵的补正,在权利瑕疵情形中则可表现为要求出卖人除去权利瑕疵。另外,买受人也可依法自行除去权利瑕疵而请求出卖人承担费用或要求赔偿损失。

2. 物的瑕疵担保义务

(1)物的瑕疵担保义务的含义

出卖人应当按照约定的质量要求交付标的物。出卖人提供有关标的物质量说明的,交付的标的物应当符合该说明的质量要求(《民法典》第 615 条)。当事人对标的物的质量要求没有约定或者约定不明确,可以协议补充;不能达成补充协议的,按照合同相关条款或交易习惯确定;据此仍不能确定的,应当按照强制性国家标准履行;没有强制性国家标准的,按照推荐性国家标准履行;没有推荐性国家标准的,按照行业标准履行;没有国家标准、行业标准的,按照通常标准或者符合合同目的的特定标准履行(《民法典》第 616 条、第 511 条第 1 项)。

另外,《民法典》虽然未就数量瑕疵作出专门规定,但从《民法典》第 621 条及第 623 条可以推出数量符合合同约定也是出卖人的义务之一。对于数量瑕疵和包装瑕疵,比较法上亦多将其纳入“物的瑕疵”。数量瑕疵和包装瑕疵的救济,可参照适用《民法典》第

---

[1] 最高人民法院民法典贯彻实施工作领导小组主编:《中华人民共和国民法典合同编理解与适用(二)》,人民法院出版社 2020 年版,第 944 ~ 945 页。当然,就买受人的错误认识,究竟适用重大误解相关规则抑或采纳《买卖合同解释》第 24 条的做法,尚有讨论的空间。

617 条规定。另外,《民法典》第 582 ~584 条中“不符合约定”的用语表述,同样可以推出数量瑕疵亦应属于违约责任救济范畴。

(2)物的瑕疵担保义务违反的救济

违反物的瑕疵担保义务,出卖人应承担违约责任(《民法典》第 617 条),符合合同解除条件的,可解除合同。若买受人要求减少价款,当事人可以主张以符合约定的标的物和实际交付的标的物按交付时的市场价值计算差价;价款已经支付的,买受人可主张返还减价后多出部分的价款(《买卖合同解释》第 17 条)。出卖人瑕疵履行,买受人可请求其消除瑕疵或另行给付(《民法典》第 582 条)。该义务属于原给付义务的延长或变形,与对待给付之间构成牵连关系。在债务人未消除瑕疵或另行给付时,《民法典》买卖合同一章虽未与权利瑕疵一样规定买受人中止支付价款的权利,但买受人仍然可以援用同时履行抗辩权,拒绝支付价款。但是,一般情况下,如果是微小的瑕疵,并不能援用同时履行抗辩权,否则有违诚信原则。

拓　展

减价的计算方式

依《买卖合同解释》第 17 条第 1 款第 2 句的规定,“当事人主张以符合约定的标的物和实际交付的标的物按交付时的市场价值计算差价的,人民法院应予支持”。减少价款的此等计算方式,其实质上等同于《民法典》第 584 条规定的履行利益赔偿,但与《民法典》第 584 条不同的是,减少价款的数额计算并不受“可预见性规则”的限制。另外,该计算方式并未考虑标的物价值与合同约定价款之间的关系,因此更为合理的方式是要考虑因标的物瑕疵产生的价值贬损与价款之间的主观合意及比例关系,从而回归减少价款的本质,而并非实质上的损害赔偿。例如,出卖人促销,买受人以 500 元购买了符合约定质量时本应价值 700 元的某物,但因存在瑕疵,该标的物实际价值 500 元。若依《买卖合同解释》的规定,此时买受人可要求减少 200 元的价款;如此一来,实际上变成了买受人以 300 元购买了价值 500 元的标的物,其付出的价款减少,但获得的收益不变。若考虑比例关系或当事人的合意,出卖人亦可能是以原价打折予以销售的意思;若肯定该意思之效力,则为保持比例平衡,是否可以采用 500 元价值为基数打折换算出应当支付的价款(约 360 元),此时得以减少的金额为 140 元。因此,是应当考虑当事人的合意基础以及价格的比例关系,还是采取目前实质上接近损害赔偿的计算方式,可作进一步思考。

就如何适用《民法典》第 582 条的“合理选择”补正请求权方式,学界多有争议。从规定行文来看,不在于选择何种学说主张,而在于选择合理性的判断,即根据标的性质以及损失大小的救济措施选择是否合理,是构成是否可以变更选择、是否可以同时主张等的重要判断标准,因此无须拘泥于上述学说,而应依个案判断。

在交易实践中,当事人亦可能约定质量保证金等救济方式。若买受人依约保留部分价款作为质量保证金,出卖人在质量保证期未及时解决质量问题而影响标的物的价值或者使用效果,出卖人不得要求支付该部分价款(《买卖合同解释》第 15 条)。

当事人可约定减轻或限制瑕疵担保义务违反的责任。当事人约定减轻或者免除出卖人对标的物瑕疵承担的责任,因出卖人故意或者重大过失不告知买受人标的物瑕疵的,出卖人无权主张减轻或者免除责任(《民法典》第 618 条)。同样地,物的瑕疵担保义务也存在"恶意抗辩规则",即"买受人在缔约时知道或者应当知道标的物质量存在瑕疵,主张出卖人承担瑕疵担保责任的,人民法院不予支持,但买受人在缔约时不知道该瑕疵会导致标的物的基本效用显著降低的除外"(《买卖合同解释》第 24 条)。

交付的标的物存在瑕疵时的救济方式,并不限于物的瑕疵担保义务违反的违约救济措施。若买受人就标的物的性能或品质存在重大误解,须依照因重大误解可撤销法律行为的要件予以救济(《民法典》第 147 条);若出卖人等就标的物的质量等虚假宣传而构成欺诈的,亦可撤销相应的买卖合同(《民法典》第 148 条以下),亦可能构成缔约过失责任(《民法典》第 500 条);价款数额与标的物性能等之间严重不平衡之情形,若符合显失公平构成要件,亦得以撤销(《民法典》第 151 条)。就法律行为的撤销,存在返还财产、折价补偿以及赔偿损失等救济措施(《民法典》第 157 条)。另外,在《消费者权益保护法》等特别法上,出卖人还可能承担惩罚性赔偿责任。

典型案例 张某诉北京合力华通汽车服务有限公司买卖合同纠纷案(指导案例 17 号)

[裁判要点]

1. 为家庭生活消费需要购买汽车,发生欺诈纠纷的,可以按照《中华人民共和国消费者权益保护法》处理。

2. 汽车销售者承诺向消费者出售没有使用或维修过的新车,消费者购买后发现系使用或维修过的汽车,销售者不能证明已履行告知义务且得到消费者认可的,构成销售欺诈,消费者要求销售者按照消费者权益保护法赔偿损失的,人民法院应予支持。

3. 标的物的检验及异议通知

为确定出卖人交付的标的物是否符合合同约定,买卖合同的履行过程中通常会有标的物的检验。《民法典》第 620 条规定,"买受人收到标的物时应当在约定的检验期限内检验。没有约定检验期限的,应当及时检验"。另外,"出卖人依照买受人的指示向第三人交付标的物,出卖人和买受人约定的检验标准与买受人和第三人约定的检验标准不一致的,以出卖人和买受人约定的检验标准为准"(《民法典》第 624 条)。从我国《民法典》的规定来看,买受人的检验通知义务为不真正义务,怠于该义务的履行,不是向出卖人承担责任,而是使买受人自身承担不利益,不能依物的瑕疵担保义务违反向出卖人要求承担违约责任。

检验后发现瑕疵的,应当在检验期限内或合理期限内通知出卖人,否则视为标的物无数量瑕疵或质量瑕疵。关于通知的期限,有约定检验期限的,通知的期限为"检验期限内";未约定检验期限的,则应当是"合理期限"的通知期限;同时规定了两年的最长通知期限,并对质量保证期作了除外规定。即当事人约定检验期限的,买受人应当在检验期限内将标的物数量瑕疵或质量瑕疵情形通知出卖人;怠于通知的,视为标的物的数量和质量符合约定(《民法典》第621条第2款)。当事人没有约定检验期限的,买受人应当在发现或者应当发现标的物的数量或者质量不符合约定的合理期限内通知出卖人。买受人在合理期限内未通知或者自收到标的物之日起两年内未通知出卖人的,视为标的物的数量或者质量符合约定;但是,对标的物有质量保证期的,适用质量保证期,不适用该两年的规定(《民法典》第621条第2款)。

该期限的经过,并未导致权利的消灭,买受人仍有受领的权限。依《买卖合同解释》第14条第2款:"出卖人自愿承担违约责任后,又以上述期限经过为由翻悔的,人民法院不予支持。"因此,该期限并非除斥期间。该期限亦非诉讼时效期间,并不适用诉讼时效的中止、中断和延长的规定(《买卖合同解释》第12条)。[1]

从规范文义来看,期限经过,即使标的物实际上不符合合同约定,出卖人也不承担违约责任,有时难免对买受人过于苛刻。故法律为此也设定了一些阻却或限制其效力的规定。主要包括出卖人恶意情形的例外、隐蔽瑕疵的特别对待、法定期限优先、数量外观瑕疵的推定规则等,即出卖人知道或者应当知道提供的标的物不符合约定的,买受人不受上述通知时间的限制(《民法典》第621条第3款)。当事人约定的检验期限过短,根据标的物的性质和交易习惯,买受人在检验期限内难以完成全面检验的,该期限仅视为买受人对标的物的外观瑕疵提出异议的期限。约定的检验期限或者质量保证期短于法律、行政法规规定期限的,应当以法律、行政法规规定的期限为准(《民法典》第622条)。当事人对检验期限未作约定,买受人签收的送货单、确认单等载明标的物数量、型号、规格的,推定买受人已经对数量和外观瑕疵进行检验,但是有相关证据足以推翻的除外(《民法典》第623条)。

典型案例　东方电气集团东方汽轮机有限公司与大庆高新技术产业开发区大丰建筑安装有限公司、大庆大丰能源技术服务有限公司买卖合同纠纷案(《最高人民法院公报》2020年第11期)

[裁判要点]

买卖的货物交付后,买受人已经使用标的物且未在约定的质量保证期内提出质量异议,当出卖人要求买受人支付欠付货款、退还质保金时,买受人以货物存在质量问题为由主张行使先履行抗辩权拒绝付款的,不予支持。

交付技术材料是卖方负有的从给付义务,卖方违反该义务,买方可以主张相应的违约责任。卖方违反从给付义务但并未影响买方对所买货物正常使用,不影响合同目的实现的,买方不能基于卖方违反从给付义务而拒绝履行给付货款的主给付义务。

---

[1] 对此,有观点认为该期间是民法上一种独立的期间类型,属于或有期间。参见王轶:《民法总则之期间立法研究》,载《法学家》2016年第5期;王轶等:《中国民法典释评·合同编·典型合同》(上卷),中国人民大学出版社2020年版,第48~52页。不同观点,参见冯珏:《或有期间概念之质疑》,载《法商研究》2017年第3期。

拓 展

检验期限、通知期限和质量保证期

《民法典》关于检验期限、通知期限和质量保证期的关系：依《民法典》第 620～621 条，约定检验期限的，检验期限即为通知期限；未约定检验期限的，以“合理期限”确定通知期限，最长两年；若有约定或法定质量保证期，则质量保证期优先于两年的期限规则。理论上说，质量保证期本质上与检验通知期限属于瑕疵担保义务规则的不同维度，应为各自独立的不同制度，发挥着不同的作用。质量保证期的约定很可能只与标的物一定品质的维持时间有关，而不包含“最长通知期限”的合意，此时并不能认为质量保证期“等于”最长通知期限，在质量保证期最后阶段发生的质量问题，在该期间结束后合理的期限内仍有权提出主张。[1] 检验期间不同于质量保证期还表现在：检验期间的对象为不真正义务，期满的法律后果要么是成立物的瑕疵担保责任（买受人适时提出质量异议的场合），要么相反（买受人于检验期间内未提质量异议的场合）；质量保证期的对象为修理、更换甚至退货的真正义务，期满的法律后果是出卖人的质量保证义务消失，更遑论物的瑕疵担保责任了。[2] 针对这一点，有学者主张，在承认（真正的）质保期独立功能的前提下，《民法典》第 621 条规定的质量保证期实为不真正质保期，即约定的最长客观检验期间。[3] 质量保证期的类型多样，既有约定质量保证期，亦有法定的质量保证期，如食品的保质期、药品的有效期、产品的保修期等。各类质量保证期本身的功能也会有所差异，应仔细甄别其不同的功能，将其与《民法典》第 621 条规定的“质量保证期”作出区别。

（四）标的物回收义务

标的物回收义务，既可能源于法定，也可能源于当事人的约定。《民法典》第 9 条规定了绿色原则，并在《民法典》合同编通则第 509 条第 3 款规定“当事人在履行合同过程中，应当避免浪费资源、污染环境和破坏生态”，同时将“旧物回收”规定为后合同义务，即“债权债务终止后，当事人应当遵循诚信等原则，根据交易习惯履行通知、协助、保密、旧物回收等义务”（《民法典》第 558 条）。同样地，在买卖合同中，《民法典》也进一步将基于绿色原则的出卖人回收义务具体化。依照法律、行政法规的规定或者按照当事人的约定，标的物在有效使用年限届满后应予回收的，出卖人负有自行或者委托第三人对标的物予以回收的义务（《民法典》第 625 条）。

除了回收义务，《民法典》也规定了缺陷产品召回义务（《民法典》第 1206 条）。但缺陷产品召回乃是针对产品缺陷的补救措施，与买卖合同上旨在贯彻落实绿色原则的标的物使用年限届满后的回收并不相同，产品缺陷召回义务并不在标的物回收义务的涵摄范围内。

---

〔1〕 武腾：《合同法上难以承受之混乱：围绕检验期间》，载《法律科学（西北政法大学学报）》2013 年第 5 期。

〔2〕 崔建远：《论检验期间》，载《现代法学》2018 年第 4 期。

〔3〕 金晶：《〈合同法〉第 158 条评注（买受人的通知义务）》，载《法学家》2020 年第 1 期；朱庆育主编：《中国民法典评注·条文选注》（第 2 册），中国民主法制出版社 2021 年版，第 402 页。关于检验期限、通知期限与质量保证期关系的规范、学理和司法实践，另可参见金晶：《检验期间、通知期间与质量保证期的关系》，载周江洪、陆青、章程主编：《民法判例百选》，法律出版社 2020 年版，第 380 页。

（五）其他义务

除了前述义务，出卖人亦负有买卖合同上的其他义务，主要是相关单证及资料交付义务。出卖人应当按照约定或者交易习惯向买受人交付提取标的物单证以外的有关单证和资料（《民法典》第 599 条）。"提取标的物单证以外的有关单证和资料"，主要应当包括保险单、保修单、普通发票、增值税专用发票、产品合格证、质量保证书、质量鉴定书、品质检验证书、产品进出口检疫书、原产地证明书、使用说明书、装箱单等（《买卖合同解释》第 4 条）。当然，出卖人向买受人交付提取标的物单证以外的有关单证和资料，以合同有约定或有交易习惯为前提。标的物相关单证及资料交付义务的违反，构成违约行为，应当承担违约责任。[1]《合同编通则解释》第 26 条进一步规定，当事人一方未根据法律规定或者合同约定履行开具发票、提供证明文件等非主要债务，对方请求继续履行该债务并赔偿因怠于履行该债务造成的损失的，人民法院依法予以支持；对方请求解除合同的，人民法院不予支持，但是不履行该债务致使不能实现合同目的或者当事人另有约定的除外。

二、对于买受人的效力

（一）价款支付义务

《民法典》第 595 条买卖合同的定义中明确规定了买受人的价款支付义务，《民法典》第 626～628 条就价款支付的数额、方式、地点、时间作了具体规定。

1. 价款支付的数额和方式

买受人应当按照约定的数额和支付方式支付价款。但价款并非买卖合同必备条款，可通过补充协议、合同解释及任意性规范补充等予以填充。对价款的数额和支付方式没有约定或者约定不明确的，可以协议补充；不能达成补充协议的，按照合同相关条款或者交易习惯确定；若仍不能确定的，价款数额按照订立合同时履行地的市场价格履行；依法应当执行政府定价或者政府指导价的，依照规定履行；价款支付方式则按照有利于实现合同目的的方式履行（《民法典》第 626 条）。

关于支付价款的货币种类，《民法典》"买卖合同"一章未作出规定，适用合同编通则的规定，即以支付金钱为内容的债，除法律另有规定或者当事人另有约定外，出卖人可以请求买受人以实际履行地的法定货币履行（《民法典》第 514 条）。

价款的支付方式，既包括支付手段，也包括支付是否分期。在支付手段上，传统上以现金支付为主，但现代支付手段已非常丰富，如金融机构转账方式、信用卡、电子支付、票据支付等。若当事人未约定支付手段或约定不明确，又未能依《民法典》第 510 条确定的，则应"按照有利于实现合同目的"的方式，此时应按照"价款支付目的"（实现出卖人履行利益之目的）确定，以最有利于出卖人的方式确定支付手段，即现金支付和银行转账。

2. 价款支付地点

买受人应当按照约定的地点支付价款。对支付地点没有约定或者约定不明确，可以

〔1〕 黄薇主编：《中华人民共和国民法典合同编解读》（上册），中国法制出版社 2020 年版，第 501 页。

协议补充;不能达成补充协议的,按照合同相关条款或者交易习惯确定;仍不能确定的,买受人应当在出卖人的营业地支付;但是,约定支付价款以交付标的物或者交付提取标的物单证为条件的,在交付标的物或者交付提取标的物单证的所在地支付(《民法典》第627条)。

买卖合同价款支付地的确定原则,与其他债务的履行地采往取之债原则不同。虽然没有直接援引《民法典》第511条第3项,但与该条所体现的"货币在途风险由支付义务人承受"的精神一致,同样遵循货币之债的赴偿之债原则,以出卖人的营业地兜底。但与《民法典》第511条第3项不同的是,该条强调了"货物与价款同地履行"的原则,即"约定支付价款以交付标的物或者交付提取标的物单证为条件的,在交付标的物或者交付提取标的物单证的所在地支付"。但此处的"条件",与买卖合同作为双务合同的"牵连性"中的互为条件的"条件"有所不同,应理解为日常生活用语中的"条件"。

3. 价款支付时间

买受人应当按照约定的时间支付价款。对支付时间没有约定或者约定不明确,可以协议补充;不能达成补充协议的,按照合同相关条款或者交易习惯确定;仍不能确定的,买受人应当在收到标的物或者提取标的物单证的同时进行支付(《民法典》第628条)。也就是说,买卖合同价款支付时间依《民法典》第510条不能确定时,并不适用《民法典》第511条第4项"履行期限不明确的,债务人可以随时履行,债权人也可以随时请求履行,但是应当给对方必要的准备时间",而是采用"货物与价款同时履行"原则。而且,并非在标的物所有权移转时支付价款,而是在"收到标的物或者提取标的物单证的同时"支付价款。

买受人逾期支付价款的,构成迟延履行,出卖人可要求迟延赔偿,亦可约定违约金。价款支付义务的迟延履行损害赔偿,并不需要以催告为要件,但合同解除权的行使通常需要催告(《民法典》第563条第3项、第634条,《商品房买卖合同解释》第11条)。买卖合同约定了逾期付款违约金的,按照约定处理。买卖合同没有约定逾期付款违约金或者该违约金的计算方法,出卖人以买受人违约为由主张赔偿逾期付款损失,依《买卖合同解释》第18条第4款处理。

(二)受领义务

关于债权人受领的性质,比较法上历来存在争议。理论上存在"权利说""法定义务说""不真正义务说"之争。[1]

出卖人按照约定履行债务,买受人无正当理由拒绝受领的,出卖人虽然并未被免除给付义务,但并不负迟延履行的责任,出卖人可以请求买受人赔偿增加的费用(《民法典》第589条)。买受人无正当理由拒绝受领的,出卖人可以将标的物提存(《民法典》第570条第1款第1项)。因买受人的原因致使标的物不能按照约定的期限交付的,买受人应当自违反约定之日起承担标的物毁损、灭失的风险(《民法典》第605条)。出卖人按照约定或者依据《民法典》第603条第2款第2项的规定将标的物置于交付地点,买受

---

〔1〕 朱广新、谢鸿飞主编:《民法典评注·合同编·通则》(第2册),中国法制出版社2020年版,第451页。

人违反约定没有收取的，标的物毁损、灭失的风险自违反约定时起由买受人承担（《民法典》第608条）。若当事人约定买受人的受领为给付义务的，买受人应当按照合同约定及时受领标的物，未及时受领的，构成迟延受领，买受人应承担相应的违约责任。[1]

（三）不真正义务

当事人一方违约后，对方应当采取适当措施防止损失的扩大；没有采取适当措施致使损失扩大的，不得就扩大的损失请求赔偿（《民法典》第591条第1款）。在出卖人违约之情形中，买受人亦负有采取措施防止损失扩大的义务。此外，买受人的不真正义务还包括前述检验通知义务。

思　考

替代交易与减损义务

在出卖人违约时，买受人是否负有替代交易的义务，学说和实践中尚有争议。例如，动产买卖合同标的物的市场价格在出卖人违约后发生变动的，若买受人能够合理地在市场上进行替代交易，此时标的物价格损失如何计算。多数学者认为债权人缔结替代合同是减轻违约造成的损害的一种典型措施，实践中也有不少裁判予以支持。[2] 当然，在判断债权人是否违反减损义务时，除了要考虑债权人能否合理进行替代交易及其困难度，还要考虑债务人一方因减损措施所能获得的利益及此利益在何种程度内值得保护等因素。[3]《民法典合同编通则解释》第60条第2款就守约方实施替代交易时可得利益的计算作出了专门规定。

（四）其他义务

其他义务主要包括：(1)因不可抗力不能履行合同的，应当及时通知对方，以减轻可能给对方造成的损失，并应当在合理期限内提供证明（《民法典》第590条第1款）。(2)买受人负有价款支付义务，金钱之债原则上不会陷于给付不能，但可能因不可抗力而陷入迟延，故亦有通知义务。(3)买受人拒绝接收多交的标的物时，亦应通知出卖人（《民法典》第629条）。(4)《民法典》第509条、第558条还规定了当事人在合同履行过程中和合同终止后的义务。

三、标的物毁损灭失时的风险负担与利益承受

（一）风险负担

风险，通常有以下几种含义：一是物上风险。有关物之危险的规则，用于解决“物的损害”由何人承担的问题。对于静态之物，若出现毁损灭失，应遵从“危险止于发生处”

---

〔1〕 韩世远：《合同法学》（第2版），高等教育出版社2022年版，第351页。

〔2〕 程坦：《减损义务与替代交易》，载周江洪、陆青、章程主编：《民法判例百选》，法律出版社2020年版，第375页。

〔3〕 程坦：《减损义务对履行请求权的限制及其路径——破解合同僵局的一种思路》，载《中外法学》2021年第4期。

之古谚,即由其所有人承担危险。对于动态之物,若于货物特定之前出现的灭失,其危险由债务人负担,此即“种类物不灭”原则。唯于限制种类之债中,倘若“全部存货灭失”,则债务人免其责任。[1] 二是给付上的风险,针对的是因不可归责于债务人之事由,致其基于合同所负之给付陷于不能者,债务人是否仍然负有给付义务,债权人能否请求债务人重新另为给付的情况。该风险通常由债权人承担,债务人不负另行给付的义务。三是指对待给付上的风险,即价金风险,针对的是因不可归责于债务人之事由而致债务履行不能时,若债务人再无给付之义务,他方有无对待给付之义务的情况,即由谁承担价金风险,债权人是否免于对待给付义务的问题。因风险负担涉及给付与对待给付之间的关系,因此仅在双务合同中存在风险负担问题,单务合同中没有对待给付问题。债法上的风险通常指的是后两者意义上的风险,若单言风险,指的多是价金风险问题。《民法典》第604条以下的“风险”,根据规范体系,应限缩解释为对待给付风险,即“价金风险”。[2]

风险的三种含义

1. 风险移转的交付主义

标的物价金风险自何时移转,各国规定不尽一致,主要包括合同订立时、所有权移转时、交付时等三种立法例,我国采纳了风险随交付移转的模式。[3] 除非法律另有规定或当事人另有约定,买卖合同以标的物的交付作为风险转移的一般性判断原则。标的物毁损、灭失的风险,在标的物交付之前由出卖人承担,交付之后由买受人承担(《民法典》第604条)。

以交付作为买卖合同风险移转的基本规则,主要是以“风险应归最易管理风险的人负担”的风险支配思想,标的物的实际占有人对标的物具有管领力,最有可能防范标的物毁损灭失的风险,易于控制不利后果和计算损害的大小。[4] 同时,标的物的交付被认为是一个事实问题,易于判断,清楚明了,以它作为判断标准有利于明确风险的移转。[5] 同时,以交付作为风险移转的时点,亦是“利益之所在、风险之所在”的风险收益一致原则的体现。[6]

2. 路货买卖的风险负担

路货买卖中,双方当事人均难以判断在途的标的物是否完好无损,也无法判断毁损灭失发生在哪一阶段,很难根据交付主义确定其风险由出卖人还是买受人承担。为此,我国《民法典》与《联合国国际货物销售合同公约》一样,采取了合同成立时作为风险的移转时点,即“出卖人出卖交由承运人运输的在途标的物,除当事人另有约定外,毁损、灭失的风险自合同成立时起由买受人承担”(《民法典》第606条)。当然,当事人可以通过约定来排除该条规则的适用。而且,若出卖人知道或应当知道标的物已毁损灭失之情

---

〔1〕 张谷:《论提存》,载《清华法学》2003年第2辑。

〔2〕 吴香香:《〈合同法〉第142条(交付移转风险)评注》,载《法学家》2019年第3期;朱庆育主编:《中国民法典评注·条文选注》(第2册),中国民主法制出版社2021年版,第353页。

〔3〕 黄薇主编:《中华人民共和国民法典合同编解读》(上册),中国法制出版社2020年版,第513~515页。

〔4〕 韩世远:《合同法学》(第2版),高等教育出版社2022年版,第354~355页。

〔5〕 黄薇主编:《中华人民共和国民法典合同编解读》(上册),中国法制出版社2020年版,第515页。

〔6〕 谢鸿飞、朱广新主编:《民法典评注·合同编·典型合同与准合同》(第1册),中国法制出版社2020年版,第37页。

形，风险从合同成立时移转并不合理，否则意味着其通过订立合同转嫁了已发生之风险。为此，《买卖合同解释》第10条作出补充解释，规定“出卖人出卖交由承运人运输的在途标的物，在合同成立时知道或者应当知道标的物已经毁损、灭失却未告知买受人，买受人主张出卖人负担标的物毁损、灭失的风险的，人民法院应予支持”。于此情形，出卖人不仅不能要求买受人承受价金风险，还有可能构成欺诈进而承担相应的责任。

3. 非路货买卖涉及运输情形的风险负担

标的物需要运输之情形，会涉及各种运输。既有可能是出卖人承担运输义务的赴偿之债，也可能是出卖人不承担运输由买受人自提的往取之债，两者均可以通过《民法典》第604条的交付主义予以处理。但两者之外的情形，需要就分配风险的理念作出适当调整。《民法典》及司法解释确立了以下规则。

出卖人根据合同约定将标的物运送至买受人指定地点并交付给承运人后，标的物毁损、灭失的风险由买受人负担，但当事人另有约定的除外（《买卖合同解释》第9条）。《民法典》第607条第1款吸收了该规定，但并未规定“当事人另有约定的除外”。风险负担规则本可以通过约定自行安排（《民法典》第604条），《民法典》未就此作出特别规定并不妨碍当事人对此另行约定。

未约定交付地点或约定不明确时，如何判断风险移转时点亦会成为问题。依《民法典》第607条第2款的规定，“当事人没有约定交付地点或者约定不明确，依据本法第六百零三条第二款第一项的规定标的物需要运输的”情形适用该款，并未指向《民法典》第510条的交付地点确定规则。也就是说，只要交付地点不明确，无须根据《民法典》第510条确定交付地点即适用“货交承运人规则”，并无第604条买卖合同风险负担一般规则适用之可能。但有释义书认为“依照本法第510条的规定又不能确定时”且“标的物需要运输”的情况下才适用“货交承运人规则”。[1] 从合理性上来说，得以确定交付地点时（即使需要运输）依《民法典》第604条，不能确定交付地点又需要运输时则依《民法典》第607条第2款，如此解释更符合风险负担规则的一般原理。另外，“货交承运人规则”中的承运人，指“独立的承运人”，即《民法典》第603条第2款第1项规定的“标的物需要运输的”，是指标的物由出卖人负责办理托运，承运人系独立于买卖合同当事人之外的运输业者的情形（《买卖合同解释》第8条）。

4. 买受人事由与风险的移转

因买受人的原因致使标的物未按照约定的期限交付的，买受人应当自违反约定时起承担标的物毁损、灭失的风险（《民法典》第605条）。出卖人按照约定或者依照法律规定（《民法典》第603条第2款第2项）将标的物置于交付地点，买受人违反约定没有收取的，标的物毁损、灭失的风险自违反约定时起由买受人承担（《民法典》第608条）。

其中，基于买受人的原因引起的未依约定期限交付，并不限于买受人的过错，也不限于受领迟延，但并不包括不可抗力。例如，因买受人原因，出卖人行使同时履行抗辩权等抗辩权之情形，亦会导致标的物未按照约定期限交付，此时发生的风险，亦从违反约定时

---

〔1〕 黄薇主编：《中华人民共和国民法典合同编解读》（上册），中国法制出版社2020年版，第521页。

“违反约定时”的含义

起由买受人承受价金风险。[1] 但作为风险移转时点的“自违反约定时”，并非作为买受人原因的“买受人违反约定时”，也并非未支付价款等引起同时履行抗辩权发生的原因时，而是合同约定的标的物交付期限之日。原因在于，买受人未支付价款的违约行为不会引起出卖人的给付义务的免除（除非因此而解除合同等），同时履行抗辩权的行使也不消灭买受人的请求权而只是暂时阻止买受人的请求权，并未消灭出卖人的给付义务本身，出卖人仍负有给付义务。既然出卖人仍负有给付义务，其仍然处于“待履行的状态”，在履行期限到来之前，仍对标的物负有管领控制之责，就如同未发生同时履行抗辩权一样，其“未交付”标的物的状态持续存在，在履行期限到来前，买受人仍可能通过支付价款等手段消除抗辩权，与正常的标的物交付前的状态无异。若因买受人一旦逾期支付价款而行使抗辩权就发生风险负担的移转，难谓公平。

应按约定或法律规定在特定地点交付标的物之情形，买受人违反受领义务的，应承受不利益，风险亦随之发生移转。“买受人违反约定没有收取”，不以其有过错为限，只要买受人客观上应受领而未受领即构成受领迟延。当然，不可抗力导致受领迟延的除外。

5. 出卖人违约与风险的移转

买卖合同原则上采交付主义的风险负担规则，但在特殊情况下，即使已经完成了标的物的交付，出卖人依然需要承担物的毁损灭失的风险。《民法典》第 611 条承继了原《合同法》第 149 条的规定，即“标的物毁损、灭失的风险由买受人承担的，不影响因出卖人履行义务不符合约定，买受人请求其承担违约责任的权利”。同时，《民法典》第 610 条规定，“因标的物不符合质量要求，致使不能实现合同目的的，买受人可以拒绝接受标的物或者解除合同。买受人拒绝接受标的物或者解除合同的，标的物毁损、灭失的风险由出卖人承担”。这一处理方案同样借鉴了《联合国货物销售合同公约》将给付义务履行与否的判断与风险移转与否的判断相分离的基本立场。

拓 展

瑕疵给付时的解除与风险负担

根据《民法典》第 610 条，若存在致使合同目的不能实现之瑕疵，即使交付以后因法定免责事由毁损、灭失，买受人亦可以通过拒绝接受标的物或者解除合同的方式将风险回转给出卖人承担。此时，通过解除制度与风险负担规则的相互作用在当事人之间分配风险。而且，该条规定的“买受人拒绝接受标的物或者解除合同的，标的物毁损、灭失的风险由出卖人承担”并未指明风险的发生时间，依文义，拒绝接受或解除合同之前还是之后发生的风险，在所不问。当然，从立法论的角度而言，标的物的灭失、毁损与标的物的瑕疵毫无因果关系时（若因质量瑕疵引起毁损、灭失，属于违约责任和合同解除的范畴，而不属于风险负担问题），因标的物恰好存在瑕疵就依风险负担的通常规则将本来

---

〔1〕 实践中亦存在类似判断的裁判案例，参见吴香香：《〈合同法〉第 142 条（交付移转风险）评注》，载《法学家》2019 年第 3 期；朱庆育主编：《中国民法典评注 · 条文选注》（第 2 册），中国民主法制出版社 2021 年版，第 380 页。

应由买受人承担的风险回转给出卖人,也不是没有疑问。而且,根据《民法典》第 611 条的规定,风险由买受人承担的,不影响瑕疵给付(包括构成根本违约和未构成根本违约的瑕疵给付)的违约责任追究。

(二)利益承受

标的物的利益承受主要指的是标的物在合同成立后所产生的孳息的归属。依《民法典》第 630 条,标的物在交付之前产生的孳息,归出卖人所有;交付之后产生的孳息,归买受人所有,当事人另有约定的除外。也就是说,除非当事人另有约定,标的物于合同订立后所生孳息的归属与风险的移转密切相连,二者遵循同一原则,在利益承受上,也以交付主义为一般规则。《民法典》第 630 条承继原《合同法》第 163 条。无论是从该条的立法过程、立法意图和比较法来源来看,还是从司法实践来看,该条规定本身就排除了《民法典》第 321 条关于孳息归属的一般原则,而更多地关注处于交易过程中的标的物及买卖合同履行过程的属性,除通常认为的风险与收益相一致原则外,还有意识地将买卖合同标的物孳息的归属与原物所有权的变动相脱钩。

《民法典》第 630 条只是规定了"孳息",但我国学理上多参考比较法,将其扩张解释为包括天然孳息、法定孳息及使用利益在内的"利益"。因我国立法上不存在代偿请求权制度,实践中也有法院类推原《合同法》第 163 条以处理买卖之房屋因地震灭失的政府补偿金的归属。[1]

四、费用负担

当事人可以约定买卖合同履行的费用。没有约定或者约定不明确的,可以协议补充;不能达成补充协议的,按照合同相关条款或者交易习惯确定。仍不能确定的,履行费用的负担不明确的,由履行义务一方负担;因债权人原因增加的履行费用,由债权人负担(《民法典》第 510 条、第 511 条第 6 项)。买受人受领迟延之情形、买受人采取措施防止损失扩大情形的费用负担等情形,《民法典》亦作出专门规定(第 589 条、第 591 条),同样适用于买卖合同。

五、合同解除

《民法典》合同编通则规定了约定解除条件、协议解除、法定解除、情势变更解除、不定期持续性合同的随时解除、司法终止等。买卖合同一章也规定了解除制度,涉及解除效力是否及于从物、部分解除(包括部分物解除及部分批次解除以及分期付款买卖的解除)。因买卖合同相关规则可以参照适用于有偿合同,具有"准通则"的意义,从中亦可能发展出"部分解除""持续性合同解除"的一般法理。

(一)涉及主物从物关系时的解除

通常来说,主物能够决定从物的命运,而从物一般不能决定主物的命运。因标的物

---

〔1〕 朱晓喆:《买卖之房屋因地震灭失的政府补偿金归属——刘国秀诉杨丽群房屋买卖合同纠纷案评释》,载《交大法学》2013 年第 2 期。

的主物不符合约定而解除合同的,解除合同的效力及于从物。因标的物的从物不符合约定被解除的,解除的效力不及于主物(《民法典》第631条)。《民法典》第631条规定的部分解除,本身不涉及解除事由,解除事由仍应诉诸其他规范,如《民法典》第563条。[1] 从物不符合约定时,其解除是买卖合同的部分解除,解除的效力只及于从物。[2] 就合同解除的逻辑而言,且结合《民法典》第632条数物情形的解除规则来看,若从物不符合约定致使合同整体的合同目的难以实现时,当亦可整体解除,且使其效力及于包括主物在内的合同整体。

(二)标的物为数物情形的解除

对于买卖的标的物为数物情形的解除,《民法典》也规定了特别的规则,肯定了部分解除。即,标的物为数物,其中一物不符合约定的,买受人可以就该物解除。但是,该物与他物分离使标的物的价值显受损害的,买受人可以就数物解除合同(《民法典》第632条)。若认为《民法典》第631条规定的主从物关系是特别规则,这里的"数物"指的是主从物之外的其他相互独立的物。"一物"并不限于不同种类的物,同一种类的物也可以构成数物。与主从物情形一样,某物不符合约定,不仅包括实际履行情形中的履行不完全或者到期不履行等履行障碍,也包括期前拒绝履行;但是否得以解除,需依据其他规范予以判断,如《民法典》第563条等。需要特别注意的是,《民法典》第632条将原《合同法》第165条解除权主体的"当事人"改为"买受人",其意图似在限制所谓的"违约方解除权"(出卖人解除权)。[3] 但数物分离后使得标的物整体价值显著降低而受损害的解除主体不限于买受人,出卖人因解除返还部分物时同样会造成损害,限制出卖人解除权并不一定妥当。从解释论上言,若依目的解释,可将后一句解释为只是规定了买受人的数物解除权,而没有排除出卖人的解除权,出卖人是否享有解除权,依解除的一般制度处理。

买受人的解除权与出卖人的解除可能性

(三)分批交付标的物情形的解除

分批交付标的物的买卖中,每次交付部分相互可以分离(可分性),而且按照每个交付部分以个别处理的形式从整体合同独立(个别独立性),故被称为分批履行合同。[4] 分批交付标的物的买卖为持续性合同的一种,属于分期给付合同,但与不确定总额的持续供给合同有区别,前者给付总额自始确定。从时效相关规则来看,《民法典》并不区分两者,而是总体强调契约关系的稳定性。[5] 但在合同解除层面,《民法典》对此作出了特别规定,即出卖人分批交付标的物的,出卖人对其中一批标的物不交付或者交付不符合约定,致使该批标的物不能实现合同目的的,买受人可以就该批标的物解除。出卖人不

---

〔1〕 不同观点见韩世远:《合同法总论》(第4版),法律出版社2018年版,第656页。该书中将该条作为特别的法定解除条件对待。

〔2〕 黄薇主编:《中华人民共和国民法典合同编解读》(上册),中国法制出版社2020年版,第588页。

〔3〕 黄薇主编:《中华人民共和国民法典合同编解读》(上册),中国法制出版社2020年版,第589页。

〔4〕 [日]潮见佳男、中田邦博、松冈久和主编:《〈联合国国际货物销售合同公约〉精解》,[日]小林正弘、韩世远译,人民法院出版社2021年版,第227页。

〔5〕 周江洪:《定期履行租金债权诉讼时效期间的起算规则》,载周江洪、陆青、章程主编:《民法判例百选》,法律出版社2020年版,第126页。

交付其中一批标的物或者交付不符合约定，致使之后其他各批标的物的交付不能实现合同目的的，买受人可以就该批以及之后其他各批标的物解除。买受人如果就其中一批标的物解除，该批标的物与其他各批标的物相互依存的，可以就已经交付和未交付的各批标的物解除（《民法典》第633条）。较之主从物情形、数物情形的规定不同，《民法典》规定了解除权条件，即"不交付或交付不符合约定""合同目的难以实现"等，其属于完全规范，因此无须借助《民法典》第563条等判断解除权是否发生。

我国《民法典》第633条明确规定解除权的主体为"买受人"。在解释论上，分批交付标的物情形，除了买受人得以行使解除权，可扩张解释《民法典》第633条的规定，将其类推适用于买受人违反合同义务情形的解除。

六、多重买卖履行顺序的确定

一物数卖等多重买卖情形，常会涉及合同效力问题、买卖合同的履行、责任承担以及所有权变动等诸多问题。以不动产一物二卖为例，社会一般观念认为，"一物二卖"情形出卖人背信弃义，应保护第一买受人。学说与判例的主流观点则认为，第二买卖合同的效力并不因第一买卖合同的存在本身受影响，若第二买受人先完成登记即可取得标的物所有权。通常来说，除非存在恶意串通等特别的情形，在处分行为与负担行为分离的背景下，多重买卖本身并不影响合同效力，因此无法获得清偿的买受人有权采取要求出卖人承担违约责任或采取解除合同等救济措施。我国司法实践也试图调和社会一般观念和买卖的法理之间的矛盾，因此就多重买卖形成了诸多司法解释。比如，针对普通动产的多重买卖，依"受领在先""价款支付在先""合同成立在先"的履行顺序规则处理（《买卖合同解释》第6条）；针对特殊动产多重买卖，依"受领在先""转移登记在先""合同成立在先"的履行顺序规则处理（《买卖合同解释》第7条）。同时，在特殊动产物权变动方面，《民法典物权编解释（一）》第6条规定，"转让人转让船舶、航空器和机动车等所有权，受让人已经支付合理价款并取得占有，虽未经登记，但转让人的债权人主张其为民法典第二百二十五条所称的'善意第三人'的，不予支持，法律另有规定的除外"；针对商品房多重买卖，规定"买受人以出卖人与第三人恶意串通，另行订立商品房买卖合同并将房屋交付使用，导致其无法取得房屋为由，请求确认出卖人与第三人订立的商品房买卖合同无效的，应予支持"（《商品房买卖合同解释》第7条）；针对国有土地使用权的多重转让，规定以"变更登记在先""合法占有投资开发在先""价款支付在先""合同成立在先"的履行顺序规则处理（《国有土地使用权合同纠纷解释》第9条）；针对农村土地承包经营权的多重发包，采取了"登记在先规则""合同生效在先""合法占有使用在先"的顺序取得土地经营权（《农村土地承包纠纷解释》第19条）。[1]

---

〔1〕 值得注意的是，农村土地承包经营权的"发包"并非"买卖"，亦非"权利的买卖"。而且，与前述普通动产、特殊动产、国有土地使用权转让等情形不同，这里的顺序规则并不是履行顺序规则，而是"取得土地经营权"的物权变动规则。

思 考

多重买卖履行规则对债权平等原则的影响

综合上述司法解释及相关论述可以看出，在多重买卖的履行顺序上，司法解释并未完全遵循债权平等原则，而是考虑了登记、占有移转、价款支付、合同成立等诸多因素，并排列了相应的优先顺位，但对此学界也有不少的批评意见。《民法典》编纂过程中，考虑到学界对《买卖合同解释》(2003 年)等相关规定的诸多争议，并未将这些规定吸收进《民法典》买卖合同一章之中。但《民法典》颁布后，修正前的司法解释的相关规定并未被清理，仍然予以保留。而且，与学界的批评形成鲜明对照的是，实务中对此类规则的适用溢出买卖之外，将其类推适用于各类其他标的(如股权、知识产权、企业整体)之多重转让，对债权平等的"侵蚀"令人担忧。[1] 如何在债法一般原理与多重买卖各方当事人利益的平衡之间取得学理与司法实务的共识，还有待今后进一步发展。

第三节 特种买卖

一、分期付款买卖

(一)分期付款买卖的界定

分期付款买卖是指当事人特别约定以分期方式支付价金的买卖，其实质是买卖合同中附有分期支付价款的特别条款。分期付款系指买受人将应付的总价款在一定期限内至少分三次向出卖人支付(《买卖合同解释》第 27 条第 1 款)。须注意，分期付款买卖与附条件分阶段付款买卖存在差别。即使约定了分阶段支付货款，但每个阶段均设置了付款条件，即付款时间并不固定，而是取决于每个阶段付款条件的成就与否，也不属于分期付款买卖。[2]

分期付款与普通的买卖并无本质不同，只是在价款支付上不采用一次性支付，而是分期进行。因此，其实际上是出卖人授予买受人一定"信用"的赊账买卖。赊账买卖导致出卖人存在难以收回价款的风险，因此，出卖人往往会约定特定的附款来保障价金债权的实现。实践中常见的附款主要有期限利益丧失条款、解约扣价条款、所有权保留条款等。如此一来，分期付款买卖中买受人也可能因出卖人设定不当的期限利益丧失、解约扣价条款等存在利益受损之虞。如何限制出卖人利用附款损害买受人利益成为民法规制分期付款买卖的首要问题。《民法典》第 634 条为此规定："分期付款的买受人未支付到期价款的数额达到全部价款的五分之一，经催告后在合理期限内仍未支付到期价款

〔1〕 吴香香:《〈民法典〉第 598 条(出卖人主给付义务)评注》，载《法学家》2020 年第 4 期；朱庆育主编:《中国民法典评注 · 条文选注》(第 2 册)，中国民主法制出版社 2021 年版，第 346 页。当然，该文同时认为，"主张废止这些规则固然可以一劳永逸。在既定规则下，如果能够通过解释手段令其重回债权平等与处分自由的轨道，或许也不失为一条可行路径"，并提出了殊值参考的解释方案。

〔2〕 见中国建筑一局(集团)有限公司与天津大广源混凝土有限公司分期付款买卖合同纠纷案，北京市第二中级人民法院(2022)京 02 民终 2765 号民事判决书。

的，出卖人可以请求买受人支付全部价款或者解除合同。出卖人解除合同的，可以向买受人请求支付该标的物的使用费。”该条款源自原《合同法》第 167 条，但作出了重要的修改，即部分吸收了司法实务和学说的见解，分期付款买卖合同的解除及价款提前到期，均要求催告，从形式上更接近于《民法典》第 563 条规定的催告解除的一种形式，而不像原《合同法》第 167 条第 1 款一样可以解释为对解除权的限制以保护买受人。[1] 但 2020 年年底修正后的《买卖合同解释》第 27 条第 2 款仍然保留了原《买卖合同解释》第 38 条第 2 款的规定，即“分期付款买卖合同的约定违反民法典第六百三十四条第一款的规定，损害买受人利益，买受人主张该约定无效的，人民法院应予支持”。如此一来，若将《民法典》第 634 条与现行司法解释进行体系解释，除增加催告程序外，很难说《民法典》第 634 条从根本上改变了原《合同法》第 167 条蕴含的对买受人予以特别保护的旨趣。这一立法旨趣在相关释义书中也明确得到了支持，认为《民法典》第 634 条是“法律对分期付款出卖人避免风险的特别约定的限制”，法律对出卖人请求支付全部价款的特别约定的上述限制，属于法律强制性规定，当事人不得限制、排除，否则是无效的。而对于合同解除的定位，一方面认为是“有关分期付款买卖合同解除的特别规定”，是对《民法典》合同编通则规定的具体化；但另一方面认为，对期限利益丧失特别约定的限制，也同样适用于合同的解除，合同的有关约定不得低于法律规定的对保护买受人有利的标准，且认为“只有达到了这样的条件，分期付款买卖的出卖人才有权行使合同的单方解除权”[2]。

分期付款买卖规则的规范目的

（二）期限利益丧失条款

通常情形下，分期付款买卖出卖人为保护其利益，通常要求买受人同意“如有一期迟延，出卖人即得请求全部价金”的条款。此类“期限利益丧失条款”受《民法典》第 634 条的规制。分期付款买卖合同的约定违反该条规定时，“损害买受人利益，买受人主张该约定无效的，人民法院应予支持”（《买卖合同解释》第 27 条第 2 款）。当然，与限制出卖人解除权的条款一样，并非只要当事人的约定与上述规定不一致就导致约定无效。法律作出这样的规定，目的是保护买受人的利益，如果当事人在合同中的约定对保护买受人的利益更加有利，并不违反法律规定的旨趣。

关于出卖人的合同解除与请求支付全部价款之间的关系问题，最高人民法院指导性案例 67 号指出，基于诚信原则，“即使依据原《合同法》第 167 条的规定，也应当首先选择要求支付全部价款，而不是解除合同”，改变了规范文义中的“或者”的意义，对规范作出了限定性解释。但此点值得商榷。若选择解除合同，则不得要求继续履行，并不能要求支付全部价款；若选择要求承担预期违约责任，当然可以要求继续履行。两者并非孰先孰后的问题，原则上应当由权利人选择。要求支付全部剩余价款和解除买卖合同之间是选择性竞合。

期限利益丧失条款与合同解除权之间的关系

（三）解约扣价条款

除了合同解除与期限利益丧失条款的规制，在分期付款买卖中还涉及解除后的清算

---

〔1〕 周江洪：《民法典合同编的制度变迁》，载《地方立法研究》2020 年第 5 期。

〔2〕 黄薇主编：《中华人民共和国民法典合同编解读》（上册），中国法制出版社 2020 年版，第 597 页。

的规制，尤其是“解约扣价条款”的规制。在分期付款买卖中，有时出卖人会通过对解除合同后的损害赔偿进行特别约定的方式来追求自己的最大利益。例如，出卖人有可能提出自己在因买受人的原因而解除合同时有权抵扣已收取的价款或者请求买受人支付一定金额赔偿的条款。但此类约定，有时对买受人过于苛刻，立法政策上也应予以限制。但《民法典》仅规定了标的物使用费的请求，即“出卖人解除合同的，可以向买受人请求支付该标的物的使用费”(《民法典》第634条第2款)。对于合同解除情形中的清算，虽然我国《民法典》第566条并未明确规定使用利益的返还，但通常认为该条规定的“恢复原状”包括“返还财产所产生的利息和其他孳息”[1]。《民法典》第634条第2款的文义是在肯定出卖人的使用费请求权，而未对扣留价款予以限制。《买卖合同解释》对此作出了补充，即“分期付款买卖合同约定出卖人在解除合同时可以扣留已受领价金，出卖人扣留的金额超过标的物使用费以及标的物受损赔偿额，买受人请求返还超过部分的，人民法院应予支持。当事人对标的物的使用费没有约定的，人民法院可以参照当地同类标的物的租金标准确定”(《买卖合同解释》第28条)。

二、所有权保留买卖

实务中，买卖合同双方当事人经常会约定在买受人未履行支付价款的义务或者其他出卖人认为重要的义务之前出卖人仍享有标的物的所有权或处分权，此为“所有权保留条款”，此类买卖也常被称为“所有权保留买卖”。所有权保留条款经常与分期付款买卖同时出现，但并不限于分期付款领域，一次性支付价款情形亦可约定所有权保留。

《民法典》第641~643条对所有权保留买卖作出了规定。当事人可以在买卖合同中约定买受人未履行支付价款或者其他义务的，标的物的所有权属于出卖人。出卖人对标的物保留的所有权，未经登记，不得对抗善意第三人(《民法典》第641条)。其中，未经登记不得对抗的“善意第三人”的范围及其效力，参照《民法典担保制度解释》第54条的规定处理(《民法典担保制度解释》第67条)，即“动产抵押合同订立后未办理抵押登记，动产抵押权的效力按照下列情形分别处理：(一)抵押人转让抵押财产，受让人占有抵押财产后，抵押权人向受让人请求行使抵押权的，人民法院不予支持，但是抵押权人能够举证证明受让人知道或者应当知道已经订立抵押合同的除外；(二)抵押人将抵押财产出租给他人并移转占有，抵押权人行使抵押权的，租赁关系不受影响，但是抵押权人能够举证证明承租人知道或者应当知道已经订立抵押合同的除外；(三)抵押人的其他债权人向人民法院申请保全或者执行抵押财产，人民法院已经作出财产保全裁定或者采取执行措施，抵押权人主张对抵押财产优先受偿的，人民法院不予支持；(四)抵押人破产，抵押权人主张对抵押财产优先受偿的，人民法院不予支持”(《民法典担保制度解释》第54条)。依所有权保留的担保功能，此处的“抵押人”即“被保留所有权的买受人”，而“抵押权人”则是“保留所有权的出卖人”。

---

[1] 黄薇主编：《中华人民共和国民法典合同编解读》(上册)，中国法制出版社2020年版，第367页。

为保障价款支付义务和其他义务得到履行，所有权保留的出卖人享有取回权。[1]“当事人约定出卖人保留合同标的物的所有权，在标的物所有权转移前，买受人有下列情形之一，造成出卖人损害的，除当事人另有约定外，出卖人有权取回标的物：（一）未按照约定支付价款，经催告后在合理期限内仍未支付；（二）未按照约定完成特定条件；（三）将标的物出卖、出质或者作出其他不当处分”（《民法典》第642条第1款）。而对于取回权行使的程序，《民法典》第642条第2款规定，“出卖人可以与买受人协商取回标的物；协商不成的，可以参照适用担保物权的实现程序”。《民法典担保制度解释》就行使程序作了进一步的细化，指明此处的“实现”程序即《民事诉讼法》上的“实现担保物权案件”相关的规定，即“在所有权保留买卖中，出卖人依法有权取回标的物，但是与买受人协商不成，当事人请求参照民事诉讼法‘实现担保物权案件’的有关规定，拍卖、变卖标的物的，人民法院应予准许。出卖人请求取回标的物，符合民法典第六百四十二条规定的，人民法院应予支持；买受人以抗辩或者反诉的方式主张拍卖、变卖标的物，并在扣除买受人未支付的价款以及必要费用后返还剩余款项的，人民法院应当一并处理”（《民法典担保制度解释》第64条）。

所有权保留的出卖人取回标的物后，买受人可以回赎。若未回赎，所有权保留的出卖人自行出卖标的物后的价款应当进行清算，即“出卖人依据前条第一款的规定取回标的物后，买受人在双方约定或者出卖人指定的合理回赎期限内，消除出卖人取回标的物的事由的，可以请求回赎标的物。买受人在回赎期限内没有回赎标的物，出卖人可以以合理价格将标的物出卖给第三人，出卖所得价款扣除买受人未支付的价款以及必要费用后仍有剩余的，应当返还买受人；不足部分由买受人清偿”（《民法典》第643条）。

不仅如此，所有权保留与动产抵押之间的关系，在《民法典担保制度解释》的背景下进一步得到加强。其不仅明确将所有权保留纳入《民法典担保制度解释》的涵摄范围，[2]而且还进一步拉近其与动产抵押的距离，将“正常经营买受人规则”亦适用于所有权保留买卖中，即“买受人在出卖人正常经营活动中通过支付合理对价取得已被设立担保物权的动产，担保物权人请求就该动产优先受偿的，人民法院不予支持，但是有下列情形之一的除外：（一）购买商品的数量明显超过一般买受人；（二）购买出卖人的生产设

---

〔1〕从现行规定来看，作为所有权担保的所有权保留，与动产抵押权不同，其得以通过行使取回权自行出卖标的物以实现所担保的价款债权（《民法典》第643条），而抵押权的实现则需借助协商或担保物权实现程序（《民法典》第410条）。关于担保的债权范围，前者是合同价款及必要费用（《民法典》第643条），而后者则是主债权及其利息、违约金、损害赔偿金、保管担保财产和实现担保物权的费用（《民法典》第389条）。在转让或不当处分标的物等情形中，保留所有权的出卖人得以行使取回权以保障其价款债权（《民法典》第642条）；与此不同，在抵押期间，抵押人可以转让抵押财产，担保物权具有追及力，抵押权不受影响，只有在有可能损害抵押权的情形下，担保权人才得以要求提前清偿或提存（《民法典》第406条）。不仅如此，担保物权明确肯定了担保财产毁损灭失等情形的物上代位（《民法典》第390条），但所有权保留中是否适用物上代位规则，《民法典》并未作出明确规定。在权利行使的条件方面，所有权保留也不同于动产抵押。当动产抵押所担保的债务发生不履行时即可以启动抵押权实现程序，并无债务不履行数额的限制（《民法典》第410条）；但《买卖合同解释》第26条则明确排除了已支付价款75%以上情形的取回权。

〔2〕《民法典担保制度解释》第1条规定：“因抵押、质押、留置、保证等担保发生的纠纷，适用本解释。所有权保留买卖、融资租赁、保理等涉及担保功能发生的纠纷，适用本解释的有关规定。”

备;(三)订立买卖合同的目的在于担保出卖人或者第三人履行债务;(四)买受人与出卖人存在直接或者间接的控制关系;(五)买受人应当查询抵押登记而未查询的其他情形。前款所称出卖人正常经营活动,是指出卖人的经营活动属于其营业执照明确记载的经营范围,且出卖人持续销售同类商品。前款所称担保物权人,是指已经办理登记的抵押权人、所有权保留买卖的出卖人、融资租赁合同的出租人"(《民法典担保制度解释》第56条)。[1]

同时,所有权保留所保障的价款债权,也被纳入了价款优先权的范畴,并以登记先后确定各价款优先权的优先顺序,即"担保人在设立动产浮动抵押并办理抵押登记后又购入或者以融资租赁方式承租新的动产,下列权利人为担保价款债权或者租金的实现而订立担保合同,并在该动产交付后十日内办理登记,主张其权利优先于在先设立的浮动抵押权的,人民法院应予支持:(一)在该动产上设立抵押权或者保留所有权的出卖人;(二)为价款支付提供融资而在该动产上设立抵押权的债权人;(三)以融资租赁方式出租该动产的出租人。买受人取得动产但未付清价款或者承租人以融资租赁方式占有租赁物但是未付清全部租金,又以标的物为他人设立担保物权,前款所列权利人为担保价款债权或者租金的实现而订立担保合同,并在该动产交付后十日内办理登记,主张其权利优先于买受人为他人设立的担保物权的,人民法院应予支持。同一动产上存在多个价款优先权的,人民法院应当按照登记的时间先后确定清偿顺序"(《民法典担保制度解释》第57条)。

三、凭样品买卖

凭样品买卖,又称"货样买卖",是指出卖人依照样品确定标的物的种类和质量标准的买卖。与通常的买卖不同,标的物的质量依样品确定。出卖人必须担保其交付的标的物的质量与样品完全相同。样品反映了合同双方当事人对标的物质量的确认或合意,样品是合同的质量条款。凭样品买卖是以样品确定出卖人应履行的合同义务,而不是以出卖人交付的货物符合样品为买卖合同的生效条件,即凭样品买卖不是附生效要件的买卖。[2]

凭样品买卖要求有样品存在,而且样品应当在订立合同时就存在。并且,当事人在买卖合同中应当约定以样品来确定标的物的品质,或者写明"凭样品买卖"等表明凭样品买卖的意思。如果出卖人先向买受人提示样品,而后双方订立合同时未明确表明进行的是凭样品买卖,则双方不成立凭样品买卖。所以,按照商店中摆列商品购物不属于货

---

〔1〕 对于这种处理方案,依然有商榷的余地。所有权保留的买受人在支付完价款或完成其他义务前,对于标的物只享有占有使用收益的权能,并不享有处分权。因此,所有权保留情形的买受人地位,与注重抵押物的交换价值而不否定抵押人处分权的抵押人地位明显不同。对于所有权保留买受人的转得人来说,其首先要取得标的物的所有权,始有该标的物上是否附有担保负担的问题,不区分处分权与否而统一适用"正常经营买受人规则"的行为,其逻辑并不清晰。实际上,《买卖合同解释》第26条第2款正是认为所有权保留买受人并无处分权,因而采纳了以无权处分为前提的善意取得构成,认为转得人可以根据善意取得制度而排除出卖人的取回权,而并不是依"正常经营买受人规则"排除出卖人的"担保物权"。

〔2〕 翟云岭:《论凭样品买卖》,载《法学》2004年第1期。

样买卖。[1] 合同订立后履行前提供“样品”的，并不构成凭样品买卖条款，但根据当事人意思表示的解释，在特殊情况（如有明确合意）下可解释为对品质条款的事后变更或商定，但不构成《民法典》第635条意义上的凭样品买卖。

凭样品买卖的当事人应当封存样品，并可以对样品质量予以说明。出卖人交付的标的物应当与样品及其说明的质量相同（《民法典》第635条）。样品之封存，主要为了避免人为引起样品质量变化。对于样品封存行为，虽然《民法典》第635条以“应当”描述，似乎构成当事人之义务，但学理上有观点认为封存样品为凭样品条款订入合同的条件，若未完成此等行为，凭样品买卖尚未成立，质量条款尚未约定，需依《民法典》第510条、第511条确定；若乙方拒不配合封存样品，则存在承担缔约过失责任的可能。[2]

封存样品具有强制性，而样品质量说明却具有选择性。合同约定的样品质量与文字说明不一致且发生纠纷时当事人不能达成合意，样品封存后外观和内在品质没有发生变化的，人民法院应当以样品为准；外观和内在品质发生变化，或者当事人对是否发生变化有争议而又无法查明的，人民法院应当以文字说明为准（《买卖合同解释》第29条）。

不知样品隐蔽瑕疵时的质量标准

虽以样品确定质量标准，但同样也会存在外观瑕疵和隐蔽瑕疵之分。凭样品买卖的买受人不知道样品有隐蔽瑕疵的，即使交付的标的物与样品相同，出卖人交付的标的物的质量仍然应当符合同种物的通常标准（《民法典》第636条）。与凭样品买卖以样品质量标准确定标的物质量是否符合约定的通常规定（《民法典》第635条）相比，对于隐蔽瑕疵之情形，则是通过法律特别规定加重了出卖人责任，其主要理由在于标的物存在隐蔽瑕疵而买受人又不知情时，标的物有可能无法满足标的物应有之使用价值或交换价值，使出卖人以与样品相符为由免责有违公平和诚信原则。但值得注意的是，凭样品买卖情形中的不知隐蔽瑕疵存在，虽然被理解为“质量要求不明确”，但并未采用《民法典》第510条、第511条依序确定质量标准的方法，省去了协商和依照合同的条款、交易习惯确定标的物质量要求的程序。[3] 就《民法典》第636条文义而言，也并未采纳《民法典》第510条、第511条的解释，而是直接依据通常标准来判断质量。从理论上来说，不知样品隐蔽瑕疵的存在，可视为未就质量要求达成合意（或者是对于品质的错误、欺诈等），此时当依《民法典》第616条处理，但《民法典》第636条排除了《民法典》第616条的规则，而是采用“通常标准”来作为质量标准。因《民法典》第636条被认为是对于出卖人的加重条款，因此，在解释“通常标准”时，可考虑在《民法典》第511条质量要求不明确时的几种质量标准中选取较高的标准。

四、试用买卖

试用买卖，指的是先成立买卖而后经试用承认，并以买受人认可标的物为生效条件的买卖合同，即附生效条件的合同之一。试用买卖与保留调换之买卖、为选择送货之买

---

〔1〕 黄薇主编：《中华人民共和国民法典合同编解读》（上册），中国法制出版社2020年版，第598页。

〔2〕 谢鸿飞、朱广新主编：《民法典评注·合同编·典型合同与准合同》（第1册），中国法制出版社2020年版，第206页。

〔3〕 黄薇主编：《中华人民共和国民法典合同编解读》（上册），中国法制出版社2020年版，第602页。

卖不同。试用买卖的特点在于买受人是否接受买卖属于其自由。在此意义上，试用买卖与“保留调换之买卖”以及“为选择之送货”存在显著的区别。在“保留调换之买卖”中，买受人保留了调换货物的权利。例如，买受人购买货物赠与他人，为应他人需要或嗜好而约定允许其调换其他货物。此时只是附有可以同一价格或较高价格调换其他物品的条件，而没有承认其买卖与否的自由。在“为选择之送货”中，尚未成立买卖合同，货物的发送实质上是出卖的要约（现物要约），依受领人的选择而成立买卖合同，因此，“为选择之送货”既非试用买卖，亦非保留调换之买卖。对此，《买卖合同解释》第30条也明确规定，“买卖合同存在下列约定内容之一的，不属于试用买卖。买受人主张属于试用买卖的，人民法院不予支持：（一）约定标的物经过试用或者检验符合一定要求时，买受人应当购买标的物；（二）约定第三人经试验对标的物认可时，买受人应当购买标的物；（三）约定买受人在一定期限内可以调换标的物；（四）约定买受人在一定期限内可以退还标的物”。

试用买卖的当事人可以约定标的物的试用期限。对试用期限没有约定或者约定不明确，依照《民法典》第510条的规定仍不能确定的，由出卖人确定（《民法典》第637条）在试用期内，出卖人负有容许买受人试用之义务。

试用买卖合同已成立，在买受人承认前虽未生效，但依诚信原则，买受人应尽善良管理人的注意义务，妥善保管标的物。若标的物非因可归责于买受人的原因发生毁损、灭失，会发生风险负担规则适用的问题。对此，《民法典》规定，标的物在试用期内毁损、灭失的风险由出卖人承担（《民法典》第640条）。对于试用买卖的价金风险何时发生移转的问题，应依试用买卖的法律结构判断，即买受人向出卖人作出同意购买标的物的意思表示时，风险才发生移转。[1]

法律推定抑或法律拟制

试用买卖的买受人在试用期内可以购买标的物，也可以拒绝购买。试用期限届满，买受人对是否购买标的物未作表示的，视为购买。试用买卖的买受人在试用期内已经支付部分价款或者对标的物实施出卖、出租、设立担保物权等行为的，视为同意购买（《民法典》第638条）。买受人的“承认”，系观念通知，为准法律行为，其法律效果依法律规定。[2] 买受人的承认，亦可通过法律拟制。作为《民法典》第140条“有法律规定”的典例，《民法典》第638条明确规定沉默得以视为购买；支付部分价款或实施出卖等行为亦视为“同意购买”。在立法语言表达上，《民法典》第638条第2款“视为同意购买”不同于《民法典》第638条第1款规定的“视为购买”，旨在强调第2款可推知当事人“同意”之意思表示。[3] 之所以得以将特定的行为拟制为“同意购买”，是因为按照日常生活经验法则，买受人得以通过支付部分价款的方式来表示对标的物的认可；且标的物在试用

---

〔1〕 黄薇主编：《中华人民共和国民法典合同编解读》（上册），中国法制出版社2020年版，第614页。

〔2〕 崔建远：《合同法》（第4版），北京大学出版社2021年版，第468页；韩世远：《合同法学》（第2版），高等教育出版社2022年版，第366页。但也有学说认为为意思表示，含有效果意思，如王利明：《合同法研究》（第2版第3卷），中国人民大学出版社2015年版，第160页。另有认为是需受领之意思表示，如谢鸿飞、朱广新主编：《民法典评注·合同编·典型合同与准合同》（第1册），中国法制出版社2020年版，第220页。

〔3〕 谢鸿飞、朱广新主编：《民法典评注·合同编·典型合同与准合同》（第1册），中国法制出版社2020年版，第221页。

期内买受人并无处置标的物的权利，其实施出卖、出租等行为显然是将标的物视为自己之物。[1] 但对于支付价款等行为的“法律拟制”，应当理解为“法律推定”。原因在于，若买受人实施了此等行为，但出卖人与买受人另行约定不以此等行为视为“同意购买”亦无妨。此处的“视为同意购买”，只是意思表示解释之结果，若有相反证据证明则可以推翻该结果。[2]

若买受人拒绝购买，致使所附条件不成就，合同不发生效力。试用标的物仍属于出卖人所有，买受人应当予以返还。除非有明确约定，无论拒绝购买或承认购买，出卖人均无权请求买受人支付标的物使用费（《民法典》第 639 条）。从体系上来说，该条为《民法典》第 157 条法律行为不发生效力返还规则的例外。依《民法典》第 157 条，因法律行为确定不发生效力后，因该行为取得的财产，包括使用利益在内，应当予以返还，但这与试用买卖之本质不符，故《民法典》第 639 条特别规定不得请求使用费。

五、竞争买卖

竞争买卖，指的是在合同成立过程中导入了竞争机制的买卖。《民法典》对此规定了参引性规范，即“招标投标买卖的当事人的权利和义务以及招标投标程序等，依照有关法律、行政法规的规定”（《民法典》第 644 条）；“拍卖的当事人的权利和义务以及拍卖程序等，依照有关法律、行政法规的规定”（《民法典》第 645 条）。《招标投标法》及《招标投标法实施条例》等规定了特殊的缔约程序，并规定了特定的适用范围以及交易方式的竞争性。《拍卖法》规定了拍卖，即通过公开竞价的方式，将特定物品或者财产权利转让给最高应价者。另外，就竞价方式订立的合同的成立时间，《民法典合同编通则解释》第 4 条作了专门规定。

拓展阅读文献

1. 朱庆育：《中国法上的买卖契约与物权变动》，载《比较法研究》2024 年第 3 期。
2. 张金海：《论作为独立违约责任形式的减价规则——内在逻辑与制度构造》，载《四川大学学报（哲学社会科学版）》2023 年第 5 期。
3. 纪海龙：《所有权保留担保权构成下保留卖主的合同解除权》，载《政治与法律》2023 年第 4 期。
4. 李昊：《论〈民法典〉实施后所有权保留出卖人取回权的行使规则》，载《法学杂志》2023 年第 4 期。
5. 高圣平、叶冬影：《论民法典上所有权保留买卖交易的担保功能》，载《法学评论》2023 年第 3 期。
6. 庄加园：《超越所有权保留的名实之争——选择性救济路径之证成》，载《法学研究》2023 年第 1 期。
7. 吴泽勇：《买卖合同标的物瑕疵的证明责任——以买受人通知义务为中心》，载《法商研究》2023 年第 1 期。

[1] 黄薇主编：《中华人民共和国民法典合同编解读》（上册），中国法制出版社 2020 年版，第 608 页。
[2] 谢鸿飞、朱广新主编：《民法典评注 · 合同编 · 典型合同与准合同》（第 1 册），中国法制出版社 2020 年版，第 222 页。

8. 纪海龙:《民法典所有权保留之担保权构成》,载《法学研究》2022 年第 6 期。
9. 王雷:《股权转让合同对民法典的参照适用》,载《广东社会科学》2022 年第 4 期。
10. 费安玲:《论买卖合同标的物规则的形成理念——以人格尊严和无体物为分析视角》,载《环球法律评论》2022 年第 3 期。
11. 易军:《我国〈民法典〉买卖合同制度的重大更新》,载《法学杂志》2022 年第 2 期。
12. 刘洋:《民法典语境下交付移转风险规则的体系联动效应辨识》,载《财经法学》2022 年第 2 期。
13. 周江洪:《所有权保留买卖的体系性反思——担保构成、所有权构成及合同构成的纠葛与梳理》,载《社会科学辑刊》2022 年第 1 期。
14. 武腾:《无权处分场合买卖合同的效力与权利瑕疵担保》,载《交大法学》2022 年第 1 期。
15. 王立栋:《〈民法典〉第 641 条(所有权保留买卖)评注》,载《法学家》2021 年第 3 期。
16. 夏静宜:《我国合同法上瑕疵概念的反思与重构——从客观瑕疵迈向主观瑕疵》,载《南京大学学报(哲学·人文科学·社会科学)》2021 年第 3 期。
17. [德]托马斯·M. J. 默勒斯:《中国〈民法典〉买卖法中的开放式问题——与德国法及欧盟法相比较》,李雨泽译,载《财经法学》2021 年第 3 期。
18. 陆青:《〈民法典〉与司法解释的体系整合——以买卖合同为例的思考》,载《法治研究》2020 年第 5 期。
19. 黄茂荣:《买卖之目标及其〈民法典〉之合同类型的配置》,载《北方法学》2020 年第 5 期。
20. 崔建远:《无权处分再辨》,载《中外法学》2020 年第 4 期。
21. 吴香香:《〈民法典〉第 598 条(出卖人主给付义务)评注》,载《法学家》2020 年第 4 期。
22. 韩世远:《划拨土地上房屋之买卖》,载《中国应用法学》2020 年第 2 期。
23. 金晶:《〈合同法〉第 158 条评注(买受人的通知义务)》,载《法学家》2020 年第 1 期。
24. 吴香香:《〈合同法〉第 142 条(交付移转风险)评注》,载《法学家》2019 年第 3 期。
25. 崔建远:《论检验期间》,载《现代法学》2018 年第 4 期。
26. 金晶:《〈合同法〉第 111 条(质量不符合约定之违约责任)评注》,载《法学家》2018 年第 3 期。
27. 周江洪:《分期付款买卖合同的解除及其限制——"汤长龙诉周士海股权转让纠纷案"评释》,载《交大法学》2017 年第 4 期。
28. 易军:《买卖合同之规定准用于其他有偿合同》,载《法学研究》2016 年第 1 期。
29. 陆青:《论消费者保护法上的告知义务——兼评最高人民法院第 17 号指导性案例》,载《清华法学》2014 年第 4 期。
30. 朱晓喆:《买卖之房屋因地震灭失的政府补偿金归属——刘国秀诉杨丽群房屋买卖合同纠纷案评释》,载《交大法学》2013 年第 2 期。
31. 周江洪:《风险负担规则与合同解除》,载《法学研究》2010 年第 1 期。

第二章　供用电、水、气、热力合同

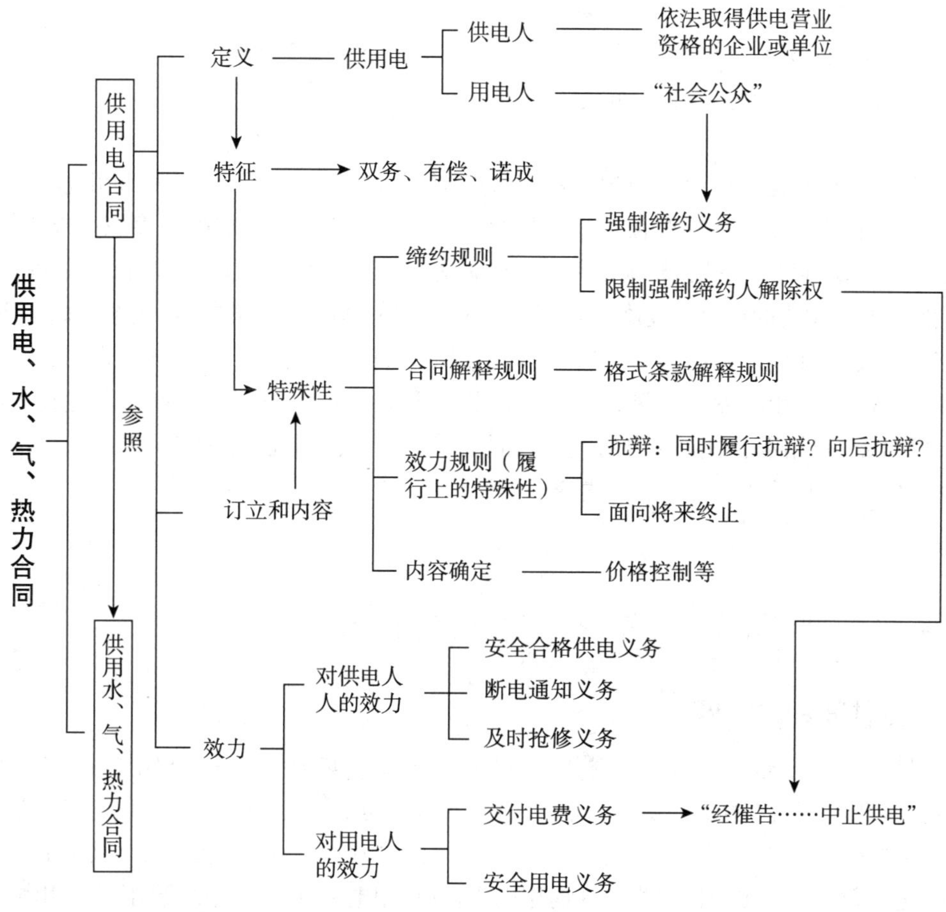

设 例

甲水泥厂与乙供电公司签订供用电合同。某日,乙发现甲的电表被破坏,以甲有窃电嫌疑为由向公安局报案。公安机关经过侦查后,出具侦查报告,称未发现甲有窃电行为的充分证据,随后又作出撤销案件决定书。问:

(1)甲的供电电表被破坏,乙是否有权据此停止供电?在停止供电前,是否需要事先通知甲?

(2)停电后,乙应于何时恢复供电?

(3)若乙迟延恢复供电,甲是否有权要求乙赔偿因停电造成的开支损失,以及若及时供电其预期可得的企业利润损失?

供用电合同是持续性合同的一种,虽然其标的物"电力"属于能源,而并非"有体物",但多被认为是一种特殊的买卖。[1] 此类合同因其标的物的特殊性,国家多有管制,且随着电力体制改革、碳达峰碳中和纳入生态文明建设整体布局以及随着能源法制体系建设的推进,相关的法律规范体系亦在逐步变化之中。除了《民法典》供用电合同一章,多存在特别法规定。例如,《电力法》等对供用电合同亦有规范。《民法典》合同编第十章虽然名为"供用电、水、气、热力合同",但其规定多为供用电合同的内容,只是在其第656条规定"供用水、供用气、供用热力合同,参照适用供用电合同的有关规定",故本章亦以供用电合同为中心介绍相关内容。

第一节 供用电、水、气、热力合同的特色

一、供用电合同的概念

供用电、水、气、热力合同,是指一方提供电、水、气、热力供另一方利用,另一方支付对价的合同。此等"对价",虽然在日常生活中常用"电费""水费"等称呼,但与民法学意义上的"费用"有别,而是对价意义上的价金。《民法典》第648条第1款对供用电合同作了定义,即"供用电合同是供电人向用电人供电,用电人支付电费的合同"。供用电合同属于双务、有偿合同;其给付为持续性给付。

二、供用电合同的制度特色

在规范配置上,供用电合同具有诸多特色。

(一)缔约规则的特殊性

强制缔约义务

供用电合同具有强制缔约的特点。《电力法》第26条第1款规定:"供电营业区内的供电营业机构,对本营业区内的用户有按照国家规定供电的义务;不得违反国家规定对其营业区内申请用电的单位和个人拒绝供电。"这也是《民法典》第494条第3款的体

[1] 韩世远:《合同法学》(第2版),高等教育出版社2022年版,第378页。

现。为此,《民法典》第 648 条在原《合同法》基础上增加第 2 款规定,即“向社会公众供电的供电人,不得拒绝用电人合理的订立合同要求”。

典型案例 高尔夫(南京)房地产有限公司诉吴某梅供用热力合同案(《最高人民法院公报》2012 年第 12 期)

［裁判要点］

非集中供热地区,开发商向业主出售的商品房含有供热设施,且约定由开发商向业主供热,开发商负有强制缔约义务,是否解除供热合同应由业主或者业主大会决定。

(二)合同解释规则的特殊性

供用电合同的解释,除依《民法典》第 466 条及《民法典》第 142 条意思表示解释规则外,尚需考虑其格式条款缔约的特殊性,应当遵循《民法典》第 498 条规定的格式条款解释规则。当然,此等解释规则仅适用于供用电、水、气、热力合同中的格式条款,对于供用企业依据特殊使用者的个性需要而签订的非格式合同条款并不适用。

(三)效力规则的特殊性

与经由义务人的一次交付行为即可完成履行义务的合同不同,供用电、水、气、热力合同为持续性供给合同。[1]

通常认为,因供用电合同履行上的特殊性,会产生以下效力:一是在合同存续中,一方个别给付的不履行可能导致对方产生同时履行抗辩权。因此,电、水、气、热力的使用者若迟延支付价金,则相关供给者在符合条件时可以依法拒绝提供后续给付,且不负给付迟延责任,但能否“向后抗辩”也会有一些例外规定或约定。这种“向后抗辩”的效力,除可参照适用《民法典》第 633 条第 2 款分批交付得以解释出相应效力外,电力领域的相关规定对此亦予以直接规定。例如,《电力供应与使用条例》第 39 条规定,违反本条例第 27 条规定,逾期未交付电费的,供电企业可以从逾期之日起,每日按照电费总额的 1‰至 3‰加收违约金,具体比例由供用电双方在供用电合同中约定;自逾期之日起计算超过 30 日,经催交仍未交付电费的,供电企业可以按照国家规定的程序停止供电。二是若供用电、水、气、热力合同因各种原因终止之时,其效力仅能向将来发生,而不溯及过去。

“向后抗辩”

(四)内容确定的特殊性

供用电、水、气、热力合同具有公益性,即这类合同不只是为了供应方从中得到利益,而主要是为了满足人民生活的需要。公用供用电企业并非纯粹是以营利为目的的企业,而是以促进公共生活水平提高等公益事业为重要目标的企业。为了保证这类合同目的实现的持续性和稳定性,国家对电、水、气、热力合同的供应往往有很强的计划性和管制性。

[1] 韩世远:《合同法学》(第 2 版),高等教育出版社 2022 年版,第 376 页。

以电价为例,《电力法》第五章就电价与电费专门作出了规定。《电力法》明确规定,任何单位不得超越电价管理权限制定电价,供电企业不得擅自变更电价(《电力法》第 43 条)。

第二节　供用电合同的成立与效力

一、供用电合同的成立

(一)主体资格

用电人主体资格无特殊限制。但依《电力法》规定,用电人须是处在供电人供电营业区的自然人、法人或非法人组织等。与用电人主体资格无特别限制不同,供电人的主体资格存在限制,仅限于依法取得供电营业资格的企业或单位。但是,对于未取得供电营业许可证的供电人对外签订的供用电合同效力问题,法院并不否定其合同效力。最高人民法院曾对此作出明确答复,认为当事人在未取得供电营业许可证的情况下为他人供电,虽属违反国家有关供电营业区许可证管理制度的违法行为,但并不绝对地损害国家利益或者社会公共利益,故不应仅因当事人未取得供电营业许可证而认定其对外签订的供用电合同无效。[1]

(二)强制缔约

关于供用电合同的强制缔约性质,《民法典》第 648 条第 2 款有专门规定。但该规定非完全性规范,并未规定违反该规定时的法律后果,有待解释。在私法上,可以参照缔约过失责任追究供电方责任或判决其强制缔约。在公法上,《电力法》第 64 条也规定了相关的责任,即违反该法第 26 条、第 29 条规定,拒绝供电或者中断供电的,由电力管理部门责令改正,给予警告;情节严重的,对有关主管人员和直接责任人员给予行政处分。

(三)合同条款

供用电合同的内容一般包括供电的方式、质量、时间,用电容量、地址、性质,计量方式,电价、电费的结算方式,供用电设施的维护责任等条款(《民法典》第 649 条)。

二、供用电合同的效力

(一)供电人义务

1. 安全、合格供电的义务

供电人应当按照国家规定的供电质量标准和约定安全供电。供电人未按照国家规定的供电质量标准和约定安全供电,造成用电人损失的,应当承担赔偿责任(《民法典》第 651 条)。供用电合同的履行地点,按照当事人约定;当事人没有约定或者约定不明确的,供电设施的产权分界处为履行地点(《民法典》第 650 条)。《民法典》供用电合同章之所以未援引《民法典》第 511 条规定而是以产权分界处作为履行地点,是因为供用电

---

〔1〕 最高人民法院《关于对未取得供电营业许可证的供电人对外签订供用电合同效力问题请示的答复》,〔2013〕民二他字第 1 号(2013 年 4 月 25 日)。

合同的履行与其他货物买卖合同的履行不同。电力的生产、供应与使用同时进行，表现为电流的不间断流动，供用电合同的履行因此具有特殊性，很难用《民法典》第 511 条予以确定。

在特定情形下，亦可免除供电人的连续供电义务。例如，《民法典》第 652 条规定，“供电人因供电设施计划检修、临时检修、依法限电或者用电人违法用电等原因，需要中断供电时，应当按照国家有关规定事先通知用电人”。《民法典》第 654 条第 1 款规定，“用电人应当按照国家有关规定和当事人的约定及时支付电费。用电人逾期不支付电费的，应当按照约定支付违约金。经催告用电人在合理期限内仍不支付电费和违约金的，供电人可以按照国家规定的程序中止供电”。但如后所述，即使该种情形，供电人也应当履行断电通知义务（《民法典》第 654 条第 2 款）。

违反安全合格供电义务应当承担违约责任。关于损害赔偿的范围，实践中常会因限额赔偿条款的存在而产生争议，法院判决往往排除限额赔偿条款的适用。[1] 至于因第三人原因停止供电之情形，还会涉及第三人的责任问题，尤其是第三人是否承担纯粹经济损失赔偿责任的问题。对于反射损害型的“物之使用不能”类的纯粹经济损失，在立法没有明确规制的情况下，司法实践中已形成一般不予赔偿的裁判规则。[2]

纯粹经济损失

2. 断电通知义务

供电人因供电设施计划检修、临时检修、依法限电或者用电人违法用电等原因，需要中断供电时，应当按照国家有关规定事先通知用电人；未事先通知用电人中断供电，造成用电人损失的，应当承担赔偿责任（《民法典》第 652 条）。关于具体的通知方式和通知时限等，《电力供应与使用条例》第 28 条及《供电营业规则》第 67 条、第 68 条作出了详细的规定。引起停电或者限电的原因消除后，供电企业应当尽快恢复供电。

断电通知义务在特定情形下亦得以免除。例如，因不可抗力或者电力线路故障等原因导致电力中断的被动断电情形，通常无法事先通知。在实践中，供电人是否因用电人的窃电行为得以未经通知中断供电，亦会产生纠纷。有法院判决认为，在供电公司工作人员发现用电单位有盗窃电力嫌疑的情况下，虽然窃电行为是否实际由用电单位实施并不清楚，但为了防止窃电行为继续发生，避免损失进一步扩大，因此供电公司工作人员有权按照法律规定当场停止供电。[3] 但是，对于逾期不交付电费时的中止供电，虽然《供电营业规则》第 66 条规定可以不经批准中止供电，但《民法典》第 654 条第 2 款明确规定此种情形的中止供电，仍然应当事先通知用电人（《民法典》第 654 条第 2 款）。

3. 及时抢修义务

因自然灾害等原因断电，供电人应当按照国家有关规定及时抢修；未及时抢修，造成

[1] 国网安徽省电力有限公司淮南供电公司、安徽泓祥百福食品有限公司供用电合同纠纷案，安徽省淮南市中级人民法院（2021）皖 04 民终 1096 号民事判决书。

[2] 李昊：《纯粹经济损失的侵权责任法保护》，载周江洪、陆青、章程主编：《民法判例百选》，法律出版社 2020 年版，第 459 页。

[3] 玉林市宝龙水泥厂诉玉林市供电公司等供用电合同案，广西壮族自治区高级人民法院（2010）桂民二终字第 43 号民事判决书。

用电人损失的，应当承担损害赔偿责任（《民法典》第653条）。与断电通知义务的违反不同的是，断电通知义务通常是供电人主动断电情形下应当履行的义务；而从《民法典》第653条的及时抢修义务来看，其更多的是被动断电情形下的抢修。即使是不可抗力引起的断电，供电人也同样负有及时抢修的义务。若是因为供电人原因（如未及时检修设备而导致设备故障）断电，其虽然亦负有抢修的义务，但其首先违反的是安全、合格供电义务中内含的持续供电义务，故其损害赔偿请求权基础是《民法典》第651条，而不是及时抢修义务。

典型案例 盐城市天孜食品有限公司诉盐城市自来水有限公司供用水合同纠纷案（《最高人民法院公报》2020年第3期）

［裁判要点］

维修义务和举证责任分配

在供水合同关系中，供水方自来水公司承担的安装、更换、维修水表以及供水等义务是一种公共服务。用水方系被动接受水表和计量结果。水表更换前后，在用水方生产量基本不变且无管道跑水故障的情况下，水表显示用于生产的用水量却大幅增加，有悖常理。由此引发争议时，人民法院应当根据民事诉讼证明原则和日常经验法则，对案件事实作出综合判断并公平合理地确定计算方法和损失数额。

（二）用电人义务

1. 交付电费义务

用电人应当按照国家有关规定和当事人的约定及时支付电费。用电人逾期不支付电费的，应当按照约定支付违约金。经催告用电人在合理期限内仍不支付电费和违约金的，供电人可以按照国家规定的程序中止供电（《民法典》第654条第1款；《电力供应与使用条例》第27条第2款）。

2. 安全节约计划用电义务

用电人应当按照国家有关规定和当事人的约定安全、节约和计划用电。用电人未按照国家有关规定和当事人的约定用电，造成供电人损失的，应当承担赔偿责任（《民法典》第655条）。《电力供应与使用条例》第30条则规定了用电人用户不得有危害供电、用电安全，扰乱正常供电、用电秩序的行为，第31条规定了禁止窃电行为。

拓展阅读文献

1. 王文军：《电力直接交易背景下〈民法典〉供用电合同制度新解》，载《法学杂志》2022年第2期。
2. 于文轩：《论电力法上的强制缔约制度》，载《清华法学》2018年第1期。
3. 朱岩：《强制缔约制度研究》，载《清华法学》2011年第1期。
4. 冉克平：《论强制缔约制度》，载《政治与法律》2009年第11期。
5. 崔建远：《强制缔约及其中国化》，载《社会科学战线》2006年第5期。
6. 易军、宁红丽：《强制缔约制度研究——兼论近代民法的嬗变与革新》，载《法学家》2003年第3期。

第三章　赠与合同

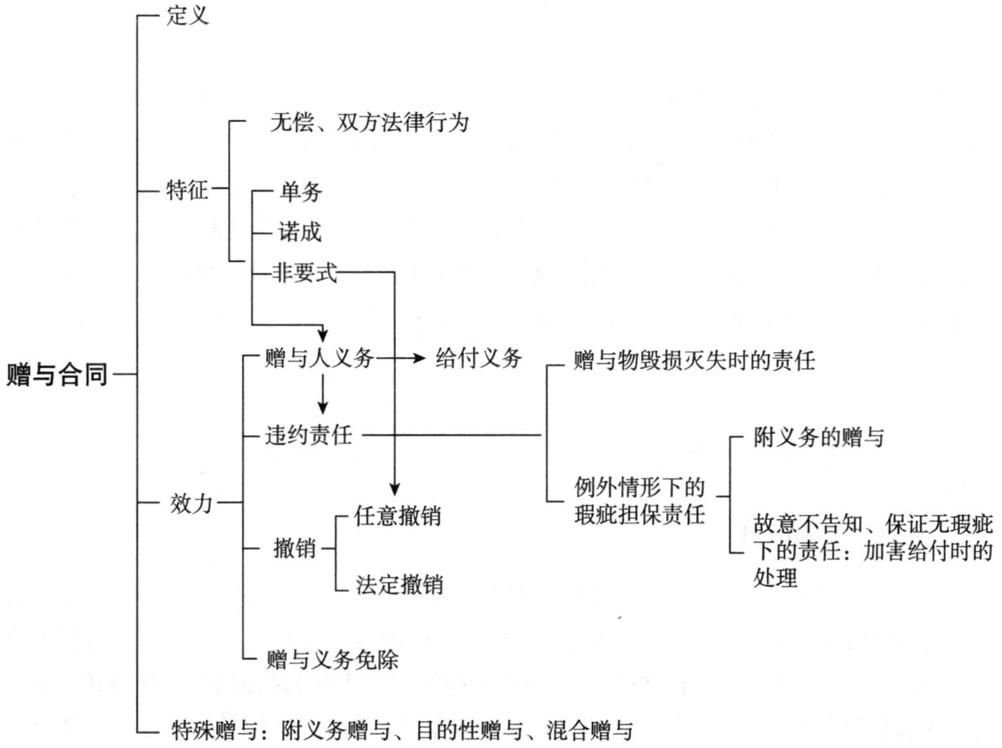

赠与合同
定义
特征
无偿、双方法律行为
单务
诺成
非要式
效力
赠与人义务
给付义务
违约责任
赠与物毁损灭失时的责任
例外情形下的瑕疵担保责任
附义务的赠与
故意不告知、保证无瑕疵下的责任：加害给付时的处理
撤销
任意撤销
法定撤销
赠与义务免除
特殊赠与：附义务赠与、目的性赠与、混合赠与

设 例

1. 甲承诺“送”给乙现金1万元,但要求乙在接受该笔现金时还要帮忙临时运送部分货物给第三人,乙欣然表示同意。问:

甲乙之间达成的这个约定是否属于赠与?

2. 某电商平台内经营者丙推出“买300减30”促销活动,若消费者丁参与此类商品促销活动。问:

消费者丁和某电商平台之间是否存在某种(部分)赠与合意?

赠与合同属于财产权利转移型的合同类型。与买卖合同不同的是,赠与合同是无偿合同的典型。虽然没有如同《民法典》第646条一样直接规定买卖合同得以参照适用于其他有偿合同,但通过《民法典》第467条规定的无名合同得以参照适用最相类似合同的规定,《民法典》赠与合同章相关规范亦得以在某种程度上参照适用于其他无偿合同,从而使赠与合同成为无偿合同的“类通则”性规则。赠与合同的无偿性决定了其在合同拘束力、债务人义务的强度、注意义务及责任的轻重、合同主体的要求等各方面都会与有偿合同存在差别。

第一节 赠与合同概述

一、赠与合同的概念

赠与合同是赠与人将自己的财产无偿给予受赠人,受赠人表示接受赠与的合同(《民法典》第657条)。赠与合同作为财产移转型的赠与,表现为“财产的给予”,其本质是一方减少财产、对方获得利益;赠与人财产的减少可以表现为物的交付或权利的移转。

财产的给予

与买卖合同“转移标的物所有权”不同,赠与不限于财产所有权的赠与,还可以是使对方当事人从对第三人所负债务中解放或者为他人在某物上设立物权,也可以是其他权益的赠与。如根据《民法典》第367条的规定为他人设立居住权。但如果并非给予财产,即使无偿,亦非赠与合同。如无偿为人提供劳务并不涉及财产的移转,此时可能构成无偿委托、无偿保管等。如果涉及财产移转,但该移转并非终局性,只是债权性使用收益的“赠送”,即使是无偿的,如无偿借用,亦非赠与。为他人提供无偿的债务担保,则可能构成设定担保物权或保证等合同类型。

“一方减少财产、对方获得利益”亦可以表现为免除对方当事人的债务。但我国《民法典》第575条就债务的免除采取了“拒绝构成”,并非如同赠与合同的当事人的“合意”,与赠与稍有区别。但债权人与债务人以协议方式无偿消灭债务,亦可能构成赠与。

拓 展

虽然《民法典》第657条规定要求赠与人赠与的是“自己的财产”,但与他人之物买卖一样,他人财产的赠与并不妨碍赠与合同的效力(当然,有可能构成重大误解,如赠与人误以为系自己的财产而赠与)。赠与的标的并不必须是事先归属于赠与人的财产。赠与人只要可以从他人处获取该赠与标的(间接给予)即可。[1] 需要追问的是,若是他人财产之赠与,赠与人是否负有取得他人权利的义务?对此,与他人之物买卖不同,在赠与合同中,赠与人原则上不负有取得义务,但取得他人权利时负有权利移转义务。 赠与他人财产

赠与合同的无偿性特征使其具有一些特殊的法律效果,如:(1)减轻赠与人的担保责任(《民法典》第662条);(2)对于不附负担的赠与,并不妨碍限制行为能力人作为受赠人签订的赠与合同的效力(《民法典》第19条、第22条);(3)赠与构成破产撤销权和债权人撤销权的事由之一。

二、赠与合同的特征

赠与合同是无偿合同。即使是附负担的赠与(《民法典》第661条),所附义务与赠与人的赠与之间也并不构成给付与对待给付的关系,所附义务不构成给付的"原因",仍然是无偿的。

赠与合同是双方法律行为。赠与以有当事人双方的合意为必要,这是赠与与作为单方行为的遗赠、捐助行为的显著不同之处。死因赠与不同于遗赠,但得准用遗赠的规则。

赠与合同是不要式合同。原《合同法》未要求特定的形式,《民法典》编纂过程中有采取要式合同的建议,但未被采纳。

赠与合同为单务合同。受赠人并无对待给付义务,仅赠与人负有交付赠与财产的义务。在附负担赠与中,赠与虽附一定的义务,但这种义务并不构成一种对待给付义务,故依然属于单务合同性质。

赠与合同是诺成合同。原《民法通则意见》第128条曾规定赠与合同的要物合同性质,[2] 但原《合同法》和《民法典》均采诺成合同的立场。《民法典》第658条第1款"赠与人在赠与财产的权利转移之前可以撤销赠与"的规定亦表明了赠与合同的诺成性。原因在于,若赠与合同是实践性合同,权利转移之前合同尚未成立,根本不存在撤销赠与的问题。

第二节　赠与合同的效力

一、赠与人的给付义务

赠与人负有给付义务,受赠人具有履行请求权。经过公证的赠与合同或者依法不得

[1] 韩世远:《合同法学》(第2版),高等教育出版社2022年版,第385页。

[2] 原《民法通则意见》第128条,"公民之间赠与关系的成立,以赠与物的交付为准。赠与房屋,如根据书面赠与合同办理了过户手续的,应当认定赠与关系成立;未办理过户手续,但赠与人根据书面赠与合同已将产权证书交与受赠人,受赠人根据赠与合同已占有、使用该房屋的,可以认定赠与有效,但应令其补办过户手续"。

撤销的具有救灾、扶贫、助残等公益、道德义务性质的赠与合同,赠与人不交付赠与财产的,受赠人可以请求交付(《民法典》第660条第1款)。该条不得反对解释,不能认为该条以外的情形不能“请求交付”。盖赠与合同作为诺成合同,依当事人意思发生约束力,产生债之负担,受赠人具有请求权。《民法典》第660条第1款的规定只是在强调特定赠与合同的任意撤销权的限制。另外,赠与的财产依法需要办理登记或者其他手续的,应当办理有关手续(《民法典》第659条)。“交付赠与财产”,若涉及所有权变动的财物赠与,应当包含所有权移转义务,并不限于“交付”的字面意思,例如,应当完成不动产登记手续等。这一点可以从《民法典》第659条的规定中推出。

二、赠与人违约及其责任

“优待赠与人”原则

违约可以表现为不能履行、迟延履行、拒绝履行或不完全履行,应承担相应的违约责任。在赠与合同领域,《民法典》区分了不得任意撤销的赠与、附义务的赠与和一般赠与,并作出了不同的规定。与买卖合同相比,《民法典》在某些领域排除或减轻了赠与人的责任,以“优待赠与人”为原则。也就是说,遵循“原则上不使赠与人负与出卖人相同的责任”的赠与人责任原则。但经营者的赠与行为,若在其经营范围的营业促销等,一般认为并不因此而降低其注意义务标准。[1]

1. 因故意、重大过失致使应当交付的赠与财产毁损、灭失的责任

“依据前款规定应当交付的赠与财产因赠与人故意或者重大过失致使毁损、灭失的,赠与人应当承担赔偿责任”(《民法典》第660条第2款)。原《合同法》第189条曾规定所有的赠与均负担此等责任,但《民法典》第660条将其作为不得任意撤销的赠与的第2款予以规定,并明确指出“依照前款规定应当交付的……”,表明该责任只适用于不得任意撤销的赠与。

思 考

赠与人迟延履行责任之排除

赠与人履行迟延是否应当承担损害赔偿责任,常有争议。虽然根据《民法典》第577条及第580条规定,在赠与人任意撤销之前,受赠人可以要求继续履行,但按照《民法典》第658条第2款及第660条规定,即使是不得任意撤销之赠与,赠与人也仅负有“继续履行”,以及故意或者重大过失致使毁损、灭失情形下的损害赔偿;即使不得任意撤销之赠与,亦排除了赠与人迟延履行引起的责任。若依该解释,一般赠与之情形更应排除此等履行迟延赔偿的责任。对此,亦有学者认为,赠与人迟延履行,虽可要求继续履行,但可参考相关域外规定,排除赠与人的迟延赔偿责任,以减轻赠与人负担。同时,对于赠与人没有过失或一般过失之情形,亦可准用《民法典》第660条规定免责。[2]

---

[1] 实践中,有法院认为,经营者承诺的“赠送金额”不等同于订立“赠与合同”,并非合同意义上的无偿赠与行为,而应当认定为经营者为了促销给予消费者的优惠额度。参见江苏省高院、江苏省消保委联合发布的《2020年度江苏省消费者权益保护十大典型案例》之七:陈某诉魔炼餐饮店餐饮服务合同纠纷案。

[2] 崔建远:《合同法》(第4版),北京大学出版社2021年版,第477页。

因故意、重大过失致使应当交付的赠与财产毁损、灭失时的损害赔偿，是否包括履行利益的赔偿？对此，有学者认为，赠与人瑕疵担保责任情形下赔偿损失的范围仅限于信赖利益。[1] 相关释义书也认为，此处的损害赔偿，不包括迟延利息和其他损害赔偿，仅限于赠与财产本身。[2] 但本书认为，对于不得任意撤销之赠与，其履行请求权的"强度"较之一般赠与要高，承认履行利益赔偿亦未尝不可，但其赔偿范围同样受制于可预见性规则等的限制。

当赠与的标的物为种类物时，不得任意撤销的赠与，因种类物不灭原理，可以要求继续履行（《民法典》第 660 条第 1 款）。

2. 例外情形的瑕疵担保义务及其责任

原则上，赠与人不承担瑕疵义务及责任（《民法典》第 662 条第 1 款前段）。如果说在买卖合同中，出卖人出卖财产的缺陷或欠缺合同所定的品质对买受人来说是一种损失，因为他和出卖人进行结算时是以财产的全部价值为根据的；那么在赠与合同中，基于受赠人取得财产的无偿性，受赠人自身的财产不会遭到任何损失，因此，赠与人的瑕疵责任问题原则上是不存在的。但例外的是附负担赠与，赠与人在附义务的限度内承担与出卖人相同的责任（《民法典》第 662 条）。

3. 故意不告知瑕疵或者保证无瑕疵时的赔偿责任

赠与人故意不告知瑕疵或者保证无瑕疵，造成受赠人损失的，应当承担赔偿责任（《民法典》第 662 条第 2 款）。理论上，就典型合同部分未规定的损害赔偿问题，应适用合同编通则违约损害赔偿的规则（《民法典》第 584 条，违约情形，以履行利益赔偿为原则），但解释上多从赠与合同的无偿性出发，认为此处的"受赠人损失"应是信赖利益损失，不包括赠与标的完全无瑕疵时应得的利益的损失。本书主张限于信赖利益和固有利益的赔偿。若因赠与标的瑕疵而导致加害给付等受赠人固有利益受损等情形，则需与《民法典》侵权责任编第 1165 条之间进行协调。加害给付之情形并不以受益的价值平衡为出发点，而是对固有利益本身的保护，原则上无须考虑无偿合同之无偿性问题，但为防止"优待赠与人"的立法精神受损，因此在构成要件上可与《民法典》第 662 条第 2 款相互协调，以保持一致，侵权责任构成亦应以故意不告知瑕疵或保证无瑕疵为构成要件。

赠与人故意不告知瑕疵或者保证无瑕疵，但受赠人明知赠与标的有瑕疵的，可参照买卖合同章"买受人恶意抗辩规则"处理。原因在于，赠与合同章的立法旨趣之一就在于优待赠与人，"不使赠与人承担出卖人责任"。即使是较之赠与人受到更强约束的出卖人，在标的物瑕疵时都得以因买受人之恶意而免责，举轻以明重，对于赠与之情形，虽未明确规定，但亦得以参照适用。

---

〔1〕 李永军：《合同法》（第 6 版），中国人民大学出版社 2021 年版，第 309 页。

〔2〕 黄薇主编：《中华人民共和国民法典合同编解读》（上册），中国法制出版社 2020 年版，第 678 页；谢鸿飞、朱广新主编：《民法典评注 · 合同编 · 典型合同与准合同》（第 1 册），中国法制出版社 2020 年版，第 337 页；最高人民法院民法典贯彻实施工作领导小组主编：《中华人民共和国民法典合同编理解与适用（二）》，人民法院出版社 2020 年版，第 1190 页。

三、赠与合同的撤销

（一）任意撤销

任意撤销，指的是赠与人在赠与财产的权利转移之前可以撤销赠与（《民法典》第658条第1款）。任意撤销是在赠与财产“权利转移”之前而非赠与物“交付”之前，从而使赠与人享有较大的任意撤销空间。赠与的任意撤销，亦适用于婚前或婚姻存续期间的婚内赠与，即婚前或者婚姻关系存续期间，当事人约定将一方所有的房产赠与另一方或者共有，赠与方在赠与房产变更登记之前撤销赠与，另一方请求判令继续履行的，人民法院可以按照《民法典》第658条的规定处理[《民法典婚姻家庭编解释（一）》第32条]。

婚内赠与

并非所有情形的赠与人均享有任意撤销权。经过公证的赠与合同或者依法不得撤销的具有救灾、扶贫、助残等公益、道德义务性质的赠与合同，赠与人并不享有《民法典》第658条意义上的任意撤销权（《民法典》第658条第2款）。不得任意撤销的几类赠与合同的考量并不相同。[1] 经过公证的合同之所以不得任意撤销，其主要是认为经过公证的赠与，排除了赠与人轻率的决定，表明了赠与人意思决定形成的慎重性，其赠与的意思经过深思熟虑非常明确。公益性质的赠与不得任意撤销，乃是源于此类赠与的公益性和社会性，否则将与赠与的目的和宗旨相悖。道德义务性质的赠与，由于当事人之间具有道义上的因素，如果允许赠与人任意撤销，则与道义不符。[2] 除了这三种情形的赠与，即使是附负担之赠与，赠与人同样得以在权利移转前任意撤销赠与；而且，无论是口头还是书面的赠与，均得以按照《民法典》第658条之要件撤销；同时，无论是口头的还是书面的赠与，只要是符合《民法典》第658条第2款之规定，均不得任意撤销，但这里要特别注意的是“依法不得撤销”新要件的导入。事实上，根据《慈善法》第41条的规定，并非所有的公益性赠与都不得撤销，只有特定情形的公益性赠与才可以强制执行。《民法典》第658条导入“依法不得撤销”的新要件，也是为了与《慈善法》保持衔接。

（二）法定撤销

赠与人的法定撤销，指的是在具备法定事由时，赠与人或其继承人、法定代理人行使撤销权，依法撤销赠与合同。从《民法典》的规定来看，法定撤销权主要是基于社会道德和伦理的考虑对受赠人的“忘恩负义”行为的一种惩罚，以否定受赠人保有赠与标的权利的制度。[3] 与赠与人的任意撤销权不同，法定撤销权的行使，并不限于财产权利转移前。不得任意撤销之赠与，符合法定撤销要件时，仍然得以撤销。与任意撤销权行使不同，任意撤销权情形因财产权利尚未移转，至多得以要求返还占有，而法定撤销权行使之情形，则可以请求受赠人返还财产占有及财产权利（《民法典》第665条）。而且，亦有学

---

〔1〕 谢鸿飞、朱广新主编：《民法典评注 · 合同编 · 典型合同与准合同》（第1册），中国法制出版社2020年版，第326～327页。理论上，也有人从赠与合同的发展历史质疑赠与合同任意撤销权本身的合理性，参见苏紫衡：《对赠与任意撤销权的质疑——以赠与合同观的历史考察为核心》，载《河南大学学报（社会科学版）》2016年第1期。

〔2〕 黄薇主编：《中华人民共和国民法典合同编解读》（上册），中国法制出版社2020年版，第672页。

〔3〕 李永军：《合同法》（第6版），中国人民大学出版社2021年版，第307页。

者指出，此处所谓的撤销不同于《民法典》第 147～152 条规定的撤销。后者的撤销对象是存在欺诈、胁迫、重大误解等瑕疵的合同，而前者则是完全符合有效要件的合同，就此来说，与合同解除一致。[1]

依《民法典》第 663 条，受赠人有下列情形之一的，赠与人可以撤销赠与：(1)严重侵害赠与人或者赠与人近亲属的合法权益；(2)对赠与人有扶养义务而不履行；(3)不履行赠与合同约定的义务。赠与人的撤销权，自知道或者应当知道撤销事由之日起一年内行使。

依《民法典》第 664 条，因受赠人的违法行为致使赠与人死亡或者丧失民事行为能力的，赠与人的继承人或者法定代理人可以撤销赠与。赠与人的继承人或者法定代理人的撤销权，自知道或者应当知道撤销事由之日起 6 个月内行使。

思　考

赠与合同能否单方解除问题

《民法典》赠与合同章中并未规定赠与合同的解除。那么，赠与合同能否由赠与人或受赠人单方解除？

对此，有学者认为单务合同无解除之必要。[2] 也有观点认为，单务合同若存在解除及返还之必要，此时例外地允许解除合同；[3] 也有学说认为，德国立法者虽然抛弃了义务侵害之牵连性关系的限制，但作为合同终结的一项制度，解除原则上仍然仅适用于双务合同，而不适用于单务合同。但在我国法律的条件下，解除作为合同终结制度，构成"大解除"，即不限于违约解除，还包括非违约的解除以及协议解除，而非德国法所称的解除，故解除同样应当适用于单务合同。单务合同可以构成解除的对象。[4] 本书也以为，在我国《民法典》的框架体系内，单务合同不应被排除在解除的对象之外。

关于赠与合同的解除问题，不少学说认为赠与合同的法定撤销在本质上是解除。[5] 有学者认为，除了赠与物交付之前的任意撤销，在受赠人出现严重不法或不当行为时，如严重侵害赠与人或者赠与人近亲属的合法权益、对赠与人有扶养义务而不履行、不履行赠与合同约定的义务，此与法定解除中的一方严重违约行为而导致的对方解除权的立法原理与目的其实是完全一致的，其撤销的后果与解除也无二致，所以只是用语或概念使用的不同而已，赠与合同的法定撤销实质就是解除合同。尽管赠与合同中不存在对待给付义务，但受赠人的上述不法或者不当行为会严重影响赠与人当初设立赠与合同的初衷，无法实现其合同目的，此与双务合同中的根本违约而导致的解除实为异曲同工。假若当初原《合同法》或现在《民法典》在此处使用了"解除"的概念，大家也就接受了。[6]

---

[1] 崔建远：《合同法》(第 4 版)，北京大学出版社 2021 年版，第 479 页。
[2] 韩世远：《合同法总论》(第 4 版)，法律出版社 2018 年版，第 651 页。
[3] 薄燕娜、李钟：《论合同解除权的行使——〈民法典〉合同编第 565 条评释》，载《法律适用》2021 年第 6 期。
[4] 杜景林：《合同解除的体系建构》，载《法商研究》2020 年第 3 期。
[5] 崔建远：《合同法》(第 4 版)，北京大学出版社 2021 年版，第 479 页。
[6] 刘凯湘：《民法典合同解除制度评析与完善建议》，载《清华法学》2020 年第 3 期。

但除上述情形外，是否还存在赠与合同解除的适用情形？对此，有学者认为，尽管赠与合同为单务合同，受赠人不存在对待给付义务，不会发生因受赠人违反对待给付义务而影响赠与人的解除权，但倘若因不可抗力或意外事故而致使赠与人不能履行赠与义务，则即便是属于《民法典》第 658 条第 2 款规定的“经过公证的赠与合同或者依法不得撤销的具有救灾、扶贫、助残等公益、道德义务性质的赠与合同”，赠与人也应当可以解除合同。[1] 也有学者主张，赠与目的不能实现时，赠与人也应当享有撤销赠与合同的权利，《民法典》就此未设明文规定，当属于法律漏洞。例如，赠与的目的是救助贫困学生上学，但受赠学生将钱款挥霍，应当允许赠与人撤销赠与合同；赠与是为某人治病，在该病人死亡时还剩有部分捐款，应当允许赠与人主张其目的落空，部分撤销赠与合同，要求返还剩余款。[2] 还有观点指出，对于赠与人的履行迟延，受赠人能否催告解除，也应予以肯定。原因在于，即使是受赠人，为了受领赠与标的，不去寻找必要替代物取得的可能性而长期等待，对受赠人来说也是一种负担，因此也应认可受赠人解消契约的可能性。[3] 综上，本书也认为，即使赠与合同章并未对赠与合同的解除作出专门的规定，也并无否定赠与合同解除之必要性，只不过在判断解除权构成要件时，应结合赠与合同的特性斟酌即可。

四、赠与履行之拒绝

穷困抗辩权

赠与人的经济状况显著恶化，严重影响其生产经营或者家庭生活的，可以不再履行赠与义务(《民法典》第 666 条)。在学理上，也多称其为穷困抗辩权、拒绝履行抗辩权等。赠与合同的无偿性决定了赠与人并不直接从赠与中获益，因此当其自身亦陷入严重影响生产经营或家庭生活之经济状况时，令其继续履行有失公允。而且，也有不少学说认为这是情势变更原则在赠与合同中的体现。[4]

赠与履行之拒绝需符合法定的条件，一是赠与人的经济状况显著恶化；二是该恶化程度需达到“严重影响赠与人生产经营或者家庭生活”。原则上，赠与人对经济状况显著恶化并产生严重影响的后果是否具有可责难性，应非所问，如因其错误的经营决策或过于冒险的投资活动，甚至因赌博等行为而导致经济状况显著恶化，均不影响《民法典》第 666 条的适用。但是，赠与人为逃避赠与义务而转移财产的，不属于本条规定的穷困情境，赠与人不得拒绝履行赠与义务。[5]

与任意撤销权不同，即使不得任意撤销的赠与合同，赠与人也仍然享有拒绝履行抗

〔1〕 刘凯湘：《民法典合同解除制度评析与完善建议》，载《清华法学》2020 年第 3 期。

〔2〕 崔建远：《合同法》(第 4 版)，北京大学出版社 2021 年版，第 479 页。

〔3〕 河上正二『債権法講義[各論]19 贈与契約の成立』『法学セミナー』No. 756(2018 年)68 頁以下。

〔4〕 谢鸿飞、朱广新主编：《民法典评注·合同编·典型合同与准合同》(第 1 册)，中国法制出版社 2020 年版，第 383 页。

〔5〕 徐涤宇、张家勇主编：《〈中华人民共和国民法典〉评注》(精要版)，中国人民大学出版社 2022 年版，第 728 页。

辩权，得以以《民法典》第 666 条之规定对抗《民法典》第 660 条之“请求交付”；而对于得以任意撤销的合同，在权利移转前可以任意撤销，原则上并无履行拒绝之必要。但因任意撤销可能引起信赖利益之赔偿，而赠与履行之拒绝，属于抗辩权之行使，并不会因此承担信赖利益等损害赔偿责任。因此，本书认为不排除享有任意解除权的赠与人行使此等穷困抗辩权。

与法定撤销权不同，法定撤销权旨在制裁“忘恩负义”的受赠人，而赠与履行之拒绝旨在保护困窘的赠与人；前者本质上属于合同解除的问题，而后者则是合同履行中的抗辩权行使问题；法定撤销权的行使得以要求返还已赠与之财产，但赠与履行之拒绝，只是“不再履行赠与义务”，并无财产之返还。

五、附负担赠与的特殊效力

附义务（负担）和附条件赠与

附负担赠与，又称为“附义务赠与”，是指受赠人负有一定给付义务的赠与。《民法典》第 661 条规定，“赠与可以附义务。赠与附义务的，受赠人应当按照约定履行义务”。在此类合同中，尽管受赠人负有义务，但这种义务并非赠与人义务的对价或对待给付义务，名为“负担”，其并不改变赠与合同的单务性质。该义务并非对待给付义务，亦非条件。具体而言，作为义务，需要请求履行；作为条件，有些条件并不是得以请求履行的义务；即赠与附条件，可以是以条件成就作为完成赠与的前提；但附义务的赠与，并非以所附义务为赠与的条件，通常赠与人应先给付赠与标的物。

附负担赠与人，例外地负有瑕疵担保义务。附义务的赠与，赠与的财产有瑕疵的，赠与人在附义务的限度内承担与出卖人相同的责任（《民法典》第 662 条第 1 款后段）。所谓“附义务的限度内”，是指以受赠人不因履行负担而蒙受损失为限度，并非要求保证赠与物的价值至少相当于该负担所对应的赠与物本来价值的比例。[1] 对此，若赠与标的因其瑕疵导致其价值低于受赠人的负担的价值时，受赠人就超出部分得以拒绝履行负担，就已履行之负担则有权要求返还超出部分。所谓“出卖人相同的责任”，则是指买卖合同章规定的出卖人的瑕疵给付责任。另外值得注意的是，在赠与标的瑕疵致使受赠人遭受固有利益损失时，应进行目的性限缩，赠与人的赔偿范围不受“附义务的限度”的限制。[2]

目的性赠与

附负担赠与与目的性赠与不同。目的性赠与是指赠与人基于特定目的而进行的赠与，例如，赠与某人一笔钱供他出国留学。在目的性赠与中，受赠人的作为并非其义务。如果受赠人不实施符合该特定目的的行为，赠与人不能诉请实施，只能主张缔约目的不能而解除赠与合同。在附负担赠与中，负担是受赠人的义务，如果其不履行负担，赠与人可诉请履行。在目的性赠与中，一旦目的实现，赠与人的权利即受到制约，不能任意撤销赠与。

混合赠与亦是不同于附负担赠与的类型，指的是赠与合同双方当事人约定使受赠人亦为部分对待给付的赠与。与附负担赠与中的义务不同，这里的受赠人义务构成了对待

〔1〕［日］我妻荣：《债法各论》（中卷一），徐进、李又又译，中国法制出版社 2008 年版，第 16 页。
〔2〕谢鸿飞、朱广新主编：《民法典评注 · 合同编 · 典型合同与准合同》（第 1 册），中国法制出版社 2020 年版，第 359 页。

混合赠与

给付义务,但只是部分对待给付义务。最典型的如半卖半送等混合合同,此时物的瑕疵适用买卖相关规则,不当行为则适用赠与相关规则。

拓展阅读文献

1. 蒋军洲:《〈民法典〉的赠与体系定位方案及其带来的规范适用效应:渊源与创新》,载《私法》2024年第2期。
2. 夏静宜:《原因欠缺导致赠与财产返还的原理和规则》,载《交大法学》2024年第1期。
3. 刘勇:《报偿赠与论》,载《法学研究》2023年第5期。
4. 李永军:《生前赠与在继承中的效力问题研究》,载《中国法学》2023年第2期。
5. 翟远见、栾志博:《赠与规范模式的历史考察与反思》,载《云南社会科学》2022年第6期。
6. 罗昆:《"依法"不得撤销的公益性赠与之认定》,载《法律适用》2020年第15期。
7. 白纶:《〈民法典〉无偿合同规范模式研究——以赠与及间接赠与的法律规制为中心》,载《中国政法大学学报》2020年第1期。
8. 夏昊晗:《亲子间赠与、债权人保护与未成年人名下房产所有权归属的认定——王雲轩、贺珠明执行异议之诉一案评析》,载《华东政法大学学报》2019年第3期。
9. 李永军:《"契约+非要式+任意撤销权":赠与的理论模式与规范分析》,载《中国法学》2018年第4期。
10. 陆青:《离婚协议中的"赠与子女财产"条款研究》,载《法学研究》2018年第1期。
11. 桑本谦:《法律经济学视野中的赠与承诺——重解〈合同法〉第186条》,载《法律科学》2014年第4期。
12. 宁红丽:《论赠与物瑕疵的私法救济——基于对司法案例的实证分析》,载《政法论坛》2013年第5期。

第四章　借款合同

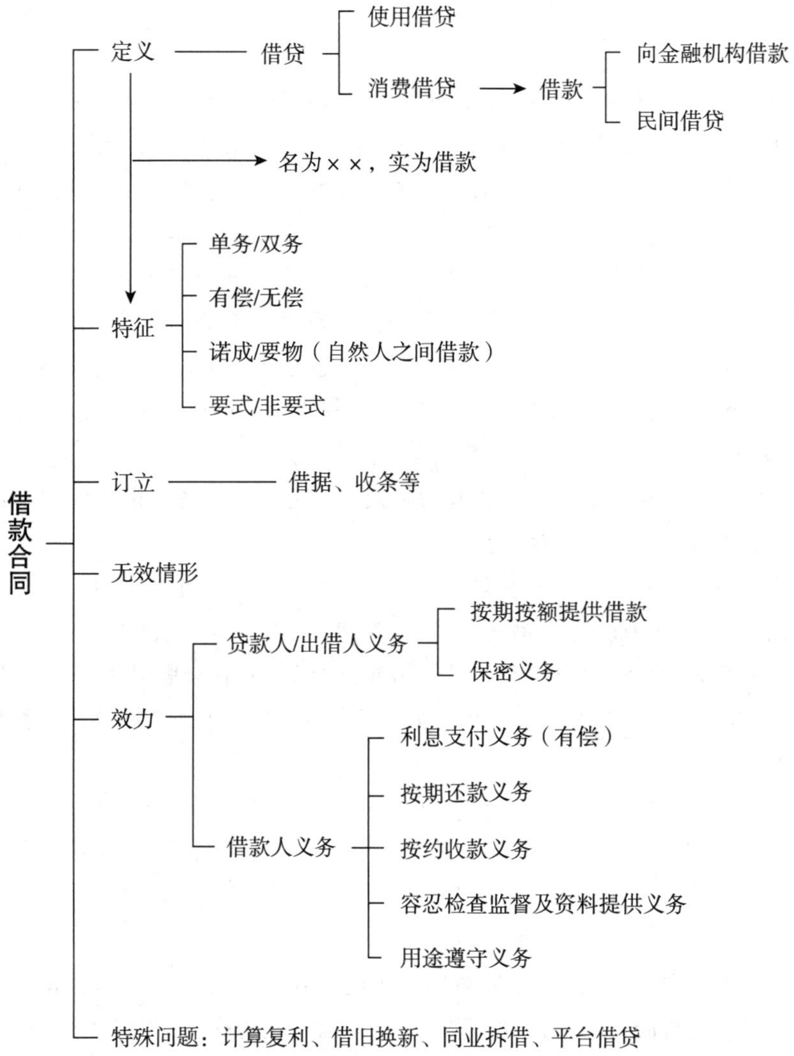
借款合同
定义
借贷
使用借贷
消费借贷
借款
向金融机构借款
民间借贷
名为××，实为借款
特征
单务/双务
有偿/无偿
诺成/要物（自然人之间借款）
要式/非要式
订立
借据、收条等
无效情形
效力
贷款人/出借人义务
按期按额提供借款
保密义务
借款人义务
利息支付义务（有偿）
按期还款义务
按约收款义务
容忍检查监督及资料提供义务
用途遵守义务
特殊问题：计算复利、借旧换新、同业拆借、平台借贷

设　例

1. 甲银行与乙签订《个人一手住房贷款合同》，约定：乙借款24万元，借期240月，按月等额本息还款；若乙未按期归还，银行有权宣布贷款本息全部提前到期。2022年4月，乙开始逾期还款，同年7月还清后，8月又逾期未还当月款项。甲银行遂起诉请求解除贷款合同，要求乙一次性归还贷款本息。乙开庭前还清了逾期本息及罚息，辩称银行应继续履行合同。问：

甲银行可否以合同目的不能实现为由解除借款合同，并要求乙一次性归还贷款本息？

2. 甲向法院提交2020年3月31日出具的借条一份，载明："今借到甲现金贰拾万元整，于2020年4月7日还款，如不能按时还款，从借款之日起按2分计息，从借款之日起到还款之日止"。该借条下方乙签字，乙签名下方有"情况属实，丙"签字。甲同时还提交2022年1月16日出具的借条一份，载明："今借到甲现金贰拾捌万元，终止日期2022年3月31日为二年"。借条下方写明"欠款人乙"，并写明身份证号以及日期："2022年1月16日"，该欠款人下方写有"欠款人丙"字样，并写明丙身份证号，丙名下也写明日期："2022年1月16日"。又查明，甲向乙交付借款本金为200,000元，甲陈述借条中载明的280,000元包含双方结算的2020年3月31日至2022年1月16日的利息80,000元。经庭审质证，案涉当事人均认可两份借条的真实性。问：

(1) 本案中乙是借款人还是乙、丙均为借款人？丙能否以自己没有收到借款或者没有使用借款为由否认自己的借款人？

(2) 据悉，中国人民银行授权全国银行间同业拆借中心公布的2020年3月20日贷款市场报价利率为4.05%，而甲所提交的2022年1月16日出具的借条中载明的280,000元中所包含的80,000元利息系根据双方于2020年3月31日出具的借条中所记载的"从借款之日起按2分计息"的标准计算所得，本案中的借款本金和利息该如何正确认定？

(3) 甲所提交的2022年1月16日的借条中并未约定逾期还款利息，若借款人[根据问题(1)的答案确定]未能于2022年3月31日及时还款，甲能否主张逾期还款利息？若是，逾期还款利息该如何确定？

《民法典》规定的典型合同，主要可以分为财产移转型合同、财产利用型合同、服务提供类合同及其他合同。其中，买卖、赠与等均以财产权的移转为中心。借款合同、租赁合同则是财产利用型合同的典型代表。关于财产利用，区分为无偿与有偿。典型的无偿财产利用型合同如借用合同。有偿的财产利用型合同依据财产利用过程中是否消耗标的物可区分为消费借贷和使用借贷合同。消费借贷，是指在其财产的利用过程中消费借用物，属于消耗物的出借，到期返还同种类标的即可；而使用借贷合同到期要返还原物。无论是消费借贷还是使用借贷，《民法典》均未将其作为典型合同予以规定。但《民法典》规定了特殊的消费借贷，即以金钱的出借使用为中心的金钱消费借贷合同，即借款合同。

《民法典》删去了原《合同法》第 198 条规定的担保(《民法典》担保物权分编及保证合同一章已作出规定)、删去了原《合同法》第 204 条金融机构借款利率规定,统一规定为禁止高利借贷及借款利率不得违反国家规定;未约定支付利息的,视为不支付利息,而且不限于自然人;约定不明确的,仅限于自然人之间借款的不支付利息(《民法典》第 680 条)。但从整体来看,《民法典》第 667 ~ 680 条共 14 条关于借款合同的规定,虽然没有明确以金融机构贷款为原型,从利息规则也可看出试图统一金融借贷与民间借贷规则的趋势,但仍然保留了以金融借款为原型设计规则的特点。

第一节　借款合同概述

一、借款合同的概念

借款合同是借款人向贷款人借款,到期返还借款并支付利息的合同(《民法典》第 667 条)。贷款人转移金钱所有权于借款人,借款人则负有到期返还借款的义务。虽然《民法典》第 667 条规定"并支付利息",但并不能依此推定借款合同均附利息;借款合同对支付利息没有约定的,视为没有利息(《民法典》第 680 条第 2 款)。

借款合同的标的物为金钱。与租赁合同和借用合同不同,金钱并非仅是为借款人直接占有,亦为其所有。这意味着借款人所受领的金额,在返还之前所发生的货币贬值在这里是不考虑的(货币的名目主义)。理论上,金钱的利息只需为物,具体为何物在所不问,既可以是金钱,也可以是代替物,即使是非代替物也并无不可,例如借款 100 万元,以一匹马为利息。但实践中多以金钱作为利息。

在实践当中,涉及金钱的交易纷繁复杂,如何判断其是否为借款合同,应从实质内容上进行判断。[1] 涉及借款合同,司法解释对此亦有不少规定。例如,《国有土地使用权合同纠纷解释》第 23 条规定,"合作开发房地产合同约定提供资金的当事人不承担经营风险,只收取固定数额货币的,应当认定为借款合同"。《融资租赁合同解释》第 1 条第 2 款也规定,"对名为融资租赁合同,但实际不构成融资租赁法律关系的,人民法院应按照其实际构成的法律关系处理",其中就有不少构成借款合同关系。当然,亦有部分情形在司法实践中并不将其列入借款处理,而是作为欠款处理。例如,"当事人对垫资和垫资利息有约定,承包人请求按照约定返还垫资及其利息的,人民法院应予支持,但是约定的利息计算标准高于垫资时的同类贷款利率或者同期贷款市场报价利率的部分除外。当事人对垫资没有约定的,按照工程欠款处理。当事人对垫资利息没有约定,承包人请求支付利息的,人民法院不予支持"(《建设工程施工合同解释(一)》第 25 条)。

---

〔1〕《民法典合同编通则解释》第 15 条:人民法院认定当事人之间的权利义务关系,不应当拘泥于合同使用的名称,而应当根据合同约定的内容。当事人主张的权利义务关系与根据合同内容认定的权利义务关系不一致的,人民法院应当结合缔约背景、交易目的、交易结构、履行行为以及当事人是否存在虚构交易标的等事实认定当事人之间的实际民事法律关系。

在民间借贷领域，究竟是借款合同还是其他金钱债务纠纷，常常会引起混淆。司法实践中也为此提供了诸多审理规范。例如，“原告以借据、收据、欠条等债权凭证为依据提起民间借贷诉讼，被告依据基础法律关系提出抗辩或者反诉，并提供证据证明债权纠纷非民间借贷行为引起的，人民法院应当依据查明的案件事实，按照基础法律关系审理”（《民间借贷规定》第 14 条第 1 款）；“原告仅依据金融机构的转账凭证提起民间借贷诉讼，被告抗辩转账系偿还双方之前借款或者其他债务的，被告应当对其主张提供证据证明。被告提供相应证据证明其主张后，原告仍应就借贷关系的成立承担举证责任”（《民间借贷规定》第 16 条）等。

另外，民间借贷领域也是虚假诉讼多发领域之一。为此，《民间借贷规定》第 18 条还专门作出了规范，要求人民法院“应当严格审查借贷发生的原因、时间、地点、款项来源、交付方式、款项流向以及借贷双方的关系、经济状况等事实，综合判断是否属于虚假民事诉讼”。

典型案例 上海欧宝生物科技有限公司诉辽宁特莱维置业发展有限公司企业借贷纠纷案（指导案例 68 号）

［裁判要点］

人民法院审理民事案件中发现存在虚假诉讼可能时，应当依职权调取相关证据，详细询问当事人，全面严格审查诉讼请求与相关证据之间是否存在矛盾，以及当事人在诉讼中的言行是否违背常理。经综合审查判断，当事人存在虚构事实、恶意串通、规避法律或国家政策以谋取非法利益，进行虚假民事诉讼情形的，应当依法予以制裁。

《民法典》借款合同适用范围较广，不仅调整金融机构与自然人、法人、其他组织间的借贷关系，而且也调整自然人之间的借款关系。关于民间借贷，最高人民法院还专门制定了司法解释，为“自然人、法人和非法人组织之间进行资金融通的行为”但不包括“经金融监管部门批准设立的从事贷款业务的金融机构及其分支机构，因发放贷款等相关金融业务引发的纠纷”（《民间借贷规定》第 1 条）的民间借贷纠纷案件审理提供指引。最高人民法院《关于新民间借贷司法解释适用范围问题的批复》（法释〔2020〕27 号）进一步指出：“由地方金融监管部门监管的小额贷款公司、融资担保公司、区域性股权市场、典当行、融资租赁公司、商业保理公司、地方资产管理公司等七类地方金融组织，属于经金融监管部门批准设立的金融机构，其因从事相关金融业务引发的纠纷，不适用新民间借贷司法解释”。

二、借款合同的类型

（一）有息借款合同与无息借款合同

依《民法典》第 667 条规定，借款合同原则上附有利息。但从《民法典》第 680 条第 2

无息推定

款规定来看，借款合同原则上无息，除非借款合同对支付利息作出了约定，即“借款合同对支付利息没有约定的，视为没有利息”。若是约定不明确，则区分是自然人之间的借款还是非自然人之间的借款作出不同规定，即“借款合同对支付利息约定不明确，当事人不能达成补充协议的，按照当地或者当事人的交易方式、交易习惯、市场利率等因素确定利息；自然人之间借款的，视为没有利息”（《民法典》第680条第3款）。

（二）金融机构借款合同与民间借贷合同

相关司法解释将借款合同区分为金融机构借款合同和民间借贷合同。金融机构借款合同，是银行等金融机构作为贷款人，将金钱出借给借款人使用，到期后借款人返还借款并支付利息的合同。民间借贷合同，则是自然人、法人和非法人组织之间进行资金融通行为而签订的合同，但不包括“经金融监管部门批准设立的从事贷款业务的金融机构及其分支机构”等发放贷款等金融合同。对于民间借贷合同，《民法典》第679条就自然人之间的借款合同作了规定。除此之外，《民法典》借款合同一章未区分金融借款合同与民间借贷合同，理由是两者的区别主要还是在行政监管领域，而在民事权利义务方面，两者之间不应当有明显的区别，否则将有悖于平等原则。[1]

委托贷款

在实践当中，还有一些特殊的借款贷款关系，如委托贷款合同和信托贷款合同。如最高人民法院《关于审理存单纠纷案件的若干规定》第7条规定，“存单纠纷案件中，出资人与金融机构、用资人之间按有关委托贷款的要求签订有委托贷款协议的，人民法院应认定出资人与金融机构间成立委托贷款关系。金融机构向出资人出具的存单或进账单、对账单或与出资人签订的存款合同，均不影响金融机构与出资人间委托贷款关系的成立。出资人与金融机构间签订委托贷款协议后，由金融机构自行确定用资人的，人民法院应认定出资人与金融机构间成立信托贷款关系”。

典型案例　上海浦东发展银行股份有限公司深圳分行与梅州地中海酒店有限公司等借款合同纠纷案（《最高人民法院公报》2020年第4期）

［裁判要点］

委托贷款已纳入国家金融监管范围，由金融机构作为贷款人并履行相应职责，另一方面又因其资金来源等特性与民间借贷存在相通之处，在不同方面体现出金融借款和民间借贷的特点。在现行法律及司法解释未明确规定的情况下，可通过分析委托贷款更近似金融借款还是民间借贷的特点，进而确定可参照的规则。鉴于委托贷款系根据委托人的意志确定贷款对象、金额、期限、利率等合同主要条款，且委托人享有贷款利息收益等合同主要权利，同时考虑到委托贷款与民间借贷在资金来源相同的基础上亦可推定其资金成本大致等同，人民法院确定委托贷款合同的利率上限时应当参照民间借贷的相关规则。

---

〔1〕 黄薇主编：《中华人民共和国民法典合同编解读》（上册），中国法制出版社2020年版，第698页。

三、借款合同的性质

(一)有偿、双务合同

借款合同约定利息的,为有偿、双务合同。但从双务合同中给付与对待给付的牵连性角度而言,并非贷款人的出借款项与借款人的还款义务之间构成给付与对待给付的双务关系,而是贷款人提供本金并容忍借款人用益与借款人负担利息支付义务(而不是与本金返还义务)之间形成双务关系,因其间有先后关系,贷款人无同时履行抗辩权之适用,但可行使不安抗辩权。[1] 而借款合同中的无息借款合同,则是无偿、单务合同。

(二)诺成合同

我国《民法典》第679条仅将自然人之间的借款作为要物合同,[2] 其他借款合同为诺成合同。因自然人之间的借款合同具有要物性,若出借人只是提供了部分借款,可参照《民法典》第670条的精神以及实践性合同的基本原理,就实际提供部分的借款数额成立借款合同。

思 考

自然人之间借款合同的要物性

自然人之间的借款之所以采用要物合同的成立方式,主要考虑的是在自然人之间的借款中,当事人之间往往具有亲戚、同事、朋友等特别关系,相互之间往往存在相互帮助的道德性因素。而且,出借人往往不具备银行等金融机构的专业能力,无法作出专业的风险防范等。《民法典》规定自然人之间借款合同的要物性,有助于贷款人进一步深思熟虑,通过是否提供借款以防范风险。[3] 当然,关于自然人之间借款合同的要物性,学界也有一些反思。例如,有学说认为《民法典》第679条为半强制性规范,应注重当事人的意愿,承认诺成的自然人借款合同;认为应当区分民事意图的自然人借款和商事意图的自然人借款,对后者应承认在先借款合意的有效性。[4] 从交易实践来看,该解释具有一定的合理性;但从借款合同的特性来看,出借人出借款项后的风险控制手段并不多,而自然人之间的借款,其风险控制能力更是缺乏。要物性的要求,为此等风险控制提供了重要的手段,其并不会因借款商事意图的有无而有所区别。而且,此等以商事意图之有无来缓和要物性的解释方法,与《民法典》第679条的文义并不相符。因此,缓和自然人之间借款合同的要物性而限缩其适用范围的解释,本书认为应当慎重。

---

〔1〕 张谷:《借款合同分析》,载《金融法苑》2005年第2期。

〔2〕 所谓"提供借款",因现金、票据、银行转账等支付方式不同而表现出不同的形式。自然人之间的借款合同具有下列情形之一的,可以视为合同成立:(1)以现金支付的,自借款人收到借款时;(2)以银行转账、网上电子汇款等形式支付的,自资金到达借款人账户时;(3)以票据交付的,自借款人依法取得票据权利时;(4)出借人将特定资金账户支配权授权给借款人的,自借款人取得对该账户实际支配权时;(5)出借人以与借款人约定的其他方式提供借款并实际履行完成时(《民间借贷规定》第9条)。

〔3〕 谢鸿飞、朱广新主编:《民法典评注·合同编·典型合同与准合同》(第1册),中国法制出版社2020年版,第461页。

〔4〕 刘勇:《〈民法典〉第679条(自然人借款合同的成立)评注》,载《法学家》2022年第4期。

(三)要式合同

借款合同应当采用书面形式,但是自然人之间借款另有约定的除外(《民法典》第668条第1款)。另外,《商业银行法》第37条也规定,"商业银行贷款,应当与借款人订立书面合同"。另外,出借人向人民法院提起民间借贷诉讼时,应当提供借据、收据、欠条等债权凭证以及其他能够证明借贷法律关系存在的证据(《民间借贷规定》第2条第1款)。

(四)继续性合同

贷款人所负的借款提供并容忍使用义务,严格而言并非一次履行即完结,而是一种须于一定期间内予以维持的状态(状态债务),于此期间内使借款人得以持续性地支配借款,达到其合同目的。借款合同必须持续一定的时间,时间因素在合同的履行上居于重要地位,利息的总额取决于合同持续时间的长短。[1]

四、借款合同的订立

借款合同的内容一般包括借款种类、币种、用途、数额、利率、期限和还款方式等条款(《民法典》第668条第2款)。

借款合同订立过程中,借款人负有信息告知义务。依《民法典》第669条,订立借款合同,借款人应当按照贷款人的要求提供与借款有关的业务活动和财务状况的真实情况。因我国《民法典》借款合同以诺成为原则(自然人之间的借款为例外),借款合同订立前的信息告知成为防范借款风险的重要手段。关于该义务的性质,通常认为违反该义务,构成先合同义务的违反,应当承担缔约过失责任。[2] 如果借款人故意隐瞒上述真实情况或者捏造虚假情况,按照《民法典》有关欺诈的规定处理。[3] 借款合同订立过程中,相关法律对当事人主体资格亦有限制。例如,《商业银行法》第40条中规定,商业银行不得向关系人发放信用贷款;向关系人发放担保贷款的条件不得优于其他借款人同类贷款的条件。

借款合同的内容,尤其是利率,通常会有限制。禁止高利放贷,借款的利率不得违反国家有关规定(《民法典》第680条第1款)。对此,《商业银行法》第38条规定了"商业银行应当按照中国人民银行规定的贷款利率的上下限,确定贷款利率"。从理论上来说,《民法典》第680条适用于所有类型的借款合同。[4] 而且,目前贷款市场报价利率已经代替了贷款基准利率,各银行在新发放的贷款中主要参考贷款市场报价利率定价,并在浮动利率贷款合同中采用贷款市场报价利率作为定价基准。[5]《民间借贷规定》第25条则明确规定了利率的最高上限,即出借人请求借款人按照合同约定利率支付利息

一年期贷款市场报价利率

[1] 韩世远:《合同法学》(第2版),高等教育出版社2022年版,第398页。
[2] 王利明:《合同法》(下册),中国人民大学出版社2021年版,第7~8页。
[3] 崔建远:《合同法》(第4版),北京大学出版社2021年版,第484页。
[4] 刘勇:《〈民法典〉第680条评注(借款利息规制)》,载《法学家》2021年第1期。
[5] 最高人民法院民法典贯彻实施工作领导小组主编:《中华人民共和国民法典合同编理解与适用(二)》,人民法院出版社2020年版,第1269页。

的，人民法院应予支持，但是双方约定的利率超过合同成立时一年期贷款市场报价利率四倍的除外。前述规定所称“一年期贷款市场报价利率”，是指中国人民银行授权全国银行间同业拆借中心自2019年8月20日起每月发布的一年期贷款市场报价利率。

五、利息预扣之禁止

借款的利息不得预先在本金中扣除。利息预扣，一方面使贷款人的利息提前收回，减少了借款的风险；但另一方面却损害了借款人的合法利益，使借款人实际上得到的借款少于合同约定的借款数额，影响其资金的正常使用，加重了借款人的负担，也容易引起借款合同双方当事人的纠纷。故《民法典》第670条规定，利息预先在本金中扣除的，应当按照实际借款数额返还借款并计算利息。《民间借贷规定》第26条亦强调，借据、收据、欠条等债权凭证载明的借款金额，一般认定为本金。预先在本金中扣除利息的，人民法院应当将实际出借的金额认定为本金。

利息预扣禁止为强行性规范，不得通过约定排除。故而，应注意变相预先扣除利息的各种条款的判断。特别是通过各种服务费变相扣除相关金额的情形，也可以类推适用本条，作为预扣利息禁止予以对待。当然，违反利息预扣禁止规范，并不导致借款合同全部无效；无效的仅是该利息预扣条款。

六、民间借贷合同的无效事由

借款合同为双方法律行为，其法律效力的判断需依法律行为的一般原理决定，按照《民法典》总则编第六章“民事法律行为”的规则予以处理。但在借款合同领域，尤其是在民间借贷领域，随着经济社会的发展和金融管制改革的深化，借款合同无效事由亦趋于变化之中。例如，早期曾严格禁止企业间的借贷，但目前并不完全否定。法人之间、非法人组织之间以及它们相互之间为生产、经营需要所订立的民间借贷合同，以及法人或者非法人组织在本单位内部通过借款形式向职工筹集资金用于本单位生产、经营的，除存在《民法典》第146条、第153条、第154条以及《民间借贷规定》第13条规定的情形外，并不妨碍民间借贷合同的效力（《民间借贷规定》第10条、第11条）。不仅如此，借款人或者出借人的借贷行为涉嫌犯罪，或者已经生效的裁判认定构成犯罪，当事人提起民事诉讼的，民间借贷合同并不当然无效（《民间借贷规定》第12条第1款）。此种情形，仍然应当依法律行为无效与否的规则予以判断。

依《民间借贷规定》第13条的规定，具有下列情形之一的，人民法院应当认定民间借贷合同无效：(1)套取金融机构贷款转贷的；(2)以向其他营利法人借贷、向本单位职工集资，或者以向公众非法吸收存款等方式取得的资金转贷的；(3)未依法取得放贷资格的出借人，以营利为目的向社会不特定对象提供借款的；(4)出借人事先知道或者应当知道借款人借款用于违法犯罪活动仍然提供借款的；(5)违反法律、行政法规强制性规定的；(6)违背公序良俗的。当然，值得注意的是，就该司法解释而言，其立足于原《合同法》第52条之解释，虽然随着《民法典》的颁布作了修正，但就其第5项规定而言，应依《民法典》第153条第1款规定判断，即“违反法律、行政法规的强制性规定的民事法律行为无效。但是,该强制性规定不导致该民事法律行为无效的除外”,并非违反法律、行政法规强制性规定的借款合同均为无效。《民法典合同编通则解释》第16条对此有更详细的规定。

第二节 借款合同的效力

一、贷款人的义务

(一)按期按额提供借款并容忍对方使用的义务

贷款人未按照约定的日期、数额提供借款,造成借款人损失的,应当赔偿损失(《民法典》第671条第1款)。当然,自然人之间的借款合同,在提供借款时才成立;因此,提供借款并非自然人借款合同上的义务。

若违反按期按额提供贷款的义务,贷款人应如何承担责任,需适当分析。有学说提示应注意与继续履行、采取补救措施、减少价款、支付违约金等违约责任之间的衔接配合关系。[1] 尤其是,在贷款人不放款时,借款人能否诉请贷款人实际履行?有学说对此持否定性意见,其主要理由是:一方面,在充分竞争的资本市场里,借款人转而寻求替代性借款并不困难,由此多支出的费用完全可以从贷款人处获得赔偿,损害赔偿的救济可以充分地保护借款人的利益。另一方面,如果允许借款人寻求实际履行的救济方法,反倒可能产生不利后果,即贷款人从事更有效益的放款活动的可能性,会被道德主义的实际履行救济方式所扼杀;实际履行的救济违背了借款合同授信的特点;等等。该学说认为,在借款合同中,由于利息不是所贷款项本身的对价,只是贷款的使用收益的对价,所以,贷款人对于授信风险的自主决定和绝对控制具有内在的、强烈的需求。实际履行的救济方式,除了会迫使银行真实地面对一种与自己预想不同,甚至是自己可能无法控制的危险外,起不到任何有效的作用。[2] 还有类似观点主张,贷款人提供贷款的义务虽然属于金钱债务,可强制履行,但借款合同对借款人的信用要求高,在一定程度上具有人身性质,而且任何借款都具有信用风险,若判决实际履行,可能会给银行造成远远超过承担损害赔偿金的损失。[3] 但从现行法律规定来看,《民法典》第579条规定了金钱之债得以要求继续履行的原则,虽然没有直接列举“借款”,但该条所规定的“其他金钱债务”应当包括借款。因此,从规范文义上无法直接得出《民法典》第671条是第579条的特别规定的结论。若要避免此等放款义务的继续履行,一方面可以通过特别约定予以排除,另一方面亦可以参照适用不安抗辩权等予以救济。

关于放款义务能否要求继续履行的争议

---

〔1〕 谢鸿飞、朱广新主编:《民法典评注·合同编·典型合同与准合同》(第1册),中国法制出版社2020年版,第419页。

〔2〕 张谷:《借款合同分析》,载《金融法苑》2005年第2期。

〔3〕 王轶等:《中国民法典释评·合同编·典型合同》(上卷),中国人民大学出版社2020年版,第167页;谢鸿飞:《合同法学的新发展》,中国社会科学出版社2014年版,第576页。

思　考

若违反按期按额提供贷款的义务,其损害赔偿范围如何?我国民法学说中,多主张履行利益之赔偿。若依《民法典》第584条的规定,该损失赔偿的数额应当相当于因贷款人违约而造成的损失,包括合同履行后可以获得的利益,但不得超过违反合同一方即贷款人在订立合同时应当预见到因违反合同可能造成的损失。在借款合同中,是否可以预见,一般可以通过借款人的借款申请资料以及贷款人对借款人的审查资料得出相关的判断。此种损害赔偿的数额或者计算方法,可以由双方当事人在借款合同中约定;如果没有约定的,则损害赔偿数额的证明责任应当由借款人承担。[1]

提供借款义务违反时的损害赔偿范围

值得注意的是,金钱之债具有其特殊性,不仅具有高度流通性和高度可替代性,其调拨较通常的种类物也更为便捷;而且,在金钱赔偿原则下,金钱之债不履行的损害赔偿无须另行转化为金钱赔偿。正因为具有这样的特殊性,比较法上通常会以法定利率计算其迟延利息作为损害赔偿(如《瑞士债法典》第104条、《日本民法典》第419条等),而不是采用通常的损害赔偿范围规则;若有额外的损失,则需满足特定的要件,始得以请求超过法定利息的逾期赔偿(《瑞士债法典》第106条)。总之,将金钱之债不履行时的损害赔偿范围与通常的债务不履行损害赔偿等同对待予以考虑的观点,值得反思。我国并不存在法定利息赔偿的规定,如何处理借款合同中贷款人不提供借款情形下的损害赔偿,可参考的是贷款利率等,同时可根据情形将提起诉讼的费用、增加的债权收取费用等扩大损害也考虑在内。当然,包括借款合同在内,金钱债务不履行的损害赔偿规则的建构和发展,仍需要学说和实践的进一步开拓。

(二)保密义务

无论是合同缔结前还是合同履行过程中,借款人都有相应的信息告知义务(《民法典》第669条、第672条)。其反面也就意味着贷款人得以掌握借款人大量的信息。于此情形,无论是《民法典》第501条合同缔结过程中的保密义务,还是《民法典》第509条全面履行合同的义务以及《民法典》第558条合同终止后的保密义务等,都同样适用于贷款人。对此,《商业银行法》第53条更是明确规定了商业银行工作人员的保密义务,即"商业银行的工作人员不得泄露其在任职期间知悉的国家秘密、商业秘密"。

二、借款人的义务

(一)有息借款合同时的利息支付义务

《民法典》第674条规定了借款人的利息支付义务。对此,《民法典》第680条第2款、第3款规定,"借款合同对支付利息没有约定的,视为没有利息""借款合同对支付利息约定不明确,当事人不能达成补充协议的,按照当地或者当事人的交易方式、交易习

---

〔1〕 谢鸿飞、朱广新主编:《民法典评注·合同编·典型合同与准合同》(第1册),中国法制出版社2020年版,第421页。

惯、市场利率等因素确定利息；自然人之间借款的，视为没有利息”。也就是说，当事人没有约定的情形，不再限于自然人之间的借款合同才不附利息，这也体现了《民法典》试图统一各种类型借贷合同规则的趋势。

当然，关于《民间借贷规定》第 24 条第 2 款的规定，仍有再考量的余地。该款规定，“自然人之间借贷对利息约定不明，出借人主张支付利息的，人民法院不予支持。除自然人之间借贷的外，借贷双方对借贷利息约定不明，出借人主张利息的，人民法院应当结合民间借贷合同的内容，并根据当地或者当事人的交易方式、交易习惯、市场报价利率等因素确定利息”。该款与《民法典》第 680 条第 2 款、第 3 款明显不同，应当谨慎适用。依《民法典》第 680 条第 3 款之规定，对支付利息约定不明时，当事人之间的“协议补充”为前置条件，若协议补充不成，始有依法裁量确定利息之权限。

“禁止高利放贷”的统一规则

不仅如此，如前所述，在利息的管制方面，《民法典》第 680 条第 1 款规定，“禁止高利放贷，借款的利率不得违反国家有关规定”。这也同样表明，不管是金融机构借款，还是民间借贷，均须受利息管制，而并不限于自然人之间的借款。[1] 但是，由于金融牌照的特许制继续存在，《民法典》中的借款合同仍然是“隐蔽的二元构成”，[2] 金融机构与非金融机构借款适用不同规范的现状并没有根本改变。特别是《民间借贷规定》确定的司法机关对利息的管制，与金融主管、监管机构制定的金融政策等，都被作为借款利率的“国家有关规定”予以对待，进而在利率规制上金融机构借款与民间借贷虽然都不得“高利放贷”，但其管制方式和利率标准并不一致。[3]

民间借贷的利息管制

民间借贷的利息管制，以合同成立时一年期贷款市场报价利率四倍为上限（《民间借贷规定》第 25 条）。另外，《民间借贷规定》第 27～29 条对复利、逾期利率、逾期利率与违约金及其他费用之间的关系也作出了规定。

典型案例　汤某、刘某龙、马某太、王某刚诉新疆鄂尔多斯彦海房地产开发有限公司商品房买卖合同纠纷案（指导案例 72 号）

［裁判要点］

借款合同双方当事人经协商一致，终止借款合同关系，建立商品房买卖合同关系，将借款本金及利息转化为已付购房款并经对账清算的，不属于原

---

〔1〕 对此，有学者指出，在利率规制模式方面，《民法典》仍然沿袭了既有的立场，本身的条款并没有提供直接的依据。由于《民法典》第 680 条的规定覆盖了金融机构借款与民间借贷，因此该条所呈现的利率规制内容在原《合同法》第 211 条的基础上实现了“倍增”。但该学者也同时指出，虽然金融机构贷款是以中国人民银行发布的利率为基准，但法院通过裁判实务已经将金融机构贷款的相当部分纳入了民间借贷的范畴。但这样的倾向无论是在《民法典》还是司法解释层面都难以获得直接、明确的正当性。参见刘勇：《〈民法典〉第 680 条评注（借款利息规制）》，载《法学家》2021 年第 1 期；朱庆育主编：《中国民法典评注 · 条文选注》（第 2 册），中国民主法制出版社 2021 年版，第 499～500 页。

〔2〕 刘勇：《〈民法典〉第 680 条评注（借款利息规制）》，载《法学家》2021 年第 1 期；朱庆育主编：《中国民法典评注 · 条文选注》（第 2 册），中国民主法制出版社 2021 年版，第 488 页。

〔3〕 具体不同，参见刘勇：《〈民法典〉第 680 条评注（借款利息规制）》，载《法学家》2021 年第 1 期；朱庆育主编：《中国民法典评注 · 条文选注》（第 2 册），中国民主法制出版社 2021 年版，第 491～496 页。

《物权法》第 186 条规定禁止的情形,该商品房买卖合同的订立目的,亦不属于原《民间借贷规定》第 24 条规定的"作为民间借贷合同的担保"。在不存在原《合同法》第 52 条规定情形的情况下,该商品房买卖合同具有法律效力。但对转化为已付购房款的借款本金及利息数额,人民法院应当结合借款合同等证据予以审查,以防止当事人将超出法律规定保护限额的高额利息转化为已付购房款。

利息后付原则

除了禁止"砍头息"(《民法典》第 670 条),借款人应当按照约定的期限支付利息。对支付利息的期限没有约定或者约定不明确,可以协议补充;不能达成补充协议的,按照合同有关条款或者交易习惯确定;据此仍不能确定的,借款期间不满一年的,应当在返还借款时一并支付;借款期间一年以上的,应当在每届满一年时支付,剩余期间不满一年的,应当在返还借款时一并支付(《民法典》第 674 条)。这不仅表明借款利息的支付以"后付"为原则,体现了利息乃是金钱使用收益的对价,而且也表明利息作为支分债权,并不能按照《民法典》第 511 条规定的"履行期限不明确"予以处理,并不能随时要求支付利息。

(二)按期还款义务

借款人应当按照约定的期限返还借款。对借款期限没有约定或者约定不明确,可以协议补充;不能达成补充协议的,按照合同有关条款或者交易习惯确定;据此仍不能确定的,借款人可以随时返还;贷款人可以催告借款人在合理期限内返还(《民法典》第 675 条)。此处借款期限的实质是"还款期限",没有约定或约定不明确时的处理,也参考《民法典》第 511 条"履行期限不明确"时的履行规则,但与《民法典》第 511 条不同,在借款人还款时,可随时返还而无须给贷款人以准备时间。

提前还款

借款人提前返还借款的,除当事人另有约定外,应当按照实际借款的期间计算利息(《民法典》第 677 条)。关于借款合同的还款履行期限制度设计,我国的立法原则推定履行期限是为债务人利益的,除非当事人有明确的特别约定,否则推定提前还款为借款人之自由,不构成违约。[1] 多数学说认为,提前还款并不损害债权人利益,不构成违约;即使当事人有特别约定提前还款时的利息计算,也并非"违约责任"条款,而是"合同变更"的约定条款。[2] 对此,《民间借贷规定》第 30 条第 1 款也规定,"借款人可以提前偿还借款,但当事人另有约定的除外"。

逾期利息

借款人逾期还款应当承担违约责任。借款人当然负有继续履行的责任,应当返还借款。不仅如此,还应当承担迟延履行的责任。借款人未按照约定的期限返还借款的,应当按照约定或者国家有关规定支付逾期利息(《民法典》第 676 条)。逾期利息并不以当事人约定为前提,即使当事人之间为无息借款合同,还款逾期的,仍然应当按照约定或者国家有关规定支付逾期利息,因此又可以被称为法定逾期利息。例如,《民间借贷规定》第 28 条第 2 款第 1 项规定,既未约定借期内利率,也未约定逾期利率,出借人主张借款

[1] 韩世远:《合同法学》(第 2 版),高等教育出版社 2022 年版,第 402 页。

[2] 谢鸿飞、朱广新主编:《民法典评注 · 合同编 · 典型合同与准合同》(第 1 册),中国法制出版社 2020 年版,第 449 ~ 450 页。

人自逾期还款之日起参照当时一年期贷款市场报价利率标准计算的利息承担逾期还款违约责任的，人民法院应予支持。

当事人也可以约定逾期还款的责任。借贷双方对逾期利率有约定的，从其约定，但是以不超过合同成立时一年期贷款市场报价利率四倍为限(《民间借贷规定》第 28 条第 1 款)。约定了借期内利率但是未约定逾期利率，出借人主张借款人自逾期还款之日起按照借期内利率支付资金占用期间利息的，人民法院应予支持(《民间借贷规定》第 28 条第 2 款第 2 项)。出借人与借款人既约定了逾期利率，又约定了违约金或者其他费用，出借人可以选择主张逾期利息、违约金或者其他费用，也可以一并主张，但是总计超过合同成立时一年期贷款市场报价利率四倍的部分，人民法院不予支持(《民间借贷规定》第 29 条)。

即使借款合同约定了还款期限，借款人也可以在还款期限届满之前向贷款人申请展期；贷款人同意的，可以展期(《民法典》第 678 条)。借款的展期的实质是合同的变更。依合同变更的基本原理，除非存在单方变更的法定事由，合同变更需经当事人双方协商一致，故借款展期亦需贷款人之同意要件。因借款展期属于合同变更，依《民法典》第 695 条第 2 款规定，债权人和债务人对主债权债务合同履行期限的变更，未经保证人书面同意，保证期间不受影响。 借款展期

(三)按约收款义务

借款人未按照约定的日期、数额收取借款的，应当按照约定的日期、数额支付利息(《民法典》第 671 条第 2 款)。除按约支付利息外，借款人并不承担损害赔偿责任。[1]此处并无其他损害赔偿义务，更没有规定费用赔偿，因此与《民法典》第 589 条规定的受领迟延时债权人费用赔偿责任不同。

(四)容忍检查监督及提供财务会计报表或其他资料的义务

贷款人按照约定可以检查、监督借款的使用情况。借款人应当按照约定向贷款人定期提供有关财务会计报表或者其他资料(《民法典》第 672 条)。违反该义务，贷款人是否得以解除合同，或要求借款人承担违约责任？这里会涉及各种抗辩权的适用问题。能否参照适用不安抗辩权"向后抗辩"，中止剩余期限的放款等(《民法典》第 673 条的参照适用)[2]；或者在符合不安抗辩权行使条件之情形中，中止履行贷款人自身的"容忍借款人使用借款"的义务等，都可以纳入考虑的范围。

贷款人检查、监督借款使用情况只是贷款人的权利而非义务，亦不构成不真正义务，若其未进行检查、监督造成损失，并不承担(与有过失)责任。

(五)用途遵守义务

借款人未按照约定的借款用途使用借款的，贷款人可以停止发放借款、提前收回借款或者解除合同(《民法典》第 673 条)。借款用途是贷款人控制风险的重要手段。借款

〔1〕 谢鸿飞、朱广新主编:《民法典评注·合同编·典型合同与准合同》(第 1 册)，中国法制出版社 2020 年版，第 422 页。

〔2〕 也有相关释义书主张类似观点，主张结合《民法典》第 673 条规定来停止发放贷款等，参见谢鸿飞、朱广新主编:《民法典评注·合同编·典型合同与准合同》(第 1 册)，中国法制出版社 2020 年版，第 427 页。

人擅自改变借款用途，就会使原先当事人共同预期的收益变得不确定，增加了贷款人的借款风险，最终导致借款难以收回。[1] 值得注意的是，提前收回借款时如何计算利息会有争议。有学者认为未约定时应按照实际借款期间计算利息，[2]亦有学者认为因属于违约，应当按照借款合同约定计算。[3] 本书认为，提前收回借款，本质上属于持续性合同的解除；持续性合同解除的，面向将来发生效力，合同解除清算时并不能计算未来资金使用收益的对价。因此，除非另有约定，否则不能要求按照原合同约定的期限计算利息。当然，若因借款人未履行用途遵守义务致使贷款人受损之情形，解除权的行使并不妨碍违约损害赔偿请求权，但亦非未来资金使用收益的对价，不能完全按照利息损失来计算损害赔偿的范围。

第三节　借款合同的特殊问题

一、计算复利

复利是指按一定期限（如以年、季、月为一周期）将一期所生利息加入本金后再计算下期利息，逐期滚算直至还清欠款之日为止的一种计息方法，俗称“利滚利”。对此，《人民币利率管理规定》第20条、第21条、第25条和第28条具体规定了复利的计算问题。

关于借款合同中的复利问题，我国相关法律规范对于是否允许复利的态度经历了一个变化的过程。从目前来看，基本的态度是并不禁止复利，但禁止高利的复利。原《民法通则》及原《合同法》对复利问题没有规定。原《民法通则意见》第125条曾规定：“公民之间的借贷，出借人将利息计入本金计算复利的，不予保护。”最高人民法院《关于人民法院审理借贷案件的若干意见》（法[民]〔1991〕21号，已失效）第7条曾规定，“出借人不得将利息计入本金谋取高利。审理中发现债权人将利息计入本金计算复利的，其利率超出第六条[4]规定的限度时，超出部分的利息不予保护”，对四倍利率内的复利利息予以认可。2015年的原《民间借贷规定》第28条也允许一定条件下的复利。2020年《民间借贷规定》第27条对此适当修正后予以承继，即借贷双方对前期借款本息结算后将利息计入后期借款本金并重新出具债权凭证，如果前期利率没有超过合同成立时一年期贷款市场报价利率四倍，重新出具的债权凭证载明的金额可认定为后期借款本金。超过部分的利息，不应认定为后期借款本金。按前款计算，借款人在借款期间届满后应当支付的本息之和，超过以最初借款本金与以最初借款本金为基数、以合同成立时一年期贷款

---

〔1〕 黄薇主编：《中华人民共和国民法典合同编解读》（上册），中国法制出版社2020年版，第667页。

〔2〕 谢鸿飞、朱广新主编：《民法典评注·合同编·典型合同与准合同》（第1册），中国法制出版社2020年版，第430页。

〔3〕 王利明：《合同法研究》（第2版第3卷），中国人民大学出版社2015年版，第266页。

〔4〕 最高人民法院《关于人民法院审理借贷案件的若干意见》第6条：“民间借贷的利率可以适当高于银行的利率，各地人民法院可根据本地区的实际情况具体掌握，但最高不得超过银行同类贷款利率的四倍（包含利率本数）。超出此限度的，超出部分的利息不予保护。”

市场报价利率四倍计算的整个借款期间的利息之和的，人民法院不予支持。

二、借新还旧

借新还旧又称“转贷”或“以贷还贷”，是指同一借款人在未清偿前一笔到期贷款的情况下，又与该贷款人签订借款合同用新贷款偿还其前一笔旧贷款的行为。2000年《担保法解释》（已失效）第39条规定：“主合同当事人双方协议以新贷偿还旧贷，除保证人知道或者应当知道的外，保证人不承担民事责任。新贷与旧贷系同一保证人的，不适用前款的规定。”该条规定，实际上间接承认了借新还旧的效力。2020年《民法典担保制度解释》第16条在此基础上规定，“主合同当事人协议以新贷偿还旧贷，债权人请求旧贷的担保人承担担保责任的，人民法院不予支持；债权人请求新贷的担保人承担担保责任的，按照下列情形处理：（一）新贷与旧贷的担保人相同的，人民法院应予支持；（二）新贷与旧贷的担保人不同，或者旧贷无担保新贷有担保的，人民法院不予支持，但是债权人有证据证明新贷的担保人提供担保时对以新贷偿还旧贷的事实知道或者应当知道的除外。主合同当事人协议以新贷偿还旧贷，旧贷的物的担保人在登记尚未注销的情形下同意继续为新贷提供担保，在订立新的贷款合同前又以该担保财产为其他债权人设立担保物权，其他债权人主张其担保物权顺位优先于新贷债权人的，人民法院不予支持”。

三、同业拆借

同业拆借，是指经中国人民银行批准进入全国银行间同业拆借市场的金融机构之间，通过全国统一的同业拆借网络进行的无担保资金融通行为，其实质是金融机构之间的借款。从事同业拆借是商业银行的业务类型之一（《商业银行法》第3条第1款第8项）。中国人民银行也专门发布了《同业拆借管理办法》（中国人民银行令〔2007〕第3号）。同业拆借交易应遵循公平自愿、诚信自律、风险自担的原则（《同业拆借管理办法》第5条）。交易合同可采用全国银行间同业拆借中心电子交易系统生成的成交单，或者采取合同书、信件和数据电文等书面形式（《同业拆借管理办法》第18条）。

根据《商业银行法》及《同业拆借管理办法》的规定，同业拆借在拆借主体、资金来源及用途、期限等方面都会有一些特别限制（如《同业拆借管理办法》第6～8条、《商业银行法》第46条等）。

四、平台借贷

近年来，利用互联网平台开展借贷成为新的社会现象，但同时也面临诸多挑战，政策监管也多有介入。对此，《民间借贷规定》第21条承继了2015年原《民间借贷规定》的规定，对网络借贷平台的责任问题作出了规定，即借贷双方通过网络贷款平台形成借贷关系，网络贷款平台的提供者仅提供媒介服务，当事人请求其承担担保责任的，人民法院不予支持。网络贷款平台的提供者通过网页、广告或者其他媒介明示或者有其他证据证明其为借贷提供担保，出借人请求网络贷款平台的提供者承担担保责任的，人民法院应予支持。

拓展阅读文献

1. 刘勇:《〈民法典〉第676条(逾期利息支付义务)评注》,载《清华法学》2023年第4期。
2. 刘勇:《〈民法典〉第670条(禁止预扣利息)评注》,载《法学家》2023年第4期。
3. 刘勇:《〈民法典〉第679条(自然人借款合同的成立)评注》,载《法学家》2022年第4期。
4. 刘勇:《〈民法典〉第680条评注(借款利息规制)》,载《法学家》2021年第1期。
5. 王建文:《论我国民间借贷合同法律适用的民商区分》,载《现代法学》2020年第1期。
6. 孙鹏:《金钱"占有即所有"原理批判及权利流转规则之重塑》,载《法学研究》2019年第5期。
7. 刘勇:《超额利息返还的解释论构成——以法释〔2015〕18号第26条、第31条为中心》,载《法学》2019年第4期。
8. 刘勇:《超额利息的抵充——以"民间借贷"为对象》,载《法律科学》2019年第2期。
9. 朱晓喆:《存款货币的权利归属与返还请求权——反思民法上货币"占有即所有"法则的司法运用》,载《法学研究》2018年第2期。
10. 其木提:《货币所有权归属及其流转规则——对"占有即所有"原则的质疑》,载《法学》2009年第11期。
11. 张谷:《借款合同分析》,载《金融法苑》2005年第2期。

第五章　保证合同

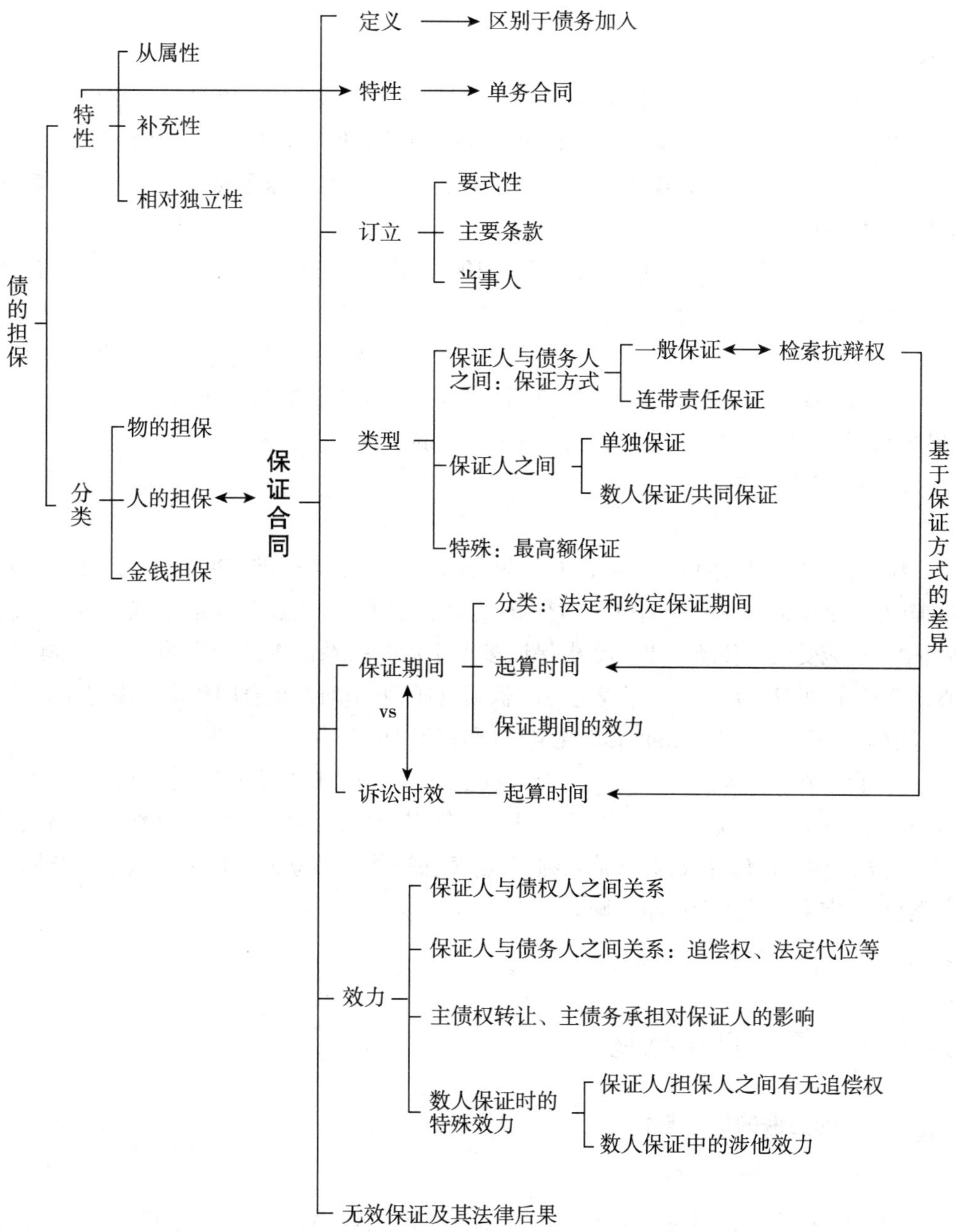

债的担保
特性
从属性
补充性
相对独立性
分类
物的担保
人的担保
金钱担保
保证合同
定义
区别于债务加入
特性
单务合同
订立
要式性
主要条款
当事人
类型
保证人与债务人之间：保证方式
一般保证
检索抗辩权
连带责任保证
保证人之间
单独保证
数人保证/共同保证
特殊：最高额保证
基于保证方式的差异
保证期间
分类：法定和约定保证期间
起算时间
保证期间的效力
vs
诉讼时效
起算时间
效力
保证人与债权人之间关系
保证人与债务人之间关系：追偿权、法定代位等
主债权转让、主债务承担对保证人的影响
数人保证时的特殊效力
保证人/担保人之间有无追偿权
数人保证中的涉他效力
无效保证及其法律后果

设 例

1. 2022年7月1日,甲(某双语学校)与乙信托公司签订《保证合同》约定,因乙信托公司(即债权人)与丙投资公司(主债务人或债务人)签订《信托贷款合同》,约定乙信托公司以甲校扩建信托贷款单一资金信托计划募集的资金,向丙投资公司发放信托贷款。为确保《信托贷款合同》项下丙投资公司履行债务,甲愿意为《信托贷款合同》项下丙投资公司按时依约履行《信托贷款合同》义务提供无限连带责任保证担保。经查,甲的登记证书显示该学校为民办非企业法人单位,业务范围为九年一贯制学校、普通高级中学。问:

(1)甲、乙签订的保证合同是否会因甲为民办非企业法人单位身份而无效?

(2)若甲、乙之间的保证合同无效,甲在何种情况下需要对乙承担赔偿责任?

(3)若甲、乙之间的保证合同无效,甲对可能承担的损害赔偿责任是否受该合同保证期间的影响?

2. 甲、乙签订借款合同,甲从乙处借款100万元,甲之好友丙为此提供连带责任保证,甲之好友丁以其自有房屋设定抵押,为甲的前述借款提供担保。甲无法按期还款。丙找到乙,主动提出可以代甲偿还借款,但要求乙与其签订债权转让协议,在丙支付105万元(借款本金和利息后),前述债权归丙所有(甲之所以提出这一要求,目的是以该笔价款债权人的身份,向丁主张行使抵押权),乙欣然同意。问:

这一约定有效与否?

保证合同并非以给付义务的性质作为合同性质判断的标准。因此,《民法典》编纂过程中,对于保证合同的体例位置亦有争议。《民法典》最终将其规定在“借款合同”之后,很有可能受到了传统民事生活中保证多用于借贷关系的观念的影响。《民法典》第681~702条,共22条,分“一般规定”和“保证责任”两节对保证合同作出了规定。另外,《民法典担保制度解释》《民间借贷规定》等亦有不少关于保证的规范。

在《民法典》编纂过程中,虽然亦有观点主张设立独立的“担保编”,但《民法典》并未采用该立法体例。原《担保法》及原《物权法》规定的各种担保方式,被分别纳入物权编和合同编之中。担保物权部分,纳入物权编,而保证作为独立的合同类型被纳入合同编典型合同,定金被纳入合同编通则。

第一节　债的担保概述

一、债的担保的概念与特征

(一)债的担保的概念

债的担保,是指法律以债务人的特定财产或第三人的特定财产设定优先权利,或者以第三人的责任财产(信用)设定债务负担,以保障债务人履行义务、债权人实现权利的制度。以特定的财产作为担保与保证一起,被称为特别担保,以区别于一般担保。一般担保，则是指债务人必须以其全部财产（责任财产）作为履行债务的总担保。通常所谓的担保，指的是特别担保。但《民法典》第388条也规定了“其他具有担保功能的合同”等非典型担保。

（二）债的担保的特征

1. 债的担保具有从属性

担保的从属性，通常指的是担保的成立与存续以主债的成立与存续为前提，包括发生上的从属性、范围上的从属性、履行上的从属性、移转上的从属性、消灭上的从属性以及管辖上的从属性等。

例如，范围上的从属性，即担保人的担保范围和强度不得超过主债务。对此，《民法典担保制度解释》第3条就规定，“当事人对担保责任的承担约定专门的违约责任，或者约定的担保责任范围超出债务人应当承担的责任范围，担保人主张仅在债务人应当承担的责任范围内承担责任的，人民法院应予支持。担保人承担的责任超出债务人应当承担的责任范围，担保人向债务人追偿，债务人主张仅在其应当承担的责任范围内承担责任的，人民法院应予支持；担保人请求债权人返还超出部分的，人民法院依法予以支持”。关于移转上的从属性，《民法典》第547条规定，“债权人转让债权的，受让人取得与债权有关的从权利，但是该从权利专属于债权人自身的除外。受让人取得从权利不因该从权利未办理转移登记手续或者未转移占有而受到影响”。《民法典》第696条则对债权让与情形的保证作出了规定。当然，第697条就债务承担作出了从属性的例外规定。另外，《民法典担保制度解释》第21条就司法管辖上的从属性作出了规定，即“主合同或者担保合同约定了仲裁条款的，人民法院对约定仲裁条款的合同当事人之间的纠纷无管辖权。债权人一并起诉债务人和担保人的，应当根据主合同确定管辖法院。债权人依法可以单独起诉担保人且仅起诉担保人的，应当根据担保合同确定管辖法院”。

拓　展

担保合同的从属性和担保权的从属性

理论上和实务中经常将《民法典》物权编第388条“担保合同是主债权债务合同的从合同”以及合同编第682条“保证合同是主债权债务合同的从合同”的规定作为担保或保证从属性的解释依据。[1] 但从逻辑上来说，担保合同或保证合同与主合同之间的主从关系，是从广义之债的角度理解的，其更多的是要处理是否承认独立担保的问题；而担保或保证的从属性，强调的是担保物权对于主债权的从属性、保证债务对于主债务的从属性（从债），其立足的是狭义之债的视角。两者虽有密切联系，但并不能等同。否则就会出现主合同解除致使主合同权利义务终止情形下（《民法典》第557条第2款），如何体系解释担保人对债务人应当承担的民事责任仍应承担担保责任的问题（《民法典》第566条第3款）。但遗憾的是，《民法典》物权编仅规定了担保合同的从属性，而并未

[1] 崔建远：《合同法》（第4版），北京大学出版社2021年版，第216页；王利明：《合同法》（下册），中国人民大学出版社2021年版，第35页。

规定担保物权的从属性问题。[1] 理论上亦有不少人注意到我国民法中担保从属性的表达问题，认为"从属性更恰当的表达是担保权从属于主债权，而非担保合同从属于主合同"。[2] 在司法实践中，对此亦有较为清晰的区分。例如，虽然名义上合同无效，但隐藏的真实意思表示并不存在其他无效情形，并不影响担保关系的效力，其本质就是担保乃对于债务履行的担保，而不是对合同的担保。[3] 但由于立法上并未严格区分担保物权或保证债务的从属性与担保合同的从属性，此处阐述依习惯未做严格区分。

担保的从属性亦有其例外：

独立担保

(1)法律规定的除外。这里会涉及能否约定独立担保的问题。原《担保法》第 5 条曾规定"约定除外"，但原《物权法》第 172 条及《民法典》第 388 条以及第 682 条并没有规定"约定除外"，而只是规定了"法律另有规定的除外"。《民法典担保制度解释》第 2 条明确排除了约定独立担保，即"当事人在担保合同中约定担保合同的效力独立于主合同，或者约定担保人对主合同无效的法律后果承担担保责任，该有关担保独立性的约定无效。主合同有效的，有关担保独立性的约定无效不影响担保合同的效力；主合同无效的，人民法院应当认定担保合同无效，但是法律另有规定的除外。因金融机构开立的独立保函发生的纠纷，适用《最高人民法院关于审理独立保函纠纷案件若干问题的规定》"。因此，从现行法上看，只有法律得以规定独立担保。[4] 另外，亦因最高额担保合同与债权债务合同之间并非一一对应关系，尚存在担保权人债权确定的过程，故某一债权债务合同无效，并不影响最高额担保合同本身。而且，债权确定之前，部分债权转让的，最高额抵押权并不转让，除非当事人另有约定(《民法典》第 421 条)。

(2)在为将来债权提供担保的情况下，担保关系不存在成立上的从属性，如最高额担保可以为未来债权提供担保。

(3)保证人及第三人提供物保情形，涉及债务承担的，处分上的从属性归于消失。债权人未经保证人书面同意，允许债务人转移全部或者部分债务，保证人对未经其同意转移的债务不再承担保证责任，但是债权人和保证人另有约定的除外(《民法典》第 697 条第 1 款)。类似旨趣的规定还有《民法典》第 391 条及《民法典担保制度解释》第 39 条第 2 款。

2. 债的担保具有补充性

债的担保是对债的效力的一种补充，债的效力得到了进一步加强。也正因如此，通

---

[1] 孙宪忠、朱广新主编：《民法典评注 · 物权编》(第 4 册)，中国法制出版社 2020 年版，第 26 页。

[2] 刘骏：《主合同无效后担保权存续论》，载《比较法研究》2021 年第 2 期。

[3] 中信银行股份有限公司西安分行与山煤国际能源集团晋城有限公司等合同纠纷案，载《最高人民法院公报》2021 年第 8 期。该案的裁判摘要指出，"保兑仓交易以双方有真实买卖关系为前提，无真实买卖关系的，属于名为保兑仓交易实为借款合同，保兑仓交易无效，被隐藏的借款合同是当事人的真实意思表示，如不存在其他无效情形，应当认定有效。保兑仓交易认定为借款合同关系的，不影响卖方和银行之间担保关系的效力，卖方仍应当承担担保责任"。

[4] 亦有学者认为，独立保函可以看作一个独立的法律关系，不宜认为其是对保证合同从属性的突破，参见王利明：《独立保证的相关问题探讨》，载《当代法学》2020 年第 2 期。

常只有在所担保的债务没有得到履行或者没有得到完全履行时，才能要求实现担保。特别是在一般保证中，保证人对于债权人享有检索抗辩权（《民法典》第 687 条）。不仅如此，《民法典》第 386 条及第 681 条均以“债务人不履行到期债务或者发生当事人约定的情形”作为实现担保的前提，也体现了担保的补充性。

3. 债的担保具有相对独立性

担保的成立或依当事人的合意或依法律的规定而发生，与被担保的债权的发生或者成立分属于两个不同的法律关系，否则难谓“从合同”。担保的相对独立性使从合同在特殊情况下可以不受主合同的约束，产生独立的法律后果，也即在特殊情况下，从合同可以不随主合同。比如最高额担保、独立保函等。比较法上亦有不少国家承认独立担保。除相对独立性外，尚有一类独特的担保，其无所谓主从合同的关系，而是在交易结构设计上形成了一个很难单独分离的合同整体。例如，为了担保价款债权的所有权保留买卖、融资租赁交易中作为租金担保的出租人所有权等具有担保功能的非典型担保（《民法典》第 388 条，《民法典担保制度解释》第 1 条），其在交易结构上属于一个不可分割的整体，无所谓主从合同关系。

拓　展

独立保函，指银行或非银行金融机构作为开立人，以书面形式向受益人出具的，同意在受益人请求付款并提交符合保函要求的单据时，向其支付特定款项或在保函最高金额内付款的承诺[《独立保函规定》第 1 条第 1 款]。单据，是指独立保函载明的受益人应提交的付款请求书、违约声明、第三方签发的文件、法院判决、仲裁裁决、汇票、发票等表明发生付款到期事件的书面文件。独立保函可以依保函申请人的申请而开立，也可以依另一金融机构的指示而开立。开立人依指示开立独立保函的，可以要求指示人向其开立用以保障追偿权的独立保函（《独立保函规定》第 1 条第 2 款、第 3 款）。独立保函并不适用保证的相关规定。当事人以独立保函记载了对应的基础交易为由，主张该保函性质为一般保证或连带责任保证的，人民法院不予支持。当事人主张独立保函适用《民法典》关于一般保证或连带责任保证规定的，人民法院不予支持（《独立保函规定》第 3 条第 2 款、第 3 款）。 独立保函

二、债的担保方式及其分类

（一）人的担保、物的担保及金钱担保

根据担保财产形式的不同，担保可以分为人的担保、物的担保及金钱担保。

人的担保，是指以第三人的信用担保债的履行的担保方式。人的担保的典型形式是保证，它是由保证人的责任财产来担保债权的实现。

物的担保，是指以债务人或第三人的特定财物保障债权实现的担保方式。物的担保的典型形式包括抵押、质押、留置。《民法典》第 388 条规定，“担保合同包括抵押合同、质押合同和其他具有担保功能的合同”。其他具有担保功能的合同，如所有权保留买卖

中的所有权担保、融资租赁中的所有权担保、保理中的债权让与担保以及《民法典担保制度解释》规定的让与担保,也属于广义上的物的担保。

金钱担保,是指以金钱为标的物而设定的担保,如定金担保(《民法典》第586条)。在定金担保中,由于标的物为金钱,是一种特殊的物,从本质上说,定金担保也属于物的担保之列,属于物的担保的一种特殊形态。实践中,还存在保证金、押租金等特定形态的金钱担保。广义上的金钱担保,还包括保证金账户等"账户担保"(《民法典担保制度解释》第70条)。

多种担保方式可以并存。被担保的债权既有物的担保又有人的担保的,债务人不履行到期债务或者发生当事人约定的实现担保物权的情形,债权人应当按照约定实现债权;没有约定或者约定不明确,债务人自己提供物的担保的,债权人应当先就该物的担保实现债权;第三人提供物的担保的,债权人可以就物的担保实现债权,也可以请求保证人承担保证责任。提供担保的第三人承担担保责任后,有权向债务人追偿(《民法典》第392条)。值得注意的是,各种典型担保方式以外尚存在所有权保留买卖、融资租赁等非典型担保时如何实现担保,能否参照《民法典》第392条以及若能参照应当如何参照,需结合所有权保留等非典型担保的制度构成与制度目的予以慎重考虑。

(二)法定担保与约定担保

根据担保设立的方式不同,担保可以分为法定担保与约定担保。约定担保是依据当事人之间的合同而设立的担保,如保证、抵押、质押、定金等。法定担保是直接依据法律的规定而成立的担保,留置属于法定担保。另外,《民法典》第807条还规定了建设工程价款法定优先权。

(三)本担保、再担保与反担保

根据担保对象不同,担保可以分为本担保、再担保和反担保。

本担保是以债权人对债务人的债权为担保对象的担保。本担保是再担保与反担保成立的前提和基础。

再担保是对担保的担保,即以债权人对本担保人的担保权为对象而又设定的担保。对一项债权设定了担保,仍不能排除债权人届期对保证人要求承担保证责任或对担保物行使担保物权时遭遇本担保人无力担保或者担保物灭失、毁损等无法保障债权实现的情况。为防范这种情况带来的风险,债权人要求提供新的担保,设定对担保的担保或称第二担保、补充担保,以使担保更为安全、可靠。再担保中的担保权人与本担保中的担保权人为同一人时,再担保人须是本担保人之外的人,本担保人是再担保的被担保人。[1]

反担保,其实质是"求偿担保"。第三人提供担保时,为了确保第三人承担担保责任后向债务人的追偿权能够实现,该第三人可以要求债务人或债务人以外的人新设担保,以担保追偿权的实现。《民法典》第387条第2款及第689条分别规定了担保人可以要求债务人提供反担保,即第三人为债务人向债权人提供担保的,可以要求债务人提供反

---

〔1〕 杨立新:《债法总论》,高等教育出版社2009年版,第214页;柳经纬主编:《债法总论》,北京师范大学出版社2011年版,第246页。

担保。反担保适用《民法典》和其他法律的规定(《民法典》第387条第2款)。保证人可以要求债务人提供反担保(《民法典》第689条)。

(四)典型担保与非典型担保

根据是否由法律明确规定,担保可以分为典型担保和非典型担保。

典型担保是物债二分的形式主义体系下法律明确规定的担保。《民法典》规定的保证、抵押、质押、留置、定金都为典型的担保方式。

非典型担保的涵摄范围,依论者所指有所不同。通常指的是虽具有担保的功能,但既非担保物权、亦非保证的担保方式,属于不规则担保或"变态担保"。《民法典》第388条第2款"担保合同包括抵押合同、质押合同和其他具有担保功能的合同"的规定,体现了《民法典》担保制度形式主义与功能主义相结合的立法方式,为非典型担保提供了重要的解释论依据。对于非典型担保,《民法典担保制度解释》第63条规定,"债权人与担保人订立担保合同,约定以法律、行政法规尚未规定可以担保的财产权利设立担保,当事人主张合同无效的,人民法院不予支持。当事人未在法定的登记机构依法进行登记,主张该担保具有物权效力的,人民法院不予支持"。

《民法典担保制度解释》第64~70条规定了所有权保留买卖、融资租赁、保理、让与担保、股权让与担保、保证金账户等非典型担保。与典型担保的构成和效力均由法律明文规定不同,非典型担保的情形较为复杂,务必先定性和定位,方能适当地适用法律。[1] 在这点上,《民法典担保制度解释》第1条亦有意识地进行了区分,即"因抵押、质押、留置、保证等担保发生的纠纷,适用本解释。所有权保留买卖、融资租赁、保理等涉及担保功能发生的纠纷,适用本解释的有关规定"。因此,在非典型担保的法律适用和学理探讨上,既要避免担保功能主义过度泛化,将功能化的非典型担保等同于担保物权,也要避免担保功能主义贯彻不足,无视或淡化相关交易结构的担保功能。另外,并非所有的具有担保功能的合同均为非典型担保,如抵销具有担保功能,违约金具有保障债的实现的功能,但并非非典型担保。这些类型的"担保功能",与强调优先受偿效力的担保功能并不能等同。另外,在交易实践或生活用语中,"担保"有时并非指"担保法"意义上的具有受偿权的担保,而只是"债的确保"的含义。

"担保"的不同含义

第二节　保证合同概述

一、保证合同的概念与特征

(一)保证合同的概念及其认定

保证合同是为保障债权的实现,保证人和债权人约定,当债务人不履行到期债务或者发生当事人约定的情形时,保证人履行债务或者承担责任的合同(《民法典》第681条)。

---

[1] 崔建远:《物权法》(第5版),中国人民大学出版社2021年版,第423页。

实践中,特别需要注意识别保证与并存的债务承担,以及不动产抵押"未登记"情形的关系。

并存的债务承担(《民法典》第552条)与保证功能类似,都旨在补充债务人之信用。在并存的债务承担中,第三人加入债务后与原债务人一起对债权人负有连带债务。而且,第三人与债权人合意时的并存债务承担,与保证一样都无须债务人之意思的介入。但与保证不同的是,并存债务承担并没有从属性和补充性。

在实践中,与债务人的债务同一内容的债务让第三人来负担时,如何区分两者?《民法典》第552条规定的债务人与第三人合意的债务承担,与债权人与保证人合意的保证不同,区分明显;但若是第三人向债权人表示愿意加入债务而债权人未在合理期限内拒绝情形的并存债务承担,与保证之间如何区分?区分两者,关键还是当事人之间意思表示及其合意的解释;存疑时,理论上应推定为保证。[1] 之所以存疑时推定保证,主要是并存的债务承担与保证相比,加入债务的第三人较之保证人的责任更重,若认定为并存的债务承担,会加重第三人的责任。例如,债务承担情形下,第三人是否具有追偿权一般需有当事人之间的特别约定,[2] 而保证人则原则上享有追偿权。[3]

(二)保证的特征

1. 保证具有从属性

如前所述,因我国立法上术语表达的习惯性问题,此处亦不区分保证合同的从属性和保证之债的从属性。保证的从属性包括成立上的从属性、保证范围及强度上的从属性、移转上的从属性、变更及消灭上的从属性等。[4]

保证合同以主合同的有效存在为前提。保证债务以主债务的存在为前提,并于主债务存续中从属于主债务。

保证的范围与强度从属于主债务,具有内容上的从属性,不得大于或者强于主债务,唯有减轻主债务时,才对保证人产生影响。也就是说,债权人和债务人未经保证人书面同意,协商变更主债权债务合同内容,减轻债务的,保证人仍对变更后的债务承担保证责

---

〔1〕 夏昊晗:《债务加入与保证之识别——基于裁判分歧的分析和展开》,载《法学家》2019年第6期;王利明:《论"存疑推定为保证"——以债务加入与保证的区分为中心》,载《华东政法大学学报》2021年第3期。

值得注意的是,《民法典担保制度解释》第36条规定,"第三人向债权人提供差额补足、流动性支持等类似承诺文件作为增信措施,具有提供担保的意思表示,债权人请求第三人承担保证责任的,人民法院应当依照保证的有关规定处理。第三人向债权人提供的承诺文件,具有加入债务或者与债务人共同承担债务等意思表示的,人民法院应当认定为民法典第五百五十二条规定的债务加入。前两款中第三人提供的承诺文件难以确定是保证还是债务加入的,人民法院应当将其认定为保证。第三人向债权人提供的承诺文件不符合前三款规定的情形,债权人请求第三人承担保证责任或者连带责任的,人民法院不予支持,但是不影响其依据承诺文件请求第三人履行约定的义务或者承担相应的民事责任"。该司法解释确认了学说中"存疑时推定保证"的见解。

〔2〕 《民法典合同编通则解释》第51条第1款规定:"第三人加入债务并与债务人约定了追偿权,其履行债务后主张向债务人追偿的,人民法院应予支持;没有约定追偿权,第三人依照民法典关于不当得利等的规定,在其已经向债权人履行债务的范围内请求债务人向其履行的,人民法院应予支持,但是第三人知道或者应当知道加入债务会损害债务人利益的除外。"

〔3〕 王利明:《合同法》(下册),中国人民大学出版社2021年版,第32页。

〔4〕 柳经纬主编:《债法总论》,北京师范大学出版社2011年版,第249~250页。

任;加重债务的,保证人对加重的部分不承担保证责任。债权人和债务人变更主债权债务合同的履行期限,未经保证人书面同意的,保证期间不受影响(《民法典》第 695 条)。不仅如此,依前述《民法典担保制度解释》第 3 条,即使就保证合同本身约定特别的违约责任,保证人承担的责任亦以主债务责任范围为限。

保证具有移转上的从属性。原则上,保证债务随主债权的移转而移转。但与债权让与的基本规则一致,债权让与伴随的是保证的移转,亦需通知保证人始对保证人发生效力;且保证人与债权人可另行约定债权转让禁止特约。即"债权人转让全部或者部分债权,未通知保证人的,该转让对保证人不发生效力。保证人与债权人约定禁止债权转让,债权人未经保证人书面同意转让债权的,保证人对受让人不再承担保证责任"(《民法典》第696 条)。债务承担情形则与债权让与情形不同。若是免责的债务承担,债务人的变化会导致债务受清偿风险以及相应的保证人保证责任风险的变化,故需经保证人书面同意;而对于并存的债务承担,原债务人并未脱离债的关系,且增强了债务清偿的可能性,对保证人不会产生不利影响。因此,《民法典》第 697 条规定,"债权人未经保证人书面同意,允许债务人转移全部或者部分债务,保证人对未经其同意转移的债务不再承担保证责任,但是债权人和保证人另有约定的除外。第三人加入债务的,保证人的保证责任不受影响"。

2. 保证具有相对独立性

保证人的保证债务虽与主债务之间形成主从关系,依主债务的存在而存在,但保证债务并不是主债务的一部分,而是独立于主债务的单独债务。由于保证债务具有独立性,并不是主债务的一部分,所以,保证债务虽因其从属性的要求在范围上或强度上不得大于或强于主债务,却可以与主债务不同。例如,主债务不附条件的,保证债务可以附条件;基于保证合同而发生的抗辩权,债务人不得享有,保证人得单独行使其抗辩权;债权人免除保证人保证债务的,主债务人的债务仍然存在;保证合同无效的,主债务的效力也不受影响。[1]

3. 保证具有补充性

保证债务只是对主债务的补充和加强,并非主债务本身,保证人亦并非主债务的债务人,保证债务具有补充性。只有在主债务人不履行债务时,保证人才负履行保证债务的责任。而在一般保证中,保证人更是享有检索抗辩权。当事人在保证合同中约定,债务人不能履行债务时,由保证人承担保证责任的,为一般保证。一般保证的保证人在主合同纠纷未经审判或者仲裁,并就债务人财产依法强制执行仍不能履行债务前,有权拒绝向债权人承担保证责任(《民法典》第687 条)。连带责任保证的债务人不履行到期债务或者发生当事人约定的情形时,债权人可以请求债务人履行债务,也可以请求保证人在其保证范围内承担保证责任(《民法典》第688 条第 2 款)。

4. 保证合同的单务性

保证合同一定是单务合同。虽然保证人也可能获得一定的补偿,例如因受债务人有

---

〔1〕 柳经纬主编:《债法总论》,北京师范大学出版社 2011 年版,第 251 页。

偿委托而为保证人的,保证人的确可以得到补偿。尽管如此,这种补偿也不是来自主债权人,而是来自被保证人即主债务人。保证合同毕竟只是保证人和主债权人之间的双方行为,在保证合同项下,只有保证人对主债务的不履行负有赔偿义务或者代为履行的义务,无论保证人和被保证人(主债务人)之间的关系如何(无偿委托、有偿委托或者无因管理等),保证合同都是单务合同,只有保证人负有义务。

5. 保证担保不具有优先受偿性

相较于抵押、质押等物的担保,保证的劣势在于,债权人无法打破债的平等性,无法就保证人的财产主张优先受偿权。不仅如此,保证人系以其一般财产负责任;物的担保,担保人仅就其提供的担保物的价值为限负有限责任。

二、保证合同的订立及主要条款

(一)保证合同的订立及其要式性

保证合同可以是单独订立的书面合同,也可以是主债权债务合同中的保证条款。第三人单方以书面形式向债权人作出保证,债权人接收且未提出异议的,保证合同成立(《民法典》第685条)。

关于保证合同书面形式的要求,《民法典》的规定不如原《担保法》第13条的要求明确。特别是"可以是主债权债务合同中的保证条款",若主债权债务合同非书面时,其保证条款又当如何? 而且用"可以",不如原《担保法》中第13条的"应当以书面"规定的更为明确。对此,目前解释论尚存在争议。有学说认为,《民法典》关于保证合同形式的规定不是强制性规定,而是倡导性规范。[1] 但更多的则是认为保证合同的成立要求书面形式。[2] 这里的书面形式,强调的是作出担保的意思表示的书面形式,而不是合同的书面形式问题。

(二)保证合同的主要条款

保证合同的内容一般包括被保证的主债权的种类、数额,债务人履行债务的期限,保证的方式、范围和期间等条款(《民法典》第684条)。

(三)保证合同的当事人

保证合同的当事人为保证人和债权人,但部分主体不得成为保证人。依《民法典》第683条规定,机关法人不得为保证人,但是经国务院批准为使用外国政府或者国际经济组织贷款进行转贷的除外。以公益为目的的非营利法人、非法人组织不得为保证人。

不得提供担保的机关法人提供担保的,担保合同无效(《民法典担保制度解释》第5条)。同理,不得提供担保的以公益为目的的非营利法人、非法人组织提供担保的,担保合同无效。但以公益为目的的非营利法人提供担保的行为,其目的动机并不相同,《民

---

〔1〕 崔建远:《合同法》(第4版),北京大学出版社2021年版,第222页。

〔2〕 黄薇主编:《中华人民共和国民法典合同编解读》(上册),中国法制出版社2020年版,第749页;谢鸿飞、朱广新主编:《民法典评注·合同编·典型合同与准合同》(第2册),中国法制出版社2020年版,第39页。

法典担保制度解释》第6条为此作出了部分例外规定。

《民法典》总则编将基层组织等规定为特别法人，其不属于机关法人，其提供担保的效力如何，《民法典》并未明确。对此，《民法典担保制度解释》第5条第2款规定，居民委员会、村民委员会提供担保的，人民法院应当认定担保合同无效，但是依法代行村集体经济组织职能的村民委员会，依照《村民委员会组织法》规定的讨论决定程序对外提供担保的除外。

关于非法人组织是否可以提供保证，本书认为，《民法典》第683条第2款并未否定非法人组织的保证能力，其否定的是以公益为目的的非法人组织的保证人资格，非法人组织本身并不构成保证人资格的障碍。

三、保证的类型

（一）一般保证与连带责任保证

当事人在保证合同中约定，债务人不能履行债务时，由保证人承担保证责任的，为一般保证（《民法典》第687条第1款）。当事人在保证合同中约定保证人和债务人对债务承担连带责任的，为连带责任保证（《民法典》第688条第1款）。当事人在保证合同中对保证方式没有约定或者约定不明确的，按照一般保证承担保证责任（《民法典》第686条第2款）。"没有约定或约定不明确"的判断至关重要，特别是当事人约定不明确时意思表示的解释问题，就成为判断保证方式的关键。只有在意思表示解释规则难以明确当事人意思的前提下，才得以适用《民法典》第686条第2款的推定规则。

在一般保证中，保证人承担保证责任的前提是"债务人不能履行债务"，而在连带责任保证中，保证人承担保证责任的前提是"债务人不履行债务"，其效果意思并不相同。对此，《民法典担保制度解释》第25条规定，"当事人在保证合同中约定了保证人在债务人不能履行债务或者无力偿还债务时才承担保证责任等类似内容，具有债务人应当先承担责任的意思表示的，人民法院应当将其认定为一般保证。当事人在保证合同中约定了保证人在债务人不履行债务或者未偿还债务时即承担保证责任、无条件承担保证责任等类似内容，不具有债务人应当先承担责任的意思表示的，人民法院应当将其认定为连带责任保证"。此等情形，因当事人的意思明确，虽然没有明确指明何种保证方式，但并非"没有约定或约定不明确"，应按照当事人的意思认定保证方式。

一般保证的保证人享有检索抗辩权。一般保证的保证人在主合同纠纷未经审判或者仲裁，并就债务人财产依法强制执行仍不能履行债务前，有权拒绝向债权人承担保证责任，但是有下列情形之一的除外：(1)债务人下落不明，且无财产可供执行；(2)人民法院已经受理债务人破产案件；(3)债权人有证据证明债务人的财产不足以履行全部债务或者丧失履行债务能力；(4)保证人书面表示放弃本款规定的权利（《民法典》第687条第2款）。检索抗辩权与一般保证责任中"不能履行债务"的前提相结合，充分体现了一般保证的补充性。此处"不能履行债务"并非指给付不能，而是指客观上缺乏支付能力，指就债务人财产依法强制执行后仍无法清偿债务。

检索抗辩权

连带责任保证的保证人不享有检索抗辩权。连带责任保证的债务人不履行到期债务或者发生当事人约定的情形时,债权人可以请求债务人履行债务,也可以请求保证人在其保证范围内承担保证责任(《民法典》第688条第2款)。

(二)部分保证与全部保证

保证具有独立性,可以与主债务的范围不一致,当事人可以自由约定保证的范围。有限保证是保证人与债权人在保证合同中明确约定保证范围的保证。此类保证,亦被称为"部分保证"。无限保证是指当事人没有明确约定保证的范围,而对全部债务承担保证责任的保证。[1] 当然,保证范围的约定,不得超过主债务的责任范围(《民法典担保制度解释》第3条)。

(三)单独保证与数人保证

单独保证,是指只有一个保证人担保债权的保证。除非另有指明,通常所说的保证就是指单独保证。数人保证,是指两个或两个以上的保证人为同一债权提供保证。对于数人保证,我国学说和实务中经常称之为"共同保证"。由于"共同保证"中"共同"二字易引起歧义,会被认为数个保证人之间必然存在共同关系或连带关系,因此,此处用"数人保证"来描述《民法典》第699条规定的情形。[2] 《民法典》第699条规定,"同一债务有两个以上保证人的,保证人应当按照保证合同约定的保证份额,承担保证责任;没有约定保证份额的,债权人可以请求任何一个保证人在其保证范围内承担保证责任"。

数人保证形态的多样性

按照一般保证、连带保证与共同保证不同的组合方式,可存在连带共同连带保证、连带共同一般保证、按份共同连带保证、按份共同一般保证四种共同保证形式。当然,《民法典》只是规定"同一债务有两个以上保证人",并未就数个保证人之间的关系作进一步的细分,特别是对存在"共同意思表示"的保证与不存在意思联络或不存在共同意思表示的数个保证人的保证等不同情形,并未作进一步细分。甚至可能存在保证人之一承担一般保证、其他数个保证人承担连带保证、其他数个保证人为连带共同连带保证等复杂情形。

(四)最高额保证

最高额保证,是指保证人于最高额限度内就一定期间连续发生的债权所提供的保证。《民法典》第690条规定,保证人与债权人可以协商订立最高额保证的合同,约定在最高债权额限度内就一定期间连续发生的债权提供保证。

最高额保证,依其不同的保证方式,可分为最高额一般保证和最高额连带责任保证。最高额保证适用保证的规定,最为重要的是待担保债权确定后适用保证的相关规定。最高额保证所担保债权的确定,仅发生最高额保证转化为普通保证的效力,债权人此

---

〔1〕 柳经纬主编:《债法总论》,北京师范大学出版社2011年版,第251页;崔建远:《合同法》(第4版),北京大学出版社2021年版,第226页。日本民法上,通常将此类"有限保证"称为"一部保証",参见潮見佳男『新債権総論Ⅱ』(信山社,2017年)664頁。当然,我国学界亦有观点将当事人约定以特定财产提供保证的情形称为有限保证,参见徐涤宇、张家勇主编:《〈中华人民共和国民法典〉评注》(精要版),中国人民大学出版社2022年版,第740页。应注意区分此等概念的具体含义。

〔2〕 有观点指出,严格意义上的"共同保证"仅指数个保证人向债权人承担连带责任之情形,无论其是否共同与债权人订立保证合同,但我国法学文献通常将共同保证理解为数人为同一债务提供保证(参见杨代雄主编:《袖珍民法典评注》,中国民主法制出版社2022年版,第666页)。

时才有权依法向保证人主张权利,但并不发生使主债务人和保证人丧失期限利益的效力,保证债权的行使仍然要受到纳入被担保范围的具体债权的履行期限是否届满的限制。[1]

在最高额担保中,学说和实践中常会就"最高额"的含义究竟是本金最高额还是债权最高额产生争议。[2]《民法典担保制度解释》第15条肯定了当事人约定优先,但认为如果没有约定,亦应依债权最高额确定最高额担保的范围,即"最高额担保中的最高债权额,是指包括主债权及其利息、违约金、损害赔偿金、保管担保财产的费用、实现债权或者实现担保物权的费用等在内的全部债权,但是当事人另有约定的除外。登记的最高债权额与当事人约定的最高债权额不一致的,人民法院应当依据登记的最高债权额确定债权人优先受偿的范围"。

第三节　保证期间与保证债务的诉讼时效

一、保证期间

保证期间是确定保证人承担责任的期间(《民法典》第692条第1款)。[3] 债权人在该期间内未依法定方式行使权利将导致保证人的保证责任消灭(《民法典担保制度解释》第34条第2款)。保证期间的意义在于权利人应在该期间内主张权利,并不是说此等期间经过保证人不承担责任。只要权利人在该期间内依法行使了权利,保证人并不能因期间经过就免除保证责任。

保证期间设立的目的在于限制保证人的责任、保障保证人的利益,同时具有督促债权人主张权利的功能。因诉讼时效制度只是抗辩权,且得中止、中断,故从保证的单务、无偿特点出发及保障保证人利益角度言,保证期间制度具有独立价值。保证期间也不同于法律行为的附期限,并不决定保证合同的生效或解除。

因保证期间不发生中止、中断和延长的问题,且会导致权利的消灭(《民法典》第692条),与除斥期间类似,故在以往的司法实践中常将保证期间作为除斥期间对待,[4]但保证期间并非除斥期间。[5]

---

〔1〕 高圣平:《最高额保证合同法律适用中的争议问题》,载《政治与法律》2021年第8期。

〔2〕 黄忠:《最高额担保中"最高额"含义的确定》,载周江洪、陆青、章程主编:《民法判例百选》,法律出版社2020年版,第231页。

〔3〕 有学者将"保证期间"理解为"保证合同的存续期限",参见王文军:《〈民法典〉保证期间制度的另一种解释可能——以继续性合同原理为视角》,载《暨南学报(哲学社会科学版)》2021年第4期。另外,亦有学者认为,《民法典》新增保证期间概念的规定属于不完全法条,不能仅依据该条认定保证责任消灭,参见杨巍:《〈民法典〉保证期间规则修改评释》,载《河北法学》2020年第9期。

〔4〕 谢鸿飞、朱广新主编:《民法典评注·合同编·典型合同与准合同》(第2册),中国法制出版社2020年版,第84页。

〔5〕 王利明:《合同法》(下册),中国人民大学出版社2021年版,第82页;崔建远:《合同法》(第4版),北京大学出版社2021年版,第238页。

（一）约定保证期间与法定保证期间

与诉讼时效期间不得由当事人约定（《民法典》第 197 条）不同，保证期间得以由当事人约定。债权人与保证人可以约定保证期间，但是约定的保证期间早于主债务履行期限或者与主债务履行期限同时届满的，视为没有约定；没有约定或者约定不明确的，保证期间为主债务履行期限届满之日起六个月（《民法典》第 692 条第 2 款）。《民法典担保制度解释》第 32 条进一步规定，“保证合同约定保证人承担保证责任直至主债务本息还清时为止等类似内容的，视为约定不明，保证期间为主债务履行期限届满之日起六个月”。[1]

（二）保证期间的起算

依《民法典》第 681 条，因保证期间是确定保证人承担责任的期间，保证期间应当从“当债务人不履行到期债务或者发生当事人约定的情形”时起算。但约定保证期间和法定保证期间的起算点会有微妙的区别。最高额保证由于其担保债权范围的特殊性，也有特殊的起算方式。同时，一般保证与连带责任保证因存在检索抗辩权有无的不同，阻止保证期间经过的权利行使方式也存在不同。

约定保证期间与法定保证期间的起算点不同，主要是由于约定保证期间存在同时约定起算点的可能；未约定起算点的，同法定保证期间相同，自主债务履行期限届满之日起算（《民法典》第 692 条第 2 款）。主债务履行期限未约定或约定不明，依《民法典》第 511 条第 4 项，得随时履行或请求履行，但应当给予对方准备时间；同理，作为从债务的保证责任承担期间的计算，也自债权人请求债务人履行债务的宽限期届满之日起计算（《民法典》第 692 条第 3 款）。最高额保证的保证期间起算，《民法典担保制度解释》第 30 条规定，“最高额保证合同对保证期间的计算方式、起算时间等有约定的，按照其约定。最高额保证合同对保证期间的计算方式、起算时间等没有约定或者约定不明，被担保债权的履行期限均已届满的，保证期间自债权确定之日起开始计算；被担保债权的履行期限尚未届满的，保证期间自最后到期债权的履行期限届满之日起开始计算。前款所称债权确定之日，依照民法典第四百二十三条的规定认定”。

拓 展

分期履行债务的保证期间起算

能否适用或参照适用《民法典》第 189 条诉讼时效期间的起算规则，自最后一期履行期限届满之日起计算，亦会成为问题。此时，若有约定，则按约定，如果没有约定的，则依《民法典担保制度解释》第 30 条关于最高额保证保证期间的司法解释同样的旨趣，应当得以参照适用《民法典》第 189 条。原因在于，在最高额保证中，保证担保的债权中有不少是在特定时期内产生的独立的债权，即使就此等债权，在依债权确定事由确定担保债权范围之后，某些担保债权的履行期尚未届至，其保证期间的起算亦并非按照各个独立的债权分别计算。而对于连续性、整体性更强的分期履行债权来说，就更有理由认为

〔1〕 当然，在学理上，亦有认为此种情形应视为对保证期间没有约定，适用法定保证期间，参见王轶等：《中国民法典释评·合同编·典型合同》（上卷），中国人民大学出版社 2020 年版，第 291 页。

应从最后一期债权履行期限届满之日起起算。另外，从学理上来说，保证人的担保，在没有特别约定的情况下，是为整个债务提供担保，保证期间应当从最后履行期限届满之日起起算。[1]

（三）保证期间的效力

保证期间届满债权人未行使其权利，将导致保证责任消灭。但因一般保证与连带责任保证中债权人行使权利的方式不同，故在阻止保证期间经过的权利行使方面，《民法典》作了不同规定。

一般保证因存在检索抗辩权，若保证人行使抗辩权，债权人难以主张保证责任，难以产生积极行使权利之效果。故《民法典》第693条第1款规定"一般保证的债权人未在保证期间对债务人提起诉讼或者申请仲裁的，保证人不再承担保证责任"。也就是说，自约定的起算点或者主债务履行期限届满到保证期间届满期间，债权人应向主债务人提起诉讼或申请仲裁。而且，在一般保证中，虽然在保证期间内对债务人提起诉讼或者申请仲裁，但撤回起诉或仲裁申请，债权人在保证期间届满前未再提起诉讼或者申请仲裁，保证人不再承担保证责任（《民法典担保制度解释》第31条第1款）。当然，在保证期间内，债权人未向主债务人提起诉讼或申请仲裁，而直接向一般保证人主张权利，且保证人放弃或怠于行使检索抗辩权，司法实践中有法院判决认为，此时不能因保证期间届满免除保证责任。[2]

实践中存在具有强制执行效力的公证文书，无须诉讼或仲裁即可强制执行，此时不能强求债权人"对债务人提起诉讼或申请仲裁"，不能囿于此等文义。故，《民法典担保制度解释》第27条对此作出补充解释，即"一般保证的债权人取得对债务人赋予强制执行效力的公证债权文书后，在保证期间内向人民法院申请强制执行，保证人以债权人未在保证期间内对债务人提起诉讼或者申请仲裁为由主张不承担保证责任的，人民法院不予支持"。另外，当然，若一般保证下的保证债务诉讼时效经过（《民法典》第694条），保证人可以以时效经过为由予以抗辩。

连带责任保证的保证期间，在债权人行使权利阻止保证期间经过方面，与一般保证的保证期间有所不同。因连带责任保证不同于一般保证，不存在保证人的检索抗辩权，故债务人不履行到期债务即可要求保证人承担保证责任。故其保证期间的效力规则也不同于一般保证，要求债权人应当在保证期间内向保证人请求承担保证责任，否则保证人不承担保证责任（《民法典》第693条第2款）。而且，该"请求"并不以诉讼或仲裁方式为必要。这一旨趣在《民法典担保制度解释》第31条第2款中得到进一步体现。依该款，"连带责任保证的债权人在保证期间内对保证人提起诉讼或者申请仲裁后，又撤回起诉或者仲裁申请，起诉状副本或者仲裁申请书副本已经送达保证人的，人民法院应当认定债权人已经在保证期间内向保证人行使了权利"。也就是说，副本送达即使撤回起诉或仲裁申请亦可表明债权人已"请求保证人承担保证责任"，这一"请求"并不以提起诉讼或仲裁为必要。

---

〔1〕 王轶等：《中国民法典释评·合同编·典型合同》（上卷），中国人民大学出版社2020年版，第296页。

〔2〕 张某丽与徐某宏民间借贷纠纷申诉、申请再审案，陕西省西安市中级人民法院（2020）陕01民申500号民事裁定书。

二、保证债务的诉讼时效

《民法典》对于保证债务的诉讼时效作了专门规定,将保证的诉讼时效制度独立于保证期间制度之外予以处理。

与保证期间制度类似,因检索抗辩权的存否不同,也区分了一般保证与连带责任保证的不同时效期间起算点。起算点的确认,也符合《民法典》第188条的"知道或者应当知道权利受到损害以及义务人"的基本原理。即债权人的保证债权受到损害,系指在保证债权可得行使时,债权人若向保证人主张保证债权,一旦保证人拒绝承担保证责任,债权人即知道或者应当知道自己权利受到损害,此时保证债务的诉讼时效期间即开始计算。《民法典》第694条依此原则区分了一般保证和连带责任保证的不同诉讼时效期间起算点。除了起算点,与保证期间不发生中止、中断和延长不同(《民法典》第692条),保证债务诉讼时效的中止、中断、延长均依诉讼时效规则处理。

根据《民法典》第694条的规定,一般保证的债权人在保证期间届满前对债务人提起诉讼或者申请仲裁的,从保证人拒绝承担保证责任的权利消灭之日起,开始计算保证债务的诉讼时效。[1] 连带责任保证的债权人在保证期间届满前请求保证人承担保证责任的,从债权人请求保证人承担保证责任之日起,开始计算保证债务的诉讼时效。

思 考

数人保证情形的诉讼时效问题

对于数人保证情形的诉讼时效问题,在《民法典》将保证债务诉讼时效期间与保证期间相互独立化且《民法典》第520条又并未对诉讼时效在连带债务人之间的效力问题作出规定时,连带共同保证债务的诉讼时效,在各保证人之间究竟是采取绝对效力原则还是相对效力原则,会成为问题。目前司法解释的规定[《诉讼时效规定》(2020年修正)第15条]采绝对效力原则。该条规定,"对于连带债权人中的一人发生诉讼时效中断效力的事由,应当认定对其他连带债权人也发生诉讼时效中断的效力。对于连带债务人中的一人发生诉讼时效中断效力的事由,应当认定对其他连带债务人也发生诉讼时效中断的效力"。但其合理与否,可进一步探讨。

---

〔1〕 司法解释进一步对《民法典》第694条规定的"从保证人拒绝承担保证责任的权利消灭之日起"也作出了相应的补充规定,即从债权人知道或应当知道《民法典》第687条但书情形时开始起算,原因在于此时保证债务的债权人已知或应知其保证债权受到损害,符合《民法典》第188条的原则。(1)在一般保证中,债权人依据生效法律文书对债务人的财产依法申请强制执行,保证债务诉讼时效的起算时间按照下列规则确定:①人民法院作出终结本次执行程序裁定,或者依照《民事诉讼法》第257条第3项、第5项的规定作出终结执行裁定的,自裁定送达债权人之日起开始计算;②人民法院自收到申请执行书之日起一年内未作出前项裁定的,自人民法院收到申请执行书满一年之日起开始计算,但是保证人有证据证明债务人仍有财产可供执行的除外。(2)一般保证的债权人在保证期间届满前对债务人提起诉讼或者申请仲裁,债权人举证证明存在《民法典》第687条第2款但书规定情形的,保证债务的诉讼时效自债权人知道或者应当知道该情形之日起开始计算。(《民法典担保制度解释》第28条)

第四节　保证合同的效力

一、保证人与债权人之间的关系

保证合同是债权人与保证人之间的合同。就债权人来说,得以依合同约定行使其权利。在主债务人不履行债务时,可以请求保证人履行保证债务即承担保证责任(《民法典》第681条)。权利的具体行使条件,依一般保证抑或连带责任保证的保证方式不同而不同。

（一）一般保证人的检索抗辩权

关于一般保证人的检索抗辩权,详见前述。在一般保证中,债权人以债务人为被告提起诉讼的,人民法院应予受理。债权人未就主合同纠纷提起诉讼或者申请仲裁,仅起诉一般保证人的,人民法院应当驳回起诉。在一般保证中,债权人一并起诉债务人和保证人的,人民法院可以受理,但是在作出判决时,除有《民法典》第687条第2款但书规定的情形外,应当在判决书主文中明确,保证人仅对债务人财产依法强制执行后仍不能履行的部分承担保证责任。债权人未对债务人的财产申请保全,或者保全的债务人的财产足以清偿债务,债权人申请对一般保证人的财产进行保全的,人民法院不予准许(《民法典担保制度解释》第26条)。

（二）一般保证人的责任免除抗辩

一般保证的保证人在主债务履行期限届满后,向债权人提供债务人可供执行财产的真实情况,债权人放弃或者怠于行使权利致使该财产不能被执行的,保证人在其提供可供执行财产的价值范围内不再承担保证责任(《民法典》第698条)。之所以在一般保证情形赋予一般保证人此等抗辩,主要在于一般保证的保证人仅就“不能履行”的债务承担保证责任,债权人须先就债务人财产强制执行,执行不能时始有一般保证人保证责任之承担。因此,该条是配合保证人检索抗辩权的重要条款之一。

（三）保证人得以享有主债务人的抗辩

保证人不仅享有保证人特有的针对债权人的权利,亦可以行使基于一般债务人应享有的权利,保证人对债权人亦享有主债务人得以享有的各种抗辩,且不限于抗辩权。即使主债务人放弃抗辩,保证人仍有权向债权人主张抗辩(《民法典》第701条)。当然,就主债务人享有的抗辩,若保证人未予以行使时,应承担不利之后果。如主债务诉讼时效期间届满,保证人享有主债务人的诉讼时效抗辩权。保证人未主张该诉讼时效抗辩权,承担保证责任后向主债务人行使追偿权的,人民法院不予支持,但主债务人同意给付的情形除外(《诉讼时效规定》第18条)。保证人知道或者应当知道主债权诉讼时效期间届满仍然提供保证或者承担保证责任,又以诉讼时效期间届满为由拒绝承担保证责任或者请求返还财产的,人民法院不予支持;保证人承担保证责任后向债务人追偿的,人民法院不予支持,但是债务人放弃诉讼时效抗辩的除外(《民法典担保制度解释》第35条)。

（四）债务人享有抵销权或撤销权情形的保证人履行拒绝权

不限于一般保证人，债务人对债权人享有抵销权或者撤销权的，保证人可以在相应范围内拒绝承担保证责任（《民法典》第 702 条）。[1] 一方面，债务人对债权人享有的抵销权或撤销权，并非抗辩权，故不属于《民法典》第 701 条规定的"抗辩"，因此有单独规定之必要。另一方面，债务人是否行使抵销权或撤销权，乃是债务人自身处分权利之情势，保证人自身并非此等权利的享有者，亦不得替代行使；但若债务人基于其自身判断不行使抵销权或撤销权，势必影响保证人担保债务范围，于保证人不利。故于此情形，赋予保证人享有履行拒绝权以平衡当事人之利益。

二、保证人与债务人之间的关系

保证合同在保证人与债务人之间产生的效力，因保证人与主债务人之间是否存在基础关系以及存在何种基础关系而有所不同，但《民法典》对此未作区分。另外，因保证债务属于从债务，除对债权人为清偿等实现被担保债权的事由外，就保证人所生之事由并不影响主债务，即使是连带责任保证，亦是如此。原因在于，即使是连带责任保证，保证人并非与债务人一起向债权人承担连带债务，保证债务仍处于从属性之地位，属于从债。

依《民法典》相关规定，保证人在承担保证责任后的追偿权是保证人对主债务人的最为重要的权利。对此，《民法典》第 700 条规定，保证人承担保证责任后，除当事人另有约定外，有权在其承担保证责任的范围内向债务人追偿，享有债权人对债务人的权利，但是不得损害债权人的利益。

（一）保证人的追偿权

保证人追偿权的法理基础

关于保证人追偿权的法理基础，因当事人是否另有约定而不同。保证人接受债务人委托为保证之情形，保证人与主债务人的关系，应首先按照委托合同关系处理。此时作为受托人的保证人对作为委托人的主债务人享有费用求偿权以及特定情形的损害赔偿（《民法典》第 921 条、第 930 条），亦不排除特定情形的报酬请求权（《民法典》第 928 条）。此时可依《民法典》第 700 条"当事人另有约定"处理即可，尊重当事人之间的契约安排，并不一定非依追偿权处理。不存在委托等基础关系时，保证人提供保证并承担保证责任，可能构成无因管理，进而依无因管理的费用偿还等予以处理亦可得出相应的追偿权；就主债务人的视角而言，因保证人承担保证责任致使其责任财产应予减少而未减少获有利益，对保证人来说亦有可能构成不当得利返还请求权。但无论是无因管理还是不当得利构成，返还的范围均受相应规则的限制，对保证人存有不利。《民法典》第 700 条直接规定追偿权，亦可认为已以特别规定的方式肯定了法定的追偿权（法定构成），而无须借助无因管理或不当得利构成。依法定构成，其得以追偿的范围亦较为明确，即限于"承担保证责任的范围内"。当然，保证人的追偿权并非必然存在，若保证人以赠与的意思提供保证且债务人接受的，得以构成赠与合同，此时属于"当事人另有约定"，并不

---

〔1〕 关于主债务人对债权人有抵销权时的保证人保护模式的优劣分析，参见徐同远：《主债务人对债权人有抵销权时保护保证人的两种模式及其选择》，载《南大法学》2021 年第 5 期。

存在追偿权。也正因如此,《民法典》第 700 条“当事人另有约定”也旨在提醒判断保证人是否具有追偿权时应注意保证人与主债务人之间是否存在基础关系及该基础关系的性质。

(二)保证人享有债权人对债务人的权利

因承担保证责任,保证人“享有债权人对债务人的权利”。如前所述,该权利包括从权利等。保证人之所以享有此等权利,在于保证人承担保证责任具有清偿代位的属性,可参照适用《民法典》第 524 条的“第三人代为履行”后的法定债权移转。但值得注意的是,“享有债权人对债务人的权利”这一表述,与连带债务中追偿情形的“相应地享有债权人的权利”的表述并不相同,是否刻意作出区分,仍有待进一步探讨。但不管如何,“享有债权人对债务人的权利”,为数个保证人之间的求偿、混合担保情形的求偿等,提供了一定的解释空间。[1]

(三)保证人对债务人行使权利不得损害债权人利益

无论是追偿权的行使,还是“债权人对债务人权利”的行使,均不得损害债权人之利益。所谓的“不得损害债权人的利益”,原则上与《民法典》第 519 条可做类似理解。保证人清偿后取得的追偿权、债权人权利或地位,并不能损害债权人之权利,因此其权利劣后于债权人的权利。例如,保证人之一清偿了超过自己份额的部分债务,债权人的债权并未全部得到满足;此时,若被追偿的债务人自己或其他担保人之一提供了物的担保,债权人享有抵押权,因该保证人“享有债权人对债务人的权利”,也因此享有作为从权利的抵押权。但若该抵押权实现时的价值,不足以清偿全部债务时,根据“不得损害债权人利益”的规则,尚未得到完全清偿的债权人优先,而不是按照债权人与保证人对债务人享有的权利比例予以分配;在这里,债权之间并不具有平等性。当然,就第三人提供担保之情形,因混合共同担保情形的追偿权争议的存在,如何判断“不得损害债权人利益”会有不同的构成。

(四)保证人追偿权与保证人享有的“债权人对债务人权利”之间的关系

就保证人追偿权与保证人享有的“债权人对债务人权利”之间的关系而言,可以认为保证人享有的“债权人对债务人权利”构成了“保证人追偿权”的“担保”。也就是说,“债权人对债务人的权利”乃是为了“债权人追偿权”之目的而存在。若根据基础关系保证人本身并无追偿权,则该“债权人对债务人权利”并无意义。

(五)保证人与主债务人之间的其他关系

保证人与主债务人之间的关系,还会涉及《民法典》总则编规定的“第三人欺诈”“重大误解”等意思表示制度的适用问题。若主债务人实施欺诈行为,使保证人在违背真实意思的情况下与债权人签订了保证合同,债权人知道或者应当知道该欺诈行为的,保证人有权请求人民法院或者仲裁机构予以撤销(《民法典》第 149 条)。但对于重大误解撤销制度的适用,应当慎重。一般来说,保证人对债务人的信用能力等存在误解而与债权人缔结保证合同之情形,并不能构成重大误解撤销的事由。

---

[1] 周江洪:《民法典合同编的制度变迁》,载《地方立法研究》2020 年第 5 期。

三、主债权转让、主债务承担与保证

（一）主债权转让与保证

债权让与，当依《民法典》合同编通则第六章债权让与规则处理。依《民法典》第547条，债权让与情形，从权利转移。附有保证之债权，其让与亦当如此。主债权虽然发生让与，但要对主债务人产生效力，需通知债务人（《民法典》第546条）。有疑问的是，主债权发生让与后，依《民法典》第547条发生移转的从权利对应的从债务，是否也需要通知从债务人才对从债务人产生效力。对此，《民法典》合同编保证合同章要求通知保证人，即债权人转让全部或者部分债权，未通知保证人的，该转让对保证人不发生效力（《民法典》第696条第1款）。从保证人角度言，"不发生效力"指的是，主债权让与后，受让人虽然亦依《民法典》第547条第1款取得从权利，但受让人不得以"从随主"的原则向保证人主张保证责任。值得注意的是，关于物的担保，《民法典》并未如同保证领域一样作出规定要求通知抵押人或质押人，而仅依《民法典》第547条处理，受让人取得从权利不因该从权利未办理转移登记手续或者未转移占有而受到影响。而且，《民法典》第407条也明确规定，"债权转让的，担保该债权的抵押权一并转让，但是法律另有规定或者当事人另有约定的除外"。此处亦并未要求通知抵押人。

债权转让通知

另外，《民法典》第696条第2款规定保证人与债权人就"债权人与债务人"的债权（并非保证债务相对应的保证债权）作出禁止转让的约定，对于作为债权受让人的第三人来说，此等约定的效力如何？对此，《民法典》第696条第2款只是规定了未经保证人书面同意，保证人不再承担保证责任，并未规定对抗与否及第三人善意与否的问题。也就是说，《民法典》第545条第2款只规范"债权人与债务人"作为当事人时的"当事人约定禁止债权转让"的情形。保证人与债权人之间的债权让与禁止特约，只是保证人事先保护自己的措施，对于未经其书面同意的转让，保证人对受让人不再承担保证责任。

禁止债权转让特约

（二）债务承担与保证

债务承担情形，特别是免责的债务承担，债务人发生变化，债务人信用能力的变化对保证人是否会承担保证责任以及保证责任承担后的追偿权能否实现，都会有利益影响。因此，《民法典》第697条第1款明确规定，于此情形未经保证人书面同意保证人不再承担保证责任。而对于并存的债务承担，原债务人并未退出债的关系，对保证人通常无不利影响，因此不影响保证人的保证责任。也就是说，"债权人未经保证人书面同意，允许债务人转移全部或者部分债务，保证人对未经其同意转移的债务不再承担保证责任，但是债权人和保证人另有约定的除外。第三人加入债务的，保证人的保证责任不受影响"（《民法典》第697条）。当然，此处的"保证责任不受影响"，并不是说保证人不受任何影响，只是表明保证人不能以此为由不承担保证责任。在第三人加入主债务之情形，就一般保证而言，应就债务人和加入债务的第三人的财产强制执行仍不能清偿时，保证人才承担保证责任；而在连带责任保证中，则是主债务人和加入债务的第三人均不履行债务时，始有保证责任的承担。故，在某种程度上，第三人加入债务，保证人的责任实际上是减轻了，并不是不受影响。

（三）债权债务法定转移与保证

值得注意的是，《民法典》第696条、第697条的规则是否同样适用于法定债权移转或法定债务承担，亦是问题之一。《民法典》第697条的立法目的在于防止主债务当事人通过合意转让债务损害保证人利益，学理上也多认为《民法典》第697条的“允许”的表述表明，此条款只适用于合意的债务承担，而不适用于法定的债务承担。通常来说，法定债务承担及法定债权移转是否适用这两条规定，当依引起法定移转的具体原因，结合相应的规范目的予以分析，不能一概而论。通常来说，保证期间内主债务根据法定原因移转的，如《民法典》第67条规定的法人分立合并等，保证人仍应承担保证责任。[1]

四、数人保证情形的特殊效力

（一）保证人相互之间的追偿权

数人保证之情形，保证人相互之间是否具有追偿权，自原《担保法》、原《物权法》及《担保法解释》（已失效）以来，学说争议、实践分歧一直存在。《民法典》的颁布，亦未消除这一争议。若将保证人之间的追偿权扩展至混合共同担保领域，既涉及人的担保，又涉及物的担保，关涉物权编担保物权与合同编保证合同之间的联动问题，其争议更是复杂。[2] 对此，《民法典》第700条为保证人之间的追偿提供了可能，但《民法典担保制度解释》将其限定在非常有限的范围之内。

1.《民法典》第700条与保证人追偿权

《民法典》第700条提供了追偿可能性

虽然《民法典》第699条未规定数个保证人之间能否追偿的问题，但《民法典》第700条规定，“保证人承担保证责任后，除当事人另有约定外，有权在其承担保证责任的范围内向债务人追偿，享有债权人对债务人的权利，但是不得损害债权人的利益”。因保证人“享有债权人对债务人的权利”，文义上构成法定债权移转，只不过所移转的债权在“保证人得以向债务人追偿”的范围内存在。若是债权发生移转，则依《民法典》第547条，此时除非该从权利专属于原债权人，从权利亦发生移转。也就是说，债权人对其他保证人享有的权利，亦随之发生移转。实际上，数人保证情形，保证人与债务人之间的关系上而言，保证人因其清偿而取得了对主债务人的追偿权，同时依法定移转而取得原债权人之债权，以担保追偿权之实现；因该法定移转，原债权上的担保亦随之移转；此时该保证人似乎因此而取得对其他保证人之权利。但承担债务的保证人能否向其他保证人求偿，尚需依保证人之间的关系而定。因清偿代位引起的法定移转带来的追偿可能性与保证人之间相互关系决定的追偿权存否之间可能会出现矛盾。例如，保证人之间为按份保证之情形，保证人就各自份额承担保证责任，保证人内部关系上相互之间并无追偿之可能；但在清偿代位引起的法定移转上却会带来追偿可能性。对此，有比较法立法例亦有

〔1〕王轶等：《中国民法典释评·合同编·典型合同》（上卷），中国人民大学出版社2020年版，第325页。

〔2〕关于学理纷争与实践分歧，可参见叶名怡：《混合担保中担保人之间的追偿权及其范围》，载周江洪、陆青、章程主编：《民法判例百选》，法律出版社2020年版，第201页；耿林：《混合共同担保求偿权》，载周江洪、陆青、章程主编：《民法判例百选》，法律出版社2020年版，第206页；周江洪主编：《合同法案例研习》，法律出版社2019年版，第129～160页。

对两者作出了协调,认为只是在对其他保证人得以求偿的范围之内,保证人才得以代位原债权人实现原债权人的人保和物保(《日本民法典》第 501 条第 2 款)。[1] 也就是说,若保证人之一对其他保证人并无追偿权可言,此等因清偿代位引起的债权人地位对于保证人与其他保证人的关系并无实质性意义。若是严格遵循此等理据,则《民法典》第 700 条规定的"享有债权人对债务人的权利",仅仅是为保证人向其他保证人追偿提供了一种可能性,但并不能据此得出必然存在相互之间的追偿权。但与此同时,亦不能因此就否定保证人之间相互的追偿权。例如,若数个保证人之间构成所谓的"连带共同保证",保证人之间的关系当可以参照适用《民法典》第 519 条之规定,亦可推出连带共同保证的保证人得以就超出自己保证份额部分在其他连带共同保证人未履行之份额范围内追偿。

2. 肯定个别情形追偿权的司法解释

从司法实践来说,最高人民法院《全国法院民商事审判工作会议纪要》(法〔2019〕254 号)第 56 条明确否定了担保人之间的相互追偿权,除非在担保合同中约定了可以相互追偿。[2]《民法典担保制度解释》第 13 条则试图体系性地解释保证与担保物权,虽然总体上持否定性意见,但肯定了个别情形的追偿和分担。(1)同一债务有两个以上第三人提供担保,担保人之间约定相互追偿及分担份额,承担了担保责任的担保人请求其他担保人按照约定分担份额的,人民法院应予支持;担保人之间约定承担连带共同担保,或者约定相互追偿但是未约定分担份额的,各担保人按照比例分担向债务人不能追偿的部分。(2)同一债务有两个以上第三人提供担保,担保人之间未对相互追偿作出约定且未约定承担连带共同担保,但是各担保人在同一份合同书上签字、盖章或者按指印,承担了担保责任的担保人请求其他担保人按照比例分担向债务人不能追偿部分的,人民法院应予支持。(3)除前两款规定的情形外,承担了担保责任的担保人请求其他担保人分担向债务人不能追偿部分的,人民法院不予支持。《民法典合同编通则解释》第 30 条第 1 款第 1 项规定"保证人或者提供物的担保的第三人"为《民法典》第 524 条第 1 款规定的对履行债务具有合法利益的第三人,但该条第 3 款规定担保人代为履行债务取得债权后,向其他担保人主张担保权利的,依据《民法典担保制度解释》第 13 条、第 14 条、第 18 条第 2 款等规定处理,实质上并未改变前述立场。

(二)数人保证情形的涉他效力

数人保证之情形,就保证人之一发生的事由是否会对其他保证人发生影响(涉他效力),亦是重要的争点之一。例如,在诉讼时效、保证期间、保证债务的免除等方面,都会存在争议。依《民法典》第 699 条,数人保证之情形,保证人之间针对保证债务既可能构

---

〔1〕 潮見佳男『新債権総論Ⅱ』(信山社,2017 年)734 頁。

〔2〕 该纪要出台于《民法典》颁布之前。该纪要指出,"被担保的债权既有保证又有第三人提供的物的担保的,担保法司法解释第三十八条明确规定,承担了担保责任的担保人可以要求其他担保人清偿其应当分担的份额。但《物权法》第一百七十六条并未作出类似规定,根据《物权法》第一百七十八条关于'担保法与本法的规定不一致的,适用本法'的规定,承担了担保责任的担保人向其他担保人追偿的,人民法院不予支持,但担保人在担保合同中约定可以相互追偿的除外"。

成按份债务的关系,亦可能构成连带债务之关系。若是按份保证债务之情形,保证人之一发生的事由对其他保证人并不产生影响。但就数人保证中的连带共同保证而言,亦会有争议。本书认为,数个保证人之间就保证债务存在连带之情形,债权人就某一保证债务人的保证债务的免除对其他保证人产生限制绝对效力。按照一般保证、连带责任保证与共同保证不同的组合方式,数人保证可存在连带共同一般保证、按份共同一般保证、连带共同连带保证、按份共同连带保证等多种共同保证形式。若考虑保证范围得以自由约定的问题,亦可能存在保证人就保证债务承担部分连带责任的特殊情形。因此,应根据数人保证的不同交易结构分别判断是否产生涉他效力。

第五节 无效保证及其法律效果

一、保证合同的无效

保证合同,既可能因主合同的无效而无效,亦可能因保证合同自身的原因无效。例如,《民法典》第 682 条第 1 款规定,保证合同是主债权债务合同的从合同。主债权债务合同无效的,保证合同无效,但是法律另有规定的除外。保证合同亦可能因自身原因无效,如《民法典》第 153 条规定的无效原因或者是因意思表示瑕疵被撤销而自始没有约束力。当然,保证合同的无效原则上并不影响主合同的效力。

二、无效保证情形的责任承担

通常来说,法律行为无效的,应依《民法典》第 157 条处理,即"民事法律行为无效、被撤销或者确定不发生效力后,行为人因该行为取得的财产,应当予以返还;不能返还或者没有必要返还的,应当折价补偿。有过错的一方应当赔偿对方由此所受到的损失;各方都有过错的,应当各自承担相应的责任。法律另有规定的,依照其规定"。但保证合同作为主债权债务合同的从合同,其本身并无财产之给付,而是在主债务不履行之情形下始发生其补充性功能承担保证责任,其无效后的处理,与通常的法律行为的无效似乎有别,更多的是涉及损失赔偿责任问题。对此,《民法典》第 682 条第 2 款规定,"保证合同被确认无效后,债务人、保证人、债权人有过错的,应当根据其过错各自承担相应的民事责任"。

具体如何承担,《民法典担保制度解释》第 17 条作出了细化,即"主合同有效而第三人提供的担保合同无效,人民法院应当区分不同情形确定担保人的赔偿责任:(一)债权人与担保人均有过错的,担保人承担的赔偿责任不应超过债务人不能清偿部分的二分之一;(二)担保人有过错而债权人无过错的,担保人对债务人不能清偿的部分承担赔偿责任;(三)债权人有过错而担保人无过错的,担保人不承担赔偿责任。主合同无效导致第三人提供的担保合同无效,担保人无过错的,不承担赔偿责任;担保人有过错的,其承担的赔偿责任不应超过债务人不能清偿部分的三分之一"。但是,需注意的是,此等"二分之一""三分之一"等,只是赔偿责任的最高限额,并不是说债务人不能清偿部分均由保

依过错确定责任

证人部分承担。除保证人的过错因素外,尚需要考虑保证人过错与债务人不能清偿之间的因果关系等问题确定具体的赔偿范围。

无效情形的保证人追偿权

即使保证合同有效,保证人承担的保证责任亦只是补充主债务人之信用而已,并非终局责任。因此,在保证合同无效之情形下承担的赔偿责任,保证人亦得以向债务人追偿。对此,《民法典担保制度解释》第18条规定,"承担了担保责任或者赔偿责任的担保人,在其承担责任的范围内向债务人追偿的,人民法院应予支持。同一债权既有债务人自己提供的物的担保,又有第三人提供的担保,承担了担保责任或者赔偿责任的第三人,主张行使债权人对债务人享有的担保物权的,人民法院应予支持"。从保证债务的相对独立性,以及保证人对于保证合同无效的缔约过失责任性质而言,保证人承担的是因自己原因造成的损失的赔偿责任,此时能否向债务人求偿,仍有商榷之必要。《民法典担保制度解释》第18条将保证合同有效情形承担保证责任与保证合同无效情形承担赔偿责任同样对待的做法值得反思。

三、无效保证与保证期间

即使在保证合同无效之情形下,保证期间亦发挥其作用。对此,《民法典担保制度解释》第33条规定,保证合同无效,债权人未在约定或者法定的保证期间内依法行使权利,保证人主张不承担赔偿责任的,人民法院应予支持。之所以如此规定,是因为债权人通常不会主观上认为保证合同无效或者可被撤销,否则就不会订立保证合同。因此,在债权人不知道保证合同无效或者可撤销时,如果其认为保证人应当承担保证责任,自应在保证期间内向保证人主张保证责任。相应地,债权人未在保证期间内依法向保证人主张保证责任,通常可以解释为债权人不再要求保证人承担保证责任,当然也就无意要求保证人承担赔偿责任。更为重要的是,若保证人不能受到保证期间的保护,就可能导致保证人在保证合同无效或者被撤销时的责任较之保证合同有效时更重。保证合同有效时,保证人因债权人未在保证期间内行使权利而无须承担任何责任,但在保证合同无效或者被撤销时,保证人反倒可能要承担赔偿责任,这显然不公平。[1]

拓展阅读文献

1. 杨巍:《论保证债务诉讼时效的起算》,载《西南政法大学学报》2023年第5期。
2. 潘运华、吴钦松:《个别免除时共同保证人间的追偿权之证成》,载《苏州大学学报(法学版)》2022年第2期。
3. 王蒙:《论主合同无效时过错保证人的责任》,载《比较法研究》2021年第6期。
4. 高圣平:《最高额保证合同法律适用中的争议问题》,载《政治与法律》2021年第8期。
5. 刘贵祥:《担保制度一般规则的新发展及其适用——以民法典担保制度解释为中心》,载《比较法研究》2021年第5期。

〔1〕 林文学等:《〈关于适用民法典有关担保制度的解释〉的理解与适用》,载《人民司法(应用)》2021年第4期。

6. 徐同远:《主债务人对债权人有抵销权时保护保证人的两种模式及其选择》,载《南大法学》2021年第5期。
7. 谢鸿飞:《〈民法典〉担保制度内在体系的变迁》,载《东南学术》2021年第5期。
8. 林文学等:《〈关于适用民法典有关担保制度的解释〉的理解与适用》,载《人民司法(应用)》2021年第4期。
9. 王文军:《〈民法典〉保证期间制度的另一种解释可能——以继续性合同原理为视角》,载《暨南学报(哲学社会科学版)》2021年第4期。
10. 吴光荣:《〈民法典〉对担保制度的新发展及其实践影响——兼论〈民法典担保制度司法解释〉的适用范围》,载《法治研究》2021年第4期。
11. 王利明:《论"存疑推定为保证"——以债务加入与保证的区分为中心》,载《华东政法大学学报》2021年第3期。
12. 夏昊晗:《债务加入法律适用的体系化思考》,载《法律科学(西北政法大学学报)》2021年第3期。
13. 杨永清:《〈新担保司法解释〉中有关保证合同的几个问题》,载《法律适用》2021年第2期。
14. 刘骏:《主合同无效后担保权存续论》,载《比较法研究》2021年第2期。
15. 刘贵祥:《民法典关于担保的几个重大问题》,载《法律适用》2021年第1期。
16. 王利明:《担保制度的现代化:对〈民法典〉第388条第1款的评析》,载《法学家》2021年第1期。
17. 崔建远:《论保证规则的变化》,载《中州学刊》2021年第1期。
18. 王利明:《我国〈民法典〉保证合同新规则释评及适用要旨》,载《政治与法律》2020年第12期。
19. 杨巍:《〈民法典〉保证期间规则修改评释》,载《河北法学》2020年第9期。
20. 高圣平:《民法典担保从属性规则的适用及其限度》,载《法学》2020年第7期。
21. 王利明:《独立保证的相关问题探讨》,载《当代法学》2020年第2期。
22. 夏昊晗:《债务加入与保证之识别——基于裁判分歧的分析和展开》,载《法学家》2019年第6期。
23. 谢鸿飞:《民法典担保规则的再体系化——以〈民法典各分编(草案)二审稿〉为分析对象》,载《社会科学研究》2019年第6期。
24. 张谷:《民法典合同编若干问题漫谈》,载《法治研究》2019年第1期。
25. 高圣平:《混合共同担保的法律规则:裁判分歧与制度完善》,载《清华法学》2017年第5期。
26. 张谷:《论约定保证期间——以〈担保法〉第25条和第26条为中心》,载《中国法学》2006年第4期。

第六章　租赁合同

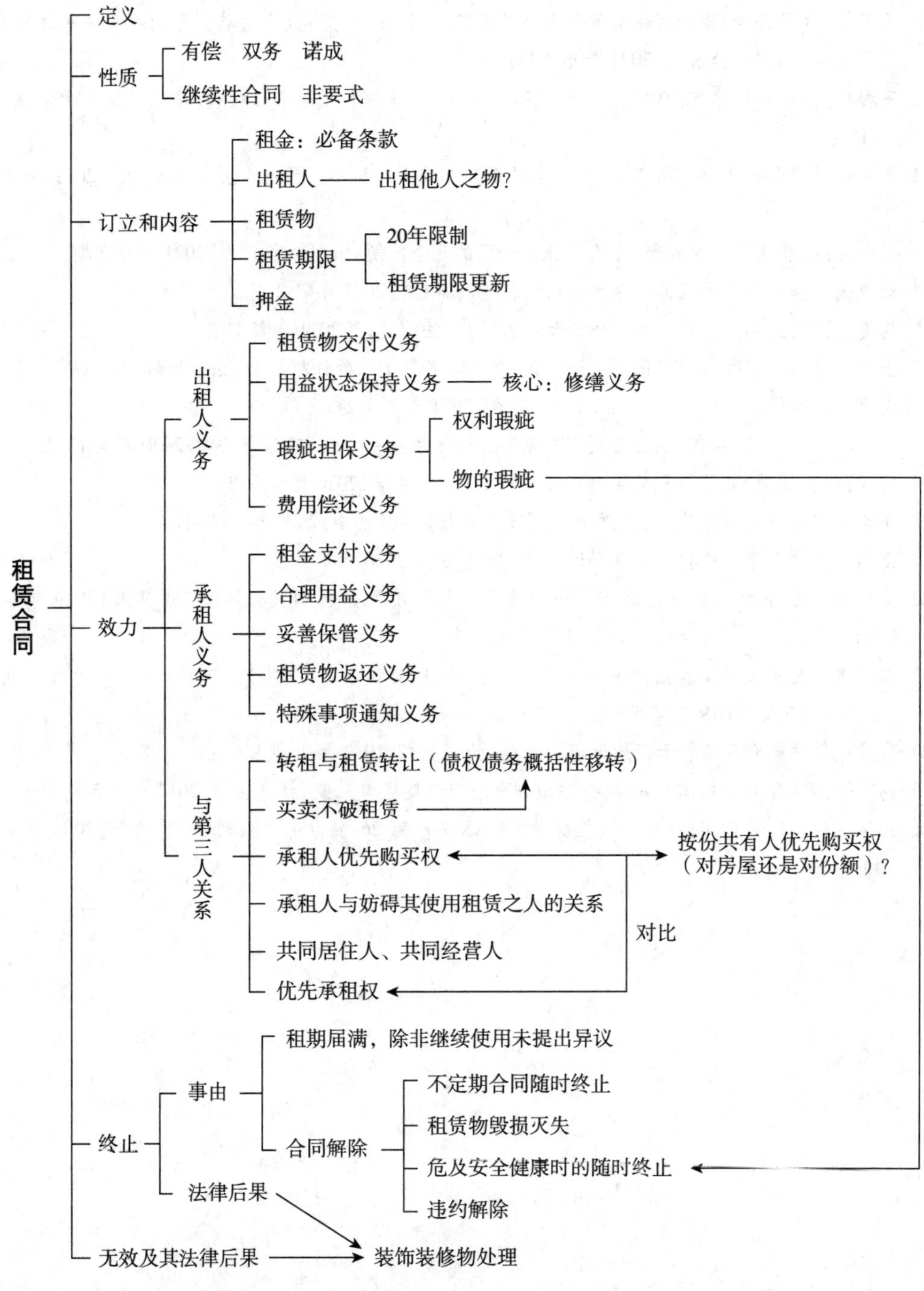
租赁合同
定义
性质
有偿　双务　诺成
继续性合同　非要式
订立和内容
租金：必备条款
出租人
出租他人之物？
租赁物
租赁期限
20年限制
租赁期限更新
押金
效力
出租人义务
租赁物交付义务
用益状态保持义务
核心：修缮义务
瑕疵担保义务
权利瑕疵
物的瑕疵
费用偿还义务
承租人义务
租金支付义务
合理用益义务
妥善保管义务
租赁物返还义务
特殊事项通知义务
与第三人关系
转租与租赁转让（债权债务概括性移转）
买卖不破租赁
承租人优先购买权
按份共有人优先购买权
（对房屋还是对份额）？
承租人与妨碍其使用租赁之人的关系
对比
共同居住人、共同经营人
优先承租权
终止
事由
租期届满，除非继续使用未提出异议
合同解除
不定期合同随时终止
租赁物毁损灭失
危及安全健康时的随时终止
违约解除
法律后果
无效及其法律后果
装饰装修物处理

设　例

甲承租乙的房屋。一日，甲下班回到承租房时，忽然发现乙之前给他的钥匙无法打开房门，便到小区附近找了一个开锁工帮忙开锁。开锁工上门后检查情况，表示门锁已经老旧需要换新锁。甲于是支付了100元请开锁工换一把新锁。换上新锁了，门自然也打开了。此时甲电话告知乙情况，并要求乙偿还其为换锁已经支付的100元维修费。乙听完非常生气，认为甲不应该未经其同意擅自找人换锁，并认为如果甲早点告诉他原来的钥匙无法开门的话，他自己还有一把备用钥匙。而如果用那把备用钥匙的话，门很容易就可以打开，根本没必要换新锁。问：

(1)甲在请开锁工更换门锁前，是否必须先通知乙，并征得乙的同意？

(2)对于甲支付的100元，其可否要求乙偿还？

租赁合同属于财产利用型合同，其与借款合同等消费借贷类财产利用型合同不同，以非消耗物的使用收益为目的，无须转移标的物处分权或所有权即可使用收益。同时，与用益物权的设定亦不同，租赁合同并不设定物权，承租人对标的物只享有债权意义上的使用收益权。租赁合同是财产有偿利用类合同的典型。《民法典》第703～734条就租赁合同作出了规定。另外，因房屋租赁是重要的租赁形式之一，理解租赁合同时亦需关注2020年《城镇房屋租赁解释》以及住建部《商品房屋租赁管理办法》(2011年)、原建设部等九部委《廉租住房保障办法》(2007年)等与租赁合同规范密切相关的司法解释及部门规章。2025年6月，国务院通过《住房租赁条例》，为租房租赁市场的规范运行奠定了更坚实的法律基础。

第一节　租赁合同概述

一、租赁合同的概念与特征

租赁合同是出租人将租赁物交付承租人使用、收益，承租人支付租金的合同(《民法典》第703条)，其为有偿用益提供(移转“使用收益”)合同的典型。《民法典》将租赁的对象限为“租赁物”，以物为中心，因此也排除了人格表征的授权许可使用、知识产权的许可使用以及劳务的使用等。

租赁合同的特征主要有：

(1)租赁合同是以使用、收益为目的的合同。这是租赁合同与转移标的物所有权的买卖的重要区别所在。

(2)租赁合同是有偿合同。这是租赁合同与借用合同的区别所在。

(3)租赁合同是双务合同。但需注意的是，与有息借款合同一样，并非出租人提供租赁物与承租人返还租赁物之间构成双务牵连关系，而是出租人提供标的物并容忍承租人使用收益与承租人支付租金之间构成双务牵连关系。

(4)租赁合同是持续性合同。租金作为使用收益的对价，时间的持续和长度是租赁合同中重要的因素之一。

(5)租赁合同是不要式合同。值得注意的是,租赁期限6个月以上的,应当采用书面形式(《民法典》第707条)。但《民法典》较之原《合同法》,进一步缓和了书面要求。若未采用书面形式,并不像原《合同法》一样直接规定视为不定期租赁,而是规定"当事人未采用书面形式,无法确定租赁期限的,视为不定期租赁"(《民法典》第707条)。另外,《民法典》第706条还就租赁合同的登记备案作出规定,即"当事人未依照法律、行政法规规定办理租赁合同登记备案手续的,不影响合同的效力"。但值得注意的是,在住房租赁领域,《住房租赁条例》第8条不仅对备案问题进行了专门规定,同时对当事人提出了实名制要求。

(6)租赁合同是诺成合同。双方意思表示一致即可成立租赁合同,无须交付标的物或完成特定的行为。

二、租赁合同的类型

(一)定期租赁与不定期租赁

以是否有固定期限为标准,租赁合同分为定期租赁合同和不定期租赁合同。

不定期租赁主要有以下几种情形:(1)当事人约定不定期租赁。(2)当事人对租赁期限没有约定或者约定不明确,可以协议补充;不能达成补充协议的,按照合同相关条款或者交易习惯仍不能确定的,视为不定期租赁(《民法典》第730条)。(3)当事人未采用书面形式,又无法确定租赁期限的,视为不定期租赁(《民法典》第707条)。(4)租赁期限届满,承租人继续使用租赁物,出租人没有提出异议的,原租赁合同继续有效,但是租赁期限为不定期(《民法典》第734条)。

对于不定期租赁,当事人可以随时解除合同,但是应当在合理期限之前通知对方(《民法典》第563条第2款、第730条)。

(二)动产租赁与不动产租赁

以租赁的标的物为标准,租赁合同分为动产租赁合同和不动产租赁合同。间或也包含权利的租赁,如采矿权的租赁、土地经营权等的租赁等。较之动产租赁,不动产租赁会受到更多的管制。例如,不少国家对住房租赁合同进行一定的社会控制,主要有租金管制和解约限制两种模式。[1]

(三)使用租赁与用益租赁

依当事人租赁标的物的目的不同,可区分为使用租赁与用益租赁。前者以使用为目的,后者兼具使用和收益目的。此区分意义在于两者承租人权利不同。例如,《民法典》第720条规定:"在租赁期间因占有、使用租赁物获得的收益,归承租人所有,但是当事人另有约定的除外。"

---

〔1〕 许德风:《住房租赁合同的社会控制》,载《中国社会科学》2009年第3期。

拓　展

《民法典》第720条规定的收益归属，其前提是“租赁期间”的收益，且该收益与占有使用之间存在因果关系。若并非标的物之使用产生的“收益”等，并不归属于承租人。例如，承租某住宅居住，但于该住宅墙壁夹层中发现出租人祖辈留下之首饰银圆若干等，并非承租人的“收益”。又如，高价转租之情形，租金之差价属于“收益”，归承租人所有。

租赁期间收益归属

（四）一般租赁与特殊租赁

以是否有特别法规定为标准，可分为一般租赁和特殊租赁。《海商法》对船舶租赁有特殊的规定，《房地产管理法》等对城市房屋租赁有特殊要求，这些租赁皆为特殊租赁。《矿业权纠纷解释》对矿业权租赁等也有一些特殊的规则。例如，该司法解释第12条规定，矿业权租赁、承包合同约定矿业权人仅收取租金、承包费，放弃矿山管理，不履行安全生产、生态环境修复等法定义务，不承担相应法律责任的，人民法院应依法认定合同无效。此区分意义在于，特殊租赁需要优先适用特别法的规定。

（五）线上租赁与线下租赁

根据租赁合同的缔结是否采用线上模式进行等所做的分类。线上租赁，在说明告知义务、标的物的返还以及租赁中介（电子商务平台经营者规制）等领域与线下租赁会存在一些区别。

第二节　租赁合同的成立

一、租金

租金是租赁合同的必备条款。若就是否需要租金未达成合意，并不能成立租赁合同。若达成的合意为不需要租金，此时成立的是无偿的借用合同，而不是有偿的租赁合同。当然，在当事人达成合意成立合同的前提下，租金数额约定不明确的，可以适用《民法典》第510条及第511条补充租金条款。

二、出租人

出租人一般是租赁物的所有权人。若不是租赁物的所有权人，擅自将他人之物出租给第三人，若以财产所有人的名义出租，可能会构成无权代理；若以自己的名义出租，则可能构成“他人之物”的租赁，但并非权利变动意义上的“无处分权之处分”，因此时并不存在处分行为。当然，在法律另有规定的情况下，非财产所有者可以将他人财产出租。例如，《民法典》第716条规定，承租人经出租人同意，可以将租赁物转租给第三人。

出租他人之物

原则上，出租人应拥有处分标的物使用收益权能的权限；但未拥有此等处分权限，或未拥有所有权，并不妨碍作为负担行为的租赁合同本身的效力。未取得标的物处分权的买卖不妨碍买卖合同的效力(《民法典》第 597 条),不转移所有权而只是转移使用收益的租赁合同更应如此。若承租人因出租人出租他人之物而无法占有使用收益标的物,出租人需承担违约责任(《民法典》第 748 条)。[1]

三、租赁物

《民法典》第 703 条规定租赁的是"租赁物"。但如前所述,权利也同样可以租赁。另外,企业亦可以租赁经营。但取得专利使用权的合同为专利实施许可合同,《民法典》技术合同部分对此有专门规定,并非此处的租赁合同。另外,实践中也存在铁路专用线租赁等特殊的租赁合同。[2]

租赁物一般是非消费物。消费物的"租赁",可能构成消费借贷。当然,即使是消费物,也存在非以消耗的方式使用的可能,如租用各类名酒作为展览之用等。

至于租赁物是否必须限于物的整体,法律并不要求。实际上,物的一部分只要有使用价值,同样可以租赁,如城市出租车的外壳可以出租给他人用于广告发布、房屋所有人可以将其中的一间房子进行出租等。不过,《住房租赁条例》第 7 条第 2 款特别规定,厨房、卫生间等非居住空间不得单独出租用于居住。

四、租赁期限

(一)租赁最长年限限制

租赁期限不得超过 20 年。超过 20 年的,超过部分无效(《民法典》第 705 条第 1 款)。该期限并非最长诉讼时效期间,而是合同存续期间,不发生中断、中止、延长等问题。到期若需要继续租赁,可通过租赁期限满后的续订进行(《民法典》第 705 条第 2 款)。理论上来说,关于租赁期限的最长年限限制问题,立法会因所处的社会发展情况、交易习惯、标的物以及出租人类型的不同出现不同的政策判断。在我国,物权编中土地经营权的出租期限亦不受《民法典》第 705 条最长期限的限制,而应受剩余承包期的影响。原因在于,对土地经营权进行出租流转在性质上与《民法典》第 705 条的租赁有所不同,出租的对象是承包经营权人对其享有的部分权利的限期转让,承包期的剩余期限完全可能长于 20 年。[3]

(二)租赁期限的更新

租赁期限的更新,既有约定更新,也有法定更新。前者如《民法典》第 705 条第 2 款规定的期限届满后的当事人续订租赁合同;后者如《民法典》第 734 条规定的租赁期限

---

[1] 关于"多重租赁",《城镇房屋租赁解释》第 5 条规定,"出租人就同一房屋订立数份租赁合同,在合同均有效的情况下,承租人均主张履行合同的,人民法院按照下列顺序确定履行合同的承租人:(一)已经合法占有租赁房屋的;(二)已经办理登记备案手续的;(三)合同成立在先的。不能取得租赁房屋的承租人请求解除合同、赔偿损失的,依照民法典的有关规定处理"。当然,与多重买卖情形一样,司法解释该规定妥当性亦值得进一步思考。

[2] 成都力轩新时代物流有限公司诉中铁二局集团物资有限公司等公司租赁合同纠纷案,最高人民法院(2017)最高法民申 2955 号再审民事裁定书。

[3] 黄薇主编:《中华人民共和国民法典合同编解读》(下册),中国法制出版社 2020 年版,第 796 页。

届满承租人继续使用而出租人没有提出异议之情形。从《民法典》第705条的表述来看,约定更新强调的是当事人之间合意续订合同,对于那些并非通过"合意"而是通过自动续订而超过最长租赁期限的,则应该持否定性评价,应受到最长租赁期限的限制。

续订合同不同于重新签订合同,而是在原租赁合同其他内容不变的情况下,延长合同的期限。续订合同也不同于合同变更意义上的期限变更合同,如果当事人在租赁期限内协议变更租赁期限,则不是合同续订而是合同期限的变更。根据《民法典》第734条的规定,更新后的租赁,在租金及其他方面不变,但其租赁期间则比照期间无约定处理。

拓　展

最长租赁期限限制的实践应对

实践当中,也有当事人事先约定前一合同到期后若满足特定条件双方就继续出租或续租,并通过合意来续订合同;或者是规定到期后当事人一方具有续订权。对此,有观点认为,对于当事人通过事前的续订条款的设计,希望借此锁定更长期限的租用预期的,应当灵活把握和判断,不宜简单地宣告合同条款无效。[1] 对于前一种类型的约定的效力,当可视为预约对待。对于后者的效力,则应当结合《民法典》第705条的制度目的予以考虑。该条规定了最长租赁期限的限制,超出最长期限的,超过部分无效。具有单方缔约权的当事人,原租赁期限届满即可行使单方缔约权,若该单方缔约权的行使导致原租赁期限超过了20年,实质上是对租赁期限最长规制的违反,则因该单方缔约权的行使违反《民法典》第705条之立法目的,超过最长租赁期限部分应当视为无效。当然,亦有观点认为,实践中为规避租赁期限限制规定,当事人在租赁合同中约定,租赁期限为20年,到期后"自动续期20年"或无限期自动续期等,或者直接订立两份租赁期限前后衔接的租赁合同,这些约定都应当被认定为无效,即自动续期约定或后一份租赁合同无效。[2]

五、租赁合同的效力评价

租赁合同作为法律行为,其合同效力亦当依《民法典》第153条等判断。但不动产租赁等常会涉及公共安全、有限资源的充分利用及可持续发展等,因此会受到各种管制。《城镇房屋租赁解释》等为此也规定了特定情形的租赁合同无效。

(一)规划许可证对城镇房屋租赁合同效力的影响

《城镇房屋租赁解释》第2条规定,"出租人就未取得建设工程规划许可证或者未按照建设工程规划许可证的规定建设的房屋,与承租人订立的租赁合同无效。但在一审法庭辩论终结前取得建设工程规划许可证或者经主管部门批准建设的,人民法院应当认定有效"。

(二)未经批准或未按批准建设的临时建筑的租赁

对此,《城镇房屋租赁解释》第3条规定,"出租人就未经批准或者未按照批准内容

---

〔1〕 王轶等:《中国民法典释评·合同编·典型合同》(上卷),中国人民大学出版社2020年版,第369页。

〔2〕 徐涤宇、张家勇主编:《〈中华人民共和国民法典〉评注》(精要版),中国人民大学出版社2022年版,第761~762页。

建设的临时建筑,与承租人订立的租赁合同无效。但在一审法庭辩论终结前经主管部门批准建设的,人民法院应当认定有效。租赁期限超过临时建筑的使用期限,超过部分无效。但在一审法庭辩论终结前经主管部门批准延长使用期限的,人民法院应当认定延长使用期限内的租赁期间有效”。

(三)划拨方式取得土地上房屋的租赁

收益上缴与合同效力

在实践中,关于此类房屋的出租多有争议。对此,《城市房地产管理法》第56条规定,“以营利为目的,房屋所有权人将以划拨方式取得使用权的国有土地上建成的房屋出租的,应当将租金中所含土地收益上缴国家”。此外,《城镇国有土地使用权出让和转让暂行条例》第28条也规定了土地使用权随同地上建筑物一起出租的情形,即“土地使用权出租是指土地使用者作为出租人将土地使用权随同地上建筑物、其他附着物租赁给承租人使用,由承租人向出租人支付租金的行为。未按土地使用权出让合同规定的期限和条件投资开发、利用土地的,土地使用权不得出租”。该条例第44条规定,划拨土地使用权,除例外情况外,原则上不得转让、出租、抵押。从这些规定也可以看出,《城市房地产管理法》强调营利目的的出租应上缴土地收益,租赁合同效力本身并不受影响;而《城镇国有土地使用权出让和转让暂行条例》则强调除非符合法定条件,划拨土地使用权不得出租,但亦存在以出租所获利益抵交土地使用权出让金的方式。依《民法典》第153条的规定,违反强制性规定并不一定导致法律行为无效。目前,司法实践中亦多倾向于不否定租赁合同本身的效力。

(四)租赁合同无效的法律后果

租赁合同无效的,适用《民法典》第157条的规定,即民事法律行为无效、被撤销或者确定不发生效力后,行为人因该行为取得的财产,应当予以返还;不能返还或者没有必要返还的,应当折价补偿。有过错的一方应当赔偿对方由此所受到的损失;各方都有过错的,应当各自承担相应的责任。法律另有规定的,依照其规定。

第157条规定的具体化

值得注意的是,因租赁合同为持续性合同,无效后的返还问题,特别是租赁收益的返还具有其特殊性,存在《民法典》第157条所谓的“不能返还”的特点。为此,《城镇房屋租赁解释》对房屋租赁合同无效情形的处理作出了更为细致的解释。“房屋租赁合同无效,当事人请求参照合同约定的租金标准支付房屋占有使用费的,人民法院一般应予支持。当事人请求赔偿因合同无效受到的损失,人民法院依照民法典第一百五十七条和本解释第七条、第十一条、第十二条的规定处理”(《城镇房屋租赁解释》第4条)。“承租人经出租人同意装饰装修,租赁合同无效时,未形成附合的装饰装修物,出租人同意利用的,可折价归出租人所有;不同意利用的,可由承租人拆除。因拆除造成房屋毁损的,承租人应当恢复原状。已形成附合的装饰装修物,出租人同意利用的,可折价归出租人所有;不同意利用的,由双方各自按照导致合同无效的过错分担现值损失”(《城镇房屋租赁解释》第7条)。“承租人未经出租人同意装饰装修或者扩建发生的费用,由承租人负担。出租人请求承租人恢复原状或者赔偿损失的,人民法院应予支持”(《城镇房屋租赁解释》第11条)。“承租人经出租人同意扩建,但双方对扩建费用的处理没有约定的,人民法院按照下列情形分别处理:(一)办理合法建设手续的,扩建造价费用由出租人负担;(二)未办理合法建设手续的,扩建造价费用由双方按照过错分担”(《城镇房屋租赁解释》第12条)。

第三节　租赁合同的效力

一、出租人的义务

出租人须将租赁物交付承租人使用、收益(《民法典》第703条)。令承租人得以使用收益租赁物是出租人的基本义务,且持续存在于租赁期间。围绕该基本义务,并进一步派生出用益状态保持义务及瑕疵担保义务等。此外,特定情形还存在出租人的费用偿还义务。

(一)租赁物的交付义务

交付标的物给承租人,是承租人得以使用收益的前提。将标的物交付对方当事人使用、收益是决定财产利用型合同的典型特征,因此构成出租人的主要义务。为此,除了《民法典》第703条的定义规定,《民法典》第708条亦专门规定,“出租人应当按照约定将租赁物交付承租人,并在租赁期限内保持租赁物符合约定的用途”。

“交付”含义

租赁情形的“交付”,与作为物权变动的“交付”并不相同,前者并不以转移所有权为目的,而是与买卖合同中作为“给付义务”履行的“转移占有”的“交付”具有更多的相似性。从更为准确的角度言,应当是“租赁物提供义务”;出租人乃是“提供”租赁物而非“交付”租赁物归承租人使用收益。[1] 在交付租赁物的方式上,会因标的物的种类、交易习惯等的不同而有所不同。例如,理论上,动产交付可包括现实交付与观念交付,但在租赁合同之情形,通常来说,若不进行现实交付则无法使用收益。因此,除非当事人特别约定,应当对交付方式做限缩解释,若未对交付方式作出特别约定,应以动产的占有实际转移为准。而不动产的交付,如房屋租赁情形下,考虑到租赁物的交付主要为满足承租人的使用收益需要,因此应当是出租人为承租人能进行入住所应完成的相应义务,如腾房、交付钥匙等系列行为。[2] 但从实际生活来看,亦会存在不少简易交付之情形。

(二)用益状态保持义务

依《民法典》第708条的规定,出租人应当在租赁期限内保持租赁物符合约定的用途。租赁合同作为持续性合同,且出租人负有使承租人得以使用收益租赁物的义务,租赁物嗣后出现的瑕疵亦会影响租赁物的使用甚至是租赁合同目的之实现,因此,承租人可请求出租人除去租赁物交付后出现的瑕疵,而不管出租人是否存在过错。

用益状态保持义务亦是由出租人负有的使承租人得以使用收益租赁物这一基本义务派生而来。至于租赁物是否合于约定的用益状态,应斟酌承租人的用益目的、当事人所约定租赁物的应有品质、租金额度的高低、交易习惯等综合判断。在判断时,尤其应注

---

〔1〕 周江洪:《关于〈民法典合同编〉(草案)(二次审议稿)的若干修改建议》,载《法治研究》2019年第2期。

〔2〕 黄薇主编:《中华人民共和国民法典合同编解读》(下册),中国法制出版社2020年版,第803页。

意当事人对于用益状态明示或默示的合意。

一般而言,用益状态保持义务主要包括以下内容:(1)出租人不得无故剥夺承租人对租赁物的占有、使用与收益。(2)出租人须容忍承租人以合乎合同目的的方法使用租赁物,如出租店面供承租人营业的,应允许承租人安装必要的设备等。(3)出租人不得无故干扰承租人对租赁物合乎合同目的的使用收益。例如,不得以不合理的时间经常无故擅入已出租的公寓。(4)出租人应排除第三人对租赁物使用收益的干涉、妨碍等行为。(5)租赁物出现不符合约定的使用收益状态时,出租人负有修缮义务,此为用益状态保持义务的核心。

修缮义务

修缮义务,指租赁物出现不符合约定的使用收益状态时,出租人对租赁物进行修理的义务。依《民法典》第712条规定,出租人应当履行租赁物的维修义务。承租人在租赁物需要维修时可以请求出租人在合理期限内维修。出租人未履行维修义务的,承租人可以自行维修,维修费用由出租人负担。因维修租赁物影响承租人使用的,应当相应减少租金或者延长租期(《民法典》第713条第1款)。但结合《民法典》规定,承租人请求出租人实际履行修缮义务则需符合特定的要件:(1)有修缮的必要。(2)有修缮的可能(《民法典》第580条第1款)。若"修缮不能",则根本不存在修缮义务的问题,而是属于给付不能以及租赁物灭失时出租人是否负有租赁物的"重建义务"(新造义务)的问题。(3)承租人已为修缮的通知(《民法典》第713条)。(4)租赁物需要修缮不可归责于承租人。对此,《民法典》第713条第2款规定,"因承租人的过错致使租赁物需要维修的,出租人不承担前款规定的维修义务"。(5)无例外规定或约定(《民法典》第712条)。例如,《海商法》第147条规定:"在光船租赁期间,承租人负责船舶的保养、维修。"

(三)瑕疵担保义务

租赁物的瑕疵担保,与买卖标的物并不相同。租赁物存在瑕疵不限于标的物交付时,因出租人负有使承租人得以持续性使用收益租赁物的义务,即使租赁物交付后发生瑕疵,出租人也应承担瑕疵担保义务。

1. 修缮义务与瑕疵担保义务

租赁物存在瑕疵,既有可能产生出租人的修缮义务(《民法典》第712条),因维修租赁物而影响承租人使用的,承租人可要求相应减少租金或者延长租期(《民法典》第713条),导致租赁物无法使用的,承租人亦可解除合同(《民法典》第724条)。不仅如此,因租金乃是物之使用收益的对价,其与出租人负担的令承租人得以使用收益租赁物基本义务之间密切关联。承租人是否得以因物的瑕疵而减少租金,或者产生同时履行抗辩权而拒绝支付相应的租金?若物之瑕疵影响承租人使用收益的,可参照适用《民法典》第729条的规定,承租人可以要求减少租金或者不支付租金。但能否产生同时履行抗辩权,则会因租金给付义务与出租人义务之间的履行顺序相关。若认为租金的产生原因乃是租赁物的使用收益,因租赁物瑕疵致使标的物的使用收益不能或部分不能,其相对应的租金给付义务并不发生,此时无须行使同时履行抗辩权,而是租金给付不存在(或部分不存在)的抗辩。

2. 租赁合同中"恶意抗辩规则"的特殊性

通常来说,若明知瑕疵之存在而缔结合同,并不能因此而解除合同,原因在于当事人已在合同缔结过程中将瑕疵的存在做了考量。但与买卖合同中“恶意抗辩规则”不同，在特殊情形下，即使承租人在订立合同时知悉标的物有瑕疵的，也不能免除出租人的瑕疵担保义务。例如，《民法典》第731条规定：“租赁物危及承租人的安全或者健康的，即使承租人订立合同时明知该租赁物质量不合格，承租人仍然可以随时解除合同。”另外，因《民法典》第506条立法目的乃是维护人身安全或健康，应适当扩张解释，危及承租人及其同居之人等的安全或健康的，同样可以依该条随时解除合同。当然，除在合同解除权上给予承租人以优待外，承租人明知租赁物存在安全健康瑕疵时，能否请求出租人承担维修等瑕疵救济义务，立法上并未予以明确。从利益平衡角度言，承租人的随时解除权即足以保障承租人的利益，除非当事人协商一致或另行约定，不应课加出租人维修等实际履行义务。

安全健康瑕疵情形的解除权保障

3. 租赁合同中的权利瑕疵

权利瑕疵同样会影响租赁物的使用收益。因第三人主张权利，致使承租人不能对租赁物使用、收益的，承租人可以要求减少租金或者不支付租金（《民法典》第723条）。与买卖中的权利瑕疵担保（《民法典》第612～614条）略有不同：租赁合同中，须第三人向承租人主张权利，并且该权利属于妨碍承租人对租赁物进行使用收益的权利；而买卖合同中是要求有确切证据证明，且只是产生中止相应付款的权利，并未规定减少价款问题。而且，若租赁物上存在权利负担，但该负担并不会影响承租人的使用收益，其对承租人而言，自然不构成瑕疵。但在买卖合同情形下，权利负担的存在本身就是标的物所有权具有的瑕疵。

不同于买卖的权利瑕疵

（四）费用偿还义务

1. 必要费用和有益费用

出租人的费用偿还义务，主要涉及必要费用和有益费用的偿还问题。

关于必要费用，特别是出租人未履行维修义务而承租人自行维修时的维修费用，《民法典》第713条作出明确规定，该费用由出租人负担。该必要费用的承担，与《民法典》第581条规定的第三人替代履行时的费用承担原理一致，其实质是维修义务的替代。

偿还有益费用，指的是对租赁物的改良等而在客观上增加了租赁物的价值而支出的费用。《民法典》就此规定了经出租人同意的租赁物改善或增设他物（《民法典》第715条），但并未对改善或增设费用问题作出规定。对此，学理上认为，鉴于《民法典》欠缺对有益费用负担的相关规范，除当事人另有约定外，对于承租人支出的有益费用，出租人负有偿还义务，且有益费用的偿还问题，也是有可能依不当得利的规定加以构成。[1] 承租人就租赁物支出有益费用因而增加该物价值的，如出租人知其情事而不作反对表示的，[2] 在租赁关系终止时，应当偿还其费用，但以现存之增加额为限。[3]

---

〔1〕 韩世远：《合同法学》（第2版），高等教育出版社2022年版，第432页；谢鸿飞、朱广新主编：《民法典评注·合同编·典型合同与准合同》（第2册），中国法制出版社2020年版，第222页。

〔2〕 崔建远：《合同法》（第4版），北京大学出版社2021年版，第503页。亦有学说认为，有益费用返还的前提之一，是须征得出租人的同意，强调的是同意原则，而非知情而不作反对表示。参见王利明：《合同法》（下册），中国人民大学出版社2021年版，第113页。

〔3〕 崔建远：《合同法》（第4版），北京大学出版社2021年版，第503页。

学理上亦有特别指明奢侈费用原则上不在返还的范围之内。奢侈费用，即不是为维持租赁物所必需支付的费用，即便是增加了租赁物的价值，也超出了合理的范围。除非另有约定，承租人无权请求出租人偿还奢侈费用。[1]

2. 租赁物的改善或增设

改善与增设情形的综合考量

就租赁物的改善或增设而言，既存在经出租人同意之改善或增设，亦存在未经出租人同意之改善或增设。未经出租人同意之改善或增设依其具体情形，既可能构成"添附"，并进而适用"因一方当事人的过错或者确定物的归属造成另一方当事人损害的，应当给予赔偿或者补偿"（《民法典》第322条）；亦有可能构成承租人违反用途遵守义务而承担损害赔偿责任（《民法典》第711条），或者依《民法典》第715条第2款被要求恢复原状或赔偿损失；亦可能因其改善或增设造成租赁物的财产损害，进而可能构成侵权责任；当然，亦可能是出租人构成不当得利；等等。其具体构成，应依具体情形分别处理。实际上，从《城镇房屋租赁解释》的规定来看，特别是从租期届满时的装饰装修费用的返还规则来看，其并未充分考虑不当得利规则，也并未完全遵循添附的规则，而是根据不同情形作出了不同的安排。从租赁合同特别是城镇房屋租赁合同的原理来看，对承租人有价值的"添附"对于出租人并不一定构成价值，因此从如何防止"强迫得利"角度作了适当的修正。例如，"承租人经出租人同意装饰装修，租赁期间届满时，承租人请求出租人补偿附合装饰装修费用的，不予支持。但当事人另有约定的除外"（《城镇房屋租赁解释》第10条）。当然，未经同意的改善、增设，原则上承租人不但不能要求出租人返还所支付的费用，反过来出租人可以要求承租人恢复原状或者赔偿损失。[2]

3. 租赁房屋的装饰装修与扩建

就租赁城镇房屋的装饰装修、扩建等问题，因实践中纠纷较多，司法解释对此作出了较为细致规定。具体如下：

（1）承租人经出租人同意装饰装修，租赁合同无效时，未形成附合的装饰装修物，出租人同意利用的，可折价归出租人所有；不同意利用的，可由承租人拆除。因拆除造成房屋毁损的，承租人应当恢复原状。已形成附合的装饰装修物，出租人同意利用的，可折价归出租人所有；不同意利用的，由双方各自按照导致合同无效的过错分担现值损失（《城镇房屋租赁解释》第7条）。

（2）承租人经出租人同意装饰装修，租赁期间届满或者合同解除时，除当事人另有约定外，未形成附合的装饰装修物，可由承租人拆除。因拆除造成房屋毁损的，承租人应当恢复原状（《城镇房屋租赁解释》第8条）。

（3）承租人经出租人同意装饰装修，合同解除时，双方对已形成附合的装饰装修物的处理没有约定的，人民法院按照下列情形分别处理：第一，因出租人违约导致合同解除，承租人请求出租人赔偿剩余租赁期内装饰装修残值损失的，应予支持。第二，因承租人违约导致合同解除，承租人请求出租人赔偿剩余租赁期内装饰装修残值损失的，不予

---

〔1〕 崔建远：《合同法》（第4版），北京大学出版社2021年版，第502页。
〔2〕 黄薇主编：《中华人民共和国民法典合同编解读》（下册），中国法制出版社2020年版，第818页。

支持。但出租人同意利用的，应在利用价值范围内予以适当补偿。第三，因双方违约导致合同解除，剩余租赁期内的装饰装修残值损失，由双方根据各自的过错承担相应的责任。第四，因不可归责于双方的事由导致合同解除的，剩余租赁期内的装饰装修残值损失，由双方按照公平原则分担。法律另有规定的，适用其规定（《城镇房屋租赁解释》第9条）。

（4）承租人未经出租人同意装饰装修或者扩建发生的费用，由承租人负担。出租人请求承租人恢复原状或者赔偿损失的，人民法院应予支持（《城镇房屋租赁解释》第11条）。

（5）承租人经出租人同意扩建，但双方对扩建费用的处理没有约定的，人民法院按照下列情形分别处理：办理合法建设手续的，扩建造价费用由出租人负担；未办理合法建设手续的，扩建造价费用由双方按照过错分担（《城镇房屋租赁解释》第12条）。

装修扩建情形的衡量因素

从这些规定可以看出，确定租赁物之上的添附物的归属或者分配因分割添附物所造成的损失，我国相关规范主要是考虑两项一般因素和五项具体因素。前者包括：是否有助于充分发挥物的效用和是否有助于公平分配添附增益或损失。后者包括：租赁物上的添附物的可分割性、添附行为是否经过出租人同意、添附物对同意添附的出租人的经济价值、当事人对租赁合同的无效或解除是否存在过错、租赁合同是否有效等。[1]

（五）特定情形的通知义务

在出租人出卖或拍卖房屋时，出租人负有通知义务。即“出租人出卖租赁房屋的，应当在出卖之前的合理期限内通知承租人，承租人享有以同等条件优先购买的权利；但是，房屋按份共有人行使优先购买权或者出租人将房屋出卖给近亲属的除外”（《民法典》第726条第1款）；“出租人委托拍卖人拍卖租赁房屋的，应当在拍卖五日前通知承租人。承租人未参加拍卖的，视为放弃优先购买权”（《民法典》第727条）。该通知义务，主要是为了保障承租人得以行使优先购买权。出租人未通知承租人或者有其他妨害承租人行使优先购买权情形的，承租人可以请求出租人承担赔偿责任（《民法典》第728条）。关于优先购买权的具体阐述，详见后述。

另外，不定期租赁情形下，当事人可以随时解除合同，但是应当在合理期限之前通知对方（《民法典》第730条）。但该“通知”并不构成义务，而是随时解除合同权利的形成权的行使方式，属于解除通知。

二、承租人的义务

（一）租金支付义务

租金作为使用收益的对价，承租人应按约定的数额支付租金。但因特定情况的出现，也会产生减少租金或调整租金的情形。例如，在租赁期间若租赁物因瑕疵而需要修缮（《民法典》第713条），或租赁物因不可归责于承租人的事由部分或全部毁损灭失（《民法典》第729条），或因第三人对租赁物主张权利（《民法典》第723条）等，而使承租人不能就租赁物进行使用收益或其使用收益受到妨碍，则在其不能为使用收益或使用收

---

[1] 王轶等：《中国民法典释评·合同编·典型合同》（上卷），中国人民大学出版社2020年版，第422～431页。

益受到妨碍的限度内,可以免除或减少租金。当然,当事人之间亦可协商变更租金数额,或者因适用情势变更原则等减免租金。另外,针对特定社会情势,最高人民法院等也会结合国家政策发布若干指导意见,就租金调整等事宜作出具体指导。[1]

承租人应按约定期限支付租金。未约定期限时,租金支付以后付为原则。依《民法典》第721条,对支付期限没有约定或者约定不明确,可以协议补充;不能达成补充协议的,按照合同有关条款或者交易习惯确定。若仍然无法确定,按下列规则确定:租赁期限不满一年的,应当在租赁期限届满时支付;租赁期限一年以上的,应当在每届满一年时支付,剩余期限不满一年的,应当在租赁期限届满时支付。从《民法典》第721条的规定来看,租金债权作为支分债权具有一定的独立性,属于定期给付的常见类型,是相隔一定期间继续为给付之债权,各个债权之间具有相对独立性。也正因如此,有学者认为每期租金请求权的消灭时效自该期租金的支付期限届满之日起计算。[2] 但在我国司法习惯中,通常将租金债权作为一个整体对待,特别是在诉讼时效期间的起算上,认为租金债权诉讼时效期间应当从最后一期履行期限届满之日起算。[3]

租金债权的整体性

若违反租金给付义务,承租人应承担违约责任,但与通常的金钱之债继续履行不同,出租人请求继续履行应当给予一定的宽限期,亦可以催告解除租赁合同。承租人无正当理由未支付或者迟延支付租金的,出租人可以要求承租人在合理期限内支付;承租人逾期不支付的,出租人可以解除合同(《民法典》第722条)。另外,与分期付款买卖、所有权保留买卖情形(《民法典》第634条及《买卖合同解释》第26条等)不同的是,租赁合同租金义务违反情形的合同解除,并无未支付租金比例之限制性要求,而仅仅要求"逾期不支付"即可。

(二)合理用益义务

承租人的合理用益义务主要包括用益方法合理(含用途遵守义务)和用益主体合理两个方面。

1. 用益方法合理

承租人应当按照约定的方法使用租赁物。对租赁物的使用方法没有约定或者约定不明确,依据《民法典》第510条的规定仍不能确定的,应当根据租赁物的性质使用(《民

---

〔1〕 针对特定社会情势,最高人民法院等也会结合国家政策发布若干指导意见,就租金调整等事宜作出具体指导。例如,最高人民法院《关于依法妥善审理涉新冠肺炎疫情民事案件若干问题的指导意见(二)》(法发〔2020〕17号)专门指出,"承租国有企业房屋以及政府部门、高校、研究院所等行政事业单位房屋用于经营,受疫情或者疫情防控措施影响出现经营困难的服务业小微企业、个体工商户等承租人,请求出租人按照国家有关政策免除一定期限内的租金的,人民法院应予支持。承租非国有房屋用于经营,疫情或者疫情防控措施导致承租人没有营业收入或者营业收入明显减少,继续按照原租赁合同支付租金对其明显不公平,承租人请求减免租金、延长租期或者延期支付租金的,人民法院可以引导当事人参照有关租金减免的政策进行调解;调解不成的,应当结合案件的实际情况,根据公平原则变更合同"。

〔2〕 崔建远:《合同法》(第4版),北京大学出版社2021年版,第506页;谢鸿飞、朱广新主编:《民法典评注·合同编·典型合同与准合同》(第2册),中国法制出版社2020年版,第266~267页。

〔3〕 周江洪:《定期履行租金债权诉讼时效期间的起算规则》,载周江洪、陆青、章程:《民法判例百选》,法律出版社2020年版,第126页;徐涤宇、张家勇主编:《〈中华人民共和国民法典〉评注》(精要版),中国人民大学出版社2022年版,第777页。

法典》第709条)。合理用益,不仅是承租人的义务,亦得以成为承租人的抗辩事由。按照约定的方式对租赁物使用收益或者按照租赁物的性质使用,租赁物本身会产生损耗等,承租人并不承担责任,即"承租人按照约定的方法或者根据租赁物的性质使用租赁物,致使租赁物受到损耗的,不承担赔偿责任"(《民法典》第710条)。而且,若此等正常损耗导致租赁物难以保持其适于用益状态的,出租人尚负有用益维持义务,需对此进行修缮(《民法典》第713条)。

合理用益情形的抗辩

2. 对租赁物未合理用益时的合同解除

违反合理用益的义务,承租人应当承担违约责任,出租人亦可解除合同。承租人未按照约定的方法或者未根据租赁物的性质使用租赁物,致使租赁物受到损失的,出租人可以解除合同并请求赔偿损失(《民法典》第711条)。[1] 当然,出租人请求承租人承担合理用益义务违反引起的损害赔偿责任,并不一定以解除合同为前提;《民法典》第711条只是表明出租人在行使解除权时也并不妨碍其损害赔偿请求权。

另外,《民法典》第715条规定的情形,即承租人未经出租人同意改善、增设他物之情形,亦属于《民法典》第711条"未按照约定的方法或者未根据租赁物的性质使用租赁物",在救济措施上,就会出现《民法典》第715条第2款与《民法典》第711条的竞合,出租人既可以依《民法典》第715条第2款主张恢复原状、赔偿损失,又可依《民法典》第711条主张解除合同并(或)赔偿损失。[2]

拓 展

有疑问的是,《民法典》第711条是否构成对出租人解除权的限制?与《民法典》第563条规定的法定解除权相比,承租人未按照约定的方法或租赁物的性质使用租赁物时出租人享有的解除权,除了义务违反,尚需具备"致使租赁物受到损失"的要件;而《民法典》第563条的法定解除权,除了催告解除,合同是否得以解除主要是看违约行为是否导致合同目的难以实现。《民法典》第563条与《民法典》第711条解除权的构成要件并不一致。从体系解释上来看,承租人违反合同义务致使出租人难以实现合同目的之情形,若未造成租赁物损失,但其使用方法导致合同目的难以实现的,并不妨碍第563条意义上的法定解除权的行使,即可依据一般解除权解除合同。《民法典》第711条并不构成对《民法典》第563条解除权的限制。但从文义上来看,就未按照约定的方法或租赁物的性质使用租赁物时的解除,若义务违反并未导致合同目的之实现不能,亦未致使租赁

《民法典》第711条与第563条的体系关联

[1] 《城镇房屋租赁解释》第6条规定,"承租人擅自变动房屋建筑主体和承重结构或者扩建,在出租人要求的合理期限内仍不予恢复原状,出租人请求解除合同并要求赔偿损失的,人民法院依照民法典第七百一十一条的规定处理"。擅自变动房屋建筑主体和承重结构或扩建时,虽然符合《民法典》第711条"非正常使用"与"造成损害"的要件,但我们认为,该解释对于《民法典》第711条的解除权发生限定了更为严格的条件,即"合理期限内仍不恢复原状",不当地限制了出租人依《民法典》第711条应享有的权利。同时,依《民法典》第715条规定,擅自变动房屋建筑主体和承重结构或扩建,属于未经同意的改善或增设他物,出租人可请求恢复原状或赔偿损失。出租人的损害赔偿请求权也并不以承租人合理期限内未恢复原状为前提。

[2] 杨代雄主编:《袖珍民法典评注》,中国民主法制出版社2022年版,第679页。

物受到损失，并不能依《民法典》第563条第3项进行催告解除。原因在于，《民法典》第563条第3项的催告解除，限于主要债务之不履行，而承租人的主要债务乃是支付租金。从这层意义上来看，《民法典》第711条是在《民法典》第563条以外赋予出租人以特别的解除权，属于《民法典》第563条第1款第5项中的“法律规定的其他情形”。

3. 用益主体合理

合理用益义务，不仅要求用益方法合理，而且要求用益主体合理。出租人愿意订立租赁合同，往往与承租人的人格信用、资格与特质有关，并非任何人对租赁物的使用收益都能被出租人接受。故第三人未经出租人同意使用收益租赁物，出租人未必同意。且与租赁物有关的“人的范围”可任意扩大时，客观上也会造成租赁物的耗损程度、甚至毁损灭失的危险程度不当提高，或与缔约时出租人在该对价下所愿承担的风险程度不符。因此，租赁物的使用收益主体原则上应限于承租人本人。当然，承租人的家属、同居人、访客等，对于租赁物所为的一并、顺便或同时使用，依附在承租人的用益上，其本身并无独立使用收益的权利或地位，这并不影响用益主体的合理性。关于用益主体合理性的问题，《民法典》通过对转租问题的规制、共同居住人或经营者的保护规则予以体现。

（三）租赁物妥善保管义务

承租人应当妥善保管租赁物，因保管不善造成租赁物毁损、灭失的，应当承担赔偿责任（《民法典》第714条）。关于承租人的妥善保管义务，需注意的是：第一，在注意义务程度上，承租人应以善良管理人的注意义务保管租赁物。第二，在义务内容方面，承租人的保管不仅包括对租赁物的保存，还包括对租赁物进行正常的维护、维持、保养等，但并不因此承担租赁物的修缮义务。原因在于，《民法典》第712条以出租人修缮为原则，因此保管义务不包括维修义务。第三，在保管方法上，如果有约定，应该按照约定的方法进行保管。如果没有约定保管方法，解释上应视租赁物的内容、种类和性质而定。第四，承租人因其共同居住人或被允许使用收益租赁物的第三人的行为，导致租赁物毁损、灭失的，亦应负赔偿责任。

（四）租赁物返还义务

租赁期限届满，承租人应当返还租赁物。返还的租赁物应当符合按照约定或者根据租赁物的性质使用后的状态（《民法典》第733条）。结合《民法典》第733条之精神，对于正常损耗等出租人并不能要求赔偿或补偿。在这点上，与租赁合同无效情形下出租人得以请求占有使用费等并不相同。另外承租人的租赁物返还义务，并不包括使用收益的返还。值得注意的是，这里无须返还的收益必须与“占有、使用租赁物”存在因果关系，即“因”占有、使用租赁物而“产生的收益”，否则，仍然应当返还。例如，某甲把一头耕牛租给某乙用于耕地。该牛产一小牛，小牛当归属某甲。因为耕牛租赁是用于耕地而不是繁殖，所产小牛并不属于“因”占有、使用租赁物而获得收益，故应该返还。

拓 展

承租人的恢复原状义务与出租人的有益费用返还义务之间的协调

《民法典》第 733 条规定，返还的租赁物应当符合按照约定或者根据租赁物的性质使用后的状态。这也表明，承租人若进行了改善或增设等，原则上应负原状恢复义务。此时会涉及与出租人的有益费用返还义务之间的协调问题。如前所述，承租人就租赁物支出有益费用因而增加该物价值的，如出租人知其情事而不作反对表示的，在租赁关系终止时，出租人应当偿还其费用（排除承租人的原状恢复义务），但以现存之增加额为限。但就未经同意之增设或改善，承租人仍负有原状恢复义务（《民法典》第 715 条第 2 款）。而对于城镇房屋租赁情形的增设、改善、扩建等，《城镇房屋租赁解释》就此作出了规定，已如前述。其基本的原理是，从租赁合同，特别是城镇房屋租赁合同的原理来看，对承租人有价值的"添附"对于出租人并不一定构成价值，因此上述司法解释从如何防止"强迫得利"的角度做了适当的修正。一般情况下，《城镇房屋租赁解释》第 7～12 条，亦可参照适用于普通租赁；若仍然不敷适用时，亦可看是否符合《民法典》第 322 条之规定而适用添附之规则。

（五）特殊事项的通知

持续性合同关系中，双方当事人形成紧密联系。因此，合同履行过程中出现的情况变化等，有可能会触发通知义务的产生。例如，出租人负有权利瑕疵担保义务的同时，承租人亦负有通知义务，即"第三人主张权利的，承租人应当及时通知出租人"（《民法典》第 723 条第 2 款）。出租人负有修缮义务，但因承租人占有租赁物，出租人通常无从知晓租赁物是否需要维修，通常需由承租人通知始得知晓，因此，可将《民法典》第 713 条规定的"承租人在租赁物需要维修时可以请求出租人在合理期限内维修"作适度扩张解释，将"请求维修"解释为"通知并可以请求在合理期限内维修"，始为合理。另外，不定期租赁合同的解除通知（《民法典》第 730 条），并不构成义务。

三、租赁合同当事人与第三人之间的效力

转租、租赁转让、租赁物所有权变动、第三人妨碍承租人使用收益等诸多情形，都会涉及租赁合同当事人与第三人的关系。

（一）转租

转租是承租人在不退出原租赁合同的情况下，与第三人签订租赁合同，将租赁物出租给次承租人。是否允许承租人转租，与合理用益义务密切相关。合理用益义务，要求用益主体合理；用益主体的不同，会导致租赁物的使用样态也不同，可能会造成租赁物损耗及损害风险之不同，由谁作为承租人使用收益租赁物，是出租人关心的重要事项之一。也正因如此，《民法典》依是否经过承租人同意区分转租的不同效果，未经出租人同意转租的，出租人可以解除合同（《民法典》第 716 条第 2 款）。在特殊情形下，长时间的沉默亦可以被视为同意转租。例如，《民法典》第 718 条规定："出租人知道或者应当知道承租人转租，但是在六个月内未提出异议的，视为出租人同意转租。"

1. 适法转租

适法转租的法律构造

经出租人同意或视为同意的转租，为适法转租。适法转租情形，各当事人之间的法律构造如下：(1)出租人与承租人之间的租赁关系不因转租而受影响(《民法典》第716条)，承租人与次承租人之间的关系与一般租赁关系相同。但承租人与次承租人租赁合同的期限受出租人与承租人的租赁合同的租赁期限限制，转租期限超过承租人剩余租赁期限的，超过部分的约定对出租人不具有法律效力，但是出租人与承租人另有约定的除外(《民法典》第717条)。(2)出租人与次承租人之间不存在直接的法律关系。例如，次承租人造成租赁物损失的，承租人仍应承担租赁合同上的赔偿义务，由承租人赔偿损失(《民法典》第716条)。但次承租人具有代位清偿的权利，特定情形下可以直接向出租人履行承租人应当履行的义务。例如，承租人拖欠租金的，次承租人可以代承租人支付其欠付的租金和违约金，但是转租合同对出租人不具有法律约束力的除外。次承租人代为支付的租金和违约金，可以充抵次承租人应当向承租人支付的租金；超出其应付的租金数额的，可以向承租人追偿(《民法典》第719条)。(3)租赁合同终止时，依据物权请求权或其他权利，可直接请求占有租赁物的次承租人返还租赁物。(4)若出租人与承租人合意解除租赁合同，不得对抗转租合同中的次承租人，否则有违出租人同意转租之意思效力及诚信原则；但出租人因承租人违约而享有解除权时，则不在此限。

2. 不适法转租

不适法转租的法律效果

未经出租人同意之转租，为不适法转租。承租人未经出租人同意转租的，出租人可以解除合同(《民法典》第716条第2款)。此时，出租人、承租人及次承租人的关系构造主要存在以下三个方面：

(1)就出租人与承租人之间的关系而言，承租人转租为严重违约行为，出租人有权解除合同。出租人解除合同的，同时可请求违约损害赔偿；出租人不解除合同的，租赁关系仍然有效，并不因承租人的转租而受影响。

(2)就出租人与次承租人之间的关系而言，次承租人并不能根据转租合同对抗出租人。在出租人解除租赁关系时，出租人可以直接向次承租人请求返还租赁物。此时，次承租人可以要求承租人承担使用收益不能或权利瑕疵担保义务违反的违约责任。若出租人不解除租赁合同，能否直接向次承租人请求返还租赁物，尚有争议。不少学说认为此时的次承租人相当于承租人的履行辅助人，次承租人的占有使用收益并非不法，在承租人尚拥有租赁权的情况下，出租人并不能直接向次承租人请求返还租赁物。[1] 或者认为，出租人不得径直请求次承租人返还占有，而只能请求次承租人将租赁物返还给承租人。

租赁合同解除后，如果次承租人此时仍占有租赁物，出租人可以依据物权请求权请求次承租人返还租赁物。[2] 若租赁合同并未被解除，但转租可能会造成租赁物损耗及损害风险之增大时，出租人作为所有权人，对于此等损耗或损害风险可能性加大之情形，

---

〔1〕 韩世远：《合同法学》(第2版)，高等教育出版社2022年版，第435页。

〔2〕 谢鸿飞、朱广新主编：《民法典评注·合同编·典型合同与准合同》(第2册)，中国法制出版社2020年版，第235页。

符合排除妨碍、消除危险请求权之构成要件(《民法典》第237条)的,出租人可据此请求返还租赁物或请求将租赁物返还给承租人。

(3)就承租人与次承租人之间的关系言,是否经过出租人的同意并不影响转租合同本身的效力。而且,出租人知道或者应当知道承租人转租,但是在6个月内未提出异议的,视为出租人同意转租(《民法典》第718条)。对于默示同意转租之情形,《民法典》第718条为出租人设置了6个月的异议期间。因未经同意的转租,出租人享有解除权;而解除权的行使亦受到一年除斥期间的限制(《民法典》第564条)。两者之间如何协调,应当作适当分析。解除权行使的一年期间经过,或者是承租人催告出租人后在合理期限内仍不行使的,出租人依《民法典》第716条享有的解除权亦消灭。此时,解除权除斥期间同样可以产生类似《民法典》第718条对于次承租人同样的保护。那么,《民法典》第718条规定的6个月异议期间的规范意义何在?实际上,《民法典》第718条"视为同意"的法律构造,除了具有排除《民法典》第716条第2款的解除权以外,还会发生因"视为同意"而直接转换为"经同意的转租"产生的诸多法律效力,如前述清偿代位之可能性等。而依《民法典》第564条,除斥期间的经过,仅能产生解除权消灭之结果,并不能产生"经同意的转租"的法律效力。也正是在这点上,《民法典》第718条具有其独立的规范意义。

异议期间较之除斥期间的独立意义

(二)租赁的转让

租赁转让,指承租人将租赁权和租赁义务转让给第三人,承租人退出租赁关系,转让后,租赁关系仅存在于受让人与出租人之间。《民法典》租赁合同章对租赁转让未作明文规定。若是概括继受(由第三人代位承租人),则依《民法典》第555条之规定,需经出租人之同意。即使并非概括继受,而仅是租赁合同项下的债权移转,依《民法典》第545条的规定,结合未经同意转租的立法态度以及租赁合同性质的解释,可认为依其性质不得转让,但出租人予以承诺的除外。[1] 未经出租人同意的,转让行为不发生效力:在承租人即转让人与受让第三人之间因承租人不能将租赁移转给受让人,受让人可以向承租人请求损害赔偿;在承租人与出租人之间,承租人的转让行为构成重大违约,出租人可以解除合同,并可请求赔偿损害;在受让人与出租人之间,出租人对占有租赁物的受让人可请求返还租赁物,受让人不得对抗出租人。

(三)所有权变动不影响租赁

"买卖不破租赁",指的是在租赁期间租赁物的所有权变动并不导致租赁关系的解除。通常认为,"买卖不破租赁"是近代法发展的产物。罗马法并没有采纳"买卖不破租赁"的规则。《德国民法典》第566条确立了"买卖不破租赁"的规则,并被当作强化承租人保护、通过私法实现社会任务要求的表现之一。[2]《民法典》第725条承继原《合同法》第229条,规定了"买卖不破租赁"规则,即"租赁物在承租人按照租赁合同占有期限内发生所有权变动的,不影响租赁合同的效力"。

---

〔1〕王轶等:《中国民法典释评·合同编·典型合同》(上卷),中国人民大学出版社2020年版,第433页。

〔2〕王利明:《论"买卖不破租赁"》,载《中州学刊》2013年第9期。

在我国法体系中,“买卖不破租赁”规则具有以下特点:(1)适用对象较广。有的立法例将该规则的适用仅限于不动产的买卖场景,而《民法典》规定的对象是“租赁物”,既包括不动产,也包括动产。〔1〕(2)适用范围较广。“买卖不破租赁”并不限于买卖,而是针对“所有权变动”的所有情形。因此,在因互易、赠与、继承等导致所有权变动的情况下,租赁合同的效力亦不受影响。(3)《民法典》在原《合同法》基础上增加了“按照租赁合同占有期限内”的要件,适当限缩了“买卖不破租赁规则”的适用范围。

思 考

“买卖不破租赁”的法律构成

通常认为,此时的法律构成是合同地位承受说,〔2〕其实质在于租赁物的新所有权人承受原出租人的地位。但也存在物上之债说、〔3〕“原租赁合同当事人约束说”、对抗模式说、有权占有说、并存债务承担说等诸多学说主张。〔4〕较之《民法典》第725条“不影响租赁合同的效力”的表述,《城镇房屋租赁解释》第14条“租赁房屋在承租人按照租赁合同占有期限内发生所有权变动,承租人请求房屋受让人继续履行原租赁合同的,人民法院应予支持”的表述,更为清晰地表明,标的物新的所有权人继受了原出租人的合同地位。《民法典》第725条表述为“不影响租赁合同的效力”,逻辑上,租赁合同的效力,无论是有效还是无效的效力问题,抑或是租赁合同上的权利义务关系约束及其义务违反时的救济等问题,并不会因所有权变动而受到影响。这里的“不影响租赁合同的效力”,不仅指承租人得依租赁合同消极地对抗新的所有权人,新的所有权人不得依物权效力驱逐承租人;而且指承租人得以向新的所有权人积极主张其租赁合同上的权利;其实质是契约地位的承受。

(四)房屋承租人的优先购买权

1. 房屋承租人优先购买权概述及特点

出租人出卖租赁房屋的,应当在出卖之前的合理期限内通知承租人,承租人享有以同等条件优先购买的权利(《民法典》第726条)。承租人的优先购买权虽限于房屋租赁,但也有观点认为可类推适用于其他不动产。〔5〕房屋承租人的先买权主要功能在于维持和巩固财物使用状态,减少因主体变更所引致的使用调整的成本。〔6〕

房屋承租人的优先购买权具有以下特性:

---

〔1〕学说上有主张将其限缩为“不动产”的观点,参见王利明:《合同法》(下册),中国人民大学出版社2021年版,第130页。

〔2〕周江洪:《买卖不破租赁规则的法律效果——以契约地位承受模式为前提》,载《法学研究》2014年第5期。

〔3〕谢鸿飞、朱广新主编:《民法典评注·合同编·典型合同与准合同》(第2册),中国法制出版社2020年版,第243页;雷秋玉:《租赁权对抗效力的民法解释论:基于民法体系方法的批判与修正》,载《法学家》2019年第5期。

〔4〕周江洪:《买卖不破租赁规则的法律效果——以契约地位承受模式为前提》,载《法学研究》2014年第5期。

〔5〕李永军:《合同法》(第6版),中国人民大学出版社2021年版,第337页。

〔6〕常鹏翱:《论优先购买权的法律效力》,载《中外法学》2014年第2期。

(1)法定性。承租人的优先购买权是法律直接规定的权利,当事人无须在合同中加以约定。当然,在《民法典》编纂过程中,亦有学者建议应当规定约定优先购买权。[1] 另外,有学说认为,该规范为强制性规范,不得以协议的方式变通。[2] 本书认为,若出租人和承租人事先约定排除了承租人的优先购买权,应尊重其意思自治,不应否定其效力。

次承租人不享有优先承租权

(2)附条件性。该权利的享有以同等条件为前提,并非无条件地享有优先购买权。

(3)专属性。该权利专属于承租人,承租人的继承人等不享有此权利。次承租人是否享有优先购买权,尚有争议。但本书认为,优先购买权除了维护生产生活稳定性的规范目的,仍然是租赁合同框架内的安排。即使是适法转租之情形,次承租人与出租人之间并无租赁合同关系,次承租人并不能享有此等权利。而且,该权利亦不得由次承租人代位承租人行使,否则不符合债权人代位权之构成要件。原因在于,次承租人的债权,并不会因为承租人怠于行使优先购买权而受影响。

(4)适用范围的限定性。并不是任何租赁都存在优先购买权,优先购买权原则上仅针对房屋租赁而言。即使可类推适用,也仅限于不动产范畴。

2. 房屋承租人优先购买权的行使

房屋承租人优先购买权的行使,需符合"同等条件"的限制。房屋承租人优先购买权的规定,乃是为了在不损害出租人实质利益的前提下维护承租人的生活或生产的稳定,因此其行使应当符合"同等条件"。虽然"同等条件"主要指的是价格条件,但并非绝对的价格同一说,而是需综合考虑价格的多少、付款期限的长短、一次性支付还是分期付款、有无担保等诸多因素。[3]

拍卖程序中的承租人优先购买权行使,与通常的出卖相同。拍卖程序亦无妨承租人行使优先购买权。但与通常的买卖不同,拍卖是一种特殊的缔约方式,若允许承租人在拍卖程序完成后行使优先购买权,将导致通过拍卖所缔结的合同处于不稳定的状态,亦会冲击拍卖规则,使得《拍卖法》为竞买人设定的权利形同虚设。为此,《民法典》第 727 条规定了拍卖情形中承租人优先购买权的程序性保障,让优先购买权人参与到竞拍程序中来,通过程序安排来保障承租人的优先购买权,"出租人委托拍卖人拍卖租赁房屋的,应当在拍卖五日前通知承租人。承租人未参加拍卖的,视为放弃优先购买权"。

除了拍卖,实践中也可能出现租赁物被设定抵押之情形。抵押权实现中的承租人优先购买权如何处理,也会成为实践中的问题之一。对此,《城镇房屋租赁解释》第 15 条规定,"出租人与抵押权人协议折价、变卖租赁房屋偿还债务,应当在合理期限内通知承租人。承租人请求以同等条件优先购买房屋的,人民法院应予支持"。

3. 房屋承租人优先购买权的例外

房屋承租人优先购买权亦会受到限制,特别是有可能受到其他相关制度的影响或者

---

[1] 戴孟勇:《民法典中优先购买权制度的体系设计》,载《华东政法大学学报》2017 年第 5 期。

[2] 谢鸿飞、朱广新主编:《民法典评注 · 合同编 · 典型合同与准合同》(第 2 册),中国法制出版社 2020 年版,第 302 ~ 303 页。

[3] 崔建远:《合同法》(第 4 版),北京大学出版社 2021 年版,第 506 页;黄薇主编:《中华人民共和国民法典合同编解读》(下册),中国法制出版社 2020 年版,第 838 页。

受到伦理政策等的影响而被排除。依《民法典》第726条的规定,房屋按份共有人行使优先购买权或者出租人将房屋出卖给近亲属时,排除房屋承租人优先购买权。

共有包括按份共有和共同共有。《民法典》在吸纳司法解释规定的同时,将2009年《城镇房屋租赁解释》第24条规定的"房屋共有人行使优先购买权"时排除承租人优先购买权的规则修改为"按份共有人行使优先购买权"时排除承租人优先购买权的规则。

思 考

按份共有人行使优先购买权情形的法律构造

按份共有人行使的优先购买权,并非租赁物出让时的优先购买权,而是按份共有人转让不动产或动产份额时的份额优先购买权,与《民法典》第726条规定的承租人对租赁物的优先购买权并不相同,两者之间并不会发生冲突:按份共有人转让其份额时,其他共有人享有优先购买权,但承租人就该份额并不享有优先购买权;按份共有人依《民法典》第301条转让共有的不动产或动产时,《民法典》物权编共有部分并未规定其他共有人的优先购买权,而此时承租人则享有优先购买权。因此,从这一层意义上来说,《民法典》第726条规定的"按份共有人的优先购买权",若理解为"份额优先购买权"(《民法典》第305条、第306条),则本身与房屋承租人的优先购买权无涉,按份共有人行使份额优先购买权时,并非租赁物的出卖,承租人此时本身不存在优先购买权,"按份共有人行使优先购买权"时排除承租人优先购买权,亦是当然之理,《民法典》第726条并无专门规定之必要。若将《民法典》第726条理解为赋予按份共有人独立于份额优先购买权,其实质就是认为,法律赋予按份共有人的优先购买权,亦是基于生产生活秩序稳定和标的物使用价值最大化的考虑,此时按份共有人优先于承租人,更能实现此等价值。若是得以如此解释,《民法典》第726条赋予按份共有人非份额的优先购买权,却不赋予共同共有人同样的优先购买权,其逻辑上并不自洽。也正因如此,《民法典》第726条关于按份共有人的优先购买权究竟是份额优先购买权还是租赁物的优先购买权,特别是按份共有人是否享有份额优先购买权以外的优先购买权以及该优先购买权是否优先于承租人,仍有待学说和司法实践进一步明确。

另外,出租人履行通知义务后,承租人在15日内未明确表示购买的,视为承租人放弃优先购买权。这主要是基于不动产交易秩序和交易安全所做的考虑,[1]其实质是通过对承租人优先购买权行使期间的限制来达成出租人、承租人和买卖合同的买受人之间的利益平衡。

4. 房屋承租人优先购买权的性质及法律效力

房屋承租人行使优先购买权的法律效果,与该优先购买权的性质定位息息相关。关于承租人优先购买权的性质,学界和实务界多有争议,[2]本书将其定位为形成权。

---

〔1〕 黄薇主编:《中华人民共和国民法典合同编解读》(下册),中国法制出版社2020年版,第840页。

〔2〕 例如,有学说认为是请求权,参见王利明:《合同法》(下册),中国人民大学出版社2021年版,第122页;黄薇主编:《中华人民共和国民法典合同编解读》(下册),中国法制出版社2020年版,第841页。

房屋承租人行使优先购买权，承租人与出租人（出卖人）之间成立房屋买卖合同。优先购买权的行使只需承租人单方意思表示即可，无须出租人之承诺。此时，承租人与出租人之间存在买卖合同，出租人与第三人之间亦存在买卖合同，故会形成一物二卖的关系。出租人为避免此种情形下的违约，可与第三人特别约定承租人行使优先购买权时的处理方式，如双方之间的买卖合同因承租人行使优先购买权而解除，或者以承租人不行使优先购买权为生效条件等。

出租人与第三人之间的合同

出租人与第三人之间的买卖合同不因承租人行使优先购买权而无效。《民法典》第728条规定，"出租人未通知承租人或者有其他妨害承租人行使优先购买权情形的，承租人可以请求出租人承担赔偿责任。但是，出租人与第三人订立的房屋买卖合同的效力不受影响"。该条规定了优先购买权受妨碍之情形，出租人与第三人之间的买卖合同效力不受影响，这意味着承租人只能请求出租人承担赔偿责任而不能要求确认出租人与第三人之间的买卖合同无效。之所以效力不受影响，其主要原因在于买卖合同的效力自有其判断逻辑和规范依据，即使是无处分权人处分之情形下，作为负担行为的买卖合同本身亦不受影响；更何况承租人的优先购买权并未否定或限制出租人的处分权，并不能因优先购买权受妨碍而要求确认合同无效。同理，承租人行使优先购买权之情形，亦不影响出租人与第三人订立的房屋买卖合同的效力。当然，若出租人与第三人之间构成恶意串通损害第三人利益的，则依《民法典》第154条，其法律行为无效。但出租人与第三人之间订立房屋买卖合同，并不当然构成恶意串通损害第三人利益。

损害赔偿与形成权原理的矛盾与解释

依《民法典》第728条的规定，出租人妨害承租人行使优先购买权的，承租人可以请求出租人承担赔偿责任。从理论上来说，若认为该优先购买权为形成权，因形成权通常不会遭受侵害，承租人在优先购买权得以行使的期限内仍然可依单方意思表示行使优先购买权。若承租人得知出租人出卖租赁物后或出租人实施的其他妨害行为消除后承租人得以行使优先购买权，可以参照适用《民法典》第726条第2款之规定，承租人在15日内未明确表示购买的，视为其放弃优先购买权，对承租人并不会造成损害；若是承租人在合理期限内行使了优先购买权，则出租人与承租人之间形成买卖合同关系，出租人未能履行该买卖合同的，应当承担买卖合同上的违约责任。但《民法典》第728条的损害赔偿责任，显非此等买卖合同上的违约损害赔偿责任。若认为《民法典》第728条确立了独立于优先购买权行使后违约损害赔偿之外的损害赔偿责任，一种可能的解释是《民法典》第726条规定的出租人通知义务违反引起的损害赔偿责任，而不是优先购买权受侵害引起的损害赔偿；另一种可能的解释是出租人与承租人缔结买卖合同之前的先合同义务违反引起的损害赔偿责任，两者均非优先购买权受侵害的赔偿责任。从这层意义上来说，其损害赔偿的范围亦当适当限缩，应以信赖利益的赔偿为限。[1] 当然，因优先购买权的定位素有争议，关于《民法典》第728条的损害赔偿请求权的性质，亦可做进一步探讨。

---

〔1〕 有学说认为，此处赔偿的范围为实际损失，即优先购买权人要获得类似房屋所多支出的价款损失，以及在购买房屋过程中支出的费用损失，参见黄薇主编：《中华人民共和国民法典合同编解读》（下），中国法制出版社2020年版，第843页。

(五)房屋承租人优先承租权

《民法典》第734条第2款规定,租赁期限届满,房屋承租人享有以同等条件优先承租的权利。规定优先承租权的目的,也旨在维护承租人生产生活秩序的稳定。尤其是长期承租某房屋作为经营之用或作为居住之用时,承租人就周边环境之间已形成较为稳定的生产和生活秩序,就特定环境和地段已形成稳定的客户流等,若动辄搬迁,对于承租人的精力和社会资源均是重大的浪费。关于优先承租权的性质,与承租人优先购买权类似,也存在请求权抑或形成权的争议。[1] 此处持形成权说。同等条件的判断等,亦可参考优先购买权的相关原理。

(六)承租人与妨碍其使用收益之人的关系

通常来说,承租人因租赁合同而产生的对租赁物的占有使用收益权利为债权,并不具有物权的对世性。在权利瑕疵之情形下,若因第三人主张权利,致使承租人不能对租赁物使用、收益,承租人可以要求减少租金或者不支付租金(《民法典》第723条)。但并非权利瑕疵之情形的,若第三人妨碍承租人占有使用收益,基于出租人具有维持用益的义务,承租人则可以请求出租人排除他人之妨碍。此等排除妨碍的请求,承租人能否代位行使,应依《民法典》第535条能否扩张适用而定。从《民法典》第535条较之原《合同法》及其司法解释扩张债权人代位权适用范围的变迁过程来看,应当认为在第三人妨碍租赁物使用收益之情形下该条款亦得以扩张适用。此外,《民法典》第462条规定了占有人的原物返还请求权、排除妨害或消除危险的请求权以及损害赔偿请求权。若第三人侵害承租人的占有,承租人亦可能因此而享有此等权利。

(七)共同居住人与共同经营人

承租人在房屋租赁期限内死亡的,与其生前共同居住的人或者共同经营人可以按照原租赁合同租赁该房屋(《民法典》第732条)。就共同居住人或共同经营人的保护而言,房屋租赁合同也因此兼具利益第三人合同之属性。有观点将其扩张为"事实生活关系"的共同居住人亦享有该权利,也有观点认为共同居住的人或者共同经营的人与承租人之间是否具有亲属关系或者继承关系,在所不论。但本书认为,不应对出租人的处分权限、出租权限过分限制,这里的"共同居住的人"应做限缩解释,即仅指与承租人共同生活的近亲属,包括配偶、父母、子女、兄弟姐妹、祖父母、外祖父母、孙子女、外孙子女。另外,"按照原租赁合同租赁该房屋",是指按照原来的租赁条件进行租赁,即租金数额不变、租期不变。但在程序上,仍然需要通过协议进行租赁合同主体变更手续,将承租人变更为共同居住者或共同经营人。值得注意的是,共同经营人是否限于自然人,亦有必要作进一步说明。《民法典》第732条前半句的"死亡"表明,作为共同经营人的死者应当是自然人;但从理论上来说,自然人与法人或非法人组织亦可能进行共同经营,此时应当属于生产生活关系秩序稳定的保护范畴之内,法人或非法人

---

[1] 另外,有学说指出,我国现行法制中的优先承租权实际上以预租权(Anmietrecht)为常态,与德式的优先承租权(Vormietrecht)同名不同质。参见袁野:《房屋租赁中的优先承租权》,载《苏州大学学报(法学版)》2020年第1期。

组织应当享有按照原租赁合同租赁该房屋的权利，可以根据具体情形参照适用《民法典》第732条规定。

第四节　租赁合同的终止

一、租赁合同终止的原因

租赁合同的终止原因主要有以下几个方面：

1. 租赁期限届满，除非承租人继续使用且出租人没有提出异议的，租赁合同终止（《民法典》第733条、第734条）。

2. 解除合同。依《民法典》第557条第2款，合同解除的，该合同的权利义务关系终止。就租赁合同的解除而言，除《民法典》合同编通则规定的法定解除、合意解除、约定解除、因情势变更解除等各种解除、终止制度外，《民法典》租赁合同章对租赁合同的解除也专门做了规定。主要包括以下几种类型的解除：

（1）不定期租赁的随时解除。当事人对租赁期限没有约定或者约定不明确，依据《民法典》第510条的规定仍不能确定的，视为不定期租赁；当事人可以随时解除合同，但是应当在合理期限之前通知对方（《民法典》第730条）。不定期租赁的随时解除，是《民法典》第563条第2款规定的不定期持续性合同随时解除制度的具体化。该类解除权的目的是避免当事人无限期地受到合同约束。原因在于，任何人都不能根据合同被另一个人永久地拘束，以防止逸出个人自主决定的范围。当事人完全放弃此种解除权的约定是无效的。

（2）因租赁物毁损灭失不能实现合同目的引起的解除。因不可归责于承租人的事由，致使租赁物部分或者全部毁损、灭失的，承租人可以请求减少租金或者不支付租金；因租赁物部分或者全部毁损、灭失，致使不能实现合同目的的，承租人可以解除合同（《民法典》第729条）。该解除权属于《民法典》第563条规定的法定解除权的具体化，即使并非不可抗力引起的合同目的不能实现，即使是其他不可归责于承租人的事由引起的合同目的不能实现，承租人也仍然可以解除合同。《民法典》第563条第1款第4项中的其他违约行为致使合同目的难以实现，当然亦包括出租人的使承租人得以使用收益的义务履行出现障碍而难以实现合同目的之情形。值得注意的是，《民法典》第729条的合同解除，与《民法典》第580条规定的"司法终止"之间并无直接联系。《民法典》第729条乃是发生不可归责于承租人事由导致合同目的难以实现（包括履行不能）时的承租人解除权，而《民法典》第580条则是非金钱债务履行不能引起的所谓"合同僵局"的司法终止问题，两者之间并无关联。承租人依《民法典》第729条及第565条规定，依形成权行使的一般方式通知解除即可，无须依《民法典》第580条第2款向法院或仲裁机构申请终止合同。

合同解除与司法终止

（3）因租赁物危及承租人安全、健康引起的随时解除。租赁物危及承租人的安全或者健康的，即使承租人订立合同时明知该租赁物质量不合格，承租人仍然可以随时解除合同(《民法典》第731条)。这是承租人的特别解除权,强化了生命权及健康权的优先保护地位。

典型案例 饶某礼诉某物资供应站等房屋租赁合同纠纷案(指导案例170号)

[裁判要点]

违反行政规章一般不影响合同效力,但违反行政规章签订租赁合同,约定将经鉴定机构鉴定存在严重结构隐患,或将造成重大安全事故的应当尽快拆除的危房出租用于经营酒店,危及不特定公众人身及财产安全,属于损害社会公共利益、违背公序良俗的行为,应当依法认定租赁合同无效,按照合同双方的过错大小确定各自应当承担的法律责任。

(4)因违约或其他原因的解除。例如,《民法典》第711条规定了因承租人违反合理用益义务的解除,即"承租人未按照约定的方法或者未根据租赁物的性质使用租赁物,致使租赁物受到损失的,出租人可以解除合同并请求赔偿损失"。承租人未经出租人同意转租的,出租人可以解除合同(《民法典》第716条第2款)。承租人无正当理由未支付或者迟延支付租金的,出租人可以请求承租人在合理期限内支付;承租人逾期不支付的,出租人可以解除合同(《民法典》第722条)。非因承租人原因致使租赁物无法使用的,承租人可以解除合同,包括租赁物被司法机关或行政机关依法查封、扣押,租赁物权属有争议,租赁物具有违反法律、行政法规关于使用条件的强制性规定的情形(《民法典》第724条)。

二、租赁合同终止的效力

租赁合同解除等导致租赁合同权利义务关系的终止(《民法典》第557条第2款),双方当事人之间的清算等,则依《民法典》第566条、第567条等规定处理。《民法典》典型合同分编租赁合同章就此亦作出了规范:

1. 承租人应当返还租赁物,返还的租赁物应当符合按照约定或者根据租赁物的性质使用后的状态(《民法典》第566条、第733条)。

2. 装修装饰的善后等恢复原状的义务。承租人未经出租人同意,对租赁物进行改善或者增设他物的,出租人可以请求承租人恢复原状或者赔偿损失(《民法典》第715条第2款)。

3. 租赁合同终止后,当事人应当遵循诚实信用原则,根据交易习惯履行通知、协助、保密、旧物回收等义务(《民法典》第558条)。随着时代的发展,租赁合同终止后亦会出现一些新的义务表现形式。例如,企业商户普遍利用互联网平台或电子软件,将公司、商铺名称或主管业务及联系方式标注到网络地图上,为企业定位、品牌宣传等自身经营提供便利,租赁房屋由网络地图标注为承租人公司地址的情形也时有发生。随着社会经济的发展,附随义务应具有符合时代的内涵,租赁合同终止后,协助办理网络地图标注的删除即属于承租人的附随义务，若怠于履行，势必影响出租人对房屋的使用及日常经营生活。[1]

拓展阅读文献

1. 庄加园：《不动产定期承租人的预期违约责任——兼评"合同编通则解释"第 61 条》，载《法学研究》2025 年第 3 期。
2. 吴奕锋：《走出"合同僵局"：以承租人的转租权为重点》，载《中外法学》2024 年第 6 期。
3. 戴孟勇：《〈民法典〉第 726 条（房屋承租人优先购买权）评注》，载《清华法学》2023 年第 4 期。
4. 张凇纶：《承租人优先购买权制度的解释论》，载《吉林大学社会科学学报》2022 年第 6 期。
5. 范磊：《新冠肺炎疫情及行政行为对房屋租赁合同构成履行障碍的性质及司法应对》，载《法律适用》2020 年第 5 期。
6. 袁野：《房屋租赁中的优先承租权》，载《苏州大学学报（法学版）》2020 年第 1 期。
7. 郝丽燕：《德国住房承租人保护制度及其借鉴》，载《德国研究》2019 年第 3 期。
8. 戴孟勇：《民法典中优先购买权制度的体系设计》，载《华东政法大学学报》2017 年第 5 期。
9. 张力、郑志峰：《承租人死亡时房屋租赁合同存续问题探究》，载《法学》2014 年第 5 期。
10. 周江洪：《买卖不破租赁规则的法律效果——以契约地位承受模式为前提》，载《法学研究》2014 年第 5 期。
11. 常鹏翱：《论优先购买权的法律效力》，载《中外法学》2014 年第 2 期。
12. 王利明：《论"买卖不破租赁"》，载《中州学刊》2013 年第 9 期。
13. 冉克平：《论房屋承租人的优先购买权——兼评最高人民法院〈房屋租赁合同司法解释〉第 21—24 条》，载《法学评论》2010 年第 4 期。
14. 关丽：《最高人民法院〈关于审理房屋租赁合同纠纷案件具体应用法律若干问题的解释〉涉及的若干问题解析》，载《法律适用》2009 年第 10 期。
15. 许德风：《住房租赁合同的社会控制》，载《中国社会科学》2009 年第 3 期。

[1] 顾晓威、范纪强：《租赁合同终止后删除网络地图标注的性质》，载《人民司法（案例）》2020 年第 14 期。

第七章　融资租赁合同

- 融资租赁合同
  - 定义 → 售后回租式融资租赁
  - 性质 → 融物+融资
  - 认定 — 标的物与融资租赁的认定
    - 对标的物的要求
    - 名为融资租赁，实为借贷等的认定
  - 成立
    - 内容 — 适格主体 → 出租人：金融租赁公司和融资租赁公司
    - 生效与无效
  - 效力
    - 出租人义务
      - 依承租人选择购买租赁物的义务
      - 提供租赁物的义务
      - 赋予承租人相应权利并协助索赔的义务
      - 消极用益保持义务：平静占有担保义务
      - 变更买卖合同内容时的同意取得义务
      - 有限的物的瑕疵担保义务
    - 承租人的义务
      - 支付租金的义务
      - 及时受领及拒绝受领租赁物的通知义务
      - 妥善保管、使用租赁物的义务
      - 维修义务
      - 租赁物返还义务
    - 风险负担
    - 与第三人的效力
      - 出租人转让租赁合同项下权利
      - 租赁物所有权担保与租赁物上其他担保之间的关系
      - 租赁物善意取得
  - 终止
    - 届满终止
    - 解除
      - 双方均有解除权
      - 出租人解除权
      - 承租人解除权

设 例

某污水处理厂通过BOT项目(特许经营)从政府处取得在一定年限内的污水处理的特许经营权,并由此在政府划拨的土地之上建造和经营某污水处理厂。现因融资需求,该污水处理厂考虑与某融资租赁公司合作,拟采取售后回租的融资租赁方式向后者融资。具体来说,其交易模式为:(1)污水处理厂将其在特许经营权期限内的资产(厂房、设备、土地等)所有权或使用权转让给融资租赁公司;(2)融资租赁公司支付转让款,取得该资产所有权或使用权;(3)融资租赁公司将受让的资产出租给污水处理厂;(4)污水处理厂向融资租赁公司支付租金。问:

尽管与融资租赁公司签订了相关合同,若污水处理厂实际上并未将相关资产所有权或使用权转移到融资租赁公司名下,该交易存在何种法律风险?

1999年原《合同法》将融资租赁合同作为典型合同予以规定。我国的融资租赁行业得到了快速发展,但也日益面临挑战,对融资租赁的监管也逐步被纳入现代金融监管的范畴之中。《民法典》典型合同分编专设融资租赁合同章,在其第735条至第760条对融资租赁合同作出了规定。同时,最高人民法院也曾多次发布关于融资租赁的司法解释,分别是《关于审理融资租赁合同纠纷案件若干问题的规定》(法发〔1996〕19号,已失效),原《融资租赁合同解释》以及《融资租赁合同解释》。

第一节 融资租赁合同概述

一、融资租赁合同的概念与特性

融资租赁合同,是出租人根据承租人对出卖人、租赁物的选择,向出卖人购买租赁物,提供给承租人使用,承租人支付租金的合同(《民法典》第735条)。融资租赁交易关系牵涉两个合同,分别是出租人与出卖人之间的买卖合同,出租人与承租人之间的融资租赁合同,两个合同相互影响、相互作用,从而形成了一个有机的整体。例如,因融资租赁交易架构下的买卖合同无效、被撤销或被解除,且未能重新订立买卖合同,出租人或承租人均可以解除融资租赁合同(《民法典》第754条)。也正是因为两者之间的紧密关系,甚至有认为其为三方当事人的合同,但本书认为,融资租赁合同本身仍然是双方合同,是出租人与承租人之间的合同关系。

融资租赁合同,是以融物的手段实现融资的合同。该特点决定了融资租赁合同具有以下特性:

1. 融资租赁合同是财产利用型合同。从融资租赁交易的表现形式上来看,融资租赁仍然是出租人将租赁物提供给承租人使用收益,只不过是租赁物由承租人选定并由出租人出资购买。从出租人提供资金并购入标的物提供给承租人使用的角度而言,承租人的使用收益,不仅是租赁物的使用,也包括了对金钱的消费使用。因此,就出租人与承租人之间的关系而言,融资租赁合同既有融资的特点,又有融物的属性;[1]是以融资为目的,以融物为手段的合同。[2]

2. 融资租赁合同内容的复合性、权利义务结构的复杂性。融资租赁交易行为所涉及的融资租赁合同和买卖合同相互联系、相互影响,各自虽具有独立性,但又并不完全独立,在一定意义上一方的存在以对方的存在为条件。[3] 在融资租赁合同中,租赁物由承租人选择和验收,租赁物的瑕疵担保义务并非由出租人承担而由出卖人承担;融资租赁合同的租金并非租赁物使用收益的对价而是融资的对价,实际上是出租人购买租赁物的本息及合理利润;[4]出租人购买租赁物后无须承担租赁物的维修、保管义务及租赁物毁损灭失的风险;等等。

3. 融资租赁合同是双务、有偿、诺成、要式及持续性合同。融资租赁合同属于双务合同。融资租赁合同双方当事人为出租人和承租人,双方互负对待给付义务,出租人负担的是依承租人之选定提供资金购买标的物供承租人使用收益(以融物为手段,以融资为目的,本质上是资金供与),承租人则负有租金给付义务,两者之间构成给付与对待给付的关系。融资租赁合同为有偿合同。出租人提供资金依承租人选定购买标的物供承租人使用收益,承租人需支付租金对价,故融资租赁合同为有偿合同。融资租赁合同亦不以当事人完成特定行为或交付标的物为合同成立之要件,故为诺成合同。融资租赁合同应当采用书面形式(《民法典》第 736 条第 2 款),为要式合同。融资租赁合同为持续性合同,出租人虽不负有积极的用益维持义务,但仍负有消极的用益维持义务,该义务具有持续性特征。[5]

4. 融资租赁合同是“其他具有担保功能的合同”,是所有权担保的现代形式之一。《民法典》担保制度体现了形式主义和功能主义结合的特点。第 388 条第 1 款规定的“其他具有担保功能的合同”就包括了融资租赁合同。《民法典担保制度解释》第 1 条明确规定,所有权保留买卖、融资租赁、保理等涉及担保功能发生的纠纷,适用《民法典担保制度解释》的有关规定。在关于“正常经营买受人规则”的解释中,更是明确指出,“前款所称担保物权人,是指已经办理登记的抵押权人、所有权保留买卖的出卖人、融资租赁合同的出租人”(《民法典担保制度解释》第 56 条),至少在适用“正常经营买受人规则”时,将融资租赁合同的出租人视为动产担保物权人对待。在“价款担保超级优先权”领域,将融资租赁合同中的租金亦视为买卖合同中的价款对待,并得以适用《民法典》第

所有权担保

---

[1] 王利明:《合同法》(下册),中国人民大学出版社 2021 年版,第 143 页。

[2] 崔建远:《合同法》(第 4 版),北京大学出版社 2021 年版,第 527 页。

[3] 黄薇主编:《中华人民共和国民法典合同编解读》(下册),中国法制出版社 2020 年版,第 857 页。

[4] 但亦有观点认为,融资租赁合同中,租金大多覆盖了租赁物的购买价格,相当于租赁物所有权的对价[参见最高人民法院民法典贯彻实施工作领导小组主编:《中华人民共和国民法典合同编理解与适用(三)》,人民法院出版社 2020 年版,第 1613 页],此种观点并不准确。即使覆盖了购买价格,租金中尚包括融资租赁出租人的合理利润;而且,实践中也存在不少租金不覆盖购买价格的情形,特别是约定期满租赁物归出租人所有之情形。

[5] 但有观点认为,租赁合同具有持续性特征,而融资租赁合同不具有继续性合同的特征。参见最高人民法院民法典贯彻实施工作领导小组主编:《中华人民共和国民法典合同编理解与适用(三)》,人民法院出版社 2020 年版,第 1613 页。

416 条的超级优先权规则(《民法典担保制度解释》第 57 条)。同时,《民法典担保制度解释》第 65 条规定,“在融资租赁合同中,承租人未按照约定支付租金,经催告后在合理期限内仍不支付,出租人请求承租人支付全部剩余租金,并以拍卖、变卖租赁物所得的价款受偿的,人民法院应予支持;当事人请求参照民事诉讼法‘实现担保物权案件’的有关规定,以拍卖、变卖租赁物所得价款支付租金的,人民法院应予准许”,进一步明确了融资租赁合同的担保功能。

二、融资租赁合同的认定

融资租赁合同涉及复杂的权利义务结构,且与其他类型合同具有一定的相似性,实践中如何认定融资租赁合同,会产生争议。对此,《融资租赁合同解释》第 1 条第 1 款规定,“人民法院应当根据民法典第七百三十五条的规定,结合标的物的性质、价值、租金的构成以及当事人的合同权利和义务,对是否构成融资租赁法律关系作出认定”;而且,该条第 2 款规定,“对名为融资租赁合同,但实际不构成融资租赁法律关系的,人民法院应按照其实际构成的法律关系处理”。

(一)售后回租型的融资租赁

实践中,“售后回租”是否得以构成融资租赁,常会引发争议。依《民法典》第 735 条,融资租赁合同需存在出租人向出卖人购买租赁物的外在形态,而“售后回租”则是承租人将自有物出卖给出租人后再通过融资租赁合同从出租人处租回,并不存在外在的作为出卖人的第三人。但从本质上来看,“售后回租”并不妨碍承租人通过融物的手段实现融资的目的,仍然具备融资租赁合同的一般特征;此种情形亦符合《民法典》第 735 条规定的根据承租人对出卖人、租赁物的选择(承租人指定自己为出卖人并指定自有物为租赁物而已)的特点。就此,《融资租赁合同解释》第 2 条明确规定,“承租人将其自有物出卖给出租人,再通过融资租赁合同将租赁物从出租人处租回的,人民法院不应仅以承租人和出卖人系同一人为由认定不构成融资租赁法律关系”。 售后回租

(二)融资租赁标的物价值与融资租赁关系的认定

实践中,融资租赁标的物,特别是售后回租标的物的价值,也会影响到融资租赁关系的认定,尤其是严重高估租赁物价值,或者是租金过高的情形,很有可能被认定为名为融资租赁、实为借贷的合同。例如,价值 1000 元的设备估值 1000 万元作为标的物进行售后回租,其实质是融资之实;或者是以一台报废机器作为融资租赁的标的物售后回租,其实质上亦可能构成借款合同。在售后回租的融资租赁场合,不能简单地以售后回租的出让价(实质是融资成本,并不一定涵盖租赁物的全部价值,只要融资成本与租金之间得以构成对价关系即可)与标的物实际价值之间的不对等性为由否定其融资租赁属性。 融资租赁与借贷

(三)“融物”要素与融资租赁合同的认定

融资租赁是融资与融物的结合,因此,标的物的性质以及是否存在融物的要素,也会影响到融资租赁合同的认定。

通常认为,融资租赁的标的物应当为非消耗物。原因在于,融资租赁合同中,物的存在是租期内出租人享有所有权与期满后承租人行使选择权的前提,是实现融资租赁担保 融资租赁与消耗物

功能的重要因素；若标的物为消耗物，上述权利将无法实现。例如，将水泥作为融资租赁的标的物，水泥用于建筑后，出租人不再享有所有权，且承租人亦无法行使选择权，此类所谓的“融资租赁”，虽具备融物之手段且亦具有融资之目的，但因无法形成融资租赁特有的交易架构，应当是名为融资实为借款合同与买卖合同组合的交易架构。

若仅具有融资属性，但缺失融物属性时，并不构成融资租赁合同。例如，承租人选定设备后与出租人签订融资租赁合同，出租人直接与供货人签订买卖合同，但出租人与供货人并未履行买卖合同，而由出租人直接将资金交付承租人。其实质是虚构了买卖合同以取得融资，以虚构的融物方式来实现形式意义上的融资租赁。对此，《民法典》第 737 条规定，“当事人以虚构租赁物方式订立的融资租赁合同无效”。此种情形下，融资租赁合同虽然无效，但并不妨碍其掩盖的真实法律关系的效力，仍不妨碍其构成借款合同。同样地，签订融资租赁合同的双方当事人未对租赁物进行明确约定，出租人即将资金直接支付给承租人，租金的约定亦仅考虑利息因素；尽管订立融资租赁合同时双方有履约目的，但出租人签约后未依约购买租赁物而是将资金直接支付给承租人；出租人与承租人订立租赁合同，但该合同中并未就租赁物名称、数量、规格等做出具体明确约定，亦未约定由何方向供货人购置租赁物，而是由出租人将资金直接支付给承租人，由承租人自行购买租赁物等，均由于缺乏“融物”属性而不构成融资租赁合同，而应归入借款合同之列。另外，以售后回租为名，行借款之实，无实际租赁物，也应当认定为借款合同。

虚构租赁物

第二节　融资租赁合同的成立

一、融资租赁合同的内容

融资租赁合同的内容一般包括租赁物的名称、数量、规格、技术性能、检验方法，租赁期限，租金构成及其支付期限和方式、币种，租赁期限届满租赁物的归属等条款（《民法典》第 736 条第 1 款）。

成立合同须有适格的合同主体。在融资租赁合同主体上，一般对承租人并无资格限制。但在出租人资格上，2014 年的《金融租赁公司管理办法》（中国银行业监督管理委员会令 2014 年第 3 号）设有限制。该办法第 2 条规定，“本办法所称金融租赁公司，是指经银监会批准，以经营融资租赁业务为主的非银行金融机构。金融租赁公司名称中应当标明‘金融租赁’字样。未经银监会批准，任何单位不得在其名称中使用‘金融租赁’字样”。而《融资租赁公司监督管理暂行办法》（银保监发〔2020〕22 号）对此并未作限制，而只是在第 2 条规定，“本办法所称融资租赁公司，是指从事融资租赁业务的有限责任公司或者股份有限公司（不含金融租赁公司）”。从银保监发〔2020〕22 号的规定来看，对融资租赁公司的管制，更多地偏向于行为规制，属于监管规则，而不是主体资格限制。

二、融资租赁合同的生效与无效

（一）融资租赁合同的生效时间

关于融资租赁合同的生效时间，《民法典》融资租赁合同章并未规定。本书认为，融资租赁合同属于诺成合同，依意思表示一致而成立；依法成立的合同，自成立时生效，但是法律另有规定或者当事人另有约定的除外（《民法典》第502条）。关于融资租赁合同生效时间的争议，实质在于租金何时开始起算。若依融资租赁合同"融物"的属性来说，以物的使用为前提始有支付租金的判断有其合理性；但从"融资"的属性来说，该立足点并不一定合适。从融资租赁的交易实践来看，实践中通常存在"租前息"的约定，其并不以标的物的实际使用为前提；以物的使用作为融资租赁合同的生效时间，并不符合融资租赁的交易习惯。因此，本书认为，融资租赁合同的生效时间，依合同生效的一般原理判断即可。

合同生效时间与租金给付

（二）行政许可与融资租赁合同的效力

因融资租赁的标的物种类繁多，而不同种类的标的物会受制于各种管制规范，特别是涉及行政许可等。但在融资租赁情形下，实际支配使用租赁物的为承租人，只要其具有相关行政许可即可，出租人是否具有相应的许可并不会影响相关规制目的的实现。为此，《民法典》第738条规定，"依照法律、行政法规的规定，对于租赁物的经营使用应当取得行政许可的，出租人未取得行政许可不影响融资租赁合同的效力"。

（三）虚构租赁物的融资租赁合同效力

《民法典》第737条规定，"当事人以虚构租赁物方式订立的融资租赁合同无效"。以虚构租赁物方式订立融资租赁合同，其实质是《民法典》第146条的通谋虚伪表示，欠缺与表示相应的效果意思，该通谋虚伪表示所对应的法律行为无效。但隐藏行为是否有效，则需以隐藏行为本身是否符合法律行为的有效要件予以判断。《民法典》就融资租赁交易中的虚构租赁物方式专门作出规定，并非其区别于《民法典》第146条的特殊性，而是因融资租赁交易实践中此等情形多发而专设规定予以提示，其本身并无独立于《民法典》第146条的要件或法律效果。

（四）融资租赁合同无效时的租赁物归属

因融资租赁标的物的所有权归属以当事人的约定为依据，故与租赁合同等不同，若融资租赁合同无效，租赁物的归属等亦有区别于其他合同的特点。对此，《民法典》第760条规定，"融资租赁合同无效，当事人就该情形下租赁物的归属有约定的，按照其约定；没有约定或者约定不明确的，租赁物应当返还出租人。但是，因承租人原因致使合同无效，出租人不请求返还或者返还后会显著降低租赁物效用的，租赁物的所有权归承租人，由承租人给予出租人合理补偿"。

拓　展

依《民法典》第157条的规定，法律行为无效时，以财产关系恢复到合同订立前的状态的财产返还为其一般原则。但融资租赁合同的无效与该一般规定不同：一是当事人可以就无效情形下的租赁物归属作出约定。二是在标的物的归属上，融资租赁领域特别考虑了无效的原因、出租人的请求返还的意愿以及租赁物价值与使用价值的发挥，而不是如同《民法典》第157条一样考虑“能否返还”或“有无必要返还”的区别，且在不返还时给予“合理补偿”，亦不同于《民法典》第157条规定的“折价补偿”。融资租赁合同所立足的交易结构，并非标的物的买卖，而是以融物手段实现融资目的，因此在合同无效时，会涉及已支付租金、出租人支出的成本以及承租人对标的物的使用收益之间的利益计算问题，很难用标的物的折价予以处理，故“合理补偿”而不是“折价补偿”更能体现融资租赁合同的特点。

无效后果一般规范与融资租赁合同特别规范的比较

值得注意的是，《民法典》第157条规定了合同无效时的损害赔偿请求权，有过错的一方应当赔偿对方因此所受到的损失。融资租赁合同纠纷中，合同无效后租赁物归属的处理，不影响损害赔偿请求权的行使，仍可依法就所遭受的损失要求造成损失的过错方进行赔偿。[1]

第三节　融资租赁合同的效力

一、出租人的义务

（一）依承租人选择购买租赁物的义务

依《民法典》第735条的规定，融资租赁合同是出租人根据承租人对出卖人、租赁物的选择，向出卖人购买租赁物，提供给承租人使用，承租人支付租金的合同。因融资租赁是以融物手段实现融资之目的，出租人更多的是处于资金提供者的角色。需要何种租赁物以及如何加以使用等，均是依承租人之要求“定制”。故出租人应依承租人之选定而购买租赁物并提供给承租人使用。当然，虽然出租人是根据承租人对出卖人、租赁物的选择，向出卖人购买租赁物，但出租人并非作为承租人的代理人行事，而是以出租人自己的名义签订买卖合同；承租人并不构成买卖合同的当事人。当然，若承租人依赖出租人的技能确定租赁物或者出租人干预承租人对租赁物和出卖人的选择，或者是出租人在承租人选择出卖人、租赁物时对租赁物的选定起决定作用的，或者要求承租人按照出租人意愿选择出卖人或者租赁物的，或者出租人擅自变更承租人已经选定的出卖人或者租赁物的，则出租人应就租赁物的瑕疵承担责任（《民法典》第747条、《融资租赁合同解释》第8条）。

出租人并非代理人

（二）提供租赁物的义务

1. 出卖人应当按照约定向承租人交付标的物

《民法典》第735条明确规定出租人应当将购入的租赁物提供给承租人使用，但该义务通常并非由出租人亲自履行，而是由出卖人作为履行辅助人代为履行。对此，《民

〔1〕 最高人民法院民事审判第二庭编著：《最高人民法院关于融资租赁合同司法解释理解与适用》，人民法院出版社2014年版，第97页。

法典》第 739 条规定,“出租人根据承租人对出卖人、租赁物的选择订立的买卖合同,出卖人应当按照约定向承租人交付标的物,承租人享有与受领标的物有关的买受人的权利”。依该条规定,出卖人应当按照约定向承租人交付标的物。

《民法典》第 739 条特别强调了“按照约定”交付。该“按照约定”,应当指的是出租人与出卖人的买卖合同约定了由出卖人向承租人直接交付之情形,始适用该条;而不是指应当按照约定的质量、时限等买卖合同条款进行交付。原因在于,买卖合同中出卖人的义务,依《民法典》买卖合同章即可,此处无须再单独规定。至于买卖合同中并无约定的情形,出卖人并无向承租人交付的义务,而应当向出租人交付。

2. 承租人享有与受领标的物有关的买受人的权利

对于“与受领标的物有关的买受人的权利”,依体系解释,当援引《民法典》买卖合同章的相关规定始得以确定具体所指,且需注意仅指与受领有关的权利,并不表明承租人取得了与买受人同等的地位。从《民法典》买卖合同章的规定来看,该权利通常包括与检验标的物相关的权利(《民法典》第 620 ~ 623 条)和特定情形下的拒绝受领的权利(《民法典》第 629 条)。另外,《民法典》第 530 条规定的期前履行拒绝权、第 531 条规定的部分履行拒绝权等,亦因其属于通则性规定而属于“与受领标的物有关的买受人的权利”。当然,正是因为承租人享有的仅是“与受领标的物有关的买受人的权利”,因此在标的物的质量标准上,亦当以出租人与出卖人之间的买卖合同约定的检验标准为准(《民法典》第 624 条)。

“与受领标的物有关的买受人的权利”不包括交付请求权

《民法典》第 739 条关于“与受领标的物有关的买受人的权利”的规定,并未直接言明承租人对出卖人是否享有交付请求权。本书认为,从“与受领标的物有关的买受人的权利”并不能直接推出承租人直接享有交付请求权。原因在于,债的效力构成中,即使没有请求力和执行力,仍不妨碍享有受领保持力,交付请求权并非受领相关权利的前提。《民法典》第 522 条规定的非真正利益第三人合同中,第三人虽无交付请求权,但并不妨碍其享有受领交付的权利。因此,虽然令承租人直接享有交付请求权在立法论上具有正当性,但《民法典》刻意规定“与受领标的物有关的买受人的权利”,而不直接言明交付请求权,仍然应从其文义出发予以解释。

承租人是否享有交付请求权,除从买卖合同中是否存在真正利益第三人的条款得以解释外,融资租赁合同中是否存在出租人向承租人的授权、权利让与、由第三人履行条款等,亦可以得以解释。故承租人是否有交付请求权,仍需依赖买卖合同内容、融资租赁合同内容的解释。

3. 承租人的拒绝受领权

值得注意的是,《民法典》第 740 条第 1 款就承租人“与受领标的物有关的买受人的权利”,特别是拒绝受领权作了细化规定,即“出卖人违反向承租人交付标的物的义务,有下列情形之一的,承租人可以拒绝受领出卖人向其交付的标的物:(一)标的物严重不符合约定;(二)未按照约定交付标的物,经承租人或者出租人催告后在合理期限内仍未交付”。与《民法典》第 610 条“因标的物不符合质量要求,致使不能实现合同目的”始得以拒绝接受标的物的规定不同,《民法典》第 740 条规定“标的物严重不符合约定”时承租人得以拒绝受领，而对于催告后仍未交付标的物的迟延履行亦规定了得以拒绝受领。

（三）赋予承租人相应权利时协助索赔的义务

除使承租人取得“与受领标的物有关的买受人的权利”外，《民法典》第741条还规定了出租人可以通过约定使承租人获得行使索赔的权利，即“出租人、出卖人、承租人可以约定，出卖人不履行买卖合同义务的，由承租人行使索赔的权利。承租人行使索赔权利的，出租人应当协助”。承租人直接向出卖人行使索赔权的内容主要包括标的物质量不符合约定时的减少价款、修理调换、支付违约金、解除合同并赔偿损失，以及出卖人未交付或迟延交付标的物时的继续履行请求、迟延损害赔偿、解除合同并赔偿损失的权利。[1]

索赔权

虽然《民法典》第741条仅规定了“出租人、出卖人、承租人”可以约定承租人的直接索赔权，似乎将其限定在三方约定之情形，但从过往的司法实践来看，除认可出租人、出卖人、承租人三方共同约定的索赔权外，也认可承租人与出租人双方约定的承租人直接索赔权及承租人与出卖人双方约定的承租人直接索赔权。[2] 从理论构成上来说，承租人与出租人约定之情形，类似于债权让与构成；而承租人与出卖人约定时，则类似于损害担保构成。从这层含义上来说，对《民法典》第741条规定的“出租人、出卖人、承租人可以约定”，可以扩张解释，即并不限于三方共同约定之情形，尚包括出租人与承租人的约定、承租人与出卖人的约定，甚至可以扩张至出租人与出卖人的约定等。

索赔权约定的不同类型

另外，《民法典》第743条第1款规定，出租人明知租赁物存在质量瑕疵而不告知承租人以及承租人行使索赔权利时未及时提供必要协助的，承租人行使索赔权利失败时有权请求出租人承担相应责任。该条规定的实际上是协助索赔义务违反的责任承担，而并不是要赋予承租人权利。换言之，赋予承租人权利，并不构成出租人的义务；对于出租人来说，也可以自己行使索赔权，《民法典》第741条只是规定可以通过约定赋予承租人索赔权，以及承租人索赔时的出租人协助义务。

（四）租赁物的平静占有担保义务

融资租赁合同之所以称为“租赁”，就在于在融资租赁期限内承租人得以使用收益租赁物。但融资租赁合同虽名为租赁，其交易架构却与租赁合同存在较大区别，出租人并不负有积极的用益维持和修缮义务。《民法典》第750条明确规定了承租人占有租赁物期间的维修义务，而与《民法典》第712条规定的租赁合同出租人承担维修义务的原则不同。对融资租赁合同的出租人来说，其只是负有“保证承租人对租赁物的占有和使用”的消极用益保持义务，该义务并不要求出租人积极地保持租赁物合乎用益状态，而是消极地保持即可。

消极用益保持义务

---

〔1〕 黄薇主编：《中华人民共和国民法典合同编解读》（下册），中国法制出版社2020年版，第865页；谢鸿飞、朱广新主编：《民法典评注·合同编·典型合同与准合同》（第2册），中国法制出版社2020年版，第437～438页。当然，关于是否得以行使解除权，会存在争议。通常认为承租人仅能根据《民法典》第754条第3项解除融资租赁合同；在此基础上，是否当然导致买卖合同的解除，则涉及买卖合同上解除权当由出租人行使抑或包含于索赔权之中而有争议。

〔2〕 谢鸿飞、朱广新主编：《民法典评注·合同编·典型合同与准合同》（第2册），中国法制出版社2020年版，第438页。

出租人违反平静占有担保义务的，应当承担损害赔偿责任。《民法典》第748条第2款规定了违反平静占有担保义务的几种典型表现形式。例如，出租人无正当理由收回租赁物；无正当理由妨碍、干扰承租人对租赁物的占有和使用；因出租人的原因致使第三人对租赁物主张权利；不当影响承租人对租赁物占有和使用的其他情形。

（五）变更买卖合同内容时的同意取得义务

《民法典》第744条规定，出租人根据承租人对出卖人、租赁物的选择订立的买卖合同，未经承租人同意，出租人不得变更与承租人有关的合同内容。之所以设定该义务，是因为买卖合同是依承租人的选定而缔结，其内容符合承租人的利益要求。若允许主体变更、标的物变更等内容变更，就会与承租人选定出卖人和租赁物的融资租赁合同性质相悖。交付时间、地点、方式等的变更，也同样涉及承租人之利益，当需承租人之同意。

思 考

与承租人有关的合同内容变更的效力如何，当需进一步观察。对此，解释论上可能存在两种途径：一是该变更不得对抗承租人，承租人仍得依变更前的合同内容享有与受领标的物相关的买受人权利以及依据约定享有索赔权等。二是未取得承租人之同意而变更买卖合同内容，属于出租人违反融资租赁合同义务，应承担违约责任，承租人享有相应的救济权利。后者更注重出租人与出卖人之意思自治，令买卖合同变更对承租人亦发生效力。从相关释义书的阐述来看，多采后一解释，认为此时构成对承租人的违约，承租人可以要求支付违约金、拒收租赁物并通知解除融资租赁合同，并可以要求赔偿损失。[1] 对此，《融资租赁合同解释》第8条规定了出租人“相应的责任”，即出租人擅自变更承租人已经选定的出卖人或者租赁物的，若租赁物不符合融资租赁合同约定，出租人应当承担相应的责任。《民法典》第754条亦规定，“出租人与出卖人订立的买卖合同解除、被确认无效或者被撤销，且未能重新订立买卖合同”时，承租人可以解除融资租赁合同。

未经承租人同意变更合同内容时的救济

（六）有限的物的瑕疵担保义务

与普通租赁合同不同，融资租赁合同中，租赁物不符合约定或者不符合使用目的的，出租人不承担责任。但是，承租人依赖出租人的技能确定租赁物或者出租人干预选择租赁物的除外（《民法典》第747条）。换言之，在但书情形下，出租人承担有限的物的瑕疵担保责任。

值得注意的是，“租赁物不符合约定或者不符合使用目的”（《民法典》第747条）之

---

〔1〕 胡康生主编：《中华人民共和国合同法释义》（第3版），法律出版社2013年版，第391页；黄薇主编：《中华人民共和国民法典合同编解读》（下册），中国法制出版社2020年版，第871页；谢鸿飞、朱广新主编：《民法典评注·合同编·典型合同与准合同》（第2册），中国法制出版社2020年版，第451页；最高人民法院民法典贯彻实施工作领导小组主编：《中华人民共和国民法典合同编理解与适用（三）》，人民法院出版社2020年版，第1656～1657页。

情形,若致使融资租赁合同的目的难以实现的,即使该情形并非因出租人导致,而是出卖人原因产生,承租人仍然可以解除融资租赁合同(《民法典》第754条)。也就是说,虽然出租人不因此而承担瑕疵担保义务,但融资租赁合同可能因出卖人原因导致的租赁物瑕疵而解除。

二、承租人的义务

(一)支付租金的义务

1. 租金的性质及租金水平管制

作为融资对价的租金

租金给付义务是承租人的基本义务,承租人应当按照约定支付租金(《民法典》第752条)。但融资租赁合同的租金不同于租赁合同中的租金。融资租赁合同中的租金,"应当根据购买租赁物的大部分或者全部成本以及出租人的合理利润确定"(《民法典》第746条),一般是出租人取得融资设备或机器的购买成本及合理利润,而并非租赁物使用收益的对价。该租金立足于出租人为融资租赁交易投入的成本及利润,本质上是承租人的融资对价。当然,当事人也可另行约定租金的确定方式。

2. 租金加速到期

承租人应当按照约定支付租金。承租人经催告后在合理期限内仍不支付租金的,出租人可以要求支付全部租金;也可以解除合同,收回租赁物(《民法典》第752条)。全部租金,既包括融资租赁合同中所规定的全部已到期而承租人未支付的租金,还包括其他依约定尚未到期的租金。[1] 出租人得以请求支付全部租金,实际上是租金的加速到期,第752条构成了承租人的期限利益丧失条款。之所以赋予出租人请求支付全部租金的权利,是从融资租赁的特点考虑的。因为出租人为承租人购买的租赁物,往往是专用设备,有的甚至是专为承租人制作的,这些租赁物对承租人来说非常有价值,但对其他人来说可能只是废铁一堆,毫无价值。如果出租人的出资不能收回,即使将这些租赁物收回也难以重新转让或出租以收回所投资金。因此,为了最大限度地减少出租人的风险,法律赋予出租人在一定条件下要求承租人加速支付全部租金的权利。[2] 如果严格按照违约责任,承租人不支付租金情形下的继续履行及损害赔偿的计算,应当考虑到未到期租金的贴现值,即根据一定的利率标准予以折算。但根据《民法典》第752条的规定,出租人可以请求承租人支付全部租金,即使该数额超过全部租金的贴现值,其实质就是使得承租人因其违约而丧失其未到期租金的期限利益,在一定程度上体现了对违约行为的"制裁",而不仅仅是损害填补,具有一定的惩罚性。[3]

3. 租金支付义务违反时的合同解除与租赁物回收

依《民法典》第752条的规定,除了租金加速到期,承租人经催告后在合理期限内仍不支付租金的救济措施还包括解除合同、收回租赁物。但在解除合同、收回租赁物之情

---

[1] 胡康生主编:《中华人民共和国合同法释义》(第3版),法律出版社2013年版,第391页。
[2] 魏耀荣等:《中华人民共和国合同法释论》(分则),中国法制出版社2000年版,第263页。
[3] 最高人民法院民法典贯彻实施工作领导小组主编:《中华人民共和国民法典合同编理解与适用(三)》,人民法院出版社2020年版,第1702页。

形下，与租金给付义务加速到期不同的是出租人不得要求承租人承担未到期部分的租金。原因在于，合同解除后，该合同的权利义务关系终止（《民法典》第557条第2款），因此并不能请求未到期部分的租金。

合同解除清算的特殊性

但从融资租赁合同的特性来看，合同解除时如何清算以及清算与因违约而解除时的违约损害赔偿之间如何协调，亦会有其特殊性，尤其是出租人已付出了租赁物购置成本却未能充分收回租金之情形，在解除后的清算上会因租赁期限届满时租赁物归属的不同而有所不同。对此，《融资租赁合同解释》第11条规定了解除合同收回租赁物的损失赔偿范围的计算，即"前款规定的损失赔偿范围为承租人全部未付租金及其他费用与收回租赁物价值的差额。合同约定租赁期间届满后租赁物归出租人所有的，损失赔偿范围还应包括融资租赁合同到期后租赁物的残值"。当事人约定租赁期限届满租赁物归承租人所有，承租人已经支付大部分租金，但无力支付剩余租金，出租人因此解除合同收回租赁物，收回的租赁物的价值超过承租人欠付的租金以及其他费用的，承租人可以请求相应返还（《民法典》第758条第1款）。对于租赁物的残值如何确定，《融资租赁合同解释》第12条亦作出了具体规定，即"诉讼期间承租人与出租人对租赁物的价值有争议的，人民法院可以按照融资租赁合同的约定确定租赁物价值；融资租赁合同未约定或者约定不明的，可以参照融资租赁合同约定的租赁物折旧以及合同到期后租赁物的残值确定租赁物价值。承租人或者出租人认为依前款确定的价值严重偏离租赁物实际价值的，可以请求人民法院委托有资质的机构评估或者拍卖确定"。

拓　展

承租人迟延支付租金时出租人解除权的限制

承租人经催告后在合理期限内仍不支付租金时的解除，属于承租人租金给付义务陷于迟延时的催告解除，原本依《民法典》第563条的规定处理即可，无须课加更多限制。但从融资租赁交易的特点来看，国内外立法、司法实践、融资租赁实务对融资租赁合同的解除作出严格限制，融资租赁合同的不可解约性或"中途解约禁止"得到普遍承认。由于融资租赁交易具有融资性、周期长、利益重大、交易复杂等特点，单方中途解约会对另一方当事人造成较大损失，融资租赁合同的解除与一般合同的解除相比有着更为严格的条件。[1] 在租金给付义务迟延履行之情形下，除了要求催告解除，《融资租赁合同解释》第5条为此作出了更为严格的限制，即"有下列情形之一，出租人请求解除融资租赁合同的，人民法院应予支持：（一）承租人未按照合同约定的期限和数额支付租金，符合合同约定的解除条件，经出租人催告后在合理期限内仍不支付的；（二）合同对于欠付租金解除合同的情形没有明确约定，但承租人欠付租金达到两期以上，或者数额达到全部租金百分之十五以上，经出租人催告后在合理期限内仍不支付的；（三）承租人违反合同约定，致使合同目的不能实现的其他情形"。

---

〔1〕 最高人民法院民事审判第二庭编著：《最高人民法院关于融资租赁合同司法解释理解与适用》，人民法院出版社2014年版，第197～198页；最高人民法院民法典贯彻实施工作领导小组主编：《中华人民共和国民法典合同编理解与适用（三）》，人民法院出版社2020年版，第1702～1703页。

4. 租金支付义务违反时的其他救济措施

除期限利益丧失、解除合同收回租赁物的救济措施外，承租人逾期履行支付租金义务或者迟延履行其他付款义务，出租人按照融资租赁合同的约定要求承租人支付逾期利息、相应违约金的，人民法院应予支持(《融资租赁合同解释》第9条)。

因出租人对租赁物享有所有权(《民法典》第745条)，且该所有权具有担保功能，是非典型担保之一，因此，承租人迟延履行租金给付义务时，出租人亦可参照担保物权实现程序保障租金债权的实现(《民法典担保制度解释》第65条)。

(二)及时受领及拒绝受领租赁物时的通知义务

承租人拒绝受领标的物时，应当及时通知出租人(《民法典》第740条第2款)。因通知义务的违反，存在给出租人造成损失的可能，尤其是承租人据此解除融资租赁合同而出租人又未能及时行使对出卖人的权利时，可能会造成损失，因此其应当为真正义务的违反。具体可依《民法典》第577条、第582条、第584条等要求承租人承担责任。实际上，《融资租赁合同解释》第3条对此作出了明确的解释，即"承租人拒绝受领租赁物，未及时通知出租人，或者无正当理由拒绝受领租赁物，造成出租人损失，出租人向承租人主张损害赔偿的，人民法院应予支持"。

(三)妥善保管、使用租赁物的义务

所谓妥善保管，指的是应当根据善良管理人的标准来进行保管，它要求比处理自己的事务更为谨慎。合理使用，则是指承租人应当按照租赁物的性质和通常方法进行使用。[1] 在融资租赁期间，承租人占有租赁物，但租赁物的所有权归出租人。因此，为保护出租人的利益，并基于诚实信用原则，承租人应当妥善保管、使用租赁物(《民法典》第750条第1款)。承租人未经出租人同意，不得擅自转让、抵押租赁物等，否则出租人可以解除融资租赁合同(《民法典》第753条)。另外，租赁物对第三人造成损害的，出租人不承担责任(《民法典》第749条)。

(四)维修义务

承租人的维修义务与融资租赁特性

与租赁合同中的出租人地位不同，融资租赁合同中的出租人并不承担维修义务，而只是承担消极的用益维持义务。承租人应当履行占有租赁物期间的维修义务(《民法典》第750条第2款)。原因在于，在融资租赁期间，出租人不负标的物的瑕疵担保义务，因而对租赁物无维修的义务，但出租人却享有租赁期满收回租赁物的期待利益，承租人需保障出租人期待利益的实现；若是融资租赁合同约定期满租赁物归承租人所有，则承租人享有实质意义上的所有人权益，但若对于租赁物的损坏等不予维修，亦会影响出租人担保权益的实现，与此相应，也应当负有维修租赁物的义务。

(五)租赁物返还义务

根据合同自由原则，出租人可以和承租人约定，租赁期间届满租赁物归属于出租人或者承租人，若约定归属于出租人，则承租人应在融资租赁合同终止后将租赁物返还给出租人。若对租赁物的归属没有约定或者约定不明确，当事人可以协议补充，不能达成

---

〔1〕 黄薇主编:《中华人民共和国民法典合同编解读》(下册)，中国法制出版社2020年版，第881页。

协议的，若依据合同条款或交易习惯确定归属于出租人，承租人在合同终止后同样应将租赁物返还给出租人。若依据以上规则仍不能确定归属的，租赁物的所有权归出租人，此时承租人在合同终止后，仍应将租赁物返还于出租人（《民法典》第 757 条）。合同无效时，承租人亦负有返还义务，即"融资租赁合同无效，当事人就该情形下租赁物的归属有约定的，按照其约定；没有约定或者约定不明确的，租赁物应当返还出租人"（《民法典》第 760 条）。

租赁物返还义务亦有例外。租赁物若不能返还的，承租人应进行合理补偿。例如，"当事人约定租赁期限届满租赁物归出租人所有，因租赁物毁损、灭失或者附合、混合于他物致使承租人不能返还的，出租人有权请求承租人给予合理补偿"（《民法典》第 758 条第 2 款）。另外，"因承租人原因致使合同无效，出租人不请求返还或者返还后会显著降低租赁物效用的，租赁物的所有权归承租人，由承租人给予出租人合理补偿"（《民法典》第 760 条）。以象征性义务的履行为条件转移所有权时，承租人亦无须返还租赁物。依《民法典》第 759 条的规定，"当事人约定租赁期限届满，承租人仅需向出租人支付象征性价款的，视为约定的租金义务履行完毕后租赁物的所有权归承租人"。

返还不能与合理补偿

三、融资租赁合同的"风险负担"

对于融资租赁合同领域的"租金风险"，《民法典》第 751 条规定，承租人占有租赁物期间，租赁物毁损、灭失的，出租人有权请求承租人继续支付租金，但是法律另有规定或者当事人另有约定的除外。该条规定进一步表明了融资租赁合同以"融物"为手段的"融资"本质。

值得注意的是，在融资租赁合同，租赁物使用收益与租金支付义务之间并不构成给付与对待给付关系，故《民法典》第 751 条规定并非严格意义上的风险负担规则，而只是分配租金风险的规则。

四、融资租赁合同当事人与第三人之间的效力

（一）出租人转让融资租赁合同项下的权利

《融资租赁合同解释》第 4 条规定，"出租人转让其在融资租赁合同项下的部分或者全部权利，受让方以此为由请求解除或者变更融资租赁合同的，人民法院不予支持"。融资租赁合同项下的出租人权利，主要包括出租人所有权、租金债权、解除权等。就解除权而言，脱离合同关系的形成权的移转通常会受到限制，该司法解释是对"出租人权利"的限缩解释，并不包含解除权等形成权。

1. 出租人转让租赁物所有权

融资租赁中出租人的所有权，并非只是形式意义上的所有权，而是仍具有所有权功能的所有权，融资租赁并不妨碍出租人出让租赁物的所有权。当然，融资租赁期间出租人处分租赁物时，因租赁物已为承租人所占有，其要履行买卖合同中的所有权转移义务，对于动产只能通过返还请求权让与的方式予以实现（《民法典》第 227 条）；而不动产之情形，则可以通过登记实现物权变动。

出租人出让其所有权时当事人之间的法律关系,《融资租赁合同解释》第 4 条只是规定了受让人不得以此为由解除或变更租赁关系,并未说明其具体的法律构成。从理论上来说,融资租赁合同出租人转让租赁物所有权是否可以适用"买卖不破租赁",尚有商榷之余地。租赁合同中的"买卖不破租赁",在于出租人收取租金、负有租赁物维修义务等,均围绕租赁物而展开,随着租赁物所有权的变动,出租人的合同地位一并发生"买卖不破租赁"的合同地位承受,其逻辑上并无大的问题;但在融资租赁合同中,出租人得以收取的租金并非租赁物使用收益的对价,而是融资的成本及其利润;出租人亦不对租赁物负有维修义务等;即使不考虑租赁物所有权的最终归属以及所有权的担保功能,要说出租人一旦转移租赁物的所有权即发生合同地位承受,并不合理。融资租赁标的物所有权的移转,并不表明融资租赁项下的债权的移转。因此,即使所谓的"买卖不破租赁",也只是一种借用而已。事实上,若真是属于合同地位承受模式下的"买卖不破租赁",受让人承受原出租人合同地位而成为新的出租人,享有租赁合同项下的权利,当然亦包括解除权等。而若真是如此,恰恰与《融资租赁合同解释》第 4 条否定受让人的解除权明显相悖。

难谓"买卖不破租赁"

2. 出租人转让租金债权

依债权让与的一般原理,出租人的租金债权得以转让,即使出租人与承租人约定租金债权不得让与,亦不得对抗第三人(《民法典》第 545 条)。但若出租人转让租金债权,得以适用《民法典》第 547 条的规定,受让人取得与债权有关的从权利,且取得从权利不因该从权利未办理转移登记手续或未转移占有而受到影响。因该条并未排除担保权或担保物权,则发生此处的作为担保功能的"所有权"的移转。但此时的"所有权"移转,并非指租赁物发生了所有权的物权变动,而是表明其担保功能亦对租金债权受让人产生效力,出租人的所有权同样担保受让人的租金债权,但构成了类似第三人提供担保的现象。当然,若是租金债权部分转让,此时会出现作为担保的"所有权"是否同样担保已转让之部分租金债权的问题。本书认为,出租人的所有权既是受让人受让部分租金债权的担保,亦是出租人保留的部分租金债权的担保。

租金债权让与与担保移转

(二)租赁物所有权担保与租赁物上其他担保之间的关系

《民法典》第 745 条规定,出租人对租赁物享有的所有权,未经登记,不得对抗善意第三人。但该所有权并非纯粹的所有权,而是具有担保功能的所有权。《民法典》第 758 条第 1 款明确规定了约定租赁物归承租人情形下解除合同收回租赁物的清算,超过租金及其他费用部分应当返还给承租人,亦表明出租人的所有权并非纯粹的所有权,而是具有担保功能的所有权。

出租人的所有权与租赁物上的其他担保之间的关系,主要体现在《民法典担保制度解释》第 57 条规定中。依该条规定,作为租金债权担保的出租人所有权,被作为价款债权担保存在,且具有"超级优先权"之地位;租赁物上存在多个价款优先权时,依登记的时间先后确定清偿顺序。担保人在设立动产浮动抵押并办理抵押登记后又购入或者以融资租赁方式承租新的动产,下列权利人为担保价款债权或者租金的实现而订立担保合同,并在该动产交付后 10 日内办理登记,主张其权利优先于在先设立的浮动抵押权的,人民法院应予支持:(1)在该动产上设立抵押权或者保留所有权的出卖人;(2)为价款支付提供融资而在该动产上设立抵押权的债权人;(3)以融资租赁方式出租该动产的出租人。买受人取得动产但未付清价款或者承租人以融资租赁方式占有租赁物但是未付清全部租金,又以标的物为他人设立担保物权,上文所列权利人为担保价款债权或者租金的实现而订立担保合同,并在该动产交付后10日内办理登记,主张其权利优先于买受人为他人设立的担保物权的,人民法院应予支持。同一动产上存在多个价款优先权的,人民法院应当按照登记的时间先后确定清偿顺序。从该规定也可以看出,不同于传统的所有权登记,虽然《民法典》第745条规定的融资租赁合同出租人所有权登记,与所有权保留买卖中的登记一样,作为担保性的所有权登记既不创设权利,也不是权利变动的要件,其作用在于通过权利的公示起到对第三人的警示作用而已,[1]但在所有权担保与其他担保的清偿顺位上,该司法解释使得该登记的作用不仅仅是停留在"警示登记",而且是具有实质性的顺位确定作用。

(三)出租人所有权与租赁物的善意取得

因承租人占有使用收益租赁物,尤其是在动产融资租赁情形,会形成承租人拥有所有权的表象。但融资租赁期间承租人并不拥有租赁物的所有权,其出让租赁物或在租赁物上设定担保,会涉及第三人能否获得善意取得制度保护的问题。原《融资租赁合同解释》第9条曾规定融资租赁物的善意取得制度,但2020年修正后的《融资租赁合同解释》已删去该条文,而是交由"未经登记不得对抗善意第三人"的对抗效力规则、动产抵押情形的"正常经营买受人规则"予以处理。当然,个别情形仍然会涉及善意取得制度的适用问题。

(四)承租人擅自处分租赁物

《民法典》第753条规定,"承租人未经出租人同意,将租赁物转让、抵押、质押、投资入股或者以其他方式处分的,出租人可以解除融资租赁合同"。

原《融资租赁合同解释》第12条将转租也作为擅自处分对待,进而赋予承租人解除权。从融资租赁的属性来看,虽然融资租赁本质是以融物手段实现融资目的,但就承租人而言,其对租赁物的使用收益仍是其重要的目的。而且,融资租赁与租赁合同不一样,不存在因转租致使标的物损耗或损坏风险加大而导致灭失的问题;出租人看重的是租金的回收,而并非标的物的返还,因此《民法典》第753条在吸纳司法解释时删去了"转租"的情形。[2] 若从功能主义视角来说,"担保人"转让"担保标的物"无须担保权人的同意(《民法典》第406条);但在融资租赁情形下,其所有权担保与所有权保留买卖中的所有权担保仍有差别,期限届满租赁物的归属约定会影响到其出租人所有权属性程度的高低,因此,《民法典》仍然延续了旧有的规定,认为承租人未经同意以转让、设定抵押等方

---

[1] 刘保玉、张烜东:《论动产融资租赁物的所有权登记及其对抗效力》,载《中州学刊》2020年第6期。

[2] 有个别观点认为,仍然有可能因承租人转租而合同得以解除。该观点认为,"在承租人擅自转租租赁物的情形下,不应一概认定其构成根本违约,也不应'一刀切'式地允许出租人依法解除合同。在承租人擅自转租租赁物的情形下,应当综合考虑承租人支付租金的情况和提供担保的情况,从而最终判定出租人是否有权依法解除合同"。参见王瑛:《论融资租赁承租人擅自转租租赁物时出租人的法定解除权》,载《法学评论》2021年第6期。

式处分租赁物的，出租人可以解除合同。合同解除后，应当结合融资租赁物归属的约定等，根据解除清算的原理进行清算。

（五）租赁物致人损害的赔偿责任

在融资租赁合同中，出租人并不直接选择租赁物，也不直接管理租赁物。出租人只是处在提供资金的地位，其所有权是保证收回投资的法律手段，由出租人承担租赁物致人损害的责任并不妥当。为此，《民法典》第749条规定“承租人占有租赁物期间，租赁物造成第三人的人身损害或者财产损失的，出租人不承担责任”，明确排除了出租人的责任承担。至于承租人是否应当承担赔偿责任，应结合侵权责任编等相关规定具体分析。

第四节　融资租赁合同的终止

一、融资租赁合同终止的特殊性

融资租赁合同的终止，主要包括融资租赁期限届满的终止以及融资租赁合同的解除。在出租人与承租人的内部关系上，中途解约禁止是融资租赁合同的重要特征之一。原因在于，租赁物系承租人选定或定制，如果允许承租人中途解约，虽然出租人因解约得以收回租赁物，但一般也难以再次转让或出租以弥补损失；若允许出租人中途解约，因租赁物通常为生产经营所必需的大型设备等，且即使无须返还租赁物，亦会因解约后的租金或补偿金而增加资金压力，给承租人的生产经营带来不利影响。因此，部分比较法立法例及融资租赁交易实践都对单方解除权作严格限制，认为融资租赁合同具有“不可解约性”或“禁止中途解约”。但是，从我国融资租赁交易实践以及《民法典》规定来看，融资租赁合同虽然具有“不可解约性”，但并不是否定解除，而只是较一般合同的解除采取了更为严格的条件。

不可解约性

融资租赁合同的终止，经常会涉及融资租赁合同租赁物的归属。融资租赁期间，出租人对租赁物享有所有权；但未经登记的所有权，不得对抗善意第三人（《民法典》第745条）。出租人和承租人可以约定租赁期限届满租赁物的归属；对租赁物的归属没有约定或者约定不明确，依据《民法典》第510条的规定仍不能确定的，租赁物的所有权归出租人（《民法典》第757条）。而且，当事人约定租赁期限届满租赁物归出租人所有，因租赁物毁损、灭失或者附合、混合于他物致使承租人不能返还的，出租人有权请求承租人给予合理补偿（《民法典》第758条第2款）。值得注意的是，与《民法典》第461条关于占有的不动产或动产毁损灭失时的权利人损害赔偿请求权不同，融资租赁合同中只是规定了“合理补偿”，而且，亦不区分占有人的恶意与否。

二、融资租赁合同的解除

（一）一般法定解除及租赁合同视角下的融资租赁合同解除

1. 作为一般法定解除的特别规则

在适用合同解除一般规定时，需要注意融资租赁合同“不可解约性”特点对于合同解除一般要件的牵制，特别是在《民法典》融资租赁合同章对合同解除作出了特别规定或细化规定时，更应仔细斟酌融资租赁合同是否仍然得以适用合同编通则规定的解除要件。例如，租金给付义务的迟延履行，虽然《民法典》第752条规定的融资租赁合同解除与《民法典》第563条规定的法定解除都要求“催告后在合理期限内未履行”的要件，但《融资租赁合同解释》第5条第2项则在此基础上课加了“欠付期数”或者“欠付数额”的限制性条件。[1]

限制性条件的增加

2. 一般法定解除规则的具体化

融资租赁合同中的解除规则，除作为一般解除的特别规则存在，亦有不少规则是《民法典》合同编通则合同解除规则的细化或具体化。《民法典》第563条关于法定解除的要件中，除迟延履行的催告解除及先期拒绝履行的解除以外，核心的要件是合同目的难以实现。融资租赁合同中，就“合同目的难以实现”要件亦作了具体化。比如，《民法典》第754条规定了买卖合同与融资租赁合同在解除上的关系，其实质是合同联立问题，“出租人与出卖人订立的买卖合同解除、被确认无效或者被撤销，且未能重新订立买卖合同”，出租人或承租人均可以解除融资租赁合同，本质上是因为买卖合同解除、被确认无效或被撤销等使得融资租赁合同以融物为手段以融资为目的的合同目的难以实现。

3. 融资租赁不适用持续性非定期合同的随时解除

除了约定解除和法定解除，《民法典》合同编通则也规定了持续性非定期合同的随时解除（《民法典》第563条第2款），但就融资租赁合同而言，其与持续性非定期合同中当事人合同关系持久性的不确定不同，更多的是追求稳定的长期性关系，与非定期合同在制度上存在差异。因此，本书认为融资租赁合同不应适用持续性非定期合同的随时解除制度。而对于《民法典》第533条规定的情势变更制度、《民法典》第580条第2款规定的司法终止制度，则应根据具体情况结合融资租赁合同的特性逐一分析其要件，而不能一概否定其适用可能性。

4. 租赁合同解除规则的不适用

虽然融资租赁合同中承租人对租赁物的使用收益亦构成合同目的之一，但融资租赁合同的本质是以融物为手段以融资为目的的合同，与租赁合同存在较大区别。租赁合同中的解除规则，并不能类推适用于融资租赁合同。例如，租赁合同中关于解除的规定，主要包括未正当使用租赁物、转租、租金迟延、租赁物的灭失、不定期租赁、承租人安全健康的特别解除权等；此等情形，融资租赁合同的相关规则中要么已作出专门规定，要么因两者属性不同而排除其适用或排除其参照适用。

（二）合同当事人双方均享有的解除权

《民法典》第754条规定，有下列情形之一的，出租人或者承租人可以解除融资租赁

---

[1] 在合同约定解除条件情形下，依《民法典》第562条第2款，“当事人可以约定一方解除合同的事由。解除合同的事由发生时，解除权人可以解除合同”；但是，《融资租赁合同解释》第5条第1项则要求“承租人未按照合同约定的期限和数额支付租金，符合合同约定的解除条件，经出租人催告后在合理期限内仍不支付的”，在融资租赁合同租金给付义务迟延的问题上，合同约定的解除事由的发生并非合同解除权行使的充分条件，即使符合约定的解除条件，仍然需要催告解除，对当事人关于解除事由的约定作出了限制。

合同：(1)出租人与出卖人订立的买卖合同解除、被确认无效或者被撤销，且未能重新订立买卖合同；(2)租赁物因不可归责于当事人的原因毁损、灭失，且不能修复或者确定替代物；(3)因出卖人的原因致使融资租赁合同的目的不能实现。上述三项解除原因中，第1项和第2项均是以承租人无法继续占有、使用租赁物作为合同解除的条件，以融资租赁合同客观上的履行不能作为解除的前提。[1] 第3项则明确因出卖人的原因致使融资租赁合同目的难以实现的，亦得以解除合同。

(三)出租人的解除权

《民法典》第752条规定，承租人应当按照约定支付租金。承租人经催告后在合理期限内仍不支付租金的，出租人可以请求支付全部租金；也可以解除合同，收回租赁物。对此，《融资租赁合同解释》第10条规定应当就支付全部租金还是解除合同收回租赁物作出选择。但该司法解释同时规定了"出租人请求承租人支付合同约定的全部未付租金，人民法院判决后承租人未予履行，出租人再行起诉请求解除融资租赁合同、收回租赁物的，人民法院应予受理"，并未将其当作"一事不再理"予以处理。另外，对于出租人来说，即使不行使解除权，直接依据《民法典担保制度解释》第65条要求按照担保物权实现程序进行拍卖、变卖以实现租金债权亦可。这样一来，要求出租人就支付全部未付租金和解除合同收回租赁物之间进行选择，并无任何意义。司法解释之间如何做体系解释，需要进一步考虑。

支付大部分租金与租赁物超出价值返还

就租金给付义务违反引起的解除问题，《民法典》第758条第1款对支付大部分租金情形的清算问题作出了规定，即"当事人约定租赁期限届满租赁物归承租人所有，承租人已经支付大部分租金，但是无力支付剩余租金，出租人因此解除合同收回租赁物，收回的租赁物的价值超过承租人欠付的租金以及其他费用的，承租人可以请求相应返还"。但从理论上来说，期满归承租人所有之情形的解除，若持出租人之所有权乃是为了担保租金债权而存在的功能主义担保观，则应当认为即使并没有支付大部分租金，收回的租赁物经拍卖、变卖后的价值超过欠付租金及其他费用的，承租人也可以请求相应返还，并不应当限于"支付大部分租金而无力支付剩余租金"之情形；从这层意义上来说，《民法典》第758条规定，只不过是表明即使支付了大部分租金，出租人仍然得以解除合同并收回租赁物，此种情形也同样应当进行清算。[2]

同时，就租金给付义务违反引起的解除，《融资租赁合同解释》第5条对解除权亦作出了限制。不仅对约定解除条件情形作出了"催告"的特别要求，而且对未约定解除条件时的租金数额或欠付期数作出了限定，同时也仍然要求催告要件。当然，对于违约致使合同目的难以实现之情形，并未要求催告要件。

出租人得以解除合同的情形，并不限于承租人的租金给付义务违反。承租人未经出租人同意，将租赁物转让、抵押、质押、投资入股或者以其他方式处分的，出租人可以解除

---

[1] 黄薇主编：《中华人民共和国民法典合同编解读》(下册)，中国法制出版社2020年版，第835页。

[2] 当然，依《融资租赁合同解释》第5条规定，租金给付义务违反时的解除，要么符合合同约定的解除条件；要么虽然没有明确约定，但欠付租金需达到两期以上或数额达到15%以上。也就是说，在特定情形下，若支付了85%以上租金，即使承租人违反租金给付义务，出租人亦无法解除合同。

融资租赁合同(《民法典》第 753 条)。不仅如此,承租人若违反合同约定,致使合同目的不能实现的其他情形的,出租人亦可以解除合同(《融资租赁合同解释》第 5 条)。

(四)承租人的解除权

原《融资租赁合同解释》第 13 条曾规定,“因出租人的原因致使承租人无法占有、使用租赁物,承租人请求解除融资租赁合同的,人民法院应予支持”。但《民法典》第 748 条吸收司法解释该规定时,只是赋予承租人以损害赔偿请求权,而没有明确规定其是否享有解除权。但 2020 年修改后的《融资租赁合同解释》第 6 条,仍然保留原司法解释第 13 条的规定,即“因出租人的原因致使承租人无法占有、使用租赁物,承租人请求解除融资租赁合同的,人民法院应予支持”。因承租人对租赁物的占有使用收益亦为融资租赁合同的目的所在,此种情形当允许承租人解除合同。当然,该条司法解释规定的无法占有使用租赁物,仅限于由出租人原因引起。如果并非由出租人原因引起,则需依《民法典》第 754 条规定予以处理。

拓展阅读文献

1. 高圣平:《民法典上融资租赁交易的担保功能》,载《政法论坛》2023 年第 5 期。
2. 高圣平:《论融资租赁交易中出租人的权利救济路径》,载《清华法学》2023 年第 1 期。
3. 张家勇:《论融资租赁的担保交易化及其限度》,载《社会科学辑刊》2022 年第 2 期。
4. 王瑛:《论融资租赁承租人擅自转租租赁物时出租人的法定解除权》,载《法学评论》2021 年第 6 期。
5. 刘保玉、张烜东:《论动产融资租赁物的所有权登记及其对抗效力》,载《中州学刊》2020 年第 6 期。
6. 王叶刚:《融资租赁承租人擅自处分租赁物时出租人法定解除权反思》,载《法学》2016 年第 8 期。
7. 周江洪:《融资租赁合同解除与风险负担规则并存模式之评析》,载《晋阳学刊》2015 年第 1 期。
8. 高圣平:《基础设施融资租赁交易:现实与法律困境 从基础设施投融资改革的视角》,载《中外法学》2014 年第 3 期。
9. 高圣平、王思源:《论融资租赁交易的法律构造》,载《法律科学(西北政法大学学报)》2013 年第 1 期。
10. 雷继平、原爽、李志刚:《交易实践与司法回应:融资租赁合同若干法律问题——〈最高人民法院关于审理融资租赁合同纠纷案件适用法律问题的解释〉解读》,载《法律适用》2014 年第 4 期。

第八章　保理合同

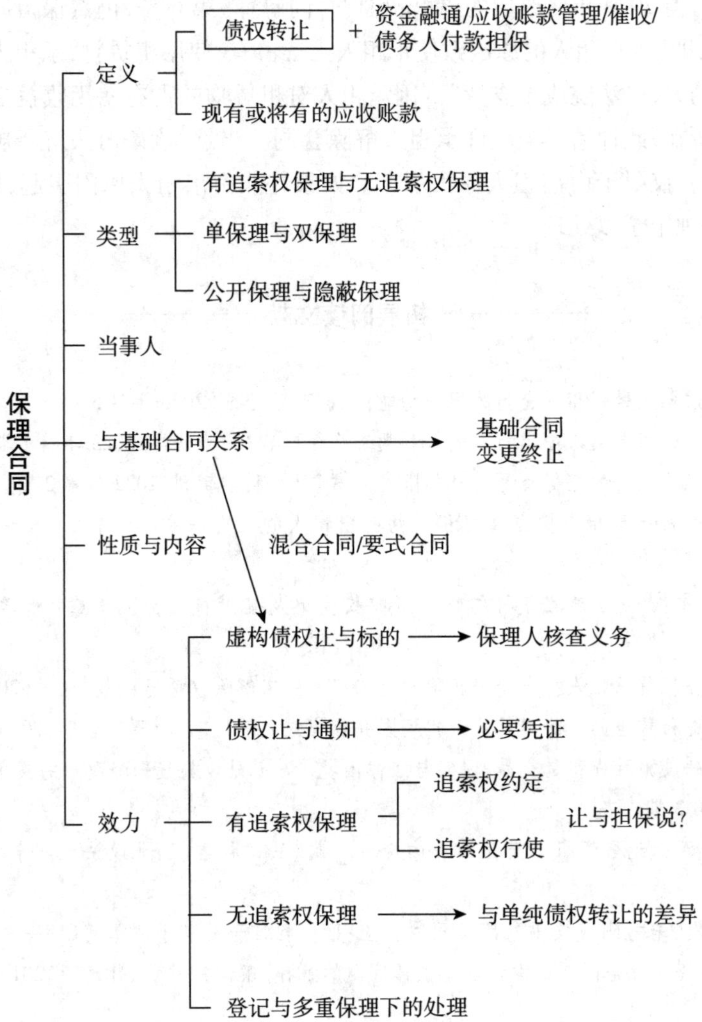
保理合同
定义
债权转让
+
资金融通/应收账款管理/催收/
债务人付款担保
现有或将有的应收账款
类型
有追索权保理与无追索权保理
单保理与双保理
公开保理与隐蔽保理
当事人
与基础合同关系
基础合同
变更终止
性质与内容
混合合同/要式合同
效力
虚构债权让与标的
保理人核查义务
债权让与通知
必要凭证
有追索权保理
追索权约定
追索权行使
让与担保说?
无追索权保理
与单纯债权转让的差异
登记与多重保理下的处理

设　例

2022年12月18日,A银行与B公司达成合作协议,双方签订了《国内保理业务合同》及《保理业务补充协议》,合同中约定,A银行为B公司提供有追索权的保理业务,融资方式是池融资保理授信。如果债务人明示或是以行为表示不支付交易所涉的应收账款,那么A银行可以向B公司追回其还没有收到的应收账款。

同日,A银行通过《应收账款转让通知书》的形式告知C公司,B公司已将其自2023年4月4日起对C公司享有的应收账款全部转让给了A银行,要求其按时足额承担相应的付款义务,并且款项应当支付至B公司的专门回款账户中,C公司签章确认了这份转让通知。

2023年6月9日,B公司(出卖方)和C公司(买受方)达成合作,签订了《煤炭采购合同》,合同中规定买受方购买出卖方的煤炭。2023年8月8日,C公司(出卖方)与D公司(买受方)签订相关的销售协议,由买受方购买出卖方的煤炭,并约定了最低供应数量为40万吨。当日,B公司(甲方)、C公司(乙方)、D公司(丙方)三方达成了《补充协议》,该协议中规定,乙方购买甲方的煤炭,并且在收到货之后直接转卖给丙方。同时,甲方表明,在乙方还没有收到丙方支付的款项时,不会向乙方催款,如果丙方失约不予支付货款,那么甲方也不要求乙方支付款项。合同签订后,B公司向C公司履行了供货义务。问:

(1)A银行与B公司就将来应收账款达成的保理合同是否有效?

(2)本案中,C公司能否基于其与B公司、D公司之间达成的《补充协议》中的相关约定,以D公司尚未向其支付货款为由对抗A银行的付款请求?

(3)若事后A银行无法从C公司处取得案涉《煤炭购销合同》下的应收账款,转而向B公司主张权利,B公司能否以债权已转让给A银行为由对抗A银行?

保理合同是《民法典》新增的合同类型,规定于《民法典》第761~769条。《民法典》保理合同章主要区分了有追索权保理和无追索权保理,并对于虚构应收账款作为转让标的情形作出了特别规定,以及规定了在保理领域依登记确定其受偿顺序。值得注意的是,《民法典》第769条规定了保理合同得以适用债权转让的有关规定,亦表明保理在其本质上是债权让与。除了《民法典》保理合同章的规定,《民法典》合同编通则债权让与、物权编担保物权部分以及《民法典担保制度解释》等,均与保理合同具有密切联系。

第一节　保理合同概述

一、保理合同的概念与类型

(一)保理合同的概念

1. 保理合同的基本概念与保理服务事项

保理合同是应收账款债权人将现有的或者将有的应收账款转让给保理人,保理人提供资金融通、应收账款管理或者催收、应收账款债务人付款担保等服务的合同(《民法典》第761条)。从保理合同的概念也可以看出,保理合同以应收账款债权让与为核心,以保理人提供四项服务之一作为基本要素。保理合同为混合合同,[1]即“应收账款债权让与”+“借款、以让与方式而非委托方式进行债权管理或催收、担保”的混合构成。因此,与此等给付相关的典型合同均具有准用之余地。但《民法典》第769条仅规定了债权让与规则的适用问题。

2. 保理合同中的“应收账款”

保理合同中让与的应收账款,在行业管理办法等部门规章中有专门的定义。例如,《动产和权利担保统一登记办法》(中国人民银行令〔2021〕第7号)第3条规定,“本办法所称应收账款是指应收账款债权人因提供一定的货物、服务或设施而获得的要求应收账款债务人付款的权利以及依法享有的其他付款请求权,包括现有的以及将有的金钱债权,但不包括因票据或其他有价证券而产生的付款请求权,以及法律、行政法规禁止转让的付款请求权。本办法所称的应收账款包括下列权利:(一)销售、出租产生的债权,包括销售货物,供应水、电、气、暖,知识产权的许可使用,出租动产或不动产等;(二)提供医疗、教育、旅游等服务或劳务产生的债权;(三)能源、交通运输、水利、环境保护、市政工程等基础设施和公用事业项目收益权;(四)提供贷款或其他信用活动产生的债权;(五)其他以合同为基础的具有金钱给付内容的债权”。

将有应收账款转让下的保理

《民法典》第761条规定,保理合同中应收账款债权人可以将现有的或者将有的应收账款转让给保理人。此处的“将有的应收账款”,既包括已存在基础法律关系的将有应收账款,如附生效条件或生效期限的合同、继续性合同产生的将有应收账款、债权人自身的给付行为尚未完成但一旦完成即可产生的债权等;也包括没有基础法律关系的纯粹将有应收账款,如尚未订立合同的买卖、租赁等产生的债权,即“纯粹的未来债权”。但要求转让的将有债权应该可以被特定化,此种特定化并非在保理合同签订时已被特定化,而是在将有债权实际产生时能够被识别为被之前订立的保理合同所涉及。[2]

(二)保理合同的类型

1. 有追索权保理与无追索权保理

依保理人是否有追索权保理合同可以分为有追索权保理与无追索权保理。

当事人约定有追索权保理的,保理人可以向应收账款债权人主张返还保理融资款本息或者回购应收账款债权,也可以向应收账款债务人主张应收账款债权。保理人向应收账款债务人主张应收账款债权,在扣除保理融资款本息和相关费用后有剩余的,剩余部分应当返还给应收账款债权人(《民法典》第766条)。

---

〔1〕 李宇:《保理合同立法论》,载《法学》2019年第12期;黄和新:《保理合同:混合合同的首个立法样本》,载《清华法学》2020年第3期。

〔2〕 黄薇主编:《中华人民共和国民法典合同编解读》(下册),中国法制出版社2020年版,第904页。

拓 展

关于有追索权保理的法律构造,有多种学说,包括委托代理说、债权质押说、代为清偿说、债权让与担保说、间接给付说、附保证责任的债权让与等。[1] 多数学说主张《民法典》第766条以立法的方式确立了债权让与担保。[2]

有追索权保理的法律构造

债权让与担保说认为,有追索权保理与债权让与担保在法律关系上最为接近,有追索权保理人受让应收账款的目的并非获取应收账款买受价与其实际价值之间的差额收益,而是获得对保理融资款的回收的担保。从整个交易结构来看,有追索权保理的主法律关系是金融借贷,从法律关系是债权让与担保;在外部关系上,应收账款已转让给保理人,但在内部关系上,保理人只是代为管理应收账款,并将回收款项优先清偿债权人欠付的保理融资款;在清算程序上,保理人收取的应收账款超过保理融资款时,应将余款退还给债权人。依债权让与担保说,应收账款类似于担保物,有追索权保理交易的目的在于保障保理人债权的实现。[3] "债权让与担保说"与我国有追索权保理的交易实践相吻合,保理人虽然受让了债权人的应收账款债权,但是其真实目的并不在于最终享有该应收账款债权,而在于从收回的应收账款中优先清偿债权人所欠付的保理融资款本息,若其收取的应收账款数额超过保理融资款本息的,应当将该超过部分退还给债权人。[4]

当然,《民法典》第766条为任意性规范,适用于当事人无另有约定的情形,如果当事人另有约定,应当按照当事人的约定处理。[5] 因此,在有追索权保理的性质判断中,亦需结合当事人之约定具体判断。对此,有学说认为,有追索权的保理在教义学上的类型构造取决于两个方面:(1)当事人约定的保理人行使追索权的顺序;(2)当事人约定的保理人最终享有的应收账款债权数额。在当事人约定保理人最终享有的应收账款债权数额限于保理融资款本息额度的情形下,根据当事人约定的保理人享有的不同追索权顺序,应从教义学上将有追索权的保理解释为间接给付或者债权让与担保;在当事人约定保理人最终能够享有全部应收账款债权数额的情形下,根据当事人约定的保理人享有的不同追索权顺序,应从教义学上将有追索权的保理解释为附保证责任的债权让与;在当事人没有约定保理人最终享有的应收账款债权数额的情形下,应视为保理人最终享有的

---

〔1〕 相关学说出处归纳梳理如下:李宇:《保理合同立法论》,载《法学》2019年第12期;包晓丽:《保理项下应收账款转让纠纷的裁判分歧与应然路径》,载《当代法学》2020年第3期;何颖来:《〈民法典〉中有追索权保理的法律构造》,载《中州学刊》2020年第6期;潘运华:《民法典中有追索权保理的教义学构造》,载《法商研究》2021年第5期;等等。

〔2〕 李宇:《保理合同立法论》,载《法学》2019年第12期;何颖来:《〈民法典〉中有追索权保理的法律构造》,载《中州学刊》2020年第6期;潘运华:《民法典中有追索权保理的教义学构造》,载《法商研究》2021年第5期;谢鸿飞、朱广新主编:《民法典评注·合同编·典型合同与准合同》(第2册),中国法制出版社2020年版,第556页;王利明:《合同法》(下册),中国人民大学出版社2021年版,第189页。

〔3〕 何颖来:《〈民法典〉中有追索权保理的法律构造》,载《中州学刊》2020年第6期。

〔4〕 潘运华:《民法典中有追索权保理的教义学构造》,载《法商研究》2021年第5期。

〔5〕 黄薇主编:《中华人民共和国民法典合同编解读》(下册),中国法制出版社2020年版,第922页。虽然从《民法典》第766条文义上来看,只要是约定了"有追索权保理",就得以适用该条规定。但实际上,在实践当中,即使有追索权保理,对于当事人之间的权利义务关系,亦多有特别约定,而不限于《民法典》第766条的选择行使方式。

应收账款债权数额限于保理融资款本息额度，此时根据当事人约定的保理人的不同追索权顺序，应从教义学上将有追索权的保理解释为间接给付或者债权让与担保；在当事人没有约定保理人行使追索权顺序的情形下，根据当事人约定的保理人最终享有的应收账款债权数额，应从教义学上将有追索权的保理解释为附保证责任的债权让与或者债权让与担保；在当事人既没有约定保理人最终享有的应收账款数额又没有约定保理人追索权顺序的情形下，应从教义学上将有追索权保理解释为债权让与担保。[1]

无追索权保理，指保理人根据债权人提供的债务人核准信用额度，在信用额度内承购债权人对债务人的应收账款并提供坏账担保责任，债务人因发生信用风险未按基础合同约定按时足额支付应收账款时，保理人不能向债权人追索，又称买断型保理，[2]亦称为纯正的保理；而与之对称的有追索权保理，则被称为不纯正的保理。[3]

2. 单保理与双保理

依《商业银行保理业务管理暂行办法》第10条的规定，按照参与保理服务的保理机构个数，保理业务分为单保理和双保理。单保理是由一家保理机构单独为买卖双方提供保理服务。双保理是由两家保理机构分别向买卖双方提供保理服务。买卖双方保理机构为同一银行不同分支机构的，原则上可视作双保理。商业银行应当在相关业务管理办法中同时明确作为买方保理机构和卖方保理机构的职责。由保险公司承保买方信用风险的银保合作，视同双保理。

3. 公开保理与隐蔽保理

公开保理，指应收账款转让时，应收账款债权人和商业保理人将应收账款转让的事实通知应收账款债务人的保理。隐蔽保理，是指应收账款转让时，应收账款债权人和商业保理人未将应收账款转让的事实通知应收账款债务人的保理。

二、保理合同的当事人及基础合同

（一）保理合同的当事人

应收账款债务人并非合同当事人

保理是应收账款债权人（债权出让人）与保理人之间的合同关系，合同内容上则是“应收账款债权让与+”的混合合同模式。《商业保理合同准则》提供的商业保理合同样本，其合同当事人也界定为“应收账款债权人”与“商业保理人”。当然，例外情形下，应收账款债务人也可能成为保理合同的当事人。例如，《商业保理合同准则》提供的商业保理合同样本中也表明，“如应收账款债务人或其他相关方以签订本合同或其他方式同意加入成为本合同当事人的，该应收账款债务人或其他相关方也成为合同当事人之一”。但此时的合同当事人间的法律关系，并非保理合同定义的“应收账款债权人与保理人”之间的保理合同关系。

---

〔1〕 潘运华：《民法典中有追索权保理的教义学构造》，载《法商研究》2021年第5期。

〔2〕 黄薇主编：《中华人民共和国民法典合同编解读》（下册），中国法制出版社2020年版，第924～925页。

〔3〕 黄茂荣：《论保理合同》，载《法治研究》2021年第3期。

（二）基础交易合同与保理合同的关系

应收账款债务人与应收账款债权人之间的基础合同与保理合同是两个独立的合同，并不存在主从之分。基础交易合同，是指应收账款债权人与应收账款债务人签订的有关提供商品、服务或者出租、出借、许可使用资产等的交易合同。依《民法典》第763条的立法精神，基础合同债权是否真实，是否能够实际履行，与保理合同的效力并不具有必然联系。[1] 若债权人和债务人虚构应收账款，双方根本不想发生此种交易，故基础交易合同不成立，或无效；如果债权人基于基础交易合同请求债务人清偿应收账款债务，则债务人有权以基础交易合同不成立/无效予以抗辩；但保理合同却不必然地因此成为虚假的意思表示，除非保理人明知债权人和债务人虚构应收账款，保理合同的效力不因基础交易合同的不成立/无效而受影响，保理人有权请求债务人清偿应收账款债务，债务人无权以基础交易合同不成立/无效予以抗辩，只得满足保理人的债权实现，否则就得承担民事责任。[2]

基础交易合同不成立/无效对保理合同的影响

关于基础合同关系的变更、终止与保理合同之间的关系，《民法典》第765条采不生效力构成，并非否定保理人的解除权等。且只有对保理人产生不利影响的，才对保理人不生效力，即"应收账款债务人接到应收账款转让通知后，应收账款债权人与债务人无正当理由协商变更或者终止基础交易合同，对保理人产生不利影响的，对保理人不发生效力"。债权让与通知到达债务人后，应收账款债权让与对债务人生效，意味着此时债务人履行债务的对象已由原债权人变更为受让人（保理人），若此时原债权人就该债权作出变更，类似于"无权处分"，变更能否对债权受让人产生拘束力本身就值得怀疑。但该逻辑只是从狭义之债的角度所做的观察，若从广义之债的角度予以考虑，基础交易合同的债权人虽然出让了其债权，但其并未终止基础交易合同关系，也并未从基础交易关系中退出，其仍然享有该合同项下的当事人权利义务，故对基础交易合同关系协商作出变更或解除，仍属于合同当事人的权利所在。

基础交易合同下的从权利与保理合同的关系

三、保理合同的性质与内容

保理合同为要式合同，应当采用书面形式（《民法典》第762条第2款）。保理合同的内容一般包括业务类型、服务范围、服务期限、基础交易合同情况、应收账款信息、保理融资款或者服务报酬及其支付方式等条款（《民法典》第762条第1款）。

业务类型决定了保理的类型，如是国内保理还是国际保理、商业保理还是银行保理、融资保理还是非融资保理、有追索权保理还是无追索权保理、明保理还是暗保理等。

服务范围，主要指应收账款债权转让之外，保理人提供哪些服务。例如，资金融通，指的是保理人基于应收账款转让，向应收账款债权人预先支付保理融资款的行为。

应收账款管理，指的是保理人基于保理合同，定期或者不定期向应收账款债权人提供关于应收账款回收情况、逾期账款情况，对账单等财务和统计报表，在应收账款发生或

---

〔1〕 高放：《基础合同真实性与保理人权利的实现》，载周江洪、陆青、章程主编：《民法判例百选》，法律出版社2020年版，第405页。

〔2〕 崔建远：《保理合同探微》，载《法律适用》2021年第4期。

可能发生风险时及时提出预警、提出风险解决方案等的行为。

应收账款催收,指的是保理人基于保理合同,对所受让的应收账款进行保理结算与收款的行为,但不包括在未受让应收账款的情形下受托从事催收业务、讨债业务的行为。

应收账款债务人付款担保,指的是保理人为保障应收账款到期收回,与应收账款债权人约定,对受让的到期无法从应收账款债务人处收回的应收账款,由保理人履行债务或者承担责任。

基础交易合同情况,则是指应收账款债权人与应收账款债务人之间的基础合同情况。

保理实践中,应收账款信息等,通常会以合同附件的形式出现,如通过在《应收账款转让申请暨确认书》中记载相应信息的方式予以体现。

服务报酬支付方式等,银行保理多表现为融资利息、手续费、相应服务费等;商业保理多为首付款使用费、手续费、相应服务费等。

第二节　保理合同的效力

保理合同当事人之间的权利义务关系,与保理合同的类型及当事人之间的约定密切相关。就保理人而言,主要包括按照约定提供服务、按照约定提供保理融资款、按照约定享有追索权、应收账款转让通知等权利义务;就债权人而言,则主要包括按照约定转让应收账款债权、不得与债务人虚构应收账款作为转让标的、权利瑕疵担保义务、不减损应收账款债权价值等权利义务。〔1〕另外,保理合同以应收账款债权让与为中心,因此还涉及债权让与中的相关权利义务规则。《民法典》保理合同章就其中的重点问题作了专门规定,并非依典型合同的通常规定罗列当事人之义务。

一、虚构债权让与标的情形下保理人的权利

(一)虚构债权情形下的债权让与

在债权让与的一般原理中,虚构债权情形相关的法律构成可能主要有第三人欺诈、双方通谋虚伪表示、双方恶意串通损害第三人利益以及债权出让人的权利瑕疵担保义务等。以第三人欺诈为例,债权受让人向债务人核实债权时债务人实施欺诈行为并因此导致债权受让人陷入错误而与债权出让人缔结了债权转让的基础合同,此时若债权出让人知道或者应当知道该欺诈行为的,可能构成《民法典》第 149 条意义上的"第三人欺诈"。司法实践中,亦有保理人主张应收账款债权人与应收账款债务人构成共同侵权并得到法院判决肯定。〔2〕

---

〔1〕 王利明:《合同法》(下册),中国人民大学出版社 2021 年版,第 185 ~ 194 页。

〔2〕 北京银行股份有限公司天津和平支行、中再资源再生开发有限公司侵权责任纠纷案,最高人民法院(2019)最高法民终 1847 号民事判决书。

（二）《民法典》第763条对保理人的特别保护

1. 对保理人的特别优待

应收账款的真实存在，是保理交易框架中重要的前提之一。但《民法典》第763条对保理人作出了特别保护，即使虚构应收账款，除非保理人明知，即可成立保理。

应收账款虚假是保理实践中的突出问题。债权让与中虚构债权的上述情形，若构成欺诈或第三人欺诈的，保理人可以请求撤销保理合同（《民法典》第148条、第149条）。双方虚伪表示的以虚假的意思表示实施的法律行为无效，恶意串通情形亦会导致该法律行为无效（《民法典》第146条、第154条）。遇到欺诈或第三人欺诈情形，则可以根据《民法典》第157条的规定请求撤销后的财产返还、损失赔偿等。而对于虚伪表示和恶意串通情形，其无效的是虚伪意思表示或串通行为，其无效后的返还等效果只限于当事人之间，与保理人并无直接联系，保理合同不因应收账款债权人与债务人虚构应收账款而成为虚假的意思表示，保理人可依《民法典》侵权责任编的规定请求应收账款债权人与债务人承担侵权责任。此外，债权让与过程中，债权人负有保证所转让债权真实的义务，保理人也有权解除保理合同并请求债权人承担违约责任。[1] 但是，就债务人是否以及如何向保理人承担责任，在实践中争议比较大，且《民法典》总则编第146条亦未规定双方通谋虚伪表示对第三人的效力问题，因此《民法典》第763条就此作出明确规定，即"应收账款债权人与债务人虚构应收账款作为转让标的，与保理人订立保理合同的，应收账款债务人不得以应收账款不存在为由对抗保理人，但是保理人明知虚构的除外"。《民法典》第763条旨在保护保理交易中作为善意债权受让人的保理人。其中，虚构应收账款既包括应收账款全部不存在，也包括部分不存在等；既有可能是通谋虚伪表示的虚构，也可能是保理人向债务人确认应收账款真实性时债务人制造了虚假的应收账款的外观等。[2]

虚假应收账款保理交易中保理人的信赖保护，其本质是通谋虚伪表示不得对抗善意第三人的效力体现，应收账款债务人不得以应收账款不存在为理由对抗保理人。也就是说，在债务人虚构或者确认债权的范围内，保理人仍有权请求债务人履行如同债权存在时相对应的债务，债务人不得以应收账款实际上不存在为由对保理人提出抗辩。保理人既可以对债务人行使该债权，也可以就该债权进一步处分，包括再次转让或质押。而且对于后续的受让人而言，不需要再援引信赖保护即可取得权利，即使后续的受让人为恶意也无妨。在后续的保理交易中，对当事人之间的关系应做如下解释：(1)在再保理合同中，保理人可再行转让这一债权（再融资），不必要求债权受让人的善意。(2)在有追索权保理合同中，债权人回购该应收账款，不发生履行不能，应收账款的瑕疵在回购之前即已消除；债权回购以后，由于原债权人明知债务系虚假，故该债权对债务人无效，债权人不得要求债务人支付应收账款款项。(3)在无追索权保理合同中，因应收账款虚构，无追索权保理人本应有权向债权人主张转让的债权瑕疵担保责任，但因为《民法典》

---

〔1〕 黄薇主编：《中华人民共和国民法典合同编解读》（下册），中国法制出版社2020年版，第912页。

〔2〕 黄薇主编：《中华人民共和国民法典合同编解读》（下册），中国法制出版社2020年版，第913页。

第763条的规定,善意的保理人取得了对于债务人的债权,无追索权保理人不得据此向债权人行使瑕疵担保请求权。[1]

2. 保理人明知情形的例外

就《民法典》第763条的文义来看,其但书只是排除了保理人"明知"的情形,而并未包含与"善意"相对的"恶意"所包含的"知道或应当知道",也就是说,此处的"明知"并非"不知或不应知"的"善意"。[2] 如此优待非明知的保理人,是因为在非明知的情形下,虚构应收账款的债权人与债务人存在明显的欺诈故意,其主观恶意较之保理人的重大过失,更不应得到法律保护。[3] 对于这一点,有释义书认为,该条规定了在保理人明知债权不存在的情形下,保理人就不存在合理的信赖,不能适用本条予以保护。这一方面考虑到了在债务人确认转让债权的情形中,受让人对债权真实性的审查义务较低,仅限于保理人"明知"债权不存在的情形中适用本条规定,有助于避免过分增加受让人的审核义务;另一方面,保理人也不能因为债务人的确认而完全不对债权进行任何的调查核实,在保理人完全可以通过成本较低的审核措施就能够发现债权不存在的情形中,就有理由认为保理人对债权不存在是"明知"的。[4]

值得注意的是,在买卖合同权利瑕疵担保"恶意排除规则"中,《民法典》第613条明确规定"买受人订立合同时知道或者应当知道第三人对买卖的标的物享有权利的,出卖人不承担前条规定的义务",遵循的是"买者当心"的原则,明确规定了"应当知道"。《民法典》第763条规定的情形,亦是权利瑕疵担保的范畴。两者之间的不平衡,亦遭到一些学说的批评,认为限于保理人明知,虽非完全无理,但终究不足更多;[5]或者认为,仅以"明知"作为限定条件,无受让人的审核义务等,不适当地扩大了当事人普通合同债权的公信力。[6] 对此,有不少学说认为,在适用《民法典》第763条时,宜对"保理人明知"的这一例外规定进行漏洞填补,依法理和主流裁判观点将其解释为"保理人明知或应当知道虚构的除外"。[7] 也有学说进一步区分保理人注意义务违反的程度,但亦认为"应当知道而不知道"应当包含在内。[8] 但本书认为,《民法典》第763条已明确排除了"应当知道"的情形,对保理人作出了优待,过往司法实践中就虚构债权情形课以保理人审查义务以及排除保理人"应当知道"情形等的司法裁判倾向,在《民法典》之后均应被纠正。

---

[1] 朱晓喆、刘剑峰:《虚假应收账款保理交易中保理人的信赖保护》,载《人民司法(应用)》2021年第4期。

[2] 杨代雄主编:《袖珍民法典评注》,中国民主法制出版社2022年版,第718页。

[3] 徐涤宇、张家勇主编:《〈中华人民共和国民法典〉评注》(精要版),中国人民大学出版社2022年版,第814页。

[4] 黄薇主编:《中华人民共和国民法典合同编解读》(下册),中国法制出版社2020年版,第914页。

[5] 崔建远:《保理合同探微》,载《法律适用》2021年第4期。

[6] 李宇:《保理合同立法论》,载《法学》2019年第12期。

[7] 何颖来:《保理中虚假基础交易风险的法律规制——基于〈民法典〉第763条之思辨》,载《浙江社会科学》2021年第7期;丁俊峰:《民法典保理合同章主要条文的适用》,载《人民司法(应用)》2021年第4期。

[8] 朱晓喆、刘剑峰:《虚假应收账款保理交易中保理人的信赖保护》,载《人民司法(应用)》2021年第4期。

拓　展

若保理人明知虚构，其与原债权人之间的法律关系只是不能构成保理合同，但仍然得以按照其实际构成的法律关系予以处理。如果保理人明知不存在真实应收账款而签订保理合同，多数情况是为了融资而与原债权人假签保理合同，因而保理合同因构成双方虚伪表示而无效。如果存在隐藏的法律行为，则通过双方当事人的意思表示予以解释，通常表现为民间借贷或者金融借款法律关系。[1] 亦有学说认为，即使保理人"明知"，亦可以援引《民法典》第148条或第149条关于欺诈场合可以撤销的规定，或者以债权人负有保证所转让债权是真实的义务却违反为由解除保理合同。以此救济明知虚构应收账款的保理人，当保理人发现保理合同于其不利时，可选择撤销或解除保理合同，并请求债权人返还应收账款债权的转让款、服务费用，以及请求债权人承担损害赔偿责任。[2] 当然，若保理交易中的应收账款债权让与得以参照适用买卖合同中的权利瑕疵担保"恶意排除规则"，保理人并不一定享有请求违约损害赔偿等权利。

保理人明知虚构时的处理

3. 保理人的核查义务

值得注意的是，就虚构应收账款债权作为转让标的情形给予保理人充分优待，限于除保理人"明知"的情形，除保理人明知外，应收账款债务人不得以应收账款不存在为由对抗保理人。但这并不表明今后保理交易实践中保理人可以不对债权真实性进行核查。《民法典》第763条仅限于应收账款债权人与债务人虚构应收账款作为转让标的之情形，而对于其他情形，保理人则仍然负有真实性核查的注意义务。

二、保理合同中的债权让与通知

保理合同的应收账款债权让与，《民法典》保理合同章没有规定的，同样适用债权让与的规则（《民法典》第769条）。债权人转让债权，未通知债务人的，该转让对债务人不发生效力（《民法典》第546条第1款）。但是在普通债权让与中，《民法典》"合同的变更与转让"章并未明确债权让与的通知主体，对于受让人是否得为通知，学理上存在争议，但主张受让人得以通知者，也多认为应附有必要的债权凭证等。[3] 但亦有不少观点认为，考虑到可能会给债务人带来过高的审核义务，在一般债权转让中，发出通知的主体原则上应当限于出让人。[4]

就保理合同中的应收账款债权让与，《民法典》第764条吸收保理行业的实务操作惯例，明确规定了保理人发出债权让与通知时的具体要求，"保理人向应收账款债务人

〔1〕 丁俊峰：《民法典保理合同章主要条文的适用》，载《人民司法（应用）》2021年第4期；朱晓喆、刘剑峰：《虚假应收账款保理交易中保理人的信赖保护》，载《人民司法（应用）》2021年第4期。

〔2〕 崔建远：《保理合同探微》，载《法律适用》2021年第4期。

〔3〕 崔建远主编：《合同法》（第7版），法律出版社2021年版，第158页。

〔4〕 黄薇主编：《中华人民共和国民法典合同编解读》（下册），中国法制出版社2020年版，第863页；谢鸿飞、朱广新主编：《民法典评注·合同编·典型合同与准合同》（第2册），中国法制出版社2020年版，第548页；丁俊峰：《民法典保理合同章主要条文的适用》，载《人民司法（应用）》2021年第4期。

发出应收账款转让通知的，应当表明保理人身份并附有必要凭证”。要求“应当表明保理人身份并附有必要凭证”，旨在减轻债务人的审核负担，避免产生债务人非债清偿等不必要的风险。何为必要凭证，多认为应该采取严格的认定方式，认为仅有书面的保理或者债权转让合同或债权人签字、盖章的书面转让通知是不够的，需要结合其他具体因素加以判断，债务人审核此等凭证真伪所需要的时间和技术手段尚难达到目的；但经过公证的债权转让合同、保理合同或者转让通知等，构成此处的“必要凭证”。[1]

三、有追索权保理

（一）追索权的约定

在一般的债权让与中，即使是债权的“买卖”，债权出让人虽然负有权利瑕疵担保义务，但并不担保债务人的清偿能力，至多只是担保债权的真实存在。因此，债权受让人享有的是债权让与基础合同上的权利义务，若受让的债权无法从债务人处获得清偿，债权受让人通常并不享有向原债权人（债权出让人）进行追索的权利。但在保理交易关系中，民法典将保理区分为有追索权保理与无追索权保理。但《民法典》第 766 条（有追索权保理）及第 767 条（无追索权保理）规定的都是当事人对有无追索权作出约定时的规则，《民法典》保理合同章并未规定有疑义时保理人是否有追索权。从解释论上来说，若无明确约定追索权，存有疑义时，根据《民法典》第 769 条适用一般债权让与的有关规定，债权人不担保债务人之清偿能力，也即不存在保理交易架构下的追索权。

无追索权的推定

（二）追索权的行使

关于追索权的行使，《民法典》第 766 条规定了向应收账款债权人主张返还保理融资本息或者回购应收账款债权的方式，即“当事人约定有追索权保理的，保理人可以向应收账款债权人主张返还保理融资款本息或者回购应收账款债权，也可以向应收账款债务人主张应收账款债权。保理人向应收账款债务人主张应收账款债权，在扣除保理融资款本息和相关费用后有剩余的，剩余部分应当返还给应收账款债权人”。同时，出于对我国保理行业实践的尊重，该条并不要求有追索权的保理人先行请求债务人清偿，债权人也无权要求保理人先行向债务人主张受偿，采纳了让与担保构成；同时规定了保理人向应收账款债务人主张应收账款债权时的强制清算义务，也表明了其为让与担保构成。同时，与其他担保不同，应收账款债权为金钱债权，因此，虽为让与担保构成亦无须另行变价或拍卖标的物即可实现，与保留所有权买卖中的取回权的行使并不相同。

值得注意的是，实践中保理人提起的诉讼中，多数是提起两项请求，既向应收账款债权人提出回购应收账款请求或要求其返还融资本息，也向应收账款债务人提出付款请求。对此，《民法典担保制度解释》第 66 条第 2 款也予以确认支持，“在有追索权的保理中，保理人以应收账款债权人或者应收账款债务人为被告提起诉讼，人民法院应予受理；保理人一并起诉应收账款债权人和应收账款债务人的，人民法院可以受理”。虽然两项

---

[1] 崔建远主编：《合同法》（第 7 版），法律出版社 2021 年版，第 366 页；黄薇主编：《中华人民共和国民法典合同编解读》（下册），中国法制出版社 2020 年版，第 863 页。

请求权均得以行使,但同时行使并不等于保理人可以重复取得利益,依《民法典》第 766 条的规定,其范围应当以融资本息和相关费用为限;应收账款债权人或债务人一方对保理人履行义务,则另一方免除相应的清偿责任。当然,有追索权的保理,通常约定的是"保理人在应收账款到期或者出现保理合同约定的其他到期情形,无法从应收账款债务人处足额收回应收账款时"作为向应收账款债权人行使追索权的前提,但到期无法收回,并非一般保证领域的"不能履行"(《民法典》第 687 条),而是应当理解为"到期后保理人向债务人主张履行而未获清偿这一客观事实",无须以诉讼等方式提出,也不要求客观不能清偿。[1]

超出融资本息部分的处理

值得注意的是,《民法典》第 766 条规定的有追索权保理中,保理人向应收账款债权人得以要求的是融资款本息返还或应收账款回购,从应收账款债务人处回收的债权,超出融资本息及相关费用部分应当返还给应收账款债权人。如此一来,保理人能否获得超出《民法典》第 766 条之利益就会成为问题。由《民法典》第 766 条的规定可以看出,立法旨意似乎存在一种潜在的借款担保的逻辑,即将应收账款转让视为应收账款债权人融资的担保。既然如此,那保理人的受偿范围不能超过原融资款的本息,超出部分应当进行清算。但事实并非如此,有追索权保理虽有担保功能,但并非限于担保;保理人之所以选择保理的交易模式,并非只是向应收账款债权人收取本息,该交易模式本身也包括对应收账款实际价值及受偿风险的判断,甚至还包括催收、管理等服务。故此种立法设定与交易实际并非完全一致,实践中也通常存在服务费等各项费用。在商事合同的意思自治之下,不同的约定,都是当事人基于商业理性的真实判断。也就是说,当事人之间的保理合同可能会作出与《民法典》第 766 条不同的约定。《民法典》第 766 条规定保理人从应收账款债务人处收回账款时可以保留"相关费用"本身亦表明了这一点。同样地,向应收账款债权人要求返还融资本息或者回购应收账款债权,并不排除保理人保留根据保理合同得以收取的服务费等报酬或费用。

保理人从应收账款债权人处回收了保理合同项下的融资本息及相关费用的,保理人对应收账款享有的"让与担保"权利自动复归。对此,根据《民法典担保制度解释》第 66 条第 3 款的规定,"应收账款债权人向保理人返还保理融资款本息或者回购应收账款债权后,请求应收账款债务人向其履行应收账款债务的,人民法院应予支持"。

四、无追索权保理

《民法典》第 767 条规定,"当事人约定无追索权保理的,保理人应当向应收账款债务人主张应收账款债权,保理人取得超过保理融资款本息和相关费用的部分,无需向应收账款债权人返还"。无追索权保理,指保理人根据债权人提供的债务人核准信用额度,在信用额度内承购债权人对债务人的应收账款并提供坏账担保责任,债务人因发生信用风险未按基础合同约定按时足额支付应收账款时,保理人不能向债权人追索,又称

---

〔1〕 丁俊峰:《民法典保理合同章主要条文的适用》,载《人民司法(应用)》2021 年第 4 期。

买断型保理。[1] 关于无追索权保理,《民法典》第767条只是规定了无追索权保理无须与应收账款债权人进行清算,但并未对无追索权保理的其他效力作出规定。故,无追索权保理合同的其他效力安排,多通过保理合同及保理商业惯例予以处理。

无追索权并不等于保理人对于应收账款债权人无任何权利。即使是无追索权保理,并非简单的应收账款债权让与,还包括付款担保等各项服务,应收账款债权人需支付保理服务报酬等。而且,无追索权保理并非在任何情形下保理人都无追索权。[2] 在保理实践中,即使在无追索权保理中,当事人也通常会约定保理人对被保理人可追索的例外情形。情形一,约定债务人行使基础合同上的抗辩时具有追索权等;甚至约定债务人不履行义务情形下的回购,此时与有追索权担保不同,无追索权保理中的保理人要求回购是基于保理合同之外的回购协议,保理人的权利并非保理合同的内容。[3] 情形二,《商业保理合同准则》提供的无追索权商业保理合同样本中规定,"发生下列情形之一时,商业保理人有权要求应收账款债权人回购应收账款:(1)该应收账款发生商业纠纷的(无论是否发生在保理融资期限届满日之前);(2)应收账款债权人转让应收账款时,该应收账款不符合本合同规定的合格应收账款标准的;(3)应收账款债权人出现本合同规定的违约情形,商业保理人按照本合同约定要求应收账款债权人回购应收账款的;(4)出现本合同约定的应收账款债权人应回购应收账款的其他情形"。

付款担保与信用风险

无追索权保理中,保理人的付款担保是必要条款。付款担保,指的是保理人与应收账款债权人约定,对受让的到期无法从应收账款债务人处收回的应收账款,由保理人履行债务或者承担责任。付款担保的实现程序,通常是应收账款债权人提出付款担保申请,保理人进行付款担保确认后承担付款责任。通常来说,前述保理人有权要求应收账款债权人回购应收账款之情形,虽然亦是应收账款债务人不支付相应的应收账款,但因该权利属于"非信用风险"时的追索权,保理人享有要求应收账款债权人回购的权利,因此无须向应收账款债权人承担保付责任。例如,《商业保理合同准则》提供的无追索权商业保理合同样本中就明确约定"发生本合同规定的商业保理人有权要求应收账款债权人回购应收账款情形"造成的损失,不属于商业保理人付款担保的责任范围。

五、保理合同应收账款债权让与登记和通知的效力

《民法典》第768条规定,应收账款债权人就同一应收账款订立多个保理合同,致使多个保理人主张权利的,已经登记的先于未登记的取得应收账款;均已经登记的,按照登记时间的先后顺序取得应收账款;均未登记的,由最先到达应收账款债务人的转让通知中载明的保理人取得应收账款;既未登记也未通知的,按照保理融资款或者服务报酬的比例取得应收账款。

---

[1] 黄薇主编:《中华人民共和国民法典合同编解读》(下册),中国法制出版社2020年版,第924~925页。

[2] 黄和新:《保理合同:混合合同的首个立法样本》,载《清华法学》2020年第3期。

[3] 谢鸿飞、朱广新主编:《民法典评注·合同编·典型合同与准合同》(第2册),中国法制出版社2020年版,第562页。

拓展阅读文献

1. 方新军:《债权多重让与的体系解释》,载《法学研究》2023 年第 4 期。
2. 潘运华:《保理合同中应收账款多重转让规则的解释论》,载《法学论坛》2023 年第 4 期。
3. 张素华、李鸣捷:《保理合同中“将来应收账款”释论》,载《华东政法大学学报》2023 年第 2 期。
4. 高圣平:《论民法典上保理交易的担保功能》,载《法商研究》2023 年第 2 期。
5. 黄鑫、庄雨晴:《隐蔽型保理合同的性质与效力》,载《人民司法(案例)》2022 年第 8 期。
6. 陈琪昇、李晓云:《以融资租赁租金为应收账款的保理合同的效力》,载《人民司法(案例)》2022 年第 5 期。
7. 朱晓喆、冯洁语:《保理合同中应收账款多重转让的优先顺序——以〈民法典〉第 768 条为中心》,载《法学评论》2022 年第 1 期。
8. 蔡睿:《保理合同中债权让与的公示对抗问题》,载《政治与法律》2021 年第 10 期。
9. 潘运华:《民法典中有追索权保理的教义学构造》,载《法商研究》2021 年第 5 期。
10. 崔建远:《保理合同探微》,载《法律适用》2021 年第 4 期。
11. 丁俊峰:《民法典保理合同章主要条文的适用》,载《人民司法(应用)》2021 年第 4 期。
12. 朱晓喆、刘剑锋:《虚假应收账款保理交易中保理人的信赖保护》,载《人民司法(应用)》2021 年第 4 期。
13. 黄茂荣:《论保理合同》,载《法治研究》2021 年第 3 期。
14. 李志刚:《〈民法典〉保理合同章的三维视角:交易实践、规范要旨与审判实务》,载《法律适用》2020 年第 15 期。
15. 何颖来:《〈民法典〉中有追索权保理的法律构造》,载《中州学刊》2020 年第 6 期。
16. 包晓丽:《保理项下应收账款转让纠纷的裁判分歧与应然路径》,载《当代法学》2020 年第 3 期。
17. 黄和新:《保理合同:混合合同的首个立法样本》,载《清华法学》2020 年第 3 期。
18. 关丽、丁俊峰、包晓丽:《保理合同纠纷中基础交易合同债务人拒绝付款的司法认定》,载《法律适用》2019 年第 23 期。
19. 李宇:《保理合同立法论》,载《法学》2019 年第 12 期。

第九章　承揽合同

- 承揽合同
  - 定义
    - 工作的理解
    - 交付的理解
    - 与委托、雇佣等的区别
  - 性质 —— 诺成、有偿、双务、不要式
  - 分类
    - 原承揽和次承揽
    - 单独承揽和共同承揽
    - 不规则承揽
  - 效力
    - 对承揽人的效力
      - 完成承揽工作的义务
      - 材料的检验接收或提供义务
      - 接受定作人检查监督的义务
      - 交付工作成果的义务
      - 瑕疵担保义务
      - 保密义务与警示通知义务
      - 妥善保管义务
    - 对定作人的效力
      - 报酬支付义务
      - 协助义务
      - 定作人的变更权
      - 定作人的任意解除权
      - 受领及验收义务

设　例

1. 甲公司提供材料，委托乙公司加工一批货物。乙公司加工完成后，甲公司拒绝支付加工报酬。问：

(1) 加工完成的货物所有权归甲公司还是乙公司？

(2) 乙公司能否行使留置权？乙公司能否行使拒绝交付货物的抗辩权？

2. 上述设例情形下，货物交付甲公司前，乙公司所在地突遇泥石流，导致该批货物全部灭失。问：

(1) 甲公司能否请求乙公司继续履行？

(2) 甲公司能否要求乙公司赔偿损失？

(3) 乙公司能否请求甲公司支付全部加工报酬？

承揽合同，是服务类合同的典型代表之一，《民法典》第 770 条至第 787 条对其作出规定。较之原《合同法》，《民法典》关于承揽合同的主要立法完善有两点：一是定作人任意解除权的行使被限定在“承揽人完成工作前”（《民法典》第 787 条）；二是在承揽人留置权基础上增加了“交付拒绝权”，以保障承揽人的价款请求权（《民法典》第 783 条）。

第一节　承揽合同概述

一、承揽合同的概念与内容

（一）承揽合同的概念

承揽合同，是指承揽人按照定作人的要求完成工作，交付工作成果，定作人支付报酬的合同（《民法典》第 770 条）。承揽合同为诺成、有偿、双务、不要式合同。另外，承揽合同中承揽人负有的主给付义务，是典型的结果之债。承揽合同中，承揽人须完成一定工作并交付工作成果，仅仅提供了劳务并不意味着其给付的完成或债务的清偿。而就定作人来说，其目的也是获取一定的工作成果，而不仅仅是承揽人的劳务提供本身。[1]

1. 承揽合同中的“工作”

承揽合同需以完成一定工作为目的。在承揽合同中，定作人需要的不是承揽人单纯的劳务，而是其劳务成果，承揽人完成工作的劳务只有体现在其完成的工作成果上，才能实现定作人之要求。但该工作成果既可以是有形的，也可以是无形的。依《民法典》第 770 条第 2 款的规定，承揽包括加工、定作、修理、复制、测试、检验等工作，如测试仪器的运行等，其并非一定表现为特定的物化工作成果。

---

〔1〕 王利明：《合同法》（下册），中国人民大学出版社 2021 年版，第 199 页。

拓 展

承揽合同是现实经济生活中适用极为广泛的一类合同，是满足自然人、法人的生产、生活的特殊需要的一种法律手段。因此，就我国现实经济生活而言，任何符合《民法典》第770条所定义的合同，如印刷、洗染、打字、翻译、拍照、冲卷扩印、广告制作、测绘、鉴定等都可能构成承揽合同中的"工作"。而且，随着社会发展，会出现各种新类型的工作完成形态，合同性质的判断也愈加困难。例如，数据抓取、分析等数字经济领域的工作，是属于承揽还是委托；疫苗临床试验、药物开发临床试验等工作，是承揽还是委托，均需结合合同内容及事务性质做具体判断。

"工作"的多样性

2. 工作成果的交付

承揽合同中，需交付工作成果（《民法典》第770条、第780条）。承揽人完成工作的劳务只有体现在其完成的工作成果上，只有与工作成果相结合，才能满足定作人的需要。为此，我国《民法典》特别强调了"交付工作成果"。但与此不同，《德国民法典》第631条、《日本民法典》第632条都未言及交付一定成果，只是规定完成一定工作；而《瑞士债务法》第363条、《意大利民法典》第1655条则明确规定工作成果的交付。对此，有学说认为，我国原《合同法》第251条进一步明确规定"交付工作成果"，可能有强调承揽合同目的之意。[1] 从我国《民法典》的规定来看，特别是从第780条及第782条的规定来看，其实质上是强调承揽合同的本质在于报酬与工作结果的对价关系，"无结果非报酬"，而不仅仅是工作的完成。而且，我国《民法典》也只是强调该对价关系，并非一定要交付工作成果，并非以"交付工作成果"作为承揽合同之前提，特别是对于无形的工作成果，如何如同动产或不动产一样进行"交付"，本身须拟制。也正因为其"交付"的拟制性，甚至存在无须交付的承揽。

3. 承揽合同与其他合同的界分

对于无形工作成果等相关的服务类合同，承揽合同与委托合同的区别与判断，会愈加困难。其区分重点仍然在于承揽的报酬指向其工作成果的达成及对结果的保证，而不仅仅是工作的完成；而委托则更关注过程，即使可能存在完成特定事务的义务的情形，但并不对结果予以保证。通常来说，承揽合同可以通过"劳务标的"与非以劳务给付为标的的有名合同区别开来，承揽与买卖的主要区别即在于此。在以劳务为标的的合同群内部，则又可以通过其给付是否强调"劳务结果"，与其他仅强调劳务本身的合同区别开来，如承揽与雇佣、委托的区分。[2] 承揽与雇佣的区别主要在于劳务受领人与劳务提供人是否具有从属关系，是否存在控制、支配的属性，其报酬指向是劳务的结果抑或劳务的过程等，即雇佣关系侧重于提供劳务的过程，承揽关系侧重于提供劳务的结果，雇佣合同中以雇员提供的劳务作为计付报酬的基础，承揽合同中以承揽人交付的工作成果作为计付报酬的基础。[3] 承揽与委托的区别主要在于结果之达成抑或过程之完成。这里尤其

承揽与委托、雇佣

---

[1] 韩世远：《合同法学》（第2版），高等教育出版社2022年版，第470页。

[2] 唐波涛：《承揽合同的识别》，载《南大法学》2021年第4期。

[3] 王金利：《雇佣关系与承揽关系的界分》，载《人民司法》2020年第14期。

需要注意的是，是否要求完成工作并非承揽与委托的区别，委托合同也要求受托人完成受托事务。工作成果与报酬之间的关系，虽然是区分承揽和委托的重要标识，承揽的报酬指向的是所完成的工作成果，而委托的报酬指向的通常是受托事务的完成，但工作成果与报酬之间的关系，亦非区分承揽与委托的充分条件。例如，在类似“风险代理”等以承诺结果的达成作为报酬支付条件的委托中，虽然在报酬支付义务上与承揽类似，但在其他义务方面与承揽并不相同，本质上仍然属于委托。

（二）承揽合同的内容

承揽合同的内容一般包括承揽的标的、数量、质量、报酬，承揽方式，材料的提供，履行期限，验收标准和方法等条款（《民法典》第 771 条）。

承揽的标的，是承揽合同权利义务所指向的对象，也就是承揽人按照定作人要求所应进行的承揽工作。[1] 关于承揽合同中的数量，也多认为数量是承揽合同的必备条件之一，当事人未明确标的数量的，承揽合同不成立。[2] 标的质量，通常指的是标的的技术指标、质量要求、规格、型号等。报酬，是承揽人完成工作并交付工作成果的对价，既可以约定报酬数额，也可以约定报酬的计算方法。承揽方式，主要是指无论总承包还是分包，都会涉及承揽人须独立完成抑或得以转承揽的问题；亦可因报酬约定不同，区分为定额承揽方式和概算承揽方式。材料的提供，主要是约定材料的提供人为承揽人还是定作人、材料提供的时间、地点、数量、质量等。履行期限，指的是当事人双方履行义务的时间，如承揽人完成工作交付工作成果的时间，定作人支付报酬的时间等。此外，当事人亦可以约定工作成果验收的标准和方法等。

二、承揽合同的种类与分类

（一）承揽合同的种类

《民法典》第 770 条第 2 款规定，“承揽包括加工、定作、修理、复制、测试、检验等工作”。据此，因工作种类不同，承揽合同亦存在相应的诸多种类。

加工，是指定作人提供材料，承揽人按照定作人的要求将材料加工为成品并交付给定作人。加工承揽合同的特点在于材料由定作人提供，而不是由承揽人自备。定作，是指承揽人根据定作人的要求，以承揽人自己的材料为定作人制作成品并交付给定作人，俗称“包工包料”。修理，是指定作人将物品等交给承揽人维修等，承揽人修复后归还定作人。修理既包括对动产的修复，也包括对不动产的修缮等。复制，是指承揽人按照定作人的要求，根据定作人提供的样品，重新制作类似的成品，定作人接受复制品并支付报酬的合同。复制既包括复印文稿，也包括复制其他物品。在数字化技术和 3D 打印日益得到推广的今天，复制在经济社会生活中的重要性亦日益突出。测试，是指承揽人根据定作人的要求，为定作人完成某一项目的性能测试，定作人接受测试结果并支付报酬的合同。检验，是指承揽人为定作人提供的特定事物进行性能、问题、质量等的检查化验，

---

〔1〕 黄薇主编：《中华人民共和国民法典合同编解读》（下册），中国法制出版社 2020 年版，第 938 页。

〔2〕 黄薇主编：《中华人民共和国民法典合同编解读》（下册），中国法制出版社 2020 年版，第 939 页；魏耀荣等：《中华人民共和国合同法释论》（分则），中国法制出版社 2000 年版，第 273 ~ 274 页。

定作人接受检验结果并支付报酬的合同。关于测试合同和检验合同,因当事人约定的权利义务内容的不同,可能构成委托而不是承揽。例如,当事人特别约定对测试结果的准确性不予以保证之情形,所负有的义务仅为完成特定的测试,注重的是提供劳务的过程,而并非保证测试结果之准确性,此时并不构成承揽。

(二)承揽合同的分类

上述承揽合同的种类,乃是依承揽所依凭的劳务类型、承揽的具体工作形式所作的区分。学理上,承揽合同又可以依不同标准分类。

1. 原承揽与次承揽

次承揽,是指承揽人将其承揽的工作的全部或部分交由他人承揽,又被称为再承揽。此时,原承揽人称为承揽人或次定作人,次承揽中的承揽人则称为次承揽人。相对于次承揽,定作人与原承揽人之间的承揽被称为原承揽。关于交由他人承揽的问题,《民法典》第 772 条规定,"承揽人应当以自己的设备、技术和劳力,完成主要工作,但是当事人另有约定的除外。承揽人将其承揽的主要工作交由第三人完成的,应当就该第三人完成的工作成果向定作人负责;未经定作人同意的,定作人也可以解除合同"。

2. 单独承揽与共同承揽

根据承揽人的人数,承揽分为单独承揽与共同承揽。单独承揽,由唯一的承揽人承揽工作。共同承揽,是两个以上的承揽人为承揽合同的当事人一方与定作人之间形成承揽合同关系。依《民法典》第 786 条的规定,除非当事人另有约定,共同承揽人对定作人承担连带责任。

3. 不规则承揽

除了上述类型的承揽,学理上还存在"不规则承揽"的概念。通常来说,"承揽人不得擅自更换定作人提供的材料,不得更换不需要修理的零部件"(《民法典》第 775 条第 2 款),但在当事人明确约定或定作人同意的情况下,承揽人可以以自己提供的材料替换定作人提供的材料。于此情形,学理上称其为"不规则承揽",即由定作人提供材料,但约定承揽人可以同种类、品质、数量的材料代替为一定的工作并交付工作成果的承揽合同。[1] 因承揽合同注重的是工作结果及其成果的保证,若当事人明确约定得以替代材料等,并无不予保护的理由,故亦应肯定不规则承揽的效力。

第二节　承揽合同的效力

一、对承揽人的效力

(一)完成承揽工作的义务

依《民法典》第 770 条的规定,承揽人负有按照定作人要求完成承揽工作的义务。

〔1〕 韩世远:《合同法学》(第 2 版),高等教育出版社 2022 年版,第 472 页;崔建远:《合同法》(第 4 版),北京大学出版社 2021 年版,第 552 页。

但是,承揽工作是否可交由第三人完成,承揽人是否负有亲自履行义务,是承揽合同中争议的焦点之一。

交由第三人完成的限制

对此,《民法典》第772条规定,"承揽人应当以自己的设备、技术和劳力,完成主要工作,但是当事人另有约定的除外。承揽人将其承揽的主要工作交由第三人完成的,应当就该第三人完成的工作成果向定作人负责;未经定作人同意的,定作人也可以解除合同"。《民法典》第773条规定,"承揽人可以将其承揽的辅助工作交由第三人完成。承揽人将其承揽的辅助工作交由第三人完成的,应当就该第三人完成的工作成果向定作人负责"。承揽合同中之所以限制第三人履行,原因在于:与种类物买卖不同,承揽合同中,承揽人的设备、技术和劳力,是决定工作结果质量的重要因素,故承揽合同重视承揽人的设备、技术和劳力,此等设备、技术和劳力凝结在拟达成的工作成果之中,定作人之所以选择某承揽人,也正是基于这一特点。但与此同时,其与委托合同等相比,工作结果的保证是其重点,而并非承揽的工作过程,因此即使第三人完成之工作结果,只要其结果符合合同之目的,并不一定有违定作人之意思。也正是基于这一点,承揽合同中仅规定"主要工作"由承揽人亲自履行,且当事人可以另行约定。而对于辅助工作,并不要求亲自履行。"主要工作",指的是对于工作成果的质量起决定性作用的工作,或者是技术设备能力等要求高的工作;如果定作物为一般人均可完成的工作,质量要求在承揽工作中不起决定性作用,主要部分应理解为数量上的大部分。[1] 当然,无论是主要工作交由第三人完成还是辅助工作交由第三人完成之情形,承揽人均对工作结果负责。

解除权

违反亲自履行义务,定作人可以要求承揽人承担违约责任,亦可以解除合同。若不解除合同,第三人完成的工作成果质量等不符合合同约定的,定作人可以依《民法典》合同编通则要求承揽人承担违约责任。未经定作人同意将主要工作交由第三人完成的,定作人可以解除合同。即使第三人完成的工作成果符合合同约定,定作人仍然可以解除合同。实际上,这主要是基于承揽合同中定作人对承揽人有特别的人身信任,若承揽人将其主要工作交由第三人完成,即构成对这一信赖的违反,故定作人得以解除合同。因此,此等解除权,与其说是基于合同目的不能实现或根本违约,不如说是基于信赖关系受到破坏使然。而对于辅助工作交由第三人完成之情形,则并未动摇此等信赖,故定作人不能以第三人介入了工作成果的完成而否定承揽人的合同履行,也不能因辅助工作由第三人完成而解除合同。

承揽人责任自负

承揽人不仅须亲自履行义务,而且对完成工作过程中产生的自我损害及第三人损害负责。"承揽人在完成工作过程中造成第三人损害或者自己损害的,定作人不承担侵权责任。但是,定作人对定作、指示或者选任有过错的,应当承担相应的责任"(《民法典》第1193条)。在承揽合同中,作为劳务受领人的定作人原则上不承担责任,这点与委托合同、雇佣或劳动合同以及个人之间形成的劳务关系中的劳务受领人的地位并不相同。委托合同之情形,"受托人处理委托事务时,因不可归责于自己的事由受到损失的,可以

---

〔1〕 最高人民法院民法典贯彻实施工作领导小组主编:《中华人民共和国民法典合同编理解与适用(三)》,人民法院出版社2020年版,第1813~1814页。

向委托人请求赔偿损失”（《民法典》第930条）；雇佣或劳动合同以及个人之间形成劳务关系的情形，则适用《民法典》第1191条、第1192条的规定。

（二）材料的检验接收或提供义务

承揽合同中，材料既可能由定作人提供，亦可能由承揽人提供。合同约定由承揽人提供材料的，承揽人负有依约选用材料的义务和接受定作人检验的义务。《民法典》第774条规定，“承揽人提供材料的，应当按照约定选用材料，并接受定作人检验”。若承揽合同未具体约定材料选用的时间、数量、质量等，此时可依《民法典》第510条与第511条的规定予以补充。若当事人未约定由哪一方提供材料或者约定不明的，可以根据《民法典》第510条补充，仍不能确定的，一般由承揽人提供，承揽人根据定作人对工作的要求和合同性质，合理地按质按量地选用材料，定作人应当支付材料费。之所以由承揽人提供，是因为作为专业人士的承揽人理应避免出现未约定材料提供方的情况，[1]而且，由承揽人提供材料，更便于承揽人完成工作任务，更加符合合同法追求效率和鼓励交易的价值取向。[2]

承揽人提供材料

承揽人准备好材料后，应当及时通知定作人检验，定作人有权对承揽人提供的材料进行验收。经定作人检验后，承揽人应当以定作人确认后的材料完成工作。承揽人以次充好或者故意隐瞒材料瑕疵而造成工作成果不符合合同约定的，依《民法典》合同编通则关于违约救济的规定，定作人有权要求承揽人重作、修理、减少价款或者赔偿损失、解除合同等。

（三）接受定作人检验监督的义务

《民法典》第779条规定，承揽人在工作期间，应当接受定作人必要的监督检验。定作人不得因监督检验而妨碍承揽人的正常工作。因承揽之目的在于实现定作人要求之工作成果，故定作人在承揽人工作期间享有监督检验的权利，其伴随的是承揽人需容许定作人的监督检验。承揽人不得以合同对此未作约定而予以拒绝。承揽人应当为定作人的监督检验提供方便和条件，并应当如实地向定作人反映工作情况，不得故意隐瞒工作中存在的问题。对于定作人在监督检验过程中提出的合理建议和指示，承揽人应当及时采纳，以改进工作，更好地实现合同目的。但与此同时，定作人的监督检验，需符合“必要”及“不得妨碍承揽人正常工作”的条件。[3]

承揽人违反接受定作人监督检验义务的，定作人如何救济，《民法典》并未作出规

---

〔1〕 黄薇主编：《中华人民共和国民法典合同编解读》（下册），中国法制出版社2020年版，第940页；谢鸿飞、朱广新主编：《民法典评注·合同编·典型合同与准合同》（第3册），中国法制出版社2020年版，第21页。

〔2〕 当然，亦有观点反对，认为“材料的提供”属于承揽合同的主要条款，若双方就此未能达成补充协议的，可能导致承揽合同不成立，应当视为缔约中的过失。因为承揽人是按照定作人的要求完成承揽工作，使用什么材料完成工作也应符合定作人的要求，定作人应当对确定材料符合合同要求承担义务。如果双方未就材料的提供达成约定，定作人应负主要过错。因此，如果确实无法通过合同或者交易习惯确定由谁提供材料的，应当由定作人提供材料。参见最高人民法院民法典贯彻实施工作领导小组主编：《中华人民共和国民法典合同编理解与适用（三）》，人民法院出版社2020年版，第1822页；杨代雄主编：《袖珍民法典评注》，中国民主法制出版社2022年版，第725页。

〔3〕 黄薇主编：《中华人民共和国民法典合同编解读》（下册），中国法制出版社2020年版，第960～961页。

定。本书认为,若是承揽人拒不接受合理的监督检验,定作人得以以信赖关系受到破坏致使无法实现合同目的为由解除合同。若对于在监督检验中发现的问题承揽人未能予以及时更正,定作人则可以要求承揽人予以返工等。

(四)工作成果交付义务

《民法典》第780条规定,承揽人完成工作的,应当向定作人交付工作成果,并提交必要的技术资料和有关质量证明。定作人应当验收该工作成果。

拓 展

承揽人的工作成果交付义务,其实质是移交完成的工作成果。《民法典》第780条规定的"交付",并非所有权变动意义上的"交付"。承揽人还负有提交必要的技术资料和有关质量证明的从给付义务,以使债权人的给付利益能够获得最大的满足。定作人就交付的工作成果应当验收,但《民法典》承揽合同章就工作成果的验收规则并未作出规定,依《民法典》第646条买卖合同的相关规定准用于其他有偿合同,此时可以参照适用《民法典》第620~624条关于买卖合同标的物的验收规则。

买卖合同规则的参照

(五)瑕疵担保义务

工作成果不符合合同约定的,承揽人应承担违约责任。《民法典》第781条规定,"承揽人交付的工作成果不符合质量要求的,定作人可以合理选择请求承揽人承担修理、重作、减少报酬、赔偿损失等违约责任"。承揽人就工作物的瑕疵承担的责任,本质上是债务不完全履行的违约责任,故《民法典》第781条属于《民法典》第582条在承揽合同领域的具体化规定。

值得注意的是,虽然《民法典》第781条并未如同《民法典》第617条一样就买卖合同情形直接规定得以依据《民法典》第582~584条的规定承担违约责任,但《民法典》第582~584条作为债务不履行的一般规则,即使《民法典》第781条未做规定也并不妨碍其在承揽合同领域的适用。实际上,承揽合同工作成果不符合质量要求时的物的瑕疵的责任承担问题,除在责任免除事由方面与买卖合同中的物的瑕疵担保义务违反有所区别外,两者之间并无本质上的区别。因此,交付的工作成果存在瑕疵时的赔偿损失,既有可能是《民法典》第584条意义上的履行利益赔偿,亦有可能是《民法典》第583条意义上的采取补救措施后的其他损失赔偿,也完全有可能是替代修理措施的修理费用赔偿以及《民法典》第581条意义上的不得强制履行情形的第三人替代履行费用负担。

合同编通则的适用

另外,虽然《民法典》第781条仅规定了承揽人交付工作成果的物的瑕疵责任,但并非说在承揽领域不存在权利的瑕疵。同样地,承揽人就交付的工作成果亦负有权利瑕疵担保义务。有偿承揽之情形,依《民法典》第646条的规定,得以参照适用买卖合同的有关规定;无偿承揽之情形,则参照适用《民法典》第661条的规定,仅在例外情形下承担权利瑕疵担保义务。

权利瑕疵担保

(六)保密义务与警示通知义务

对于介入市民社会交往的行为来说,通常应当自己收集信息加以判断,对方当事人并不存在普遍性的告知义务，但基于特定的政策考量，民法在诸多领域设计了例外规则，将信息收集风险移转至对方当事人，科以对方当事人一定的通知、告知、说明或警示义务。不仅如此，就信息相关的义务体系而言，一方面是积极的信息告知义务，另一方面则是消极的、就合同过程中获知的信息予以保密的义务。

警示告知

《民法典》第775条、第776条明确规定了承揽人的“警示通知义务”，即“承揽人对定作人提供的材料应当及时检验，发现不符合约定时，应当及时通知定作人更换、补齐或者采取其他补救措施”（《民法典》第775条第1款第2句）；“承揽人发现定作人提供的图纸或者技术要求不合理的，应当及时通知定作人”（《民法典》第776条第1句）。

特别的保密义务

与此同时，消极的保密义务亦是承揽合同信息义务体系的重要组成部分。通常来说，承揽、委托等类型的合同安排，较之买卖合同更易介入合同相对人的权益领域，也更容易知悉合同相对人的相关秘密等。如根据提供的图纸材料等得以判断定作人未来的战略谋划或企业生产计划，修理精密仪器时有可能接触定作人的商业秘密等。为此，《民法典》第785条明确规定，“承揽人应当按照定作人的要求保守秘密，未经定作人许可，不得留存复制品或者技术资料”。当然，就保密义务而言，即使没有《民法典》第785条的规定，承揽人亦负有此等义务（《民法典》第509条第2款、《民法典》第558条）。从这层意义上来说，《民法典》第785条规定“应当按照定作人的要求”保守秘密，似乎有限缩当事人义务之嫌疑；此处之所以强调“按照定作人的要求”，旨在表明定作人可以在《民法典》第509条第2款、《民法典》第558条规定的保密义务以外作出特别要求，要求不仅就商业秘密、个人秘密等予以保密，还包括其他定作人要求保密的事项等。另外，承揽人“未经定作人许可，不得留存复制品或者技术资料”（《民法典》第785条）。

（七）妥善保管义务

承揽人应当妥善保管定作人提供的材料以及完成的工作成果，因保管不善造成毁损、灭失的，应当承担赔偿责任（《民法典》第784条）。不仅须妥善保管定作人提供的材料，亦不得擅自更换定作人提供的材料，不得更换不需要修理的零部件（《民法典》第775条第2款）。“妥善保管”，指的是承揽人应依通常承揽人的合理注意予以保管，此时行业的一般要求、物品的性质等均构成承揽人是否尽到了“合理注意”义务的综合判断要素。

二、对定作人的效力

（一）报酬支付义务

1. 报酬支付义务的履行期限与报酬债权发生时点

“非工作无报酬”

定作人的主给付义务为报酬支付义务（《民法典》第770条）。定作人应当按照约定的期限支付报酬。对支付报酬的期限没有约定或者约定不明确，依据《民法典》第510条的规定仍不能确定的，定作人应当在承揽人交付工作成果时支付；工作成果部分交付的，定作人应当相应支付（《民法典》第782条）。据此，定作人的报酬支付义务以“后付”为原则，遵循了“非工作无报酬”的服务类合同的一般原理。而且，《民法典》第782条就报酬支付期限未约定或约定不明确情形的补充，亦仅限于《民法典》第510条，而排除了

《民法典》第 511 条“履行期限不明确的，债务人可以随时履行，债权人也可以随时请求履行”之规定的适用。

2. 报酬的部分支付

工作成果部分交付的，定作人应当支付相应报酬（《民法典》第 782 条）。通常来说，债权人可以拒绝债务人部分履行债务，但是部分履行不损害债权人利益的除外（《民法典》第 531 条第 1 款）。因此，《民法典》第 782 条并非赋予承揽人部分履行债务之权限，虽然“交付工作成果”始得以享有报酬请求权，但部分交付工作成果时并不妨碍“相应”的报酬请求权。我国《民法典》不仅规定承揽人需“交付工作成果”始得以请求报酬，意味着交付了工作成果报酬的清偿期才到来；还规定“部分交付工作成果”亦得以请求报酬，势必导致报酬的清偿期究竟何时届至无法予以判断。实际上，《民法典》第 782 条只是规定了承揽人部分交付工作成果时并不妨碍“相应”的报酬请求权而已，并未规定其部分交付工作成果时的报酬请求权的具体构成要件，需通过解释予以补充。工作成果部分交付时的报酬请求权，一方面，指的是工作成果得以分批、分期交付的情形下，若合同未就报酬支付期限作出约定，也无法依《民法典》第 510 条确定，每交付一部分工作成果时承揽人均可主张支付相应部分的报酬；[1] 另一方面，特别是工作最终未完成之情形，此处的“相应支付”并非指就已交付的部分工作成果均应支付相应报酬，而是指依定作人所受之利益请求比例报酬。

3. 承揽人的留置权

定作人未向承揽人支付报酬或者材料费等价款的，承揽人对完成的工作成果享有留置权或者有权拒绝交付，但是当事人另有约定的除外（《民法典》第 783 条）。《民法典》第 447 ~ 457 条专章规定了留置权，并将其定位为具有优先受偿权的担保物权。

4. 承揽人的拒绝交付权

定作人未按期支付报酬或者材料费等价款时，承揽人除了享有留置权，亦可行使“拒绝交付权”。《民法典》第 783 条较之原《合同法》增加承揽人“有权拒绝交付”的规定，与其说是要解决承揽人提供所有工作材料且完成工作成果的情况下是否得以适用留置权的问题，不如说是为了解决无法适用留置权情形下（如承揽工作的对象为不动产之情形等）的价款保障问题而享有的抗辩权。其原因在于，留置权的客体为债务人的动产（《民法典》第 447 条），或者是因同一法律关系留置合法占有的第三人的动产（《民法典担保制度解释》第 62 条），若承揽工作成果并非此等动产，或者承揽工作成果是不动产等，则无法适用留置权。　抗辩权的理解

（二）协助义务

合同当事人之间的协助义务是承揽合同的重要内容之一。《民法典》第 509 条第 2 款规定，“当事人应当遵循诚信原则，根据合同的性质、目的和交易习惯履行通知、协助、保密等义务”。《民法典》第 778 条规定，“承揽工作需要定作人协助的，定作人有协助的义务。定作人不履行协助义务致使承揽工作不能完成的，承揽人可以催告定作人在合理

[1] 王利明：《合同法》（下册），中国人民大学出版社 2021 年版，第 209 页。

期限内履行义务,并可以顺延履行期限;定作人逾期不履行的,承揽人可以解除合同”。据此,定作人承担协助义务的前提是承揽工作需要协助。承揽工作是否需要协助,应根据承揽工作的性质、交易习惯或者诚信原则确定。例如,材料、图纸和必要的技术参数要求等的提供,都属于定作人的协助义务内容之一。《民法典》第775条规定了定作人按照约定提供材料的义务,该义务亦属于协助义务之一,违反该义务的法律效果,可以适用《民法典》第778条的规定。

协助义务违反的救济

定作人的协助义务,需遵循合同义务履行的要求。未履行义务,或未完全履行义务的,仍应承担责任。协助义务的不履行或不适当履行,既有可能导致承揽工作无法推进或无法完成,也有可能导致完成的工作成果不符合承揽之要求。《民法典》第778条只是就协作义务不履行情形下的“催告”、履行期限的顺延及承揽人的解除权作出了规定。但定作人违反协助义务,其法律效果并非限于该条规定的责任。例如,在顺延履行期限的同时,承揽人得以参照适用《民法典》第589条关于受领迟延之规定,要求定作人赔偿其因此增加的费用。

(三)定作人的变更权

变更权的合理性

依《民法典》第136条第2款的规定,行为人非依法律规定或者未经对方同意,不得擅自变更或者解除民事法律行为。但就承揽合同而言,承揽工作的目的就在于满足定作人的特殊需要,如果承揽工作的成果不能满足定作人的需要,承揽合同就不会实现定作人订立合同时所期望的利益,因此,定作人可根据自己的需要,随时变更对合同的要求。[1] 不仅如此,定作人对于完成的工作成果具有利益,且承揽的成果通常具有特定性和个性化,若不允许定作人变更,在定作人自身需求发生变化后很难通过转售等来减少损失,故允许其中途变更亦有其理由。当然,《民法典》第777条只是规定了定作人变更承揽工作要求给承揽人造成损失时应当赔偿,并未规定定作人的变更权。但结合承揽合同的性质、《民法典》第136条的规定等,可以解释出定作人存在此等变更权。当然,定作人的变更,需属于“中途”变更,应当在承揽人完成全部工作前变更。与此同时,定作人变更工作要求,一定程度上与定作人的指示类似,可以参照适用《民法典》第776条的规定,承揽人发现定作人的变更要求不合理时,承揽人同样具有警示、通知的义务。

拓 展

定作人中途变更工作要求给承揽人造成损失的,应当赔偿损失。但就此等损失赔偿的范围,多有争议。通常来说,因定作人变更工作要求导致费用增加的,定作人应当赔偿此等费用支出,《民法典》第805条就建设工程合同的变更作出了规定。定作人变更工作要求导致承揽人已完成之部分工作陷于无意义时,就已完成之部分工作,虽然对于定作人亦无意义,无法依定作人所受之利益请求比例报酬(《民法典》第782条),但因此等

[1] 胡康生主编:《中华人民共和国合同法释义》(第3版),法律出版社2013年版,第420页;魏耀荣等:《中华人民共和国合同法释论》(分则),中国法制出版社2000年版,第286页;黄薇主编:《中华人民共和国民法典合同编解读》(下册),中国法制出版社2020年版,第955页。

部分给付不能可归责于定作人之事由而引起，故就该部分亦可参照风险负担规则的一般原理请求相应的报酬。此等报酬，亦可视为承揽人徒劳费用或支出的赔偿（参照《民法典》第804条之立法精神）。但值得注意的是，《民法典》第777条只是规定了承揽人的赔偿请求权，并未赋予其他救济措施。对此，可参照适用［如《民法典》第565条（法定解除一般规范）和第778条（定作人违反协助义务）］予以扩张。例如，因定作人变更工作要求而导致承揽人迟延履行的，承揽人并不负迟延赔偿责任；因定作人变更工作要求致使承揽工作不能完成、致使合同目的难以实现的，承揽人得以解除合同等。又如，如果承揽人认为定作人变更后的工作要求不合理，且定作人坚持不作修改的，承揽人可以请求解除合同；如果定作人变更后的工作要求已经超出了承揽人根据原合同所需的工作技能或资质要求，导致承揽人无法完成承揽工作的，承揽人亦可主张解除合同。[1]

变更情形的损害赔偿、报酬请求与解除

（四）定作人的任意解除权

除了变更权，定作人亦享有任意解除权。定作人在承揽人完成工作前可以随时解除合同，造成承揽人损失的，应当赔偿损失（《民法典》第787条）。承揽合同中定作人的任意解除权，与前述变更权一样，并非仅仅源于当事人之间的信任关系，而是由于定作人是自己利益的最佳判断者，其对于自己主观上认为已无需求之工作成果当然有权通过行使任意解除权而避免增加支出。

从理论上来说，承揽人的报酬并非定作人任意解除时的“损失”。原因在于，因定作人行使任意解除权而导致承揽人的给付义务履行不能，乃是可归责于债权人事由之给付不能，债权人应承受价金风险。也正因如此，在定作人任意解除承揽合同的情形下，承揽人享有的报酬请求权，要么是依《民法典》第782条“工作成果部分交付的，定作人应当相应支付”之规定，就承揽人已完成的部分工作在定作人受有利益范围内支付报酬；要么是因可归责于定作人事由而发生给付不能，承揽人就未完成工作部分所对应的报酬享有请求权，但应依损益相抵之原则予以扣减。报酬请求权的基础并非任意解除情形下的损害赔偿请求权，《民法典》第787条规定的“赔偿损失”的内涵应当是区别于报酬请求权的“损失”。[2] 但从最终的法律效果上看，在定作人任意解除之情形下，承揽人既享有报酬请求权（含已完成部分工作成果相应的报酬请求权与尚未完成的部分工作成果相应的报酬请求权），亦享有《民法典》第787条意义上的损害赔偿请求权，但两者之间应做适当协调，以避免重复计算。

任意解除情形的救济

---

〔1〕 最高人民法院民法典贯彻实施工作领导小组主编：《中华人民共和国民法典合同编理解与适用（三）》，人民法院出版社2020年版，第1844页。当然，亦有观点认为，因定作人变更要求致使承揽人无法完成承揽工作的，应视同定作人行使任意解除权。参见徐涤宇、张家勇主编：《〈中华人民共和国民法典〉评注》（精要版），中国人民大学出版社2022年版，第825页。

〔2〕 也有学者敏锐地注意到了赔偿损失与报酬之间的区别，认为“我国法对承揽人的保护与《德国民法典》有较大区别：德国法是保护‘约定的报酬’，即为履行利益或者期待利益，而我国仅仅是赔偿损失，是否包括可得利益？本书认为，德国法的规定比我国法合理，法律既然赋予定作人如此大的权利——任意解除权，就应当对承揽人作出更周全的保护。因此，在解释上，应认为包括可得利益”。李永军：《合同法》（第6版），中国人民大学出版社2021年版，第361页。

拓 展

工作完成前行使

定作人行使任意解除权,应当在“承揽人完成工作前”。这是《民法典》第787条较之原《合同法》新增的限制性要件。之所以增加这一规定,主要是考虑到承揽合同往往具有较强的专属性,承揽人工作的展开及成果的交付都需要按照定作人的要求进行。如果允许定作人在承揽人完成工作以后仍然可以解除合同,则很可能由于定作成果的专属性而造成浪费,承揽人很难再将原本为定作人完成的工作成果另行处置,与《民法典》所倡导的绿色原则、充分发挥物的效用的理念不相符。通过将定作人解除合同的时点限制在“承揽人完成工作前”,可以在定作人的任意解除权与避免资源浪费、践行绿色原则之间取得平衡。[1] 如果承揽人已经完成工作,定作人解除合同不会在避免徒然支出与资源浪费等方面取得任何效果。[2]

(五)定作人的受领及验收义务

虽然我国《民法典》未将受领明确规定为定作人的义务,但是在解释上,从该法明确规定受领人的协助义务及其债务不履行后果来看,依“举轻以明重”,亦应认定定作人受领义务的存在。此项义务的违反,除通常发生的债权人受领迟延的法律效果外(《民法典》第589条),亦可类推适用《民法典》第776条和第778条(原《合同法》第257条和第259条)的规定,进一步发生损害赔偿、合同解除等法律效果。[3]

承揽人交付工作成果后,定作人应当及时进行验收。承揽人的给付效果取决于验收,而验收及其法律效果的发生原则上都依赖于定作人的行为,验收是一件服务于定作人利益的工具。[4]《民法典》虽然规定了定作人的验收义务,但并未规定验收的程序及相应的法律效果。依《民法典》第646条的规定,定作人验收承揽工作成果,可参照适用《民法典》买卖合同章第620～624条的规定。[5]

拓展阅读文献

1. 郝丽燕:《定作人任意解除权的反思与重构》,载《北方法学》2023年第2期。
2. 刘洋:《协力义务违反的类型谱系与效果构造——基于承揽合同的教义学展开》,载《环球法律评论》2023年第1期。
3. 唐波涛:《承揽合同的识别》,载《南大法学》2021年第4期。
4. 宁红丽:《〈民法典〉中定作人任意解除权的适用要件与法律效果》,载《浙江工商大学学报》2020

〔1〕 黄薇主编:《中华人民共和国民法典合同编解读》(下册),中国法制出版社2020年版,第986页。
〔2〕 徐涤宇、张家勇主编:《〈中华人民共和国民法典〉评注》(精要版),中国人民大学出版社2022年版,第832页。
〔3〕 韩世远:《合同法学》(第2版),高等教育出版社2022年版,第481页。
〔4〕 黄喆:《民法典背景下承揽合同验收制度的教义学展开》,载《苏州大学学报(哲学社会科学版)》2020年第4期。
〔5〕 当然,也有学说主张,“民法典时代,在现有立法框架内,承揽合同法的解释论应当走向全新的方向,体现完全不同于买卖法的规则设计和价值评判”。参见黄喆:《民法典背景下承揽合同验收制度的教义学展开》,载《苏州大学学报(哲学社会科学版)》2020年第4期。

年第 6 期。
5. 王金利:《雇佣关系与承揽关系的界分》,载《人民司法》2020 年第 14 期。
6. 黄喆:《民法典背景下承揽合同验收制度的教义学展开》,载《苏州大学学报(哲学社会科学版)》2020 年第 4 期。
7. 黄喆:《〈合同法〉第 261 条(工作成果的交付与验收)评注》,载《法学家》2020 年第 2 期。
8. 宁红丽:《〈民法典草案〉“承揽合同”章评析与完善》,载《经贸法律评论》2020 年第 1 期。
9. 黄立:《检视德国债编各论新修正工程合同规定的定作人变更权》,载《北京航空航天大学学报(社会科学版)》2019 年第 3 期。
10. 黄立:《承揽合同之工作物受领问题——以中国台湾地区为视角》,载《北京航空航天大学学报(社会科学版)》2018 年第 3 期。

第十章　建设工程合同

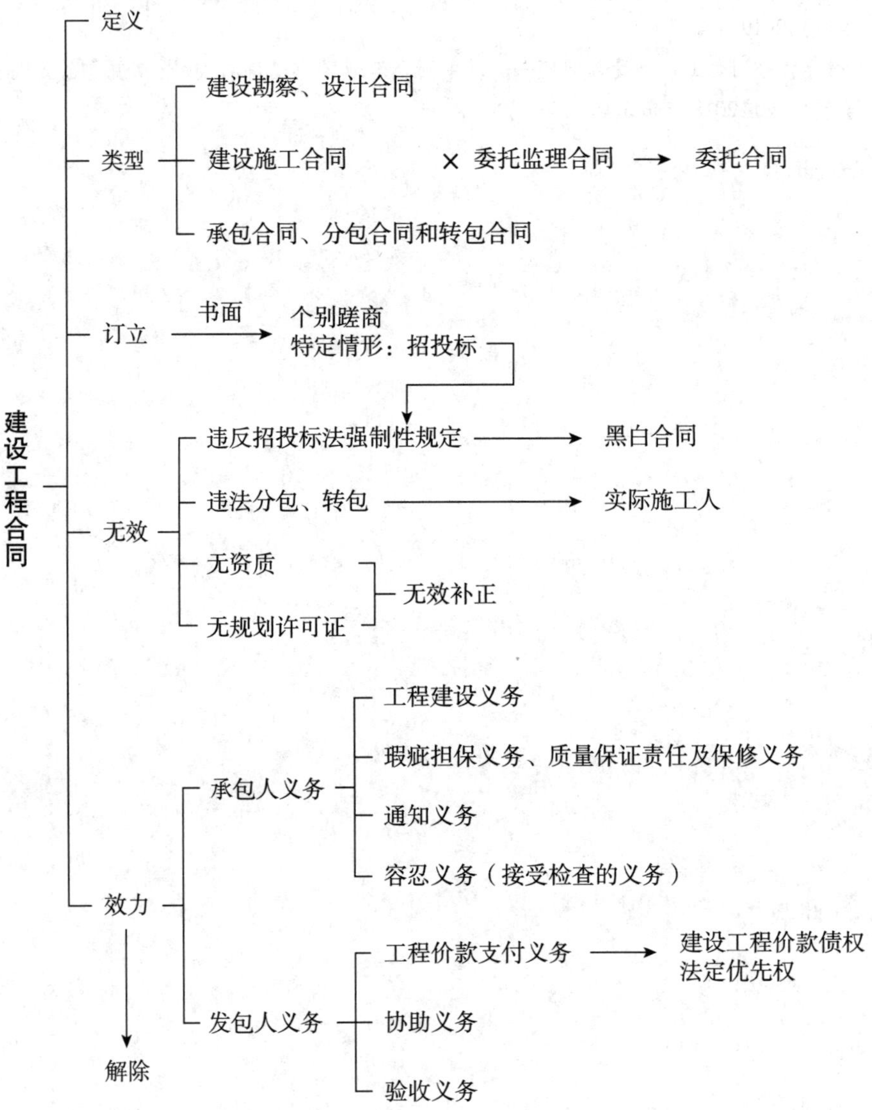
建设工程合同
定义
类型
建设勘察、设计合同
建设施工合同
× 委托监理合同
委托合同
承包合同、分包合同和转包合同
订立
书面
个别蹉商
特定情形：招投标
无效
违反招投标法强制性规定
黑白合同
违法分包、转包
实际施工人
无资质
无规划许可证
无效补正
效力
承包人义务
工程建设义务
瑕疵担保义务、质量保证责任及保修义务
通知义务
容忍义务（接受检查的义务）
发包人义务
工程价款支付义务
建设工程价款债权
法定优先权
协助义务
验收义务
解除

设 例

1. 甲公司通过招投标程序与乙建筑公司签订了总承包合同,由乙公司承建高度为180米的民用建筑。工程竣工验收后,发现乙公司仅拥有二级建筑企业资质,不能承建高度为120米以上的民用建筑工程。问:

(1)甲公司与乙公司的合同是否有效?为什么?

(2)乙公司能否向甲公司请求工程价款?为什么?

(3)乙公司应当如何寻求救济?

2. 上述设例情形中,该民用建筑为超高层住宅,丙、丁等多数自然人通过按揭贷款购入了其中的部分商品房。工程竣工验收后,甲公司经营困难,无法向乙公司支付相关款项;向丙、丁等购房者亦逾期交付。问:

(1)合同无效情形,乙公司是否享有《民法典》第807条规定的工程价款法定优先权?为什么?

(2)试分析丙、丁等多数自然人针对甲公司的权利与乙公司针对甲公司的权利之间的关系。

建设工程合同包括工程勘察、设计、施工合同。自原《经济合同法》施行以来,建设工程合同就被作为典型合同予以规定。《民法典》合同编第十八章规定了勘察、设计合同(《民法典》第794条),施工合同(《民法典》第795条),委托监理合同(《民法典》第796条),但从整体规范来看,《民法典》合同编第十八章以施工合同作为其主要内容。

《民法典》合同编第十八章将建设工程合同作为承揽合同的子类型予以规定,该章没有规定的,适用承揽合同的有关规定(《民法典》第808条)。此外,《民法典》颁布以后,最高人民法院在废止和整合建设工程领域原有司法解释的基础上,公布了《建设工程施工合同解释(一)》,共45条。在建设工程合同领域,除《民法典》第十八章及司法解释的规定外,还存在《建设工程施工合同(示范文本)》《建设工程勘察合同(示范文本)》《建设工程设计合同示范文本(专业建设工程)》《建设工程设计合同示范文本(房屋建筑工程)》《建设项目工程总承包合同(示范文本)》《FIDIC施工合同条件》等建设工程领域的诸多示范文本。此等示范文本,在某种程度上构成了该领域的行业惯例。不仅如此,《招标投标法》《建筑法》《建设工程安全生产管理条例》《建设工程勘察设计管理条例》《建设工程质量管理条例》《建设工程勘察设计管理条例》等诸多法律法规也均涉及建设工程问题。

第一节 建设工程合同概述

一、建设工程合同的概念

建设工程合同是承包人进行工程建设,发包人支付价款的合同(《民法典》第788条第1款)。建设工程合同包括工程勘察、设计、施工合同(《民法典》第788条第2款)。

建设工程合同是概括名称,其中包括了多种合同类型,既可以是包括勘察、设计、施工等在内的总承包合同,也可以是分别与勘察人、设计人、施工人订立的勘察、设计、施工承包合同(《民法典》第791条)。故建设工程合同的具体给付内容应依具体的合同类型确定。建设工程合同与承揽合同一样,均为诺成、双务和有偿合同;但与承揽合同不同,建设工程合同为要式合同(《民法典》第789条)。

二、建设工程合同的类型

建设工程合同包括工程勘察、设计、施工合同。

建设工程勘察,是指根据建设工程的要求,查明、分析、评价建设场地的地质地理环境特征和岩土工程条件,编制建设工程勘察文件的活动(《建设工程勘察设计管理条例》第2条第2款)。建设工程设计,是指根据建设工程的要求,对建设工程所需的技术、经济、资源、环境等条件进行综合分析、论证,编制建设工程设计文件的活动(《建设工程勘察设计管理条例》第2条第3款)。勘察、设计合同的内容一般包括提交有关基础资料和概预算等文件的期限、质量要求、费用以及其他协作条件等条款(《民法典》第794条)。勘察、设计合同中,发包人负有及时提供有关基础资料和文件的义务、按期支付费用的义务、接受工作成果的义务以及协作义务;勘察人、设计人负有按期从事勘察、设计工作的义务、按照约定质量标准完成工作的义务,及时提交工作成果的义务以及相关附随义务等。[1] 勘察、设计的质量不符合要求或者未按照期限提交勘察、设计文件拖延工期,造成发包人损失的,勘察人、设计人应当继续完善勘察、设计,减收或者免收勘察、设计费并赔偿损失(《民法典》第800条)。

施工合同是指发包人与施工单位就完成建设工程的一定施工活动而达成的协议,主要包括建筑和安装。建筑是对工程进行营造的行为,安装主要是指与工程有关的线路、管道、设备等设施的装配。[2] 施工合同的内容一般包括工程范围、建设工期、中间交工工程的开工和竣工时间、工程质量、工程造价、技术资料交付时间、材料和设备供应责任、拨款和结算、竣工验收、质量保修范围和质量保证期、相互协作等条款(《民法典》第795条)。住房和城乡建设部等发布的《建设工程施工合同(示范文本)》则通过合同协议书、通用合同条款和专用合同条款三部分来构成施工合同的具体内容。

工程总承包与单项工程承包

按照承包方式之不同,建设工程合同也可以分为工程总承包合同和单项工程承包合同。建设工程的总承包,又称为"交钥匙承包",是指建设工程任务的总承包,发包人将建设工程的勘察、设计、施工等工程建设任务一并发包给一个具备相应的总承包资质条件的承包人,由该承包人负责工程的全部建设工作,直至工程竣工,向发包人交付经验收合格符合发包人要求的建设工程的发包承包方式。单项工程承包,是指发包人将建设工程中的勘察、设计、施工等不同工作任务,分别发包给勘察人、设计人、施工人,与其签订

---

〔1〕 王利明:《合同法》(下册),中国人民大学出版社2021年版,第231~232页。

〔2〕 黄薇主编:《中华人民共和国民法典合同编解读》(下册),中国法制出版社2020年版,第990页;胡康生主编:《中华人民共和国合同法释义》(第3版),法律出版社2013年版,第441页。

相应的承包合同。[1] 在单项工程承包情形下，各承包人与发包人之间分别形成各自的合同关系。建设工程实行总承包的，总承包单位应当对全部建设工程质量负责；建设工程勘察、设计、施工、设备采购的一项或者多项实行总承包的，总承包单位应当对其承包的建设工程或者采购的设备的质量负责（《建设工程质量管理条例》第 26 条第 3 款）。国家提倡实施工程总承包。例如，《建筑法》第 24 条第 1 款规定，“提倡对建筑工程实行总承包，禁止将建筑工程肢解发包”。当然，无论是工程总承包还是单项工程承包，发包人均不得支解分包“……发包人不得将应当由一个承包人完成的建设工程支解成若干部分发包给数个承包人”（《民法典》第 791 条第 1 款）。

工程实践中，还存在建设工程的转包和分包等现象。转包指的是建设工程的承包人将其承包的建设工程倒手转让给第三人，使该第三人实际上成为该建设工程新的承包人的行为。分包，指的是承包人承包建设工程后，将其承包的某一部分工程或某几部分工程，再发包给其他承包人，与其签订承包合同项下的分包合同的承包方式。与《民法典》第 772 条、第 773 条就第三人参与承揽工作的规制不同，为保证工程建设质量，避免质量风险隐患和纠纷隐患，建设工程领域中对转包和分包作出了严格的规制，禁止将其承包的全部建设工程转包或支解分包，而其他分包则需要经发包人之同意（《民法典》第 791 条）。 转包与分包

拓 展

建设工程领域，为了保证工程质量、合理控制工期等，发包人会委托由具有工程建设专业知识和实践经验的人员组成的工程监理单位来监督工程建设的实施。国家推行建筑工程监理制度（《建筑法》第 30 条第 1 款），建设工程监理已成为建设工程领域的基本做法。依《建设工程质量管理条例》第 12 条的规定，国家重点建设工程，大中型公用事业工程，成片开发建设的住宅小区工程，利用外国政府或者国际组织贷款、援助资金的工程以及国家规定必须实行监理的其他工程，必须实行监理。但值得注意的是，委托监理合同并非承揽合同的子类型，而是委托合同的子类型。依《民法典》第 796 条的规定，“建设工程实行监理的，发包人应当与监理人采用书面形式订立委托监理合同。发包人与监理人的权利和义务以及法律责任，应当依照本编委托合同以及其他有关法律、行政法规的规定”。 委托监理合同

第二节 建设工程合同的订立

一、建设工程合同的订立程序

（一）建设工程合同的招投标程序

建设工程合同的订立，亦适用合同订立的一般程序，需要当事人之间的意思表示一

〔1〕 黄薇主编：《中华人民共和国民法典合同编解读》（下册），中国法制出版社 2020 年版，第 997 页。

致。不过,建设工程合同应当采用书面形式(《民法典》第789条)。对于特定的建设工程合同,则须通过招投标程序订立合同。《民法典》第790条规定,“建设工程的招标投标活动,应当依照有关法律的规定公开、公平、公正进行”。不仅如此,在《招标投标法》《建筑法》等法律法规中,亦规定了特定的建设工程合同的订立必须通过招投标程序。例如,《招标投标法》第3条、《建筑法》第19条、《招标投标法实施条例》第8条第1款等的规定。根据《建设工程施工合同解释(一)》第1条的规定,建设工程必须进行招标而未招标或者中标无效的,应当依据《民法典》第153条第1款之规定认定建设工程合同无效。

(二)建设工程招投标程序与建设工程合同内容

招投标程序的强制性,不仅会影响到中标的效力及建设工程合同的效力,也与建设工程合同内容的确定密切相关。《招标投标法》第46条第1款规定,“招标人和中标人应当自中标通知书发出之日起三十日内,按照招标文件和中标人的投标文件订立书面合同。招标人和中标人不得再行订立背离合同实质性内容的其他协议”。[1] 之所以规定不得再行订立背离合同实质性内容的其他协议,乃是为了保证竞标人之间存在公开、公平、公正的竞标环境,若允许事后签订背离合同实质性内容的协议,就背离了招投标制度的初衷。建设工程领域,工程范围、建设工期、工程价款、工程质量都有可能构成“合同实质性内容”。

思　考

黑白合同的司法应对

建设工程领域,背离中标合同实质性内容另签协议的情况时有发生,出现“黑白合同”现象。中标合同被称为“白合同”,另行订立的与中标合同实质性内容不一致的合同被称为“黑合同”。[2] 两者之间的关系,亦时常出现争议。

当事人另行签订的与中标合同实质性内容不一致的其他协议,既有可能构成双方虚伪表示,亦有可能构成法律规避行为,当然,也不排除当事人之间合意变更合同的可能性等。若按照意思表示原理和合同变更的基本原理,应遵循意思自治原则,以真实意思表示确定双方当事人之间的合同内容,除非该协议无效(《民法典合同编通则解释》第14条)。但在建设工程合同领域,“黑白合同”的处理,并未完全遵循双方虚伪表示等理论,而是结合建设工程领域招投标的特点,一方面维护了中标合同的地位,另一方面就非必须招标合同扩大了意思自治的空间。具体来说,《建设工程施工合同解释(一)》第2条规定,“招标人和中标人另行签订的建设工程施工合同约定的工程范围、建设工期、工程质量、工程价款等实质性内容,与中标合同不一致,一方当事人请求按照

[1] 值得注意的是,合同并非自签订书面合同时成立,而是中标通知书到达时成立。对此,《民法典合同编通则解释》第4条第1款规定,“采取招标方式订立合同,当事人请求确认合同自中标通知书到达中标人时成立的,人民法院应予支持。合同成立后,当事人拒绝签订书面合同的,人民法院应当依据招标文件、投标文件和中标通知书等确定合同内容”。

[2] 关于建设工程领域“黑白合同”的司法实践统计分析,参见方乐坤:《建设工程领域“黑白合同”规则实证研究——解释论的视角》,载《现代法学》2020年第5期。

中标合同确定权利义务的，人民法院应予支持。招标人和中标人在中标合同之外就明显高于市场价格购买承建房产、无偿建设住房配套设施、让利、向建设单位捐赠财物等另行签订合同，变相降低工程价款，一方当事人以该合同背离中标合同实质性内容为由请求确认无效的，人民法院应予支持”。该司法解释第22条规定，“当事人签订的建设工程施工合同与招标文件、投标文件、中标通知书载明的工程范围、建设工期、工程质量、工程价款不一致，一方当事人请求将招标文件、投标文件、中标通知书作为结算工程价款的依据的，人民法院应予支持”。该司法解释第23条规定，“发包人将依法不属于必须招标的建设工程进行招标后，与承包人另行订立的建设工程施工合同背离中标合同的实质性内容，当事人请求以中标合同作为结算建设工程价款依据的，人民法院应予支持，但发包人与承包人因客观情况发生了在招标投标时难以预见的变化而另行订立建设工程施工合同的除外”。

二、建设工程合同的承包人资质

承包人资质与合同效力

在建设工程领域，我国现行法律多要求承包人具备一定的资质条件。《建筑法》第13条规定，“从事建筑活动的建筑施工企业、勘察单位、设计单位和工程监理单位，按照其拥有的注册资本、专业技术人员、技术装备和已完成的建筑工程业绩等资质条件，划分为不同的资质等级，经资质审查合格，取得相应等级的资质证书后，方可在其资质等级许可的范围内从事建筑活动”。《建筑法》第26条同时规定，“承包建筑工程的单位应当持有依法取得的资质证书，并在其资质等级许可的业务范围内承揽工程。禁止建筑施工企业超越本企业资质等级许可的业务范围或者以任何形式用其他建筑施工企业的名义承揽工程。禁止建筑施工企业以任何形式允许其他单位或者个人使用本企业的资质证书、营业执照，以本企业的名义承揽工程”。现行司法解释以违反强制性规定为由否定建设工程施工合同的效力，“承包人未取得建筑业企业资质或者超越资质等级的”，或者“没有资质的实际施工人借用有资质的建筑施工企业名义的”，应当依据《民法典》第153条第1款的规定认定建设工程施工合同无效[《建设工程施工合同解释(一)》第1条]。但是，承包人超越资质等级许可的业务范围签订建设工程施工合同，在建设工程竣工前取得相应资质等级，当事人请求按照无效合同处理的，人民法院不予支持[《建设工程施工合同解释(一)》第4条]。虽然从法律行为理论上来说，合同是否有效有再考的余地，但该司法解释仍然维持了长期以来形成的习惯规则，认为此类建设工程施工合同无效。

拓　展

资质出借与连带责任

建设工程施工合同特定资质的欠缺、资质的借用不仅会影响合同的效力，而且对当事人的责任承担亦会产生影响。对此，《建设工程施工合同解释(一)》第7条规定，“缺乏资质的单位或者个人借用有资质的建筑施工企业名义签订建设工程施工合同，发包人请求出借方与借用方对建设工程质量不合格等因出借资质造成的损失承担连带赔偿责任的,人民法院应予支持”。该条规定强调了连带赔偿责任中的“出借资质”与“损失”之间的因果关系。这一做法,既与关于“名义借用”的法律行为的相关原理并不相同,又与《建筑法》等法律的规定不尽一致。事实上,依《建筑法》,就出借资质时的建设工程质量救济问题,只要存在出借资质证书或名义的事实,无论是否具有因果关系,出借方与借用方均应就不符合质量标准的损失承担连带赔偿责任。《建筑法》第 66 条规定,“建筑施工企业转让、出借资质证书或者以其他方式允许他人以本企业的名义承揽工程的……对因该项承揽工程不符合规定的质量标准造成的损失,建筑施工企业与使用本企业名义的单位或者个人承担连带赔偿责任”。也就是说,《建设工程施工合同解释(一)》第 7 条所强调的“出借资质”与“损失”之间具备因果关系的连带赔偿责任,应当指《建筑法》第 66 条规定以外的“损失”。

三、建设工程合同的分包

(一)建设工程分包的合同效力与责任

根据《民法典》第 791 条第 1 款的规定,建设工程承包合同可以采取两种方式:第一,发包人将全部工程发包给一个总承包人完成,由该承包人对工程建设的全过程向发包人负责;第二,发包人也可以将建设工程中的勘察、设计、施工等不同工作任务,分别发包给勘察人、设计人、施工人,与其签订相应的承包合同。建设工程的发包是采取总承包方式还是单项工程承包方式,可以由发包人根据实际情况自行确定。但是不论发包人采取何种方式与承包人签订合同,都不得将建设工程支解发包,即不得将应当由一个承包人完成的建设工程支解成若干部分发包给几个承包人。

总承包人或者勘察、设计、施工承包人经发包人同意,可以将自己承包的部分工作交由第三人完成。第三人就其完成的工作成果与总承包人或者勘察、设计、施工承包人向发包人承担连带责任。承包人不得将其承包的全部建设工程转包给第三人或者将其承包的全部建设工程支解以后以分包的名义分别转包给第三人(《民法典》第 791 条第 2 款)。但值得注意的是,总承包人可以将部分工程分包,即建筑工程总承包单位可以将承包工程中的部分工程发包给具有相应资质条件的分包单位。但是,除总承包合同中约定的分包外,必须经建设单位认可。施工总承包的,建筑工程主体结构的施工必须由总承包单位自行完成(《建筑法》第 29 条第 1 款)。

思 考

交由第三人完成情形与承揽合同的不同

建设工程合同分包或交由第三人完成时的法律效果,与承揽合同情形并不相同,建设工程领域的规则构成了特别规则。承包人因转包、违法分包建设工程与他人签订的建设工程施工合同,应当依据《民法典》第 153 条第 1 款及第 791 条第 2 款、第 3 款的规定,认定无效[《建设工程施工合同解释(一)》第 1 条第 2 款]。另外,《民法典》第 806 条第 1 款也规定,承包人将建设工程转包、违法分包的,发包人可以解除合同。但与此不同,在承揽合同领域,若未经定作人同意将主要工作交由第三人完成的,定作人可以解除合同(《民法典》第772条第2款),仅仅就定作人的解除权作出了规定,但并未规定承揽人与第三人之间合同无效。在责任承担方面,两者也存在不同。在建设工程领域,经发包人同意将自己的部分工作交由第三人完成时,第三人就其完成的工作成果与承包人一起向发包人承担连带责任(《民法典》第791条第2款)。也就是说,第三人亦可同时直接向发包人负责。该规则源于我国《建筑法》的规定,即“建筑工程总承包单位按照总承包合同的约定对建设单位负责;分包单位按照分包合同的约定对总承包单位负责。总承包单位和分包单位就分包工程对建设单位承担连带责任”(《建筑法》第29条第2款)。但在承揽合同领域,则规定承揽人就该第三人完成的工作成果向定作人负责,并未规定第三人直接向定作人承担责任。也就是说,法律在建设工程领域突破了合同的相对性,通过法定的连带责任加重了分包人和第三人的责任。该规定适当加重分包人的责任、要求其承担连带责任的立法目的在于维护发包人的利益,保证工程的质量。[1] 不仅如此,在《建筑法》第67条中,违法分包之情形,并不限于就“第三人完成的工作成果”承担责任,而更是规定因工程不符合规定质量标准造成的损失,分包人和第三人均承担连带赔偿责任,即“承包单位有前款规定的违法行为的,对因转包工程或者违法分包的工程不符合规定的质量标准造成的损失,与接受转包或者分包的单位承担连带赔偿责任”(《建筑法》第67条第2款)。

分包的不同形式

从分包的表现形式来看,依现行法规范,至少存在多种形式的分包,如总承包情形的部分工程分包、经同意的分包、未经同意的分包、支解分包(实质上的转包)、无资质分包、有资质分包、专业工程分包、劳务作业分包等。因分包的表现形式多种多样,在司法实践中应根据分包类型的不同慎重判断不同合同的效力,不应“一刀切”地否定其合同效力。例如,具有劳务作业法定资质的承包人与总承包人、分包人签订的劳务分包合同,当事人请求确认无效的,人民法院依法不予支持[《建设工程施工合同解释(一)》第5条]。

(二)实际施工人的保护

“实际施工人”是司法解释创制的概念,通常包括转包合同的承包人、违法分包合同的承包人、缺乏相应资质而借用有建筑施工资质企业的名义与他人签订合同的单位或者个人,通常出现在建设工程转包、违法分包等领域,司法实践中,对于合法专业分包、劳务分包中的承包人不认定为实际施工人。[2] 关于实际施工人请求权的保护问题,相关司法解释也经历了一个变化的过程。目前,《建设工程施工合同解释(一)》第43条的规定:“实际施工人以转包人、违法分包人为被告起诉的,人民法院应当依法受理。实际施

[1] 黄薇主编:《中华人民共和国民法典合同编解读》(下册),中国法制出版社2020年版,第999页。
[2] 最高人民法院民事审判第一庭编著:《最高人民法院新建设工程施工合同司法解释(一)理解与适用》,人民法院出版社2021年版,第446页。

直接请求权与债权人代位权

工人以发包人为被告主张权利的，人民法院应当追加转包人或者违法分包人为本案第三人，在查明发包人欠付转包人或者违法分包人建设工程价款的数额后，判决发包人在欠付建设工程价款范围内对实际施工人承担责任。”第44条规定：“实际施工人依据民法典第五百三十五条规定，以转包人或者违法分包人怠于向发包人行使到期债权或者与该债权有关的从权利，影响其到期债权实现，提起代位权诉讼的，人民法院应予支持。”就两条规定的请求权构成来看，两者并不相同，其中第43条规定了实际施工人对发包人“欠付建设工程价款范围”内的直接请求权，而第44条则是遵循债权人代位权构成，并非直接请求权。

四、建设工程合同的无效

（一）建设工程合同无效的事由

因施工安全和工程质量事关社会公共利益，建设工程领域受到严格的监管。同样地，在合同效力认定方面，建设工程施工合同领域亦有特殊性，除了遵循法律行为无效的一般原理之外，在市场主体准入（如资质要件）、建设工程招投标程序、工程分包规制、建设工程规划等诸多方面都对建设工程施工合同的无效事由作出了细化规定[《建设工程施工合同解释（一）》第1～3条]。建设工程合同无效的事由通常包括承包人未取得建筑施工企业资质或超越资质等级，建设工程必须进行招标而未招标或中标无效，承包人转包、违法分包建设工程，发包人未取得建设工程规划许可证等规划审批手续，合同与备案的中标合同不同等。[1]

（二）建设工程施工合同无效时的特别处理

合同无效时的处理，通常依《民法典》第155～157条的规定予以处理。建设工程施工合同中，承包人所提供的服务和材料凝结为特定的工作成果，材料的还原和劳务的返还均存在困难之处；而且，建设工程施工也存在建设周期长、投资数额大等特点，若恢复原状会导致社会成本的巨大浪费。也正因如此，结合建设工程施工合同的特点，《民法典》第793条吸收有关司法解释的规定，对建设工程施工合同无效时的特殊处理规则作出了细化规定，即“建设工程施工合同无效，但是建设工程经验收合格的，可以参照合同关于工程价款的约定折价补偿承包人。建设工程施工合同无效，且建设工程经验收不合格的，按照以下情形处理：（一）修复后的建设工程经验收合格的，发包人可以请求承包人承担修复费用；（二）修复后的建设工程经验收不合格的，承包人无权请求参照合同关于工程价款的约定折价补偿。发包人对因建设工程不合格造成的损失有过错的，应当承担相应的责任”。从《民法典》第793条的规定来看，虽然该条规定“可以参照合同关于工程价款的约定折价补偿承包人”，但并不表明“无效合同按有效处理”。建设工程施工合同无效时的补偿规则，本质上是对《民法典》第157条规定的法律行为无效时“不能返还或者没有必要返还的，应当折价补偿”规则的细化，《民法典》第793条只是就折价补偿的前提、折价的标准作出了细化规定。

参照工程价款约定折价补偿

---

[1] 崔建远：《合同法》（第4版），北京大学出版社2021年版，第573～574页。

即使建设工程经验收不合格，但修复后的建设工程经验收合格的，发包人可以请求承包人承担修复费用。但此时工程亦属验收合格，可以依《民法典》第793条第1款之规定参照合同关于工程价款的约定折价补偿承包人。若建设工程经验收不合格，修复后的建设工程仍验收不合格的，依《民法典》第793条第2款第2项的规定，承包人无权请求参照合同关于工程价款的约定折价补偿。但值得注意的是，验收不合格，只是表明不能参照合同关于工程价款的约定折价补偿，并不是说无任何折价补偿。虽然多数学说认为，验收不合格，发包人有权拒绝该工程，此时承包人的利益不再值得保护，[1]而应当按照双方的过错来承担合同无效的赔偿责任。[2] 但本书认为，依《民法典》第157条之规定"不能返还或者没有必要返还的，应当折价补偿"，若不合格之工程，对于发包人仍具有利益的，仍然应当予以补偿，只是承包人无权请求参照适用合同工程价款之约定，需根据实际情况来确定补偿额。

验收合格与折价补偿

参照合同关于工程价款的约定进行折价补偿时还需注意引起建设工程施工合同无效之原因以及得以参照适用的工程价款的合同文本。例如，《建设工程施工合同解释(一)》第2条第2款规定，"招标人和中标人在中标合同之外就明显高于市场价格购买承建房产、无偿建设住房配套设施、让利、向建设单位捐赠财物等另行签订合同，变相降低工程价款，一方当事人以该合同背离中标合同实质性内容为由请求确认无效的，人民法院应予支持"。此种情形无效的折价补偿，则不能参照该背离中标合同实质性内容的合同的工程价款予以折价补偿，而应该根据该条第1款及《建设工程施工合同解释(一)》第22条之规定，参照适用中标合同约定的价款及招投标文件、中标通知书等结算工程款的依据予以折价补偿。此外，《建设工程施工合同解释(一)》第23条则对于非必须招标工程的工程款结算规制作了缓和规定，在特定情形下可以排除中标合同约定的工程款。第23条规定："发包人将依法不属于必须招标的建设工程进行招标后，与承包人另行订立的建设工程施工合同背离中标合同的实质性内容，当事人请求以中标合同作为结算建设工程价款依据的，人民法院应予支持，但发包人与承包人因客观情况发生了在招标投标时难以预见的变化而另行订立建设工程施工合同的除外。"该规定在合同无效情形下的折价补偿中亦需予以考虑。此外，对于存在数份合同之情形，《建设工程施工合同解释(一)》第24条规定，"当事人就同一建设工程订立的数份建设工程施工合同均无效，但建设工程质量合格，一方当事人请求参照实际履行的合同关于工程价款的约定折价补偿承包人的，人民法院应予支持。实际履行的合同难以确定，当事人请求参照最后签订的合同关于工程价款的约定折价补偿承包人的，人民法院应予支持"。

得以参照适用的合同文本

合同无效时，有过错的一方应当赔偿对方由此所造成的损失；各方都有过错的，应当各自承担相应的责任(《民法典》第157条)。但在建设工程合同领域，除了可以根据《民法典》第157条要求承担赔偿责任以外，《民法典》第793条第3款规定，"发包人对因建设工程不合格造成的损失有过错的，应当承担相应的责任"。此处之所以强调发包人对

发包人过错时的责任

---

〔1〕 王利明：《合同法》(下册)，中国人民大学出版社2021年版，第227页。

〔2〕 谢鸿飞、朱广新主编：《民法典评注·合同编·典型合同与准合同》(第3册)，中国法制出版社2020年版，第122页。

因建设工程不合格造成的损失有过错的情形,原因在于就合格之工程,即使合同无效,亦得以参照合同约定的工程价款予以折价补偿,而对于不合格之工程,承包人不得要求参照合同约定的工程价款予以折价补偿。因形成合同无效的原因各式各样,如发包人对于资质疏于审查、必须招标的工程发包人未招标、发包人未办理建设用地规划许可证等,发包人与承包人对于合同无效都存在过错。此时,本应依《民法典》第157条的过错赔偿责任予以处理,但因建设工程施工合同将建设工程合格与否与能否参照适用合同约定的工程价款折价补偿相挂钩,若对于建设工程不合格造成的损失,发包人存在过错,此时承包人又不能请求参照适用合同约定的工程价款予以折价补偿,势必对承包人极为不利,因此令发包人就此承担责任,以便维护承包人之利益。

拓 展

合同无效与损害赔偿

《建设工程施工合同解释(一)》第6条强调的是"建设工程施工合同无效"时的损害赔偿,并未特别强调《民法典》第793条规定的"对因建设工程不合格造成的损失有过错"的损害赔偿。《建设工程施工合同解释(一)》第6条规定:"建设工程施工合同无效,一方当事人请求对方赔偿损失的,应当就对方过错、损失大小、过错与损失之间的因果关系承担举证责任。损失大小无法确定,一方当事人请求参照合同约定的质量标准、建设工期、工程价款支付时间等内容确定损失大小的,人民法院可以结合双方过错程度、过错与损失之间的因果关系等因素作出裁判。"该条司法解释规定了合同无效时的损害赔偿的证明责任,特别强调了要就对方的过错承担举证责任。

第三节　建设工程合同的效力

一、承包人的义务

(一)工程建设义务

《民法典》第788条第1款规定,"建设工程合同是承包人进行工程建设,发包人支付价款的合同"。据此,"进行工程建设"构成了承包人的基本义务之一。工程建设义务,主要包括在约定的期限内开始工程建设和在约定的期限内交付。承包人迟延履行的,应当承担责任(《民法典》第800条、第801条)。在工程建设义务中,工期的判断十分重要,未在约定工期内完成工程的,应当承担逾期违约责任。

依《民法典》第795条的规定,建设工期是建设工程施工合同中的重要内容,是施工合同的必备条款。同时,工期与开工、竣工时间、工程日期的顺延等密切相关,实践中亦经常发生争议,司法解释也屡次对此作出解释。

开工日期是计算工期的起始点,直接影响工期的认定。关于开工日期,《建设工程施工合同解释(一)》第8条规定:"当事人对建设工程开工日期有争议的,人民法院应当分别按照以下情形予以认定:(一)开工日期为发包人或者监理人发出的开工通知载明的开工日期；开工通知发出后，尚不具备开工条件的，以开工条件具备的时间为开工日期；因承包人原因导致开工时间推迟的，以开工通知载明的时间为开工日期。（二）承包人经发包人同意已经实际进场施工的，以实际进场施工时间为开工日期。（三）发包人或者监理人未发出开工通知，亦无相关证据证明实际开工日期的，应当综合考虑开工报告、合同、施工许可证、竣工验收报告或者竣工验收备案表等载明的时间，并结合是否具备开工条件的事实，认定开工日期。”

开工日期

竣工日期亦是判断工期的重要事项，且涉及工程价款及其利息的起算、违约金的计算等，实践中多有争议。为解决审判实践中关于竣工日期的争议问题，《建设工程施工合同解释（一）》第 9 条对此也作了规定：“当事人对建设工程实际竣工日期有争议的，人民法院应当分别按照以下情形予以认定：（一）建设工程经竣工验收合格的，以竣工验收合格之日为竣工日期；（二）承包人已经提交竣工验收报告，发包人拖延验收的，以承包人提交验收报告之日为竣工日期；（三）建设工程未经竣工验收，发包人擅自使用的，以转移占有建设工程之日为竣工日期。”但值得注意的是，《建设工程施工合同（示范文本）》第 13.2.3 条则规定，“工程经竣工验收合格的，以承包人提交竣工验收申请报告之日为实际竣工日期，并在工程接收证书中载明；因发包人原因，未在监理人收到承包人提交的竣工验收申请报告 42 天内完成竣工验收，或完成竣工验收不予签发工程接收证书的，以提交竣工验收申请报告的日期为实际竣工日期；工程未经竣工验收，发包人擅自使用的，以转移占有工程之日为实际竣工日期”。《建设工程施工合同（示范文本）》的规定与司法解释并不相同。若当事人之间采用了《建设工程施工合同（示范文本）》的规定，应当尊重当事人之意思，工程经竣工验收合格的，应当以承包人提交竣工验收申请报告之日为实际竣工日期，而不是该司法解释中的“竣工验收合格之日”。[1]

竣工日期

在按照合同约定时间开工的情况下，实际竣工日期晚于约定竣工日期即可证明工程逾期。此时承包人为免其责任需举证证明工期得以顺延。但工期的顺延，需具备工期顺延的事由。例如，《民法典》第 798 条规定的发包人未及时检查隐蔽工程时的工期顺延、《民法典》第 803 条规定的发包人违反材料提供义务导致的工期顺延、《建设工程施工合同解释（一）》第 11 条规定的工程质量争议且工程质量经鉴定合格时的质量鉴定期间的工期顺延等。工期的顺延，须经申请和确认，即“当事人约定顺延工期应当经发包人或者监理人签证等方式确认，承包人虽未取得工期顺延的确认，但能够证明在合同约定的期限内向发包人或者监理人申请过工期顺延且顺延事由符合合同约定，承包人以此为由主张工期顺延的，人民法院应予支持。当事人约定承包人未在约定期限内提出工期顺延申请视为工期不顺延的，按照约定处理，但发包人在约定期限后同意工期顺延或者承包人提出合理抗辩的除外”（《建设工程施工合同解释（一）》第 10 条）。

工期顺延

---

〔1〕 在《民法典》编纂过程中，笔者曾建议采纳建设工程实践中的习惯做法，提交竣工验收申请报告之日为实际竣工日期。参见周江洪：《关于〈民法典合同编〉（草案）（二次审议稿）的若干修改建议》，载《法治研究》2019 年第 2 期。但司法实践中，有观点认为应当以竣工验收合格之日作为实际竣工日期，参见最高人民法院民事审判第一庭编著：《最高人民法院新建设工程施工合同司法解释（一）理解与适用》，人民法院出版社 2021 年版，第 102 页。

承包人虽然负有工程建设义务，但亦会因各种原因中途停建或缓建。因发包人的原因致使工程中途停建、缓建的，发包人应当采取措施弥补或者减少损失，赔偿承包人因此造成的停工、窝工、倒运、机械设备调迁、材料和构件积压等损失和实际费用（《民法典》第804条）。

（二）瑕疵担保义务、质量保证责任与保修义务

《民法典》建设工程合同章就勘察设计瑕疵（《民法典》第800条）、施工工程质量瑕疵（《民法典》第801条）以及建设工程对第三人的损害（《民法典》第802条）作出了规定。

1. 瑕疵担保义务

勘察、设计的质量不符合要求或者未按照期限提交勘察、设计文件拖延工期，造成发包人损失的，勘察人、设计人应当继续完善勘察、设计，减收或者免收勘察、设计费并赔偿损失（《民法典》第800条）。勘察设计的质量需符合要求，指的是符合法律、行政法规的规定，符合建设工程质量、安全标准，符合建设工程勘察、设计的技术规范，符合合同的约定。[1]《建设工程勘察设计管理条例》是其中重要的规范指引。

建设工程质量不符合约定的，承包人应当承担违约责任。但除《民法典》第577条、第582条及第781条规定外，《民法典》第801条就施工人的建设工程质量责任专门作出了规定："因施工人的原因致使建设工程质量不符合约定的，发包人有权请求施工人在合理期限内无偿修理或者返工、改建。经过修理或者返工、改建后，造成逾期交付的，施工人应当承担违约责任。"与《民法典》第582条、第781条，以及与前述第800条规定的勘察、设计人"减收或者免收勘察、设计费"不同的是，《民法典》第801条并未规定"减少报酬"这一救济方式。从条文文义上来说，与《民法典》第582条、第781条规定的债权人得以"合理选择"不同，发包人不同的救济方式具有顺位性——需先请求修理或返工、改建，而不能优先选择"减少报酬（工程价款）"这一救济方式。只有采取瑕疵补救措施后造成逾期交付的，始有违约责任的承担。而此等违约责任的承担，依《民法典》第582条、第781条的文义，可容纳"减少报酬（工程价款）"这一救济方式。而《建设工程施工合同解释（一）》第12条明确规定了减少工程价款的请求权，即"因承包人的原因造成建设工程质量不符合约定，承包人拒绝修理、返工或者改建，发包人请求减少支付工程价款的，人民法院应予支持"。当然，依该条规定，得以请求减少支付工程价款的，仍然以"拒绝修理、返工或者改建"为前提。

救济方式的顺位性

另外，从《民法典》第801条的文义上来看，建设工程质量不符合约定的责任主体是"施工人"，此处指的是与发包人签订建设工程施工合同的承包人，而不包括实际施工人等。[2] 其他从事施工的人，其责任承担则视相应的规范是否规定承担连带责任而定（例如，《民法典》第791条第2款规定的完成工作的第三人的连带责任等）。

---

〔1〕 黄薇主编：《中华人民共和国民法典合同编解读》（下册），中国法制出版社2020年版，第1025～1027页。

〔2〕 最高人民法院民法典贯彻实施工作领导小组主编：《中华人民共和国民法典合同编理解与适用（三）》，人民法院出版社2020年版，第1997页；谢鸿飞、朱广新主编：《民法典评注·合同编·典型合同与准合同》（第3册），中国法制出版社2020年版，第150页。

2. 质量保证责任与保修义务

在建设工程领域，通常存在约定和法定的质量保证和保修义务。虽然《产品质量法》将建设工程排除在《产品质量法》的适用范围之外，但《民法典》侵权责任编对建筑工程及其搁置物、悬挂物发生脱落、坠落或倒塌致人损害的责任作出了规范。《民法典》第802条对此也规定，“因承包人的原因致使建设工程在合理使用期限内造成人身损害和财产损失的，承包人应当承担赔偿责任”。该条规定的损害赔偿责任，并不限于发包人的损失，亦与通常的瑕疵担保义务不同，是对“合理使用期限内”的工程质量缺陷问题承担责任。若同时对发包人造成损失，则构成违约损害赔偿与侵权损害赔偿的聚合。从合同的视角言，该条发挥着类似“附保护第三人作用契约”之功能。[1]

建设工程领域的合理使用期限、缺陷责任期和保修期，其含义各不相同。合理使用期限，一般自交付发包人时起算，一般产品的生产者对其产品的质量缺陷承担损害赔偿责任的责任期限通常不超过自产品交付使用最初用户起10年，与此不同，建设工程承包人应当在该建设工程合理使用期限内对整个工程质量安全承担责任。该期限根据建设工程的不同情况予以确定，通常按国务院有关主管部门制定的标准予以认定。如《民用建筑设计统一标准》中按民用建筑的主体结构确定的建筑耐久年限将合理使用期限分为四级等。 合理使用期限

缺陷责任期在建设工程领域相关规章中多有规定。例如，《建设工程质量保证金管理办法》第2条第1款规定，“本办法所称建设工程质量保证金（以下简称保证金）是指发包人与承包人在建设工程承包合同中约定，从应付的工程款中预留，用以保证承包人在缺陷责任期内对建设工程出现的缺陷进行维修的资金”。第3款规定：“缺陷责任期一般为1年，最长不超过2年，由发、承包双方在合同中约定。”该办法第8条规定，“缺陷责任期从工程通过竣工验收之日起计。承包人原因导致工程无法按规定期限进行竣工验收的，缺陷责任期从实际通过竣工验收之日起计。发包人原因导致工程无法按规定期限进行竣工验收的，在承包人提交竣工验收报告90天后，工程自动进入缺陷责任期”。该办法第9条规定，“缺陷责任期内，由承包人原因造成的缺陷，承包人应负责维修，并承担鉴定及维修费用。如承包人不维修也不承担费用，发包人可按合同约定从保证金或银行保函中扣除，费用超出保证金额的，发包人可按合同约定向承包人进行索赔。承包人维修并承担相应费用后，不免除对工程的损失赔偿责任。由他人原因造成的缺陷，发包人负责组织维修，承包人不承担费用，且发包人不得从保证金中扣除费用”。 缺陷责任期

另外，《建筑法》第62条规定了质量保修制度及其保修期，即“建筑工程实行质量保修制度。建筑工程的保修范围应当包括地基基础工程、主体结构工程、屋面防水工程和其他土建工程，以及电气管线、上下水管线的安装工程，供热、供冷系统工程等项目；保修 保修期

---

〔1〕 当然，亦有学说认为，若对第三人造成损害，则应当适用《民法典》侵权责任编的相关规定处理，如第1252条等[参见王利明：《合同法》（下册），中国人民大学出版社2021年版，第242页；杨代雄主编：《袖珍民法典评注》，中国民主法制出版社2022年版，第741页]；还有学说认为《民法典》第802条规定的是“侵权损害赔偿责任”[参见谢鸿飞、朱广新主编：《民法典评注·合同编·典型合同与准合同》（第3册），中国法制出版社2020年版，第154页]。

的期限应当按照保证建筑物合理寿命年限内正常使用，维护使用者合法权益的原则确定。具体的保修范围和最低保修期限由国务院规定”。对此，《建设工程质量管理条例》第39～41条规定了建设工程质量保修制度，其中，第40条规定了建设工程不同部分的保修期限。第41条规定：“建设工程在保修范围和保修期限内发生质量问题的，施工单位应当履行保修义务，并对造成的损失承担赔偿责任。”

质量保证金与质量保修金

工程建设领域中，质量保证金与缺陷责任期挂钩，而并不与保修期挂钩。缺陷责任期内的质量缺陷修复义务与保修期内质量保修义务存在不同。缺陷责任期是扣留工程质量保证金的期限，缺陷责任期内承包人承担的是质量缺陷修复义务，保修期内承包人承担的是保修义务。[1] 对此，《建设工程施工合同解释（一）》第17条亦规定，“有下列情形之一，承包人请求发包人返还工程质量保证金的，人民法院应予支持：（一）当事人约定的工程质量保证金返还期限届满；（二）当事人未约定工程质量保证金返还期限的，自建设工程通过竣工验收之日起满二年；（三）因发包人原因建设工程未按约定期限进行竣工验收的，自承包人提交工程竣工验收报告九十日后当事人约定的工程质量保证金返还期限届满；当事人未约定工程质量保证金返还期限的，自承包人提交工程竣工验收报告九十日后起满二年。发包人返还工程质量保证金后，不影响承包人根据合同约定或者法律规定履行工程保修义务”。

保修义务

《民法典》并未明确规定承包人的保修义务，但从《民法典》第801条的“合理期限内无偿修理”可部分推出其保修义务。另外，《建筑法》及《建设工程质量管理条例》均规定了质量保修制度，建设工程合同的示范文本也多有约定。《建设工程施工合同解释（一）》第18条对此作出了规定：“因保修人未及时履行保修义务，导致建筑物毁损或者造成人身损害、财产损失的，保修人应当承担赔偿责任。保修人与建筑物所有人或者发包人对建筑物毁损均有过错的，各自承担相应的责任。”

（三）通知义务

隐蔽工程在隐蔽以前，承包人应当通知发包人检查。发包人没有及时检查的，承包人可以顺延工程日期，并有权请求赔偿停工、窝工等损失（《民法典》第798条）。

（四）容忍义务（接受检查的义务）

《民法典》第797条规定，“发包人在不妨碍承包人正常作业的情况下，可以随时对作业进度、质量进行检查”。

与一般的承揽合同不同，在承揽合同领域承揽人“应当接受定作人必要的监督检验”，建设工程领域则是“可以随时对作业进度、质量进行检查”，承包人对此须予以容忍。承包人违反接受发包人检查义务的，发包人当如何救济，《民法典》并未作出规定。与承揽合同部分阐述的一样，若是拒不接受合理的检查，发包人得以信赖关系受破坏致使无法实现合同目的为由解除合同。

---

[1] 最高人民法院民事审判第一庭编著：《最高人民法院新建设工程施工合同司法解释（一）理解与适用》，人民法院出版社2021年版，第171页。

二、发包人的义务

（一）工程价款支付义务

1. 计价标准或计价方法

工程价款的计算方式，存在工程定额计价、工程量清单计价、总价方式、成本加酬金方式等方式，当事人通常会在合同中予以约定。当事人对建设工程的计价标准或者计价方法有约定的，按照约定结算工程价款［《建设工程施工合同解释（一）》第19条第1款］。实践中，会出现建设工程施工合同约定的工程款结算标准与建筑行业主管部门发布的工程定额标准以及造价计价办法不一致的情形，工程定额标准属于政府指导价范畴，此时，只要当事人的约定不存在无效之情形，应当尊重当事人意思自治，工程款结算以当事人约定为准。但是，因设计变更导致建设工程的工程量或者质量标准发生变化，当事人对该部分工程价款不能协商一致的，可以参照签订建设工程施工合同时当地建设行政主管部门发布的计价方法或者计价标准结算工程价款［《建设工程施工合同解释（一）》第19条第2款］。值得注意的是，在建设工程合同无效之情形下，若建设工程验收合格，当事人约定的工程价款则是得以参照适用的折价标准。若建设工程施工合同有效，但工程验收不合格时，应当如何结算工程价款，是实践中重要的问题之一。对此，《建设工程施工合同解释（一）》第19条第3款规定，“建设工程施工合同有效，但建设工程经竣工验收不合格的，依照民法典第五百七十七条规定处理”。此时按照违约责任予以处理。之所以如此，主要是认为合同无效与合同有效的处理方式，两者在性质上存在显著差别，不能相互等同。既然按照《民法典》第577条的规定予以处理，其实质是承包人存在违约行为应承担违约责任，其中当然也包括第582条规定的减少价款等在内的补救措施。

计价标准

工程价款的计算，存在工程量清单计价的方式，住房和城乡建设部亦出台有《建设工程工程量清单计价规范》。但在工程量的计算和确认上，关于工程量的证明，实践中多出现争议。《建设工程施工合同解释（一）》第20条对此作出了规定，“当事人对工程量有争议的，按照施工过程中形成的签证等书面文件确认。承包人能够证明发包人同意其施工，但未能提供签证文件证明工程量发生的，可以按照当事人提供的其他证据确认实际发生的工程量”。实践中，当事人亦可能约定按照固定价格结算工程款。对此，《建设工程施工合同解释（一）》第28条规定，“当事人约定按照固定价结算工程价款，一方当事人请求对建设工程造价进行鉴定的，人民法院不予支持”。当然，按照固定价结算工程价款，虽然原则上不应做调整，但若因设计变更导致建设工程的工程量或者质量标准发生变化等情形，则可依《建设工程施工合同解释（一）》第19条第2款之规定，就工程价款做适当增减。

工程量清单计价与固定价结算

拓 展

依《民法典》第799条，工程价款的支付与工程的验收密切相关。工程价款结算的大致过程：竣工验收合格后，承包人提交工程竣工结算申请，监理人对此进行核查并报送发包人,发包人完成审批后签发竣工付款证书。但实践中常出现承包人提交竣工结算申请后,发包人逾期未完成审批且未提出异议,此时该如何处理,实践中多有争议。《建设工程施工合同解释(一)》第21条对此作出规定,"当事人约定,发包人收到竣工结算文件后,在约定期限内不予答复,视为认可竣工结算文件的,按照约定处理。承包人请求按照竣工结算文件结算工程价款的,人民法院应予支持"。

竣工结算申请与工程价款结算

2. 工程价款的支付时期

关于工程价款的支付时期,与承揽合同一样,原则上为后付主义。例如,《民法典》第799条第1款规定:"建设工程竣工后,发包人应当……及时进行验收。验收合格的,发包人应当按照约定支付价款,并接收该建设工程……"该规定亦在某种程度上表明,工程价款支付的清偿期应当为"验收合格"之后。当然,工程实践中,亦存在按照工程进度支付部分进度款的习惯或约定。对此,《建设工程施工合同解释(一)》第27条规定:"利息从应付工程价款之日开始计付。当事人对付款时间没有约定或者约定不明的,下列时间视为应付款时间:(一)建设工程已实际交付的,为交付之日;(二)建设工程没有交付的,为提交竣工结算文件之日;(三)建设工程未交付,工程价款也未结算的,为当事人起诉之日。"该规则被认为符合建筑业的实际情况。[1] 但是,从《民法典》的体系解释和当事人意思自治角度而言,若对付款时间没有规定或者约定不明的,首先应允许当事人通过协议补充,而不是直接适用《建设工程施工合同解释(一)》第27条。该条规定最多得以构成《民法典》第510条意义上的"交易习惯"而已,是司法解释机关根据建设工程领域的交易习惯所作的解释。同时,需注意的是,适用《建设工程施工合同解释(一)》第27条的前提是"当事人对付款时间没有约定或者约定不明",若当事人对此作了不同约定,依当事人之约定。例如,依前述《建设工程施工合同(示范文本)》第14.2条规定,工程价款的支付,与竣工验收的流程密切相关,竣工结算申请、竣工付款证书等构成了工程款支付时点判断的重要基准,而并非如同《建设工程施工合同解释(一)》第27条一样区分工程之交付与否予以不同处理,更不会是该司法解释所规定的"提交竣工结算文件之日"。[2]

工程价款付款时间与意思自治

另外,如同《民法典》第782条一样,建设工程合同虽然要求验收合格时承包人有工程价款给付请求权。但在特定情形下,也肯定部分交付时的工程价款请求权。《建设工程施工合同解释(一)》第39条规定了未竣工情形下承包人就承建工程部分享有的建设工程价款法定优先权,这也同样表明部分交付工作成果时的报酬请求的可能性。但其具

---

[1] 最高人民法院民事审判第一庭编著:《最高人民法院新建设工程施工合同司法解释(一)理解与适用》,人民法院出版社2021年版,第277页。

[2] 该司法解释之所以采取竣工结算文件提交的时间节点,其理由为:建设工程已经竣工验收合格,应当认定承包人完成了合同的主要义务,实务中,许多发包人故意拖延审核承包人提交的竣工结算报告以达到推延支付工程价款的目的,以承包人提交竣工结算文件的时间作为工程价款结算的时间,有利于督促发包人行使权利,尽快审核工程竣工结算报告,及时支付工程价款。平衡利弊后,最终确定了现行条款内容。参见最高人民法院民事审判第一庭编著:《最高人民法院新建设工程施工合同司法解释(一)理解与适用》,人民法院出版社2021年版,第281页。

体构成要件,需通过解释予以补充。

3. 工程欠款利息计付标准及计付日期

在建设工程合同领域,《建设工程施工合同解释(一)》第 26 条专门就工程欠款的利息计算作了规定:"当事人对欠付工程价款利息计付标准有约定的,按照约定处理。没有约定的,按照同期同类贷款利率或者同期贷款市场报价利率计息。"利息的给付日期,则按该司法解释第 27 条的规定"利息从应付工程价款之日开始计付"。

4. 建设工程合同解除时的工程价款

《民法典》第 806 条第 3 款规定,"合同解除后,已经完成的建设工程质量合格的,发包人应当按照约定支付相应的工程价款;已经完成的建设工程质量不合格的,参照本法第七百九十三条的规定处理"。该款规定的工程价款支付,本质上是《民法典》第 782 条关于承揽合同部分交付工程成果时的相应价款请求权的体现,但该条款与第 782 条不同,考虑到建设工程合同的特殊性,以质量合格与否作为承包人是否享有工程价款请求权的前提条件。值得注意的是,《建设工程施工合同解释(一)》区分了合同有效情形与无效情形的违约责任与折价补偿(《建设工程施工合同解释(一)》第 19 条第 3 款),但在合同解除情形下,《民法典》第 806 条并未作如此区分,而是援引合同无效情形的规则予以参照适用。但是,参照适用第 793 条并不表明因违约而解除合同时不承担违约责任。

5. 建设工程价款债权法定优先权

建设工程价款优先权是建设工程领域司法适用的重点问题之一。《民法典》第 807 条延续了原《合同法》第 286 条的规定,即"发包人未按照约定支付价款的,承包人可以催告发包人在合理期限内支付价款。发包人逾期不支付的,除根据建设工程的性质不宜折价、拍卖外,承包人可以与发包人协议将该工程折价,也可以请求人民法院将该工程依法拍卖。建设工程的价款就该工程折价或者拍卖的价款优先受偿"。

拓 展

法定优先权的法理基础

多数学说认为,建设工程价款债权法定优先权的立法目的在于保障建设工程承包人的优先受偿权,保障工程款债权能够得到及时实现,从而维护农民工等弱势群体的利益;[1]该规定是为了切实解决拖欠工程款的问题,保障承包人价款债权的实现。[2]但本书认为,该法定优先权对于建筑工人的保护只是一种间接保护、反射保护,之所以赋予承包人法定优先权,乃是因为在建设过程中劳务、材料等凝结在建筑物中,承包人的投入不可逆转地形成了建设工程,所以赋予其价款债权优先权具有合理性。

(1)建设工程价款债权法定优先权的前提条件

建设工程价款债权法定优先权的行使前提是发包人经承包人催告仍逾期不支付工

[1] 王利明:《合同法》(下册),中国人民大学出版社 2021 年版,第 244 页。

[2] 黄薇主编:《中华人民共和国民法典合同编解读》(下册),中国法制出版社 2020 年版,第 1044 页。

程价款。[1] 因此,承包人的价款请求权首先应达到付款条件。而在工程价款支付条件中,如前所述,在我国,工程质量合格与否是能否请求工程价款或者参照工程价款予以折价补偿的关键。同样地,在行使建设工程价款债权法定优先权时,亦遵循这一标准。对此,《建设工程施工合同解释(一)》第38条规定,“建设工程质量合格,承包人请求其承建工程的价款就工程折价或者拍卖的价款优先受偿的,人民法院应予支持”。该司法解释第39条规定,“未竣工的建设工程质量合格,承包人请求其承建工程的价款就其承建工程部分折价或者拍卖的价款优先受偿的,人民法院应予支持”。

(2)建设工程价款的含义

承包人行使建设工程价款法定优先权得以优先受偿的债权范围,依《民法典》第807条的规定为“价款”,但对于其具体的范围,亦有争议,司法实践中的相关规范亦有一个变化的过程。对此,《建设工程施工合同解释(一)》第40条规定,“承包人建设工程价款优先受偿的范围依照国务院有关行政主管部门关于建设工程价款范围的规定确定。承包人就逾期支付建设工程价款的利息、违约金、损害赔偿金等主张优先受偿的,人民法院不予支持”。从这层意义上来说,司法解释规定的得以优先受偿的工程价款不仅仅是材料、劳力的凝结,而且还是行政主管部门公布的工程价款范围,这里还包括了合理的利润等。[2] 当然,将合理的利润包含在优先受偿范围之内,前述关于以材料、劳力的物化凝结来说明法定优先权的合理性则会有所削弱。

工程价款的范围

另外,“垫资”是否属于建设工程价款法定优先权得以优先受偿的债权范围,亦有争议。垫资性质上属于为完成建设工程合同而实际发生的费用,而且该垫付资金已经物化为建设工程的组成部分;[3] 同时,《建设工程施工合同解释(一)》第25条第2款规定“当事人对垫资没有约定的,按照工程欠款处理”,作为“工程欠款”,亦属于广义上的“工程价款”之组成部分。因此,垫资亦应当纳入优先受偿的范围之内。

(3)不得作为折价、拍卖对象的工程

“根据建设工程的性质不宜折价、拍卖”的工程,不得作为折价、拍卖的对象,意味着对其不能行使建设工程价款法定优先权。如国家重点工程、具有特定用途的工程等不宜折价或者拍卖;应当拆除的违章建筑,无法折价或者拍卖。[4] 同样地,《民法典》第399条规定的关于禁止抵押的财产范围,对于“根据建设工程的性质不宜折价、拍卖”的判断也具有重要的参照适用意义。

另外,装修装饰工程虽然不属于“不得作为折价、拍卖对象的工程”的范畴,但在实

---

〔1〕 也有观点认为,《民法典》第807条规定的“逾期”,既可以理解为催告后的“合理期限”的逾期,也可以是发包人应当支付价款的期限的逾期,并认为发包人依合同期限支付价款是其应尽的义务,采用后一种理解更为合理。参见最高人民法院民事审判第一庭编著:《最高人民法院新建设工程施工合同司法解释(一)理解与适用》,人民法院出版社2021年版,第374页。本书认为,虽然《民法典》第807条文义上倾向于前一理解,但从制度目的角度而言,后一理解更为妥当。

〔2〕 最高人民法院民事审判第一庭编著:《最高人民法院新建设工程施工合同司法解释(一)理解与适用》,人民法院出版社2021年版,第413页。

〔3〕 王利明:《合同法》(下册),中国人民大学出版社2021年版,第245页。

〔4〕 黄薇主编:《中华人民共和国民法典合同编解读》(下册),中国法制出版社2020年版,第1046页。

践中,能否行使建设工程价款法定优先权经常会产生争议。对此,一般来说,居民为自己居住而建造住宅、修缮房屋、家庭装修装饰,企业建设临时简易房屋建筑等都属于承揽事项,不属于建设工程范围。但在建设工程价款法定优先权上,《建设工程施工合同解释(一)》第37条采取了务实的做法,将装饰装修工程价款优先权纳入了《民法典》第807条的范畴。该解释第37条规定,"装饰装修工程具备折价或者拍卖条件,装饰装修工程的承包人请求工程价款就该装饰装修工程折价或者拍卖的价款优先受偿的,人民法院应予支持"。当然,肯定装饰装修工程价款优先权并不表明所有的装饰装修工程合同必然是建设工程合同,尤其是并不表明所有的装饰装修工程合同必然要受制于《建设工程施工合同解释(一)》中关于承包人资质的诸多合同效力规范。

装饰装修工程与法定优先权

(4)建设工程价款法定优先权与其他权利的关系

作为法定优先权,建设工程价款法定优先权与其他权利之间的关系,是关涉其优先效力的基本问题,亦是实践中的重要争点之一。在实现该优先权时,会影响到其他权利主体的权利,会涉及权利保护之间的平衡和权利顺位问题,如与《民法典》第402条规定的在建工程抵押权之间的关系等。对此,《建设工程施工合同解释(一)》第36条规定,"承包人根据民法典第八百零七条规定享有的建设工程价款优先受偿权优于抵押权和其他债权"。从该司法解释的规定来看,其并未遵循以登记先后作为担保物权优先效力的基本规则,优先权或担保权产生的时间先后也不是判断建设工程价款法定优先权优先顺位的标准,而是认为建设工程价款法定优先权优于抵押权,否则因建设工程价款请求权的产生需具备特定条件,会导致抵押权的设立通常会早于建设工程价款法定优先权的成立,进而使该优先权实际上就变得没有任何意义[1]。这也进一步表明,我国司法实践中并未将该优先权作为担保物权对待,否则无法与《民法典》第414条形成体系性协调。

拓　展

就人民法院在审理房地产开发企业因商品房已售逾期难交付引发的相关纠纷案件中涉及的商品房消费者权利保护问题,最高人民法院《关于商品房消费者权利保护问题的批复》进一步明确了商品房消费者权利在特定条件下优先于建设工程价款法定优先权。其中,该司法解释第2条规定,"商品房消费者以居住为目的购买房屋并已支付全部价款,主张其房屋交付请求权优先于建设工程价款优先受偿权、抵押权以及其他债权的,人民法院应当予以支持。只支付了部分价款的商品房消费者,在一审法庭辩论终结前已实际支付剩余价款的,可以适用前款规定"。第3条规定,"在房屋不能交付且无实际交付可能的情况下,商品房消费者主张价款返还请求权优先于建设工程价款优先受偿权、抵押权以及其他债权的,人民法院应当予以支持"。

商品房消费者的特别保护

[1] 最高人民法院民事审判第一庭编著:《最高人民法院新建设工程施工合同司法解释(一)理解与适用》,人民法院出版社2021年版,第374~375页。

(5)建设工程价款法定优先权的行使期限

行使期限的起算

建设工程价款法定优先权的行使期限,亦是在《民法典》编纂过程中受争议的问题之一。对此,《建设工程施工合同解释(一)》第41条规定,“承包人应当在合理期限内行使建设工程价款优先受偿权,但最长不得超过十八个月,自发包人应当给付建设工程价款之日起算”。之所以不以催告后的合理期限起算,原因在于:承包人的催告,是督促发包人支付工程价款的手段而已,催告具有时效中断、产生解除权等效力,但其与优先权的产生并不具有必然联系。从《民法典》第199条的规定来看,自知道或者应当知道权利产生之日起计算。工程价款履行期届至,承包人自然得以请求其工程价款,同时也会积极准备各种权利行使手段,优先权的行使也自动纳入其视野。而此时,可能会采取催告支付价款的手段,在催告后发包人仍逾期支付时,承包人会选择进入优先权的实现过程。因此,《民法典》第807条的催告,只不过是优先权行使的程序问题,而并非优先权产生的前提问题。工程价款优先权,其本质上是确保凝结在工程中的劳务、材料等的优先受偿,因此,从发包人迟延履行其工程价款时起,保障该债权实现的法定优先权也就随之产生。

执行过程中的主张与法定优先权的行使

典型案例 中天建设集团有限公司诉河南恒和置业有限公司建设工程施工合同纠纷案(指导案例171号)

[裁判要点]

执行法院依其他债权人的申请,对发包人的建设工程强制执行,承包人向执行法院主张其享有建设工程价款优先受偿权且未超过除斥期间的,视为承包人依法行使了建设工程价款优先受偿权。发包人以承包人起诉时行使建设工程价款优先受偿权超过除斥期间为由进行抗辩的,人民法院不予支持。

(6)优先权的放弃或限制特约

不仅是期限问题,司法解释还对放弃或者限制优先权的约定的效力作出规定。《建设工程施工合同解释(一)》第42条规定,“发包人与承包人约定放弃或者限制建设工程价款优先受偿权,损害建筑工人利益,发包人根据该约定主张承包人不享有建设工程价款优先受偿权的,人民法院不予支持”。该司法解释主要是考虑到对建筑工人对承包人享有的劳动报酬给付请求权的保护问题。当然,该司法解释只是规定了放弃或限制优先权的问题,对于放弃顺位的约定,该司法解释也没有直接作出规范。对此,可通过“限制”的含义予以扩张解释,将“顺位放弃”纳入“限制”之中。相关释义书也认为,此处的“限制”,含义较为广泛,既包括承包人只放弃部分建设工程价款优先受偿权,也包括为建设工程价款优先受偿权的行使设定时间、条件,或者限定建设工程价款优先受偿权所针对的建设工程范围等方面。[1]

---

〔1〕 最高人民法院民事审判第一庭编著:《最高人民法院新建设工程施工合同司法解释(一)理解与适用》,人民法院出版社2021年版,第436页。

(二)协助义务

虽然《民法典》建设工程合同章并没有就发包人的协助义务作一般规定,但依《民法典》第 808 条,同样适用《民法典》第 778 条的规定,发包人负有协助义务。而且,就材料提供等开展建设工程的准备条件等,《民法典》第 803 条对此作了具体规定,即"发包人未按照约定的时间和要求提供原材料、设备、场地、资金、技术资料的,承包人可以顺延工程日期,并有权请求赔偿停工、窝工等损失"。该协助义务之违反,与《民法典》第 778 条一致,规定了履行期限的顺延;而且,《民法典》第 803 条还在此基础上增加了损害赔偿。但此等损害赔偿,同样受制于《民法典》第 591 条的减损规则,承包人应采取措施防止损失扩大。若因发包人原因造成工程停建、缓建的,发包人应承担赔偿责任,即"因发包人的原因致使工程中途停建、缓建的,发包人应当采取措施弥补或者减少损失,赔偿承包人因此造成的停工、窝工、倒运、机械设备调迁、材料和构件积压等损失和实际费用"(《民法典》第 804 条)。不仅如此,承包人亦可因发包人协助义务之违反而催告解除,即"发包人提供的主要建筑材料、建筑构配件和设备不符合强制性标准或者不履行协助义务,致使承包人无法施工,经催告后在合理期限内仍未履行相应义务的,承包人可以解除合同"(《民法典》第 806 条第 2 款)。另外,《民法典》第 805 条则对勘察、设计合同中因发包人原因导致勘察、设计返工、停工或修改设计的责任作出了规定,规定了承包人的费用增加请求权,即"因发包人变更计划,提供的资料不准确,或者未按照期限提供必需的勘察、设计工作条件而造成勘察、设计的返工、停工或者修改设计,发包人应当按照勘察人、设计人实际消耗的工作量增付费用"。

思 考

值得思考的是,《建设工程施工合同解释(一)》第 13 条规定,"发包人具有下列情形之一,造成建设工程质量缺陷,应当承担过错责任:(一)提供的设计有缺陷;(二)提供或者指定购买的建筑材料、建筑构配件、设备不符合强制性标准;(三)直接指定分包人分包专业工程。承包人有过错的,也应当承担相应的过错责任"。该条司法解释中列举的情形,亦包含了上述协助义务之违反。但所谓的"过错责任",并非《民法典》第 179 条规定的"承担民事责任的方式"之任何一种。在本书看来,这只是表明发包人具有所列举的三种情形之一造成建设工程缺陷需承担责任,或者最多只能表明列举的任何一种情形均构成发包人之"过错",但具体如何承担责任,该条司法解释并未说明。该"过错责任"的表述,亦不表明发包人承担责任需以"过错"为前提。

(三)验收义务

《民法典》第 799 条规定,"建设工程竣工后,发包人应当根据施工图纸及说明书、国家颁发的施工验收规范和质量检验标准及时进行验收。验收合格的,发包人应当按照约定支付价款,并接收该建设工程。建设工程竣工经验收合格后,方可交付使用;未经验收或者验收不合格的,不得交付使用"。竣工验收,既是发包人的义务,也是发包人的权利。在《民法典》颁布后编纂清理后发布的《建设工程施工合同解释(一)》第14条规定："建设工程未经竣工验收,发包人擅自使用后,又以使用部分质量不符合约定为由主张权利的,人民法院不予支持;但是承包人应当在建设工程的合理使用寿命内对地基基础工程和主体结构质量承担民事责任。"但从理论上来说,司法解释该规定尚有商榷的余地。

三、建设工程合同的解除

建设工程合同的解除,遵循合同解除的一般规则,同时应遵循承揽合同的一般规则。《民法典》建设工程合同章对建设工程的解除亦作出了细化规定。例如,《民法典》第806条规定:"承包人将建设工程转包、违法分包的,发包人可以解除合同。发包人提供的主要建筑材料、建筑构配件和设备不符合强制性标准或者不履行协助义务,致使承包人无法施工,经催告后在合理期限内仍未履行相应义务的,承包人可以解除合同。合同解除后,已经完成的建设工程质量合格的,发包人应当按照约定支付相应的工程价款;已经完成的建设工程质量不合格的,参照本法第七百九十三条的规定处理。"

拓展阅读文献

1. 郝丽燕:《定作人任意解除权的反思与重构》,载《北方法学》2023年第2期。
2. 石佳友:《〈民法典〉建设工程合同修订的争议问题》,载《社会科学辑刊》2020年第6期。
3. 肖峰、严慧勇、徐宽宝:《〈关于审理建设工程施工合同纠纷案件适用法律问题的解释(二)〉解读与探索》,载《法律适用》2019年第7期。
4. 龚雪林:《转包、分包和借用资质情形下的建设工程施工合同效力分析——兼论建设工程施工合同司法解释有关效力规定》,载《法律适用》2014年第12期。
5. 潘军锋:《建设工程施工合同案件审判疑难问题研究》,载《法律适用》2014年第7期。
6. 黄喆:《论建设工程合同发包人的协力义务——以德国民法解释论为借鉴》,载《比较法研究》2014年第5期。
7. 崔玉清:《建设工程合同履行中情势变更原则的适用》,载《政法论坛》2014年第1期。
8. 黄喆:《情势变更原则在建设工程合同中的适用——德国建筑私法实践及其对我国的启示》,载《法律科学(西北政法大学学报)》2013年第5期。

第十一章　运输合同

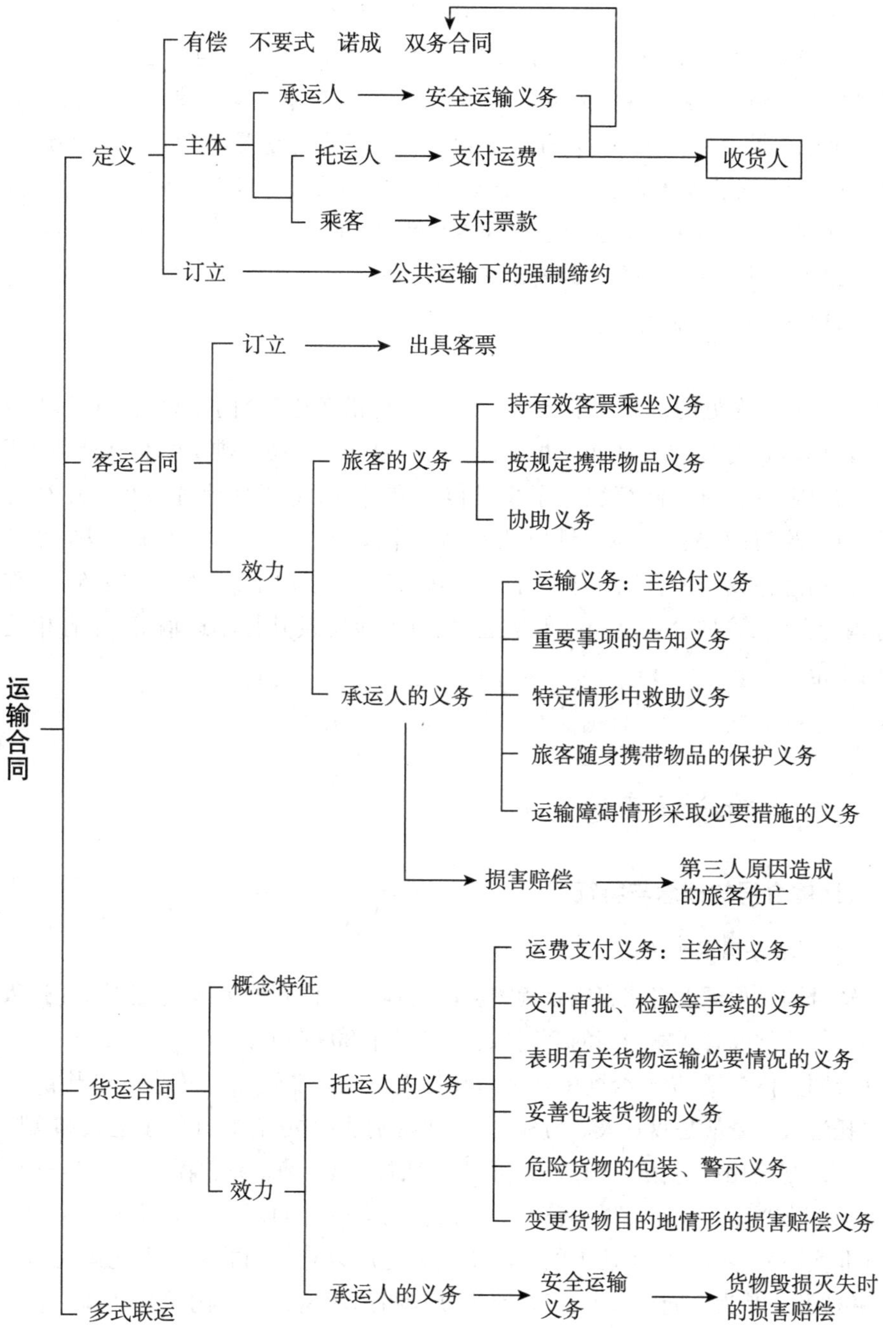
运输合同
定义
有偿　不要式　诺成　双务合同
主体
承运人
安全运输义务
托运人
支付运费
收货人
乘客
支付票款
订立
公共运输下的强制缔约
客运合同
订立
出具客票
效力
旅客的义务
持有效客票乘坐义务
按规定携带物品义务
协助义务
承运人的义务
运输义务：主给付义务
重要事项的告知义务
特定情形中救助义务
旅客随身携带物品的保护义务
运输障碍情形采取必要措施的义务
损害赔偿
第三人原因造成的旅客伤亡
货运合同
概念特征
效力
托运人的义务
运费支付义务：主给付义务
交付审批、检验等手续的义务
表明有关货物运输必要情况的义务
妥善包装货物的义务
危险货物的包装、警示义务
变更货物目的地情形的损害赔偿义务
承运人的义务
安全运输义务
货物毁损灭失时的损害赔偿
多式联运

设 例

1. 自然人甲某购买了乙航空公司作为出票人的机票。该机票航程安排如下：上午11点，上海起飞至香港，同日16点起飞至卡拉奇。其中，上海与香港间的航程由丙航空公司实际承运，香港与卡拉奇间的航程由乙航空公司实际承运。该机票为打折票，机票上注明“不得退票、不得签转”。乘机当日，上海至香港间的航班因天气原因延误3小时，导致甲某未能赶上香港飞卡拉奇的航班。问：

(1)甲某能否选择丙航空公司作为被告提起诉讼？

(2)航空公司能否以该机票注明“不得退票、不得签转”为由拒绝签转机票？

2. 甲公司委托乙运输公司运输一批货物，收货人为甲公司自身。货物到达目的地后，甲公司逾期提货。提货时发现部分货物毁损。甲公司遂要求乙公司赔偿货物损失。乙公司认为货物毁损发生在逾期提货阶段，不适用《民法典》第832条，应适用《民法典》第897条规定，应当由甲公司证明乙公司存在过错。问：

(1)逾期后的保管是否属于运输过程的一部分？

(2)设例情形当如何处理？

运输合同是常见的合同类型之一。《民法典》沿袭原《合同法》将其作为典型合同规定。其具体规定在合同编第十九章，共四节34条。《民法典》基本上沿袭了原《合同法》的规则，并根据实际情况作了少量修订和补充，主要是针对一些热点社会问题作了回应。除《民法典》之外，《铁路法》《海商法》《民用航空法》《邮政法》等特别法亦对相关的运输或运输合同作了规定。另外，我国也参加了《蒙特利尔公约》《雅典公约》等国际公约，这些公约就国际航空运输、海上旅客及其行李运输等，亦有相关的运输合同规范。

第一节　运输合同概述

一、运输合同的概念与特征

(一)运输合同的概念

运输合同是承运人将旅客或者货物从起运地点运输到约定地点，旅客、托运人或者收货人支付票款或者运输费用的合同(《民法典》第809条)。

就合同主体来说，货运合同中常见的收货人可能并非运输合同的一方当事人，虽然有时候托运人自身就是收货人。另外，在一些特别法中，还存在缔约承运人和实际承运人的概念，如《民用航空法》第137条、第138条规定及《海商法》第42条规定存在“(缔约)承运人”与“实际承运人”的概念。不过，作为运输合同当事人的承运人仅指缔约承运人而非实际承运人。特别法上的实际承运人之所以直接向旅客或者托运人承担合同责任，并非源于其为合同当事人，而是因为其与缔约承运人之间的关系被作为利他合同

收货人、实际承运人

处理。[1]

无论是旅客的运送还是货物的运送，在运输合同中，都不是仅仅以付出劳动为目的，而是以地点的变化为目的，是从“起运地点运输到约定地点”的空间移动。因此，有空间移动的目的是成立运输的必要要素，如果运送者与他人成立非以空间移动为主要目的的合同，则无运输合同成立的可能。当然，从完成特定工作并保证结果的角度而言，运输合同具有特别承揽的性质。

（二）运输合同的特征

运输合同为双务合同、不要式合同、诺成合同、有偿合同。

运输合同的双务性在于承运人负有安全及时将旅客或者货物运送到目的地的义务，而旅客或托运人则负有支付票款或运费的对价支付义务，两者构成给付与对待给付的关系。运输合同亦不需要书面形式，车票、运单、提货单等各种单据并不是运输合同的成立要件。运输合同也不是要物合同，无须以交付标的物或完成特定的行为作为合同的成立要件。虽然《民法典》第 814 条规定认为出具客票时合同成立，但学理上多认为该规定并不表明客运合同的要物性，仍不妨认为客运合同为诺成合同。[2]

运输合同，原则上为有偿合同。依《民法典》第 809 条的运输合同定义，有偿是运输合同的基本特性。除运输合同的定义之外，从《民法典》第 813 条关于“旅客、托运人或者收货人应当支付票款或者运输费用”以及《民法典》第 815 条关于“旅客无票乘坐、超程乘坐、越级乘坐或者持不符合减价条件的优惠客票乘坐的，应当补交票款”等规定来看，我国立法者强调了运输合同的有偿性。当然，虽然为有偿合同，但并不以营业为必要。另外，尽管强调有偿性，但并不能以此排除无偿运输合同的存在。根据《民法典》第 823 条的规定，承运人的人身损害赔偿责任规范“适用于按照规定免票、持优待票或者经承运人许可搭乘的无票旅客”。这反映了立法者也认可无偿运输合同的存在。当然，无偿运输合同的存在，并不表明所有的“无偿运输”均得以构成运输合同。例如，《民法典》第 1217 条规定的“无偿搭乘”，并不构成运输合同。“无偿搭乘”情形，属于好意施惠关系，并不构成法律行为，无须存在成立运输合同的合意。 无偿运输合同

二、运输合同的订立

除遵循通常的合同订立的一般规则之外，运输合同的订立存在一些特殊的规则，尤其是承运人的强制缔约义务。对此，《民法典》第 810 条规定，“从事公共运输的承运人不得拒绝旅客、托运人通常、合理的运输要求”。该规定是《民法典》合同编第 494 条第 3 款规定的“承诺义务”的具体化。《民法典》第 494 条第 3 款规定，“依照法律、行政法规的规定负有作出承诺义务的当事人，不得拒绝对方合理的订立合同要求”。 强制缔约

---

〔1〕 刘胜军：《论实际承运人的法律地位——从“指导案例 51 号”切入》，载《法商研究》2017 年第 5 期；谢鸿飞、朱广新主编：《民法典评注 · 合同编 · 典型合同与准合同》（第 3 册），中国法制出版社 2020 年版，第 191 页。

〔2〕 韩世远：《合同法学》（第 2 版），高等教育出版社 2022 年版，第 507 页；王利明：《合同法》（下册），中国人民大学出版社 2021 年版，第 265 页。

所谓“公共运输”，一般是指对社会公众开放的，针对的是不特定的人，且多在固定的线路上从事的以营利或非营利为目的客货运输。[1] 常见的公共运输有城市客运服务出租车运输、道路公共汽车运输、城市地铁运输、公共航空运输、铁路公共旅客与货物运输等。

公共运输

所谓“通常、合理的运输要求”，是指该要求既符合法律保护当事人利益的宗旨，符合行业惯例，亦是承运人确实能够实施、履行的行为。如果托运人或旅客提出的不是通常、合理的要求，承运人可以拒绝缔约。判断是否为“通常、合理”，不是依单个旅客或托运人加以判断，而是依一般旅客或者托运人进行判断。

另外，在民事执行领域，相关司法解释对于失信被执行人也作出了不得订购特定机票、车票的规定，亦可构成强制缔约义务的正当抗辩理由。例如，最高人民法院《关于公布失信被执行人名单信息的若干规定》《关于限制被执行人高消费的若干规定》等明确规定被采取限制消费措施的被执行人不得乘坐飞机及特定等级的轮船舱位、列车座位等。对此类人员，有释义书认为，承运人予以拒绝既是民事权利也是协助执行义务，而无须受制于强制缔约义务。[2]

三、运输合同的效力

（一）承运人的主要义务是安全运输义务

承运人的主要义务具体来说有运输的安全要求、时间要求和目的地要求等。承运人应当在约定期限或者合理期限内将旅客、货物安全运输到约定地点（《民法典》第811条）。承运人应当按照约定的或者通常的运输路线将旅客、货物运输到约定地点（《民法典》第812条）。

承运人应当依照约定的地点将旅客或货物运送到目的地。如果承运人不按合同约定的地点运输，应承担违约责任。承运人应当依照约定的期限运输，没有约定期限的，应在合理期限内将旅客、货物运输到约定地点。超出约定期限或合理期限运输的，属于运输延迟，应承担违约责任。承运人应依照约定的线路运输，没有约定路线的，应按通常的运输路线运输（《民法典》第812条），除非发生不可抗力或有法律的明确规定，不得无故绕行。

（二）旅客或托运人的主要义务是支付票款或者运费

旅客、托运人或者收货人应当支付票款或者运输费用。承运人未按照约定路线或者通常路线运输增加票款或者运输费用的，旅客、托运人或者收货人可以拒绝支付增加部分的票款或者运输费用（《民法典》第813条）。

---

〔1〕有不少释义书将“公共运输”界定为“面向社会公众的，由取得营运资格的营运人所从事的商业运输的行为”，特别强调了商业运输性［参见黄薇主编：《中华人民共和国民法典合同编解读》（下册），中国法制出版社2020年版，第1062页］，但从《民法典》第810条规定来看，商业性与否并非负有强制缔约的“公共运输”的决定因素。

〔2〕最高人民法院民法典贯彻实施工作领导小组主编：《中华人民共和国民法典合同编理解与适用（四）》，人民法院出版社2020年版，第2063页。

收货人与运费

值得注意的是，无论是《民法典》第809条还是《民法典》第813条，都规定了收货人的运费支付义务。但收货人应当支付运费，并不表明其为运输合同的当事人。而且，收货人并不当然需支付运费。就收货人的运费支付义务来说，托运人与承运人之间的运输合同更多的是“由第三人履行之合同”，即使托运人与承运人约定运费由收货人支付，也并不产生承运人对收货人的运费请求权，若收货人不支付运费，托运人应当向承运人承担违约责任（《民法典》第523条）。收货人之所以应当支付运费，源于收货人与托运人之间的约定。因此，《海商法》第69条第2款虽然规定“托运人与承运人可以约定运费由收货人支付”，但承运人对收货人的运费支付请求权，需依其他依据予以确定。另外，若托运人或收货人不支付运费，承运人享有留置权，即“托运人或者收货人不支付运费、保管费或者其他费用的，承运人对相应的运输货物享有留置权，但是当事人另有约定的除外”（《民法典》第836条）。在收货人主张提货的情形下，无论运输合同是否约定运输费用由收货人支付，如果没有支付运输费用，承运人可以行使抗辩权或者留置权拒绝交付货物，这时往往由需要提取货物的收货人支付运费，但这可能是收货人的权宜之计，并非说明收货人就是运输合同项下运输费用支付的义务主体，收货人是运输费用的实际支付主体不等于其是费用支付的义务主体。[1]

第二节　客运合同

一、客运合同的概念

客运合同即旅客运输合同，是指承运人将旅客从起运地点运输到约定地点，旅客向承运人支付票款的合同。在客运领域，只有客运机动车才具有客运资质，故《道路交通安全法》第50条第1款规定“禁止货运机动车载客”。《海上交通安全法》第57条也规定货船不得载运乘客。这些规定虽然属于强制性规范，但即使违反上述规定，也并不影响客运合同的有效性。

二、客运合同的成立

客票与合同成立

《民法典》第814条规定，“客运合同自承运人向旅客出具客票时成立，但是当事人另有约定或者另有交易习惯的除外”。从该条可以看出，《民法典》特别强调客票的意义。但是，客运合同的成立时点并非均以客票出具为准，例如实践中存在不少“先上车后买票”或“先乘车后付费”的习惯。另外，承运人向旅客出具车票，仅仅是证明合同成立的凭证，而不是合同成立的要件。对此，《民用航空法》第111条第1款明确规定“客票是航空旅客运输合同订立和运输合同条件的初步证据”亦可以说明这一点。

---

〔1〕 最高人民法院民法典贯彻实施工作领导小组主编：《中华人民共和国民法典合同编理解与适用（四）》，人民法院出版社2020年版，第2077页。

三、客运合同的效力

(一)旅客的义务

旅客负有票款支付义务、持有效客票乘坐义务、按规定携带物品义务、协助义务等。票款支付义务参见前述相关部分,此处仅就其他义务作阐释。除非存在免票等特殊情形,旅客不支付票款的,承运人可以拒绝运输。

1. 持有效客票乘坐义务

持有效客票乘坐义务规定于《民法典》第 815 条第 1 款,即“旅客应当按照有效客票记载的时间、班次和座位号乘坐。旅客无票乘坐、超程乘坐、越级乘坐或者持不符合减价条件的优惠客票乘坐的,应当补交票款,承运人可以按照规定加收票款;旅客不支付票款的,承运人可以拒绝运输”。

2. 按规定携带物品义务

旅客携带物品应当符合规定,即“旅客随身携带行李应当符合约定的限量和品类要求;超过限量或者违反品类要求携带行李的,应当办理托运手续”(《民法典》第 817 条)。“旅客不得随身携带或者在行李中夹带易燃、易爆、有毒、有腐蚀性、有放射性以及可能危及运输工具上人身和财产安全的危险物品或者违禁物品。旅客违反前款规定的,承运人可以将危险物品或者违禁物品卸下、销毁或者送交有关部门。旅客坚持携带或者夹带危险物品或者违禁物品的,承运人应当拒绝运输”(《民法典》第 818 条)。值得注意的是,不携带违禁品的义务,具有保护义务性质和附保护第三人作用契约之性质。违反此等义务造成的损失,承运人可基于运输合同要求损害赔偿;而造成运输工具上其他人的人身财产损失的,第三人可基于侵权损害赔偿请求权要求旅客承担责任。

3. 协助义务

旅客负有为达到安全运输目的之协助义务。例如,《民法典》第 819 条第 2 句规定,“旅客对承运人为安全运输所作的合理安排应当积极协助和配合”。

思 考

“按时乘坐”的性质理解

《民法典》第 816 条规定,“旅客因自己的原因不能按照客票记载的时间乘坐的,应当在约定的期限内办理退票或者变更手续;逾期办理的,承运人可以不退票款,并不再承担运输义务”。按时搭乘,既有学者认为是旅客之权利,[1]也有学者认为其构成旅客之义务,[2]还有学者认为是旅客的不真正义务,无须就此对承运人承担违约责任,而仅承担对自己不利的后果,即在约定时间内办理退票或者变更乘坐的手续并支付由此发生的退票费、改签费等合理费用。[3] 另有学者认为,旅客在约定的期限内办理退票或

〔1〕 王利明:《合同法》(下册),中国人民大学出版社 2021 年版,第 267 页。

〔2〕 崔建远:《合同法》(第 4 版),北京大学出版社 2021 年版,第 586 页。

〔3〕 谢鸿飞、朱广新主编:《民法典评注 · 合同编 · 典型合同与准合同》(第 3 册),中国法制出版社 2020 年版,第 236 页。

者变更手续为不真正义务，违反此等义务的旅客应承受不利益。[1] 本书认为，按时乘坐属于旅客之权利，而办理退票或变更手续，则更多的是当事人约定的解除权或当事人约定的单方变更权，或者是承揽合同中的定作人任意解除权或单方变更权在客运合同中的映射而已，相关手续的办理，属于此等权利的行使方式。

（二）承运人的义务

1. 运输义务是承运人的主给付义务

运输义务具体来说，存在运输安全要求、时间要求、运输标准要求等。“承运人应当严格履行安全运输义务，及时告知旅客安全运输应当注意的事项”（《民法典》第819条第1句）。“承运人应当按照有效客票记载的时间、班次和座位号运输旅客”（《民法典》第820条第1句）。“承运人擅自降低服务标准的，应当根据旅客的请求退票或者减收票款；提高服务标准的，不得加收票款”（《民法典》第821条）。

履行迟延与损害赔偿

承运人应按照有效客票记载的时间和班次履行运输义务。若承运人未按照有效客票记载的时间运输，构成履行迟延。此时，一方面需及时告知旅客，另一方面亦可能因迟延运输承担违约责任。《民法典》第820条规定，“……承运人迟延运输或者有其他不能正常运输情形的，应当及时告知和提醒旅客，采取必要的安置措施，并根据旅客的要求安排改乘其他班次或者退票；由此造成旅客损失的，承运人应当承担赔偿责任，但是不可归责于承运人的除外”。此处的损害赔偿责任，从文义上来说，究竟是《民法典》第583条意义上的“迟延赔偿”（采取补救措施后的损害赔偿）抑或履行迟延引起的赔偿，当依“由此造成旅客损失”的“由此”的解释而定。“由此造成旅客损失”，一种可能是指告知、提醒、安置及安排改乘或退票后旅客仍有损失之情形，另一种可能是“承运人迟延运输或者有其他不能正常运输情形的”损失。从解释论上而言，迟延履行引起的损害赔偿，当指后者。如果承运人迟延运输，造成旅客损失的，承运人应当依法承担相应的赔偿责任。[2] 而且，后者的范围也涵盖了前者，若采取了措施，还有其他损失的，即使没有《民法典》第820条规定，依《民法典》第583条的规定旅客亦得以请求赔偿。

2. 承运人负有重要事项的告知义务

依《民法典》第819条的规定，承运人应当及时告知旅客安全运输应当注意的事项。依《民法典》第820条的规定，迟延运输或者有其他不能正常运输情形的，承运人也负有及时告知和提醒的义务。而且，无论迟延或者不能正常运输是否可归责于承运人，承运人均负有此等告知义务。[3] 违反告知义务造成旅客损失的，承运人负有损害赔偿责任。此外，此等告知义务与合同缔结前的告知义务性质上并不相同，其属于合同上的义务。

---

[1] 韩世远：《合同法总论》（第4版），法律出版社2018年版，第350页。

[2] 黄薇主编：《中华人民共和国民法典合同编解读》（下册），中国法制出版社2020年版，第1082页。

[3] 谢鸿飞、朱广新主编：《民法典评注·合同编·典型合同与准合同》（第3册），中国法制出版社2020年版，第253页。

3. 在特定情形中，承运人负有救助义务

救助义务及补偿

《民法典》第822条规定，承运人在运输过程中，应当尽力救助患有急病、分娩、遇险的旅客。因客运合同关系，承运人与旅客之间形成了紧密的交往关系，承运人的救助义务具有保护义务的性质。但该救助义务限制在旅客急病、分娩、遇险之情形，且该救助义务仅为"尽力救助"，并非一定要达成救助的结果，属于"方式之债"。而且，因承运人并非专业的救治机构，其在救助过程中的注意义务不应高于专业救治机构。[1] 若承运人违反该义务，应承担违约责任。另外，承运人因救助旅客支出的合理费用，因承运人负有尽力救助义务，不能依无因管理或不当得利予以请求，但可参照《民法典》第183条的规定，由受益人给予适当补偿。

4. 旅客随身携带物品的保护义务

过错损害赔偿责任

《民法典》第824条第1款规定，"在运输过程中旅客随身携带物品毁损、灭失，承运人有过错的，应当承担赔偿责任"。而对于托运的物品，因其构成货运合同，故该条第2款规定，"旅客托运的行李毁损、灭失的，适用货物运输的有关规定"。相对来说，对于随身携带物品的毁损、灭失较之托运行李的毁损、灭失，承运人负有相对较轻的注意义务。对于旅客随身携带的物品，处于旅客的直接控制之下，旅客应自行妥善保管，承运人并不承担毁损、灭失的责任。之所以如此规定，是因为旅客随身携带的物品是在旅客的直接控制之下，由旅客自行保管，由此造成的毁损、灭失，如果承运人没有过错而仍承担赔偿责任，对承运人不公平，也有违风险控制理论。但是，因承运人过错造成旅客随身携带物品毁损、灭失的，则因此构成损害赔偿责任，其损害赔偿请求权的基础既可以从侵权损害赔偿请求权之规定得出，亦可以依客运合同保护义务之违反而得出。

5. 运输障碍情形采取必要措施的义务

《民法典》第820条规定，"……承运人迟延运输或者有其他不能正常运输情形的，应当……采取必要的安置措施……"。当然，违反采取必要安置措施义务而造成的损失，虽然《民法典》第820条没有明确规定，但依违约损害赔偿责任的一般原理，仍然得以请求损害赔偿。即使造成履行障碍之原因为不可抗力，承运人亦存在采取必要安置措施的义务。

（三）承运人的损害赔偿责任

承运人因违反客运合同造成旅客损害的，应当承担损害赔偿责任，包括人身伤亡的损害赔偿责任、行李毁损灭失时的损害赔偿责任以及迟延运输时的损害赔偿责任。三种损害赔偿责任的归责基础各不相同。旅客伤亡的损害赔偿责任遵循无过错责任原则，随身携带行李毁损、灭失的损害赔偿责任遵循过错责任原则，而迟延运输时的损害赔偿责任则遵循"不可归责于承运人的除外"的过错推定规则。

《民法典》第823条第1款规定，"承运人应当对运输过程中旅客的伤亡承担赔偿责任；但是，伤亡是旅客自身健康原因造成的或者承运人证明伤亡是旅客故意、重大过失造

---

〔1〕 谢鸿飞、朱广新主编：《民法典评注·合同编·典型合同与准合同》（第3册），中国法制出版社2020年版，第263页。

成的除外”。之所以承担赔偿责任,源于承运人的安全运输义务之违反。对于“免票、持优待票或者经承运人许可搭乘的无票旅客”,承运人亦承担同样的责任(《民法典》第823条第2款)。也就是说,只要成立了有效的客运合同,并不因票款之有无或票款价额的高低而有所区别。同样地,《民法典》第1217条规定的“无偿搭乘”,因其并不构成运输合同,承运人并不承担客运合同上的损害赔偿责任。承运人的旅客伤亡赔偿责任,属于无过错责任,并不以承运人是否存在过错为要件,其仅得以“旅客自身健康原因”或者“旅客故意、重大过失”以及《民法典》第180条、第590条规定之“不可抗力”予以免责。

第三人原因造成的损害

对于第三人原因造成的旅客伤亡,涉及《民法典》第593条、第1175条之间的整合解释问题。对于运输合同履行过程中的损害赔偿,目前适用最高人民法院《关于审理铁路运输人身损害赔偿纠纷案件适用法律若干问题的解释》(2020年修正)第12条“第三者责任造成旅客伤亡的赔偿”的规定,“在铁路旅客运送期间因第三者责任造成旅客伤亡,旅客或者其继承人要求铁路运输企业先予赔偿的,应予支持。铁路运输企业赔付后,有权向有责任的第三者追偿”。从该司法解释的规定来看,其遵循的是《民法典》第593条的规定。

拓　展

特别法上的赔偿责任限额

旅客伤亡的损害赔偿责任,以完全赔偿为原则,不以票款之有无或价款之高低而有所减损,亦不排除精神损害赔偿请求权(《民法典》第996条)。对此,特别法有特别规定的,依特别法。例如,依《海商法》第117条的规定,除非旅客与承运人之间书面约定更高的赔偿额,承运人在每次海上旅客运输中的赔偿责任限额,每位旅客不超过46,666计算单位(国际货币基金组织规定的特别提款权)。类似地,在国际航空运输领域,对每名旅客的赔偿责任限额为16,600计算单位;但是,旅客可以同承运人书面约定高于本项规定的赔偿责任限额(《民用航空法》第129条)。

第三节　货运合同

一、货运合同的概念与特征

(一)货运合同的概念

货运合同,指承运人受托运人委托,使用约定的运输工具,在约定的时间内将货物运送到约定地点交由收货人并收取运费的合同。

邮政业务与快递业务

需要说明的是,邮政业务,即使是邮政普遍服务,也并未脱离货运合同的范畴,只不过《邮政法》作为《民法典》货运合同的特别法,就邮政企业的运营资格、损害赔偿等作出了特别规定而已。同样地,《邮政法》第六章对“快递业务”作出了规定,可将其作为货运合同的子合同类型对待,将快递业务相关规则作为《民法典》货运合同规则的特别法予以处理。

(二)货运合同的特征

货运合同为运输合同的一种,不仅具有运输合同的一般特征,还具有如下特征:(1)货运合同以将货物交付给收货人为履行完毕。在客运合同中,承运人将旅客运输到目的地,其义务即履行完毕。在货运合同中,承运人将货物运输到目的地,其义务并没有完结,尚需及时通知收货人,只有将货物交付给收货人后,其义务才履行完毕(《民法典》第830条)。(2)货运合同往往涉及第三人。在货运合同中,托运人既可以为自己的利益托运货物,也可以为第三人的利益托运货物。托运人既可以自己为收货人,也可以第三人为收货人。在第三人为收货人的情况下,收货人虽不是合同的当事人,但却是合同的利害关系人。[1] (3)货运合同的托运人享有单方面的合同变更和解除权。具体而言,在承运人将货物交付收货人之前,托运人可以要求承运人中止运输、返还货物、变更到达地或将货物交给其他收货人。若此等合同变更、解除给承运人造成损失的,托运人应当赔偿损失(《民法典》第829条)。

二、货运合同的效力

(一)托运人的义务

1. 运费支付义务是托运人的主给付义务

托运人不支付运费的,承运人对相应的运输货物享有留置权,但是当事人另有约定的除外(《民法典》第836条)。与《民法典》第447条规定不同,此处的留置权并未强调留置物是否为"债务人的动产";而且,司法实践中亦未要求所留置的货物为托运人的动产。

履行不能时的运费问题

若因不可抗力致使货物灭失的,因承运人并未完成《民法典》第811条规定的安全运输义务,承运人的给付义务陷于履行不能,此时承运人能否请求托运人支付运费,依风险负担规则处理。对此,《民法典》第835条规定,"货物在运输过程中因不可抗力灭失,未收取运费的,承运人不得请求支付运费;已经收取运费的,托运人可以请求返还。法律另有规定的,依照其规定"。也就是说,此时的价金风险由承运人承受。在立法过程中,之所以考虑由承运人承受价金风险,主要是考虑到避免托运人承担货物灭失和运费的双重风险,因此比较侧重于保护托运人的利益,而并不考虑承运人已经在运输过程中投入了人力和物力成本。[2] 当然,从逻辑上来说,该条规定亦可以被认为是承揽合同报酬后

---

〔1〕 由于收货人的地位未有明确规定,致使收货人的请求权与运输合同之间的关系不明确,进而在实践中引起诸多争议。因此,在《民法典》编纂过程中,曾建议参考《日本商法》第582条、第583条规定,明确收货人的权利和义务,即"货物到达目的地后,收货人取得因运输合同所生的托运人的权利。收货人收取货物时,对承运人负有运费支付义务"。同时规定承运人权利的限制性条款,即"但托运人关于货物的此等权利,在货物到达目的地后因收货人请求交付货物而消灭"[参见周江洪:《关于〈民法典合同编〉(草案)(二次审议稿)的若干修改建议》,载《法治研究》2019年第2期]。实际上,我国《民用航空法》第119条第4款就对此作出了规定,即"收货人的权利依照本法第一百二十条规定开始时,托运人的权利即告终止;但是,收货人拒绝接受航空货运单或者货物,或者承运人无法同收货人联系的,托运人恢复其对货物的处置权"。

〔2〕 谢鸿飞、朱广新主编:《民法典评注·合同编·典型合同与准合同》(第3册),中国法制出版社2020年版,第335页。

付义务在运输合同领域的体现，而并非风险负担规则的具体体现。其原因在于，从逻辑上来说，风险负担规则以价金支付义务的存在为前提，进而依风险负担规则之适用而确定此等已存在的价金风险由何方当事人承受；而就承揽合同的价金后付义务而言，因不可抗力致使货物灭失之情形下，承运人尚未完成其给付，并不能请求运费，故也就无所谓风险负担之问题。

2. 托运人交付审批、检验等手续的义务

货物运输会涉及各种手续，特别是涉及出口时，因所涉货物类型不同，会涉及出口货物的报关、检验、检疫等手续。即使是国内运输，也会因特种货物运输等需要特定部门的批准。对此，《民法典》第 826 条规定，"货物运输需要办理审批、检验等手续的，托运人应当将办理完有关手续的文件提交承运人"。若因手续不完备致使货物无法运输或货物被行政机关扣留销毁的，承运人并不承担损害赔偿责任。托运人若未履行该义务给承运人造成损失的，托运人应当赔偿。例如，《民用航空法》第 123 条第 1 款及《海商法》第 67 条对承运人责任作出了具体规定。

3. 表明有关货物运输必要情况的义务

《民法典》第 825 条规定，"托运人办理货物运输，应当向承运人准确表明收货人的姓名、名称或者凭指示的收货人，货物的名称、性质、重量、数量，收货地点等有关货物运输的必要情况。因托运人申报不实或者遗漏重要情况，造成承运人损失的，托运人应当承担赔偿责任"。一方面，如实申报是让承运人得以履行其安全运输义务；另一方面，若因申报不实或者遗漏重要情况，亦可能给承运人造成不必要的损失。因此，此等信息交换义务，亦属于广义上的协作义务。若违反该义务给承运人造成损失的，除了《民法典》第 825 条规定的损害赔偿责任，《铁路法》第 19 条、《民用航空法》第 117 条及《海商法》第 66 条也分别在特别法层面规定了相应的损害赔偿责任。

4. 妥善包装货物的义务

《民法典》第 827 条第 1 款规定，"托运人应当按照约定的方式包装货物。对包装方式没有约定或者约定不明确的，适用本法第六百一十九条的规定"。因此，托运人对包装方式未约定或约定不明确的，依协议补充；不能达成补充协议的，按照合同有关条款或交易习惯确定。仍不能确定的，则按照通用的方式包装；没有通用方式的，应当采取足以保护标的物且有利于节约资源、保护生态环境的包装方式。托运人违反该义务的，"承运人可以拒绝运输"（《民法典》第 827 条）。承运人若未拒绝运输的，由于承运人对于判断货物外包装是否适用于特定运输负有审慎义务，承运人对货物外部包装一般应当有基本了解，应查看货物包装是否适用于特定运输。承运人未对托运人交付货物的外包装尽到谨慎处理义务的，或者对不符合包装要求的货物未行使拒绝运输权利的，在发生货损时可能会丧失相应的抗辩权。[1] 因货物包装不良造成货物损失的，承运人不负赔偿责

---

〔1〕 谢鸿飞、朱广新主编：《民法典评注 · 合同编 · 典型合同与准合同》（第 3 册），中国法制出版社 2020 年版，第 293 页。

任。因货物包装不良造成运输工具、其他货物损害的，托运人应当承担赔偿责任。[1]

5. 危险货物的包装、警示义务

危险物品的运输不同于一般货物的运输，不仅对货物本身及承运人可能构成危险，还存在运输安全的风险，因此存在与一般货物不同的运输要求。为此，《民法典》第828条对此作出规定，“托运人托运易燃、易爆、有毒、有腐蚀性、有放射性等危险物品的，应当按照国家有关危险物品运输的规定对危险物品妥善包装，做出危险物品标志和标签，并将有关危险物品的名称、性质和防范措施的书面材料提交承运人。托运人违反前款规定的，承运人可以拒绝运输，也可以采取相应措施以避免损失的发生，因此产生的费用由托运人负担”。值得注意的是，《民法典》关于托运人的危险物品妥善包装义务、危险品标志和标签义务，以及书面材料提交义务，属于强制性规定。[2] 若托运人违反此等义务，承运人可以拒绝运输。不仅如此，亦可以采取其他措施。例如，如果在运输过程中发现了托运人托运的是危险物品，承运人可以在任何地点、任何时间根据情况将货物卸下、销毁或者使之不能为害。[3] 承运人采取措施对托运人造成损失的，并不承担损害赔偿责任，且采取措施的费用应当由托运人承担，此等费用请求权属于托运人违反包装警示义务的法律效果之一。例如，《海商法》第68条就此等运输途中采取措施时的免责作出了特别规定。

6. 托运人变更货物目的地情形的损害赔偿义务

依《民法典》第829条的规定，“在承运人将货物交付收货人之前，托运人可以要求承运人中止运输、返还货物、变更到达地或者将货物交给其他收货人，但是应当赔偿承运人因此受到的损失”。

典型案例 浙江隆达不锈钢有限公司诉A. P. 穆勒-马士基有限公司海上货物运输合同纠纷案（指导案例108号）

［裁判要点］

在海上货物运输合同中，依据合同法第三百零八条的规定，承运人将货物交付收货人之前，托运人享有要求变更运输合同的权利，但双方当事人仍要遵循合同法第五条规定的公平原则确定各方的权利和义务。托运人行使此项权利时，承运人也可相应行使一定的抗辩权。如果变更海上货物运输合同难以实现或者将严重影响承运人正常营运，承运人可以拒绝托运人改港或者退运的请求，但应当及时通知托运人不能变更的原因。

---

〔1〕 最高人民法院民法典贯彻实施工作领导小组主编：《中华人民共和国民法典合同编理解与适用（四）》，人民法院出版社2020年版，第2136页；黄薇主编：《中华人民共和国民法典合同编解读》（下册），中国法制出版社2020年版，第1097页。

〔2〕 谢鸿飞、朱广新主编：《民法典评注·合同编·典型合同与准合同》（第3册），中国法制出版社2020年版，第296页；黄薇主编：《中华人民共和国民法典合同编解读》（下册），中国法制出版社2020年版，第1098页。

〔3〕 黄薇主编：《中华人民共和国民法典合同编解读》（下册），中国法制出版社2020年版，第1098页。

(二)承运人的义务

承运人负有安全运输义务(《民法典》第 811 条、第 812 条)、通知提货(《民法典》第 830 条)、赔偿货损(《民法典》第 832 条)等义务。承运人的安全运输义务如前述。

《民法典》第 830 条规定,"货物运输到达后,承运人知道收货人的,应当及时通知收货人,收货人应当及时提货。收货人逾期提货的,应当向承运人支付保管费等费用"。据此,承运人及时通知义务的前提是"知道收货人"。在货物到达目的地后,如果承运人不知道收货人是谁时,承运人应当通知托运人在合理期限内就运输的货物的处分作出指示。

《民法典》第 832 条规定,"承运人对运输过程中货物的毁损、灭失承担赔偿责任。但是,承运人证明货物的毁损、灭失是因不可抗力、货物本身的自然性质或者合理损耗以及托运人、收货人的过错造成的,不承担赔偿责任"。在货运合同中,承运人就运输过程中的货物毁损产生的赔偿责任,并不以过错为要件。其免责事由亦仅被限定为"因不可抗力、货物本身的自然性质或者合理损耗以及托运人、收货人的过错造成"三种情形,且承运人负有此等事由的证明责任。货物的"毁损"指的是货物因损坏而价值减少,"灭失"则指承运人无法将货物交付给收货人,既包括货物物质上的灭失,也包括占有的更新、丧失及法律上不能恢复占有的情形。

货损的免责事由

货运合同中的货物毁损赔偿与《民法典》第 823 条规定的客运合同中旅客伤亡赔偿在免责事由上并不相同;旅客伤亡的赔偿,其免责事由限于"旅客自身健康原因造成的或者承运人证明伤亡是旅客故意、重大过失造成",而货运合同中则是"托运人、收货人的过错造成"。从免责事由上来看,《民法典》对人身利益作出了比货物更优厚的保护。

"货物的毁损、灭失的赔偿额,当事人有约定的,按照其约定;没有约定或者约定不明确,依据本法第五百一十条的规定仍不能确定的,按照交付或者应当交付时货物到达地的市场价格计算。法律、行政法规对赔偿额的计算方法和赔偿限额另有规定的,依照其规定"(《民法典》第 833 条)。货运合同虽然可能以较少的运费处理价值较高的货物,但货物毁损的赔偿额,并不以运费的多寡为标准,仍然以当事人的约定及货物的市场价值作为基本标准。当然,特别法上对于货物毁损的赔偿限额多有规定,例如,《民用航空法》第 129 条、《海商法》第 56 条第 1 款、《铁路法》第 17 条第 1 款的规定,等等。

(三)收货人的义务

通常来说,收货人并非货运合同的当事人,但属于货运合同中的利害关系人。收货人既可能是托运人自身,亦可能是托运人以外的第三人。收货人是否居于利益第三人合同的第三人地位,或者是否有由第三人履行合同之第三人地位,需依货运合同条款具体判断。关于收货人的义务,《民法典》规定了及时提货、检验货物的义务;在特定情形中,收货人负有运费支付义务。

提货义务

《民法典》第 830 条规定,"货物运输到达后,承运人知道收货人的,应当及时通知收货人,收货人应当及时提货。收货人逾期提货的,应当向承运人支付保管费等费用"。提货,既是收货人的权利,也是收货人的义务。收货人若不及时提货,会因占用承运人仓库、运输工具等而影响承运人的利益。若存在逾期提货之情形,收货人应当支付保管费等。

货物检验义务

收货人提货时负有在约定或者合理期限内检验货物的义务,即"收货人提货时应当按照约定的期限检验货物。对检验货物的期限没有约定或者约定不明确,依据本法第五百一十条的规定仍不能确定的,应当在合理期限内检验货物。收货人在约定的期限或者合理期限内对货物的数量、毁损等未提出异议的,视为承运人已经按照运输单证的记载交付的初步证据"(《民法典》第831条)。关于检验期限,依《民法典》第831条的规定,其合理期限的确定首先依约定;未约定或约定不明确的,则依协议补充;不能达成补充协议的,则按照合同相关条款或交易习惯确定。但值得注意的是,在货运领域存在诸多特别法规则时,应首先依特别法规则确定检验期限和验货规则,而并非首先适用《民法典》第831条的规定。例如,《民用航空法》第134条及《海商法》第81条等。

在特定情形中,收货人亦负有运费支付义务。《民法典》第809条与第813条均对收货人的运费支付义务作出了规定。但是,除非法律特别规定收货人有运费支付义务,否则其不承担该义务。收货人之所以应当支付运费,该义务源于收货人与托运人之间的约定。例如,《海商法》第69条规定,"托运人应当按照约定向承运人支付运费。托运人与承运人可以约定运费由收货人支付;但是,此项约定应当在运输单证中载明"。故运输单证没有载明应由收货人支付运费的,收货人一般可以拒绝支付运费。

思考

货运合同与买卖合同中的验货义务的不同

货物运输合同中及时检验货物的义务与买卖合同中的及时检验义务,其规则并不相同。虽然《民法典》第622条、第623条在检验问题上区分外观瑕疵与隐蔽瑕疵对于货运合同同样具有意义,但在未及时提出异议时的法律效果规则上,两者并不相同。依《民法典》第621条第1款的规定,"当事人约定检验期限的,买受人应当在检验期限内将标的物的数量或者质量不符合约定的情形通知出卖人。买受人怠于通知的,视为标的物的数量或者质量符合约定"。《民法典》第831条并未采取"权利消灭说",而是采纳了"举证责任转移说",即收货人未及时提出异议,在货运合同领域仅仅"视为承运人已经按照运输单证的记载交付的初步证据"。此处的"初步证据"表明,收货人即使未在约定或者合理期限内提出异议,但以后其仍可以依据相反证据提出异议和索赔,一旦证明货物毁损、灭失发生在运输期间的,承运人仍应当赔偿损失。

第四节　多式联运合同

一、多式联运合同的概念

多式联运合同,是指多式联运经营人以两种以上的不同运输方式,将货物从接收地运至目的地,并收取全程运费的合同。多式联运经营人负责履行或者组织履行多式联运合同,对全程运输享有承运人的权利,承担承运人的义务(《民法典》第838条)。多式联运经营人在多式联运中的地位并不仅仅是运输债务的履行者，而且是债务履行的组织者，承担的是组织者的“窗口责任”。多式联运经营人，是本人或者委托他人以本人名义与托运人订立多式联运合同的人，是合同的当事人，而并非托运人的代理人或者实际承运人的代理人或者代表，其有可能仅为多式联运的缔约经营人，但并不进行实际承运，亦有可能为缔约经营人兼实际承运人。[1] 多式联运合同是运输合同的一种特殊形态，《民法典》合同编第十九章第四节以下各条是关于多式联运合同的特别规定，无特别规定的事项，适用运输合同的一般规定。[2] 在特别法上，《海商法》与《民用航空法》就多式联运也作出了规定。

多式联运经营人

与相继运输不同，多式联运需以两种以上不同运输方式组织运输；而相继运输是两个以上承运人以同一运输方式组织运输。相继运输合同，是指托运人与第一承运人订立运输合同之后，由第一承运人与其他承运人以相同方式完成同一货物运输的合同。对此，《民法典》第834条规定，“两个以上承运人以同一运输方式联运的，与托运人订立合同的承运人应当对全程运输承担责任；损失发生在某一运输区段的，与托运人订立合同的承运人和该区段的承运人承担连带责任”。因相继运输与多式联运在性质上不同，《民法典》第834条规定的连带责任并不适用于多式联运合同。为与多式联运相区别，相继运输也多被称为“单式联运”，以表明其运输方式的同一性。值得注意的是，我国沿海与内河货物运输适用同样的法律规则，沿海与内河货物运输被视为同一运输方式或统一简称为“国内水路货物运输”。但是，若既有国内水路运输，亦有国际海上运输，则构成多式联运，适用多式联运合同的规则。

相继运输合同

二、多式联运合同的效力

依《民法典》第838条的规定，多式联运经营人“对全程运输享有承运人的权利，承担承运人的义务”。而且，多式联运各承运人之间的内部约定不得对抗托运人，就多式联运经营人与托运人之间的关系而言，仍然由多式联运经营人承担全程责任，区段承运人并不对托运人直接承担责任，即“多式联运经营人可以与参加多式联运的各区段承运人就多式联运合同的各区段运输约定相互之间的责任；但是，该约定不影响多式联运经营人对全程运输承担的义务”（《民法典》第839条）。在这一点上，多式联运合同与相继运输合同明显不同。依《民法典》第834条的规定，在相继运输中，与托运人订立合同的承运人和区段的实际承运人承担连带责任。

全程负责制

不仅如此，因托运人过错造成多式联运经营人损失的，无论其发生在哪一区段，多式联运经营人均有权要求赔偿损失，即“因托运人托运货物时的过错造成多式联运经营人损失的，即使托运人已经转让多式联运单据，托运人仍然应当承担赔偿责任”（《民法典》第841条）。

多式联运经营人负有单据签发义务。多式联运经营人收到托运人交付的货物时，应

---

〔1〕 王利明：《合同法》（下册），中国人民大学出版社2021年版，第280页。

〔2〕 谢鸿飞、朱广新主编：《民法典评注·合同编·典型合同与准合同》（第3册），中国法制出版社2020年版，第350页。

当签发多式联运单据。按照托运人的要求，多式联运单据可以是可转让单据，也可以是不可转让单据（《民法典》第840条）。关于多式联运单据，《联合国国际货物多式联运公约》及《多式联运单证规则》对此亦有相应的规则。实践中，也多根据多式联运单据的记载来识别多式联运经营人。多式联运单据是多式联运合同的证明，亦同时是货物收据和交付货物的凭据。

多式联运单据

在多式联运运输中，货物损失发生在某个区段时的赔偿责任及其责任限额的法律适用问题，需予以明确。对此，《民法典》第842条规定，"货物的毁损、灭失发生于多式联运的某一运输区段的，多式联运经营人的赔偿责任和责任限额，适用调整该区段运输方式的有关法律规定；货物毁损、灭失发生的运输区段不能确定的，依照本章规定承担赔偿责任"。依该条规定，我国《民法典》采用了网状责任制。

在多式联运中，货损发生的运输区段有时不易查清，网状责任制通常用"隐蔽损害一般原则"规定多式联运经营人的责任，即对这一类货损采用某项统一的办法确定经营人的责任。《民法典》第842条也采用了这一原则，即"货物毁损、灭失发生的运输区段不能确定的，依照本章规定承担赔偿责任"。依本条规定，对于隐蔽货损，多式联运经营人应当按照《民法典》"运输合同"章关于承运人赔偿责任和责任限额的规定负赔偿责任。

网状责任制

拓展阅读文献

1. 班天可、彭颖：《免责条款对第三人的限制效力——以货运合同为中心》，载《南大法学》2021年第3期。
2. 陈芸莹、马露：《尽到安全保障义务的承运人不承担赔偿责任》，载《人民司法（案例）》2019年第32期。
3. [意]阿尔多·贝特鲁奇、肖俊：《履行债务与保护义务：运输合同和包价旅游合同的不履行》，载《法治研究》2017年第5期。
4. 刘胜军：《论实际承运人的法律地位——从"指导案例51号"切入》，载《法商研究》2017年第5期。
5. 胡绪雨：《国际海上班轮货物运输合同中强制性规则的适当性》，载《中国法学》2016年第6期。
6. 熊丙万：《专车拼车管制新探》，载《清华法学》2016年第2期。
7. 唐清利：《"专车"类共享经济的规制路径》，载《中国法学》2015年第4期。
8. 方新军：《货运代理转委托行为的类型区分及法律效力》，载《法学研究》2015年第1期。
9. 曾令生：《多式联运区段运输货物灭失的权利保护》，载《人民司法（案例）》2010年第6期。

第十二章　技术合同

- 技术合同
  - 定义
  - 订立 → 内容
  - 相关权利归属
    - 职务技术成果
    - 非职务技术成果
    - 技术成果的署名权等
    - 以技术投资时的权属及其利益分配
  - 无效和可撤销
  - 解除
  - 技术开发合同
    - 委托开发合同
    - 合作开发合同
  - 技术转让合同和技术许可合同
  - 技术咨询合同和技术服务合同 → 技术中介合同、技术培训合同
  - （技术开发合同、技术转让合同和技术许可合同、技术咨询合同和技术服务合同）→ 合同效力；成果归属

设 例

甲乙公司签订了《技术开发合同》，约定双方合作共同研究开发全自动组织病理标本处理系统。双方约定，甲公司提供正在申请专利但尚未获批的全自动组织病理标本处理系统的技术方案，乙公司根据合理的机械及电气原理展开相关研发工作，设计、制造出组织病理标本全自动处理设备的样机并逐渐完善，投入量产；甲公司通过采购样机以及合作期间量产设备的方式，向乙公司支付研发报酬。对此，甲公司认为该合同是委托开发合同，乙公司认为是合作开发合同。问：

(1)委托开发合同与合作开发合同有哪些区别？

(2)设例情形为委托开发合同还是合作开发合同？

技术合同是科技成果商品化的重要交易工具。各国民法典通常未专门规定技术合同。我国历来重视技术合同立法，原《涉外经济合同法》、原《技术合同法》及原《合同法》都对技术合同设有相关规定。

从技术合同立法的过程来看，自1987年原《技术合同法》施行以来，技术合同的主要制度内容并未发生实质性变化，主要条文一以贯之，体现出技术合同制度在中国法律体系中的超强稳定性。[1] 当然，由于其特有的立法变迁过程，《民法典》技术合同部分在诸多规则上保留了单行法的痕迹，与合同编、其他典型合同章节等相关规范之间的关系需要仔细甄别，同时也需留意《民法典》技术合同规范与知识产权领域的相关特别法规范之间的关系。

第一节 技术合同概述

一、技术合同的概念

技术合同是当事人就技术开发、转让、许可、咨询或者服务订立的确立相互之间权利和义务的合同(《民法典》第843条)。从技术合同的定义来看，其主给付既可能是技术相关权利的移转或许可使用等权利移转型或权利使用型合同，亦可能是以特定服务之提供为内容的服务类合同。由此可见，技术合同本身是一个集合性的概念，其中包含了多种具体合同类型。为此，《民法典》第二十章亦根据合同标的之不同，分别规定了技术开发合同、技术转让合同、技术许可合同、技术咨询合同、技术服务合同等多种合同类型。

二、技术合同的订立

(一)技术合同的主体

技术合同的主体方面，当然应遵循民事主体资格的一般要求，如民事行为能力等。但在实践中，亦可能发生缔约人不具有民事主体资格之情形，如法人或非法人组织内部

[1] 徐卓斌：《技术合同制度的演进路径与司法理念》，载《法律适用》2020年第9期。

从事技术研发、转让等活动的课题组、工作室等对外签订技术合同,此时对如何承担责任会发生纠纷,故司法解释对此亦予以明确,即“不具有民事主体资格的科研组织订立的技术合同,经法人或者非法人组织授权或者认可的,视为法人或者非法人组织订立的合同,由法人或者非法人组织承担责任;未经法人或者非法人组织授权或者认可的,由该科研组织成员共同承担责任,但法人或者非法人组织因该合同受益的,应当在其受益范围内承担相应责任”(《技术合同解释》第7条第1款)。当然,在判断是否属于不具有民事主体资格的科研组织订立合同之情形时,若构成法人分支机构之情形,应适用《民法典》第74条之规定。而对于执行法人或非法人组织工作任务的人员签订的技术合同,则依《民法典》第170条关于职务代理的规定予以处理。

内部科研组织订立的合同

(二)技术合同订立的原则

“订立技术合同,应当有利于知识产权的保护和科学技术的进步,促进科学技术成果的研发、转化、应用和推广”(《民法典》第844条)。虽然《民法典》总则编第一章“基本规定”中就民事活动的基本原则作出了规定,但因技术合同作为重要的科学技术实践活动,关涉技术进步和知识产权保护等,《民法典》技术合同章就技术合同订立的原则作了上述特别规定。作为该原则的具体化,对于非法垄断技术或侵害他人知识产权等情形的技术合同效力,《民法典》第850条规定,“非法垄断技术或者侵害他人技术成果的技术合同无效”。在技术合同具体类型的内容规制上,亦体现了这一原则。例如,“技术转让合同和技术许可合同可以约定实施专利或者使用技术秘密的范围,但是不得限制技术竞争和技术发展”(《民法典》第864条)。

拓　展

不少技术成果会取得相关的知识产权。从某种程度上来说,授予专利权等知识产权保护,本身就是授予一种“垄断”的权利,属于“合法垄断”。因此,技术合同领域的“非法垄断技术”如何理解,需要澄清。对此,《技术合同解释》第10条规定,“下列情形,属于民法典第八百五十条所称的‘非法垄断技术’:(一)限制当事人一方在合同标的技术基础上进行新的研究开发或者限制其使用所改进的技术,或者双方交换改进技术的条件不对等,包括要求一方将其自行改进的技术无偿提供给对方、非互惠性转让给对方、无偿独占或者共享该改进技术的知识产权;(二)限制当事人一方从其他来源获得与技术提供方类似技术或者与其竞争的技术;(三)阻碍当事人一方根据市场需求,按照合理方式充分实施合同标的技术,包括明显不合理地限制技术接受方实施合同标的技术生产产品或者提供服务的数量、品种、价格、销售渠道和出口市场;(四)要求技术接受方接受并非实施技术必不可少的附带条件,包括购买非必需的技术、原材料、产品、设备、服务以及接收非必需的人员等;(五)不合理地限制技术接受方购买原材料、零部件、产品或者设备等的渠道或者来源;(六)禁止技术接受方对合同标的技术知识产权的有效性提出异议或者对提出异议附加条件”。

非法垄断技术

(三)技术合同的内容

"技术合同的内容一般包括项目的名称,标的的内容、范围和要求,履行的计划、地点和方式,技术信息和资料的保密,技术成果的归属和收益的分配办法,验收标准和方法,名词和术语的解释等条款。"(《民法典》第845条第1款)该款规定的技术合同内容条款并非技术合同成立或生效的必备条款,只是供当事人参考,当事人可以另行约定相关条款。但是,技术合同涉及专利的,应当遵守专利法的有关规定。此类合同应当注明发明创造的名称、专利申请人和专利权人、申请日期、申请号、专利号以及专利权的有效期限(《民法典》第845条第3款)。其主要目的是便于技术受让人向有关机关查询以及专利管理机关的管理,防止假冒专利的欺骗活动。[1] 涉及专利的技术合同的内容条款的规定,属于义务性规定,对双方当事人有一定的约束力,如果当事人订立技术合同,合同标的涉及专利的,就应当按照《民法典》第845条第3款规定执行。[2] 与履行合同有关的技术背景资料、可行性论证和技术评价报告、项目任务书和计划书、技术标准、技术规范、原始设计和工艺文件,以及其他技术文档,按照当事人的约定可以作为合同的组成部分(《民法典》第845条第2款)。

专利相关技术合同

技术合同的价金条款是重要的合同内容之一。技术合同中的价金支付条款,包括价款、报酬、使用费的支付方式由当事人约定,可以采取一次总算、一次总付或者一次总算、分期支付,也可以采取提成支付或者提成支付附加预付入门费的方式。约定提成支付的,可以按照产品价格、实施专利和使用技术秘密后新增的产值、利润或者产品销售额的一定比例提成,也可以按照约定的其他方式计算。提成支付的比例可以采取固定比例、逐年递增比例或者逐年递减比例。约定提成支付的,当事人可以约定查阅有关会计账目的办法(《民法典》第846条)。同样地,该规定也是提示性条款,当事人可自由协商确定。

在实践中,当事人对于技术合同的价金条款也可能没有约定或约定不明确。此时,依《技术合同解释》第14条的规定,"对技术合同的价款、报酬和使用费,当事人没有约定或者约定不明确的,人民法院可以按照以下原则处理:(一)对于技术开发合同和技术转让合同、技术许可合同,根据有关技术成果的研究开发成本、先进性、实施转化和应用的程度,当事人享有的权益和承担的责任,以及技术成果的经济效益等合理确定;(二)对于技术咨询合同和技术服务合同,根据有关咨询服务工作的技术含量、质量和数量,以及已经产生和预期产生的经济效益等合理确定。技术合同价款、报酬、使用费中包含非技术性款项的,应当分项计算"。

价金条款未约定或约定不明

三、技术成果相关权利的归属

所谓技术成果,依《技术合同解释》第1条的规定,指的是"利用科学技术知识、信息和经验作出的涉及产品、工艺、材料及其改进等的技术方案,包括专利、专利申请、技术秘

[1] 崔建远:《合同法》(第4版),北京大学出版社2021年版,第597页。
[2] 黄薇主编:《中华人民共和国民法典合同编解读》(下册),中国法制出版社2020年版,第1137页。

密、计算机软件、集成电路布图设计、植物新品种等”。技术秘密则指的是“不为公众所知悉、具有商业价值并经权利人采取相应保密措施的技术信息”。在技术合同领域，职务技术成果和非职务技术成果的区分，是技术合同中经常面临的问题。

（一）职务技术成果

职务技术成果，依《民法典》第 847 条第 2 款的规定，指的是“执行法人或者非法人组织的工作任务，或者主要是利用法人或者非法人组织的物质技术条件所完成的技术成果”。

所谓的“执行法人或者非法人组织的工作任务”，包括：（1）履行法人或者非法人组织的岗位职责或者承担其交付的其他技术开发任务；（2）离职后 1 年内继续从事与其原所在法人或者非法人组织的岗位职责或者交付的任务有关的技术开发工作，但法律、行政法规另有规定的除外（《技术合同解释》第 2 条第 1 款）。

“物质技术条件”则包括资金、设备、器材、原材料、未公开的技术信息和资料等（《技术合同解释》第 3 条）。

“主要是利用法人或者非法人组织的物质技术条件”，包括职工在技术成果的研究开发过程中，全部或者大部分利用了法人或者非法人组织的资金、设备、器材或者原材料等物质条件，并且这些物质条件对形成该技术成果具有实质性的影响；还包括该技术成果实质性内容是在法人或者非法人组织尚未公开的技术成果、阶段性技术成果基础上完成的情形。但下列情况除外：（1）对利用法人或者非法人组织提供的物质技术条件，约定返还资金或者交纳使用费的；（2）在技术成果完成后利用法人或者非法人组织的物质技术条件对技术方案进行验证、测试的（《技术合同解释》第 4 条）。

技术合同若指向职务技术成果的，法人或者非法人组织可以就其享有使用权、转让权的技术成果订立技术合同。但职务技术成果完成人享有优先受让权，即“职务技术成果的使用权、转让权属于法人或者非法人组织的，法人或者非法人组织可以就该项职务技术成果订立技术合同。法人或者非法人组织订立技术合同转让职务技术成果时，职务技术成果的完成人享有以同等条件优先受让的权利”（《民法典》第 847 条第 1 款）。所谓的“职务技术成果的完成人”，“包括对技术成果单独或者共同作出创造性贡献的人，也即技术成果的发明人或者设计人。人民法院在对创造性贡献进行认定时，应当分解所涉及技术成果的实质性技术构成。提出实质性技术构成并由此实现技术方案的人，是作出创造性贡献的人”。但是，“提供资金、设备、材料、试验条件，进行组织管理，协助绘制图纸、整理资料、翻译文献等人员，不属于职务技术成果的完成人、完成技术成果的个人”（《技术合同解释》第 6 条）。

思　考

《民法典》第 847 条并未依循原《技术合同法》第 6 条的规定直接将此类成果归属为单位所有，而是规定，“职务技术成果的使用权、转让权属于法人或者非法人组织的……”。该条款中第二个“的”也表明，法人或者非法人组织并非必然是职务技术成果的使用权人或转让权人，这一规定为技术成果完成人获得职务技术成果相关权利预

职务技术成果归属的留白

留了制度空间。事实上,《专利法》第6条第3款也规定当事人可以约定职务技术成果的权属,法人或非法人组织并非一定享有职务技术成果的使用权和转让权,即“利用本单位的物质技术条件所完成的发明创造,单位与发明人或者设计人订有合同,对申请专利的权利和专利权的归属作出约定的,从其约定”。《技术合同解释》第2条第2款也规定,“法人或者非法人组织与其职工就职工在职期间或者离职以后所完成的技术成果的权益有约定的,人民法院应当依约定确认”。[1]

(二)非职务技术成果

非职务技术成果的使用权、转让权属于完成技术成果的个人,完成技术成果的个人可以就该项非职务技术成果订立技术合同(《民法典》第848条)。在认定何为“完成技术成果的个人”上,适用前述《技术合同解释》第6条的规定。

(三)技术成果的署名权等

技术成果的财产权归属按照职务技术成果和非职务技术成果进行区分,但是,技术成果的署名权等人身性权利与此不同,其专属于完成技术成果的个人,即“完成技术成果的个人享有在有关技术成果文件上写明自己是技术成果完成者的权利和取得荣誉证书、奖励的权利”(《民法典》第849条)。

(四)以技术投资时的权属及其利益分配

《技术合同解释》第16条规定,“当事人以技术成果向企业出资但未明确约定权属,接受出资的企业主张该技术成果归其享有的,人民法院一般应当予以支持,但是该技术成果价值与该技术成果所占出资额比例明显不合理损害出资人利益的除外。当事人对技术成果的权属约定有比例的,视为共同所有,其权利使用和利益分配,按共有技术成果的有关规定处理,但当事人另有约定的,从其约定。当事人对技术成果的使用权约定有比例的,人民法院可以视为当事人对实施该项技术成果所获收益的分配比例,但当事人另有约定的,从其约定”。

四、技术合同的无效和可撤销

技术合同的无效和可撤销,亦遵循法律行为无效和可撤销的一般原理,适用《民法典》总则编关于法律行为效力及《民法典》合同编通则分编关于合同效力的规定。与此同时,《民法典》技术合同章亦规定了技术合同的无效,《技术合同解释》对此亦有规定。例如,《民法典》第850条规定,“非法垄断技术或者侵害他人技术成果的技术合同无效”。《技术合同解释》第9条规定,“当事人一方采取欺诈手段,就其现有技术成果作为

---

[1] 当然,从《技术合同解释》第5条之规定,似乎可以反推出职务技术成果归所在的法人或非法人组织享有的结论,但如此推论,明显有违《民法典》第847条所持的灵活开放的立法主旨。《技术合同解释》第5条规定,“个人完成的技术成果,属于执行原所在法人或者非法人组织的工作任务,又主要利用了现所在法人或者非法人组织的物质技术条件的,应当按照该自然人原所在和现所在法人或者非法人组织达成的协议确认权益。不能达成协议的,根据对完成该项技术成果的贡献大小由双方合理分享”。

研究开发标的与他人订立委托开发合同收取研究开发费用，或者就同一研究开发课题先后与两个或者两个以上的委托人分别订立委托开发合同重复收取研究开发费用，使对方在违背真实意思的情况下订立的合同，受损害方依照民法典第一百四十八条规定请求撤销合同的，人民法院应当予以支持”。当然，生产产品或者提供服务依法须经有关部门审批或者取得行政许可，而未经审批或者许可的，不影响当事人订立的相关技术合同的效力。当事人对此等审批或者许可的义务没有约定或者约定不明确的，人民法院应当判令由实施技术的一方负责办理，但法律、行政法规另有规定的除外（《技术合同解释》第8条）。

关于技术合同无效或被撤销后的法律效果，《民法典》第155～157条对此作出了规定，《技术合同解释》对此亦作了规定，主要包括损失如何认定以及成果权益的归属问题。例如，《技术合同解释》第11条规定，“技术合同无效或者被撤销后，技术开发合同研究开发人、技术转让合同让与人、技术许可合同许可人、技术咨询合同和技术服务合同的受托人已经履行或者部分履行了约定的义务，并且造成合同无效或者被撤销的过错在对方的，对其已履行部分应当收取的研究开发经费、技术使用费、提供咨询服务的报酬，人民法院可以认定为因对方原因导致合同无效或者被撤销给其造成的损失。技术合同无效或者被撤销后，因履行合同所完成新的技术成果或者在他人技术成果基础上完成后续改进技术成果的权利归属和利益分享，当事人不能重新协议确定的，人民法院可以判决由完成技术成果的一方享有”。

拓　展

依《民法典》第850条的规定，侵害他人技术成果的合同，亦构成无效。其中，因技术秘密的特殊性，侵害他人技术秘密而导致技术合同无效时的法律后果亦有其特殊性。对此，《技术合同解释》第12条规定，“根据民法典第八百五十条的规定，侵害他人技术秘密的技术合同被确认无效后，除法律、行政法规另有规定的以外，善意取得该技术秘密的一方当事人可以在其取得时的范围内继续使用该技术秘密，但应当向权利人支付合理的使用费并承担保密义务。当事人双方恶意串通或者一方知道或者应当知道另一方侵权仍与其订立或者履行合同的，属于共同侵权，人民法院应当判令侵权人承担连带赔偿责任和保密义务，因此取得技术秘密的当事人不得继续使用该技术秘密”。《技术合同解释》第13条规定，“依照前条第一款规定可以继续使用技术秘密的人与权利人就使用费支付发生纠纷的，当事人任何一方都可以请求人民法院予以处理。继续使用技术秘密但又拒不支付使用费的，人民法院可以根据权利人的请求判令使用人停止使用。人民法院在确定使用费时，可以根据权利人通常对外许可该技术秘密的使用费或者使用人取得该技术秘密所支付的使用费，并考虑该技术秘密的研究开发成本、成果转化和应用程度以及使用人的使用规模、经济效益等因素合理确定。不论使用人是否继续使用技术秘密，人民法院均应当判令其向权利人支付已使用期间的使用费。使用人已向无效合同的让与人或者许可人支付的使用费应当由让与人或者许可人负责返还”。

侵害他人技术秘密无效

五、技术合同的解除

技术合同的解除，遵循《民法典》合同编通则分编合同解除的一般规则。《民法典》第563条等对此作出了规定。就迟延履行主要债务情形的催告解除，《技术合同解释》第15条明确了催告的“合理期限”，即“技术合同当事人一方迟延履行主要债务，经催告后在30日内仍未履行，另一方依据民法典第五百六十三条第一款第(三)项的规定主张解除合同的，人民法院应当予以支持。当事人在催告通知中附有履行期限且该期限超过30日的，人民法院应当认定该履行期限为民法典第五百六十三条第一款第(三)项规定的合理期限”。

第二节　技术开发合同

一、技术开发合同的概念、类型与特征

技术开发合同是当事人之间就新技术、新产品、新工艺、新品种或者新材料及其系统的研究开发所订立的合同(《民法典》第851条)。所谓“新技术、新产品、新工艺、新品种或者新材料及其系统”，包括当事人在订立技术合同时尚未掌握的产品、工艺、材料及其系统等技术方案，但对技术上没有创新的现有产品的改型、工艺变更、材料配方调整以及对技术成果的验证、测试和使用除外(《技术合同解释》第17条)。

技术开发合同包括委托开发合同和合作开发合同(《民法典》第851条)。此外，《民法典》还规定了作为“准技术开发合同”的技术转化合同。技术转化合同，是指当事人之间就具有实用价值但尚未实现工业化应用的科技成果包括阶段性技术成果，以实现该科技成果工业化应用为目标，约定后续试验、开发和应用等内容的合同(《技术合同解释》第18条)。技术转化合同，参照适用技术开发合同的有关规定(《民法典》第851条第4款)。合作开发合同的当事人应当按照约定进行投资，包括以技术进行投资，分工参与研究开发工作，协作配合研究开发工作(《民法典》第855条)。若一方仅提供资金、设备、材料等物质条件或者承担辅助协作事项，另一方进行研究开发工作的，属于委托开发合同(《技术合同解释》第19条第2款)。所谓“分工参与研究开发工作”，包括当事人按照约定的计划和分工，共同或者分别承担设计、工艺、试验、试制等工作(《技术合同解释》第19条第1款)。《民法典》第852～856条区分了委托开发合同和合作开发合同，分别规定了相应的权利义务。

技术开发合同具有以下特征：

1. 技术开发合同执行的技术成果具有特定要求。技术开发合同的标的指向“新技术、新产品、新工艺、新品种或者新材料及其系统”的研究开发，强调的是“新”，因此其指向的技术成果应具有新颖性，其强调的是非公知技术。作为技术开发合同标的的技术已经由他人公开，致使技术开发合同的履行没有意义的，当事人可以解除合同(《民法典》第857条)。

非公知技术

2. 技术开发合同以当事人共同承担风险为默认规则。依《民法典》第 858 条规定，技术开发合同履行过程中，因出现无法克服的技术困难，致使研究开发失败或者部分失败的，该风险由当事人约定。没有约定或者约定不明确的，依照《民法典》第 510 条的规定仍不能确定的，风险由当事人合理分担。

3. 技术开发合同是要式合同，应当采用书面形式（《民法典》第 851 条第 3 款）。当然，关于技术开发合同等合同的书面形式要求，《民法典》第 490 条第 2 款亦有所规定，“法律、行政法规规定或者当事人约定合同应当采用书面形式订立，当事人未采用书面形式但是一方已经履行主要义务，对方接受时，该合同成立”。

二、技术开发合同的效力

技术开发合同，无论是委托开发合同还是合作开发合同，当事人各方均负有保守技术情报、资料和技术成果秘密的义务（《民法典》第 509 条），《民法典》合同编通则分编关于合同当事人义务的规定也适用于技术开发合同。《民法典》对委托开发合同与合作开发合同分别规定了不同的权利义务。

（一）委托开发合同的效力

委托开发合同的委托人负有以下义务：（1）委托开发合同的委托人，应按照约定支付研究开发经费和报酬（《民法典》第 852 条）。报酬是委托人取得研究开发成果后，作为合同的“对价”应按时向研究开发人支付的款项，而研究开发经费则是研究开发的投入。（2）按照约定提供技术材料，提出研究开发要求，完成协作事项，接受研究开发成果（《民法典》第 852 条）。但就按期接受研究开发成果而言，其应为委托人之不真正义务。[1]

委托开发合同的研究开发人应当按照约定制定和实施研究开发计划，合理使用研究开发经费，按期完成研究开发工作，交付研究开发成果，提供有关的技术资料和必要的技术指导，帮助委托人掌握研究开发成果（《民法典》第 853 条）。除此之外，委托开发合同的研究开发人，其地位与委托合同中的受托人类似，亦是受托从事特定的事务，委托合同中受托人相关义务可以准用于委托开发合同的研究开发人。若当事人约定达成特定成果的，特定情形下也可以参照适用承揽合同之规定。

委托合同属性

委托开发合同的当事人违反约定造成研究开发工作停滞、延误或者失败的，应当承担违约责任（《民法典》第 854 条）。当然，当事人也可以解除合同。

（二）合作开发合同的效力

合作开发合同的当事人应当按照约定进行投资，包括以技术进行投资，分工参与研究开发工作，协作配合研究开发工作（《民法典》第 855 条）。按照约定投资是合作开发合同中当事人的主要义务之一。不仅如此，各方当事人还需要分工参与研究开发工作，相互协作配合研究开发的义务。若违反此等义务的，应当承担违约责任。对此，《民法

合伙属性

---

〔1〕 当然，亦有观点认为，多数的受领义务为不真正义务，个别的受领义务为真正义务，尚不宜径直按照整体类推规则将技术开发合同中委托人接受研究开发成果解释为不真正义务或真正义务，需要结合个案具体分析，再作定论［参见崔建远：《合同法》（第 4 版），北京大学出版社 2021 年版，第 606 页］。

典》第856条规定，“合作开发合同的当事人违反约定造成研究开发工作停滞、延误或者失败的，应当承担违约责任”。从这些规定可以看出，合作开发合同明显不同于一方负责投资、另一方负责研究开发的委托开发合同。〔1〕研究开发是单方义务还是双方共同义务，是合作开发合同与委托开发合同的本质区别。〔2〕合作开发合同，其实质上更接近于合伙合同的构造，因此，依《民法典》第467条规定，在当事人没有约定或约定不明确之情形下，亦可以参照适用合伙合同的相关规范。

三、技术开发合同的风险分担

对于技术开发合同因不可归责于当事人的事由出现的开发风险，《民法典》第858条采取了与买卖、承揽、租赁等合同中的风险负担规则不同的风险分配原则，采用了“合理分担”的分配原则。〔3〕第858条第1款规定，“技术开发合同履行过程中，因出现无法克服的技术困难，致使研究开发失败或者部分失败的，该风险由当事人约定；没有约定或者约定不明确，依据本法第五百一十条的规定仍不能确定的，风险由当事人合理分担”。之所以作出如此规定，乃是因为技术开发合同针对的是“新”的技术成果，除技术转化合同之外，技术合同针对的并非现有的技术成果，因此，研究开发风险是技术开发合同中的特殊现象，既不同于民事合同中的不可抗力，也不能简单等同于一般意义上的违约行为。〔4〕若出现开发失败的风险，当事人亦负有警示义务和止损义务。当事人一方发现《民法典》第858条第1款规定的可能致使研究开发失败或者部分失败的情形时，应当及时通知另一方并采取适当措施减少损失；没有及时通知并采取适当措施，致使损失扩大的，应当就扩大的损失承担责任(《民法典》第858条第2款)。

四、技术开发合同中的技术成果权益归属

技术开发完成的技术成果，既可能是发明创造，也可能是技术秘密等，其归属问题是技术开发合同中的重要内容之一。对此，《民法典》第859～861条作出了规定。

依《民法典》第859条第1款的规定，委托开发完成的发明创造，除法律另有规定或者当事人另有约定外，申请专利的权利属于研究开发人。研究开发人取得专利权的，委托人可以依法实施该专利。也就是说，《民法典》对于发明创造专利的归属，强调的是“除法律另有规定或者当事人另有约定外”，更强调依法取得和依法实施，如果当事人没有约定，并不能根据《民法典》第510条的交易习惯予以补充确定。另外，研究开发人转让专利申请权的，委托人享有以同等条件优先受让的权利(《民法典》第859条第2款)。

与委托开发合同不同，在合作开发合同中，除非当事人另有约定，合作开发完成的发明创造，申请专利的权利属于合作开发的当事人共有；当事人一方转让其共有的专利申

---

〔1〕黄薇主编：《中华人民共和国民法典合同编解读》(下册)，中国法制出版社2020年版，第1163页。

〔2〕程书锋、程方伟：《技术开发合同的类型与举证责任》，载《人民司法》2022年第8期。

〔3〕崔建远：《技术合同的立法论》，载《广东社会科学》2018年第1期。

〔4〕谢鸿飞、朱广新主编：《民法典评注·合同编·典型合同与准合同》(第3册)，中国法制出版社2020年版，第459页。

请权的,其他各方享有以同等条件优先受让的权利(《民法典》第 860 条第 1 款)。但是,合作开发的当事人一方声明放弃其共有的专利申请权的,除当事人另有约定外,可以由另一方单独申请或者由其他各方共同申请。申请人取得专利权的,放弃专利申请权的一方可以免费实施该专利。合作开发的当事人一方不同意申请专利的,另一方或者其他各方不得申请专利(《民法典》第 860 条第 2 款、第 3 款)。

技术秘密权益归属的特殊性

若技术开发合同指向的是技术秘密,其性质上是当事人不愿意公开的不为公众所熟悉、并采取保密措施的技术信息,因此无法对《民法典》第 859 条或第 860 条的专利申请权或专利权的归属作出界定。《民法典》第 861 条就此作出了规定,即委托开发或者合作开发完成的技术秘密成果的使用权、转让权以及收益的分配办法,由当事人约定;没有约定或者约定不明确,依据《民法典》第 510 条的规定仍不能确定的,在没有相同技术方案被授予专利权前,当事人均有使用和转让的权利。但是,委托开发的研究开发人不得在向委托人交付研究开发成果之前,将研究开发成果转让给第三人。可以看出的是,在当事人未约定时的权益归属规则上,与涉及专利的委托开发合同不同,其可以依《民法典》第 510 条的规定予以补充,而并非直接依法定归属规则予以确定。另外,所谓"当事人均有使用和转让的权利",包括当事人均有不经对方同意而自己使用或者以普通许可使用的方式许可他人使用技术秘密,并独占由此所获利益的权利。当事人一方将技术秘密成果的转让权让与他人,或者以独占或者排他使用许可的方式许可他人使用技术秘密,未经对方当事人同意或者追认的,应当认定该让与或者许可行为无效(《技术合同解释》第 20 条)。

另外,技术开发合同当事人依照《民法典》的规定或者约定自行实施专利或使用技术秘密,但因其不具备独立实施专利或者使用技术秘密的条件,以普通许可方式许可他人实施或者使用的,可以准许。

第三节 技术转让合同和技术许可合同

一、技术转让合同和技术许可合同的概念

技术转让合同是合法拥有技术的权利人,将现有特定的专利、专利申请、技术秘密的相关权利让与他人所订立的合同(《民法典》第 862 条第 1 款)。技术许可合同是合法拥有技术的权利人,将现有特定的专利、技术秘密的相关权利许可他人实施、使用所订立的合同(《民法典》第 862 条第 2 款)。技术转让合同的合同标的,指向的是专利权、专利申请权、技术秘密等原权利,而技术许可合同的合同标的,指向的是原权派生的使用权,两者并不一致。依《技术合同解释》第 22 条第 1 款的规定,就尚待研究开发的技术成果或者不涉及专利、专利申请或者技术秘密的知识、技术、经验和信息所订立的合同,不属于技术转让合同或技术许可合同。

技术转让合同包括专利权转让、专利申请权转让、技术秘密转让等合同。技术许可合同包括专利实施许可、技术秘密使用许可等合同。技术转让合同和技术许可合同应当

采用书面形式(《民法典》第863条)。

技术转让合同和技术许可合同中关于提供实施技术的专用设备、原材料或者提供有关的技术咨询、技术服务的约定,属于合同的组成部分(《民法典》第862条第3款)。并且,依《技术合同解释》第22条第2款,因此发生的纠纷,按照技术转让合同处理。

依《民法典》第862条的规定,技术转让合同和技术许可合同指向的是专利、技术秘密等,并不包括集成电路、植物新品种等知识产权的转让和许可。根据《民法典》第876条的规定,集成电路布图设计专有权、植物新品种权、计算机软件著作权等其他知识产权的转让和许可,可参照适用《民法典》技术合同章"技术转让合同和技术许可合同"节的有关规定。

此外,名为技术入股而不参与经营管理且约定保底条款的联营合同,视为技术转让或技术许可合同,即"当事人以技术入股方式订立联营合同,但技术入股人不参与联营体的经营管理,并且以保底条款形式约定联营体或者联营对方支付其技术价款或者使用费的,视为技术转让合同或者技术许可合同"(《技术合同解释》第22条第3款)。

二、技术转让合同和技术许可合同的效力

技术转让合同和技术许可合同的权利义务,《民法典》将其分为适用于所有技术转让合同和技术许可合同的一般效力与适用于部分子类型的特殊效力予以规定。

(一)技术让与人和许可人的主要义务

技术让与人或许可人的主要义务是按照合同约定将技术转让给受让人或许可给被许可人并对转让标的承担瑕疵担保责任(《民法典》第870条)。具体分析如下:(1)就权利移转义务而言,技术让与人或者许可人应保证自己就转让标的享有处分权限;(2)权利的瑕疵担保责任,即技术让与人和许可人应当保证自己所提供技术并不存在妨碍转让标的权利完整性和使用的权利负担;(3)"物"的瑕疵担保责任,即技术让与人和许可人应当保证其所提供的技术完整、无误、有效,能够达到约定的目标。如果受让人或者被许可人按照约定实施专利、使用技术秘密侵害他人合法权益的,由让与人或者许可人承担责任,但是当事人另有约定的除外(《民法典》第874条)。

《民法典》第872条对让与人和许可人的违约责任作了规定,"许可人未按照约定许可技术的,应当返还部分或者全部使用费,并应当承担违约责任;实施专利或者使用技术秘密超越约定的范围的,违反约定擅自许可第三人实施该项专利或者使用该项技术秘密的,应当停止违约行为,承担违约责任;违反约定的保密义务的,应当承担违约责任。让与人承担违约责任,参照适用前款规定"。

拓 展

转让与在先许可、在先实施

专利等知识产权不同于物权,其并不具有权利上的排他性,可以由多人同时分别使用。故《技术合同解释》第24条第2款明确规定,"让与人与受让人订立的专利权、专利申请权转让合同,不影响在合同成立前让与人与他人订立的相关专利实施许可合同或者

技术秘密转让合同的效力”。但让与人负有自己不得继续实施相关技术的义务,即“订立专利权转让合同或者专利申请权转让合同前,让与人自己已经实施发明创造,在合同生效后,受让人要求让与人停止实施的,人民法院应当予以支持,但当事人另有约定的除外”(《技术合同解释》第 24 条第 1 款)。另外,“当事人对实施专利或者使用技术秘密的期限没有约定或者约定不明确的,受让人、被许可人实施专利或者使用技术秘密不受期限限制”(《技术合同解释》第 28 条第 2 款)。

(二)受让人或被许可人的主要义务

受让人或被许可人应当按照约定实施技术或技术秘密,并承担保密义务(《民法典》第 864 条、第 873 条等)。技术转让合同的受让人和技术许可合同的被许可人应当按照约定的范围和期限,对让与人、许可人提供的技术中尚未公开的秘密部分,承担保密义务(《民法典》第 871 条)。受让人或被许可人负有费用支付义务(《民法典》第 873 条)。受让人或被许可人违反上述义务的,应承担违约责任,即“被许可人未按照约定支付使用费的,应当补交使用费并按照约定支付违约金;不补交使用费或者支付违约金的,应当停止实施专利或者使用技术秘密,交还技术资料,承担违约责任;实施专利或者使用技术秘密超越约定的范围的,未经许可人同意擅自许可第三人实施该专利或者使用该技术秘密的,应当停止违约行为,承担违约责任;违反约定的保密义务的,应当承担违约责任。受让人承担违约责任,参照适用前款规定”(《民法典》第 873 条)。

(三)专利实施许可合同的效力

专利实施许可合同包括独占实施许可、排他实施许可、普通实施许可等许可方式。当事人对专利实施许可方式没有约定或者约定不明确的,认定为普通实施许可。专利实施许可合同约定被许可人可以再许可他人实施专利的,认定该再许可为普通实施许可,但当事人另有约定的除外(《技术合同解释》第 25 条)。专利实施许可合同仅在该专利权的存续期限内有效。专利权有效期限届满或者专利权被宣告无效的,专利权人不得就该专利与他人订立专利实施许可合同(《民法典》第 865 条)。不仅如此,许可人负有专利权有效维持义务,即“专利实施许可合同许可人负有在合同有效期内维持专利权有效的义务,包括依法缴纳专利年费和积极应对他人提出宣告专利权无效的请求,但当事人另有约定的除外”(《技术合同解释》第 26 条)。专利实施许可合同的许可人应当按照约定许可被许可人实施专利,交付实施专利有关的技术资料,提供必要的技术指导(《民法典》第 866 条)。专利实施许可合同的被许可人应当按照约定实施专利,不得许可约定以外的第三人实施该专利,并按照约定支付使用费(《民法典》第 867 条)。

(四)技术秘密转让合同、许可合同的效力

技术秘密转让合同的让与人和技术秘密使用许可合同的许可人应当按照约定提供技术资料,进行技术指导,保证技术的实用性、可靠性,并承担保密义务。此处的保密义务,不限制许可人申请专利,但是当事人另有约定的除外(《民法典》第 868 条)。技术秘密转让合同的受让人和技术秘密使用许可合同的被许可人应当按照约定使用技术,支付转让费、使用费,并承担保密义务(《民法典》第 869 条)。

对于正在申请专利的技术成果亦可以订立许可使用合同,但随着专利申请公开、专利授权等的变化,其技术成果的含义也会发生变化。对此,《技术合同解释》第 29 条第 1 款规定,“当事人之间就申请专利的技术成果所订立的许可使用合同,专利申请公开以前,适用技术秘密许可合同的有关规定;发明专利申请公开以后、授权以前,参照适用专利实施许可合同的有关规定;授权以后,原合同即为专利实施许可合同,适用专利实施许可合同的有关规定”。

三、后续改进技术成果的归属

后续改进技术成果,是指在技术转让合同的有效期内,一方或者双方对作为合同标的的专利技术或者非专利技术成果所作的革新和改良而取得的技术成果。这一技术成果权益的归属,依《民法典》第 875 条的规定,当事人可以按照互利的原则,约定实施专利、使用技术秘密的后续改进的技术成果的分享办法;在合同没有约定或者约定不明确的情况下,当事人可以协议补充;不能达成补充协议的,按照合同中有关条款或者交易习惯确定;依照合同有关条款或交易习惯仍不能确定的,后续改进的技术成果属于该成果的一方,任何一方无权分享另一方后续改进的技术成果。

第四节　技术咨询合同和技术服务合同

一、技术咨询合同

技术咨询合同是当事人一方以技术知识为对方就特定技术项目提供可行性论证、技术预测、专题技术调查、分析评价报告等所订立的合同(《民法典》第 878 条第 1 款)。“特定技术项目”,包括有关科学技术与经济社会协调发展的软科学研究项目,促进科技进步和管理现代化、提高经济效益和社会效益等运用科学知识和技术手段进行调查、分析、论证、评价、预测的专业性技术项目(《技术合同解释》第 30 条)。

(一)技术咨询合同的特点

技术咨询合同的特点主要包括:(1)技术咨询合同指向的对象具有独特性。与直接进行新技术的研发、现有技术的转让许可等不同,技术咨询合同指向的是特定技术项目的可行性论证、技术预测、专题技术调查、分析评价报告等,其主要在于完成咨询报告或者解答问题。(2)技术咨询合同的决策风险的责任分配具有其特殊性,受托人并不对咨询报告或解答意见负有担保责任。技术咨询合同的委托人按照受托人提供的符合约定要求的咨询报告和意见作出决策所造成的损失,由委托人承担,但当事人另有约定的除外(《民法典》第 881 条第 3 款)。(3)技术咨询合同是不要式合同。《民法典》对技术咨询合同和技术服务合同并无书面形式的要求。

(二)技术咨询合同委托人的义务

技术咨询合同的委托人应当按照约定阐明咨询的问题,提供技术背景材料及有关技术资料,接受受托人的工作成果,支付报酬(《民法典》第 879 条)。当事人对技术咨询合同委托人提供的技术资料和数据或者受托人提出的咨询报告和意见未约定保密义务，当事人一方引用、发表或者向第三人提供的，不认定为违约行为，但侵害对方当事人对此享有的合法权益的，应当依法承担民事责任（《技术合同解释》第 31 条）。也就是说，当事人若约定了保密义务，委托人应当予以遵守。

（三）技术咨询合同受托人的义务

技术咨询合同受托人的主要义务是按照约定的期限完成咨询报告或解答问题，且提出的咨询报告应当达到约定的要求（《民法典》第 880 条）。技术咨询合同的受托人未按期提出咨询报告或者提出的咨询报告不符合约定的，应当承担减收或者免收报酬等违约责任（《民法典》第 881 条第 2 款）。与《民法典》关于委托合同的规定不同的是，技术咨询合同和技术服务合同的受托人原则上应以自己之费用完成受托事务，即“技术咨询合同和技术服务合同对受托人正常开展工作所需费用的负担没有约定或者约定不明确的，由受托人负担”（《民法典》第 886 条）。

技术咨询合同受托人还负有警示和通知义务。技术咨询合同受托人发现委托人提供的资料、数据等有明显错误或者缺陷，未在合理期限内通知委托人的，视为其对委托人提供的技术资料、数据等予以认可。委托人在接到受托人的补正通知后未在合理期限内答复并予以补正的，发生的损失由委托人承担（《技术合同解释》第 32 条）。

（四）技术咨询合同技术成果的归属

技术咨询合同或技术服务合同，既有可能在履行合同过程中产生技术成果，也有可能在受托人工作成果的基础上形成新的技术成果，法律上应就上述技术成果的归属作出规定。对此，《民法典》第 885 条规定，“技术咨询合同、技术服务合同履行过程中，受托人利用委托人提供的技术资料和工作条件完成的新的技术成果，属于受托人。委托人利用受托人的工作成果完成的新的技术成果，属于委托人。当事人另有约定的，按照其约定”。

二、技术服务合同

技术服务合同是当事人一方以技术知识为对方解决特定技术问题所订立的合同，不包括承揽合同和建设工程合同（《民法典》第 878 条第 2 款）。技术服务合同与技术咨询合同一样，亦为非要式合同。技术服务合同是以解决特定技术问题而订立的合同，其指向的标的具有特殊性。该“特定技术问题”，包括需要运用专业技术知识、经验和信息解决的有关改进产品结构、改良工艺流程、提高产品质量、降低产品成本、节约资源能耗、保护资源环境、实现安全操作、提高经济效益和社会效益等专业技术问题（《技术合同解释》第 33 条）。另外，某些名为技术转让的合同但实质上无法构成技术转让合同的，也可以按照技术服务合同处理。例如，《技术合同解释》第 34 条规定，“当事人一方以技术转让或者技术许可的名义提供已进入公有领域的技术，或者在技术转让合同、技术许可合同履行过程中合同标的技术进入公有领域，但是技术提供方进行技术指导、传授技术知识，为对方解决特定技术问题符合约定条件的，按照技术服务合同处理，约定的技术转让费、使用费可以视为提供技术服务的报酬和费用，但是法律、行政法规另有规定的除外。依照前款规定,技术转让费或者使用费视为提供技术服务的报酬和费用明显不合理的,人民法院可以根据当事人的请求合理确定”。

委托人违约情形的全额报酬请求权

技术服务合同委托人的主要义务是支付报酬、提供工作条件和协助、接受工作成果。《民法典》第 882 条规定,“技术服务合同的委托人应当按照约定提供工作条件,完成配合事项,接受工作成果并支付报酬”。与技术咨询合同一样,在委托人违约之情形下,技术服务合同领域也采用了“全额报酬请求权”构成,即技术服务合同的委托人不履行合同义务或者履行合同义务不符合约定,影响工作进度和质量,不接受或者逾期接受工作成果的,支付的报酬不得追回,未支付的报酬应当支付(《民法典》第 884 条第 1 款)。

技术服务合同受托人的主要义务是按照约定完成服务等。《民法典》第 883 条规定,“技术服务合同的受托人应当按照约定完成服务项目,解决技术问题,保证工作质量,并传授解决技术问题的知识”。技术服务合同的受托人未按照约定完成服务工作的,应当承担免收报酬等违约责任(《民法典》第 884 条第 2 款)。

与技术咨询合同一样,技术服务合同受托人亦负有警示、通知义务。技术服务合同受托人发现委托人提供的资料、数据、样品、材料、场地等工作条件不符合约定,未在合理期限内通知委托人的,视为其对委托人提供的工作条件予以认可。委托人在接到受托人的补正通知后未在合理期限内答复并予补正的,发生的损失由委托人承担(《技术合同解释》第 35 条)。

三、技术中介合同、技术培训合同

(一)技术中介合同

技术中介合同,是指当事人一方以知识、技术、经验和信息为另一方与第三人订立技术合同进行联系、介绍以及对履行合同提供专门服务所订立的合同(《技术合同解释》第 38 条)。《技术合同解释》参照《民法典》中介合同章的相关规定对技术中介合同中的费用、报酬等规则作了细化规定。[1]

《技术合同解释》第 39 条规定,“中介人从事中介活动的费用,是指中介人在委托人和第三人订立技术合同前,进行联系、介绍活动所支出的通信、交通和必要的调查研究等费用。中介人的报酬,是指中介人为委托人与第三人订立技术合同以及对履行该合同提供服务应当得到的收益。当事人对中介人从事中介活动的费用负担没有约定或者约定不明确的,由中介人承担。当事人约定该费用由委托人承担但未约定具体数额或者计算方法的,由委托人支付中介人从事中介活动支出的必要费用。当事人对中介人的报酬数额没有约定或者约定不明确的,应当根据中介人所进行的劳务合理确定,并由委托人承担。仅在委托人与第三人订立的技术合同中约定中介条款,但未约定给付中介人报酬或者约定不明确的,应当支付的报酬由委托人和第三人平均承担”。

《技术合同解释》第 40 条规定了中介报酬取得条件及中介人的违约责任,即“中介人未促成委托人与第三人之间的技术合同成立的,其要求支付报酬的请求,人民法院不

---

〔1〕 关于技术中介合同与中介合同的区别,参见本书第十八章“中介合同”部分。

予支持;其要求委托人支付其从事中介活动必要费用的请求,应当予以支持,但当事人另有约定的除外。中介人隐瞒与订立技术合同有关的重要事实或者提供虚假情况,侵害委托人利益的,应当根据情况免收报酬并承担赔偿责任”。若经过中介服务而达成的技术合同无效或被撤销时,中介人是否享有中介报酬,《技术合同解释》第 41 条对此也作出了规定,“中介人对造成委托人与第三人之间的技术合同的无效或者被撤销没有过错,并且该技术合同的无效或者被撤销不影响有关中介条款或者技术中介合同继续有效,中介人要求按照约定或者本解释的有关规定给付从事中介活动的费用和报酬的,人民法院应当予以支持。中介人收取从事中介活动的费用和报酬不应当被视为委托人与第三人之间的技术合同纠纷中一方当事人的损失”。

(二)技术培训合同

技术培训合同,是指当事人一方委托另一方对指定的学员进行特定项目的专业技术训练和技术指导所订立的合同,不包括职业培训、文化学习和按照行业、法人或者非法人组织的计划进行的职工业余教育(《技术合同解释》第 36 条)。《技术合同解释》第 37 条就技术培训合同当事人的权利义务作了细化规定,即“当事人对技术培训必需的场地、设施和试验条件等工作条件的提供和管理责任没有约定或者约定不明确的,由委托人负责提供和管理。技术培训合同委托人派出的学员不符合约定条件,影响培训质量的,由委托人按照约定支付报酬。受托人配备的教员不符合约定条件,影响培训质量,或者受托人未按照计划和项目进行培训,导致不能实现约定培训目标的,应当减收或者免收报酬。受托人发现学员不符合约定条件或者委托人发现教员不符合约定条件,未在合理期限内通知对方,或者接到通知的一方未在合理期限内按约定改派的,应当由负有履行义务的当事人承担相应的民事责任”。

拓展阅读文献

1. 马忠法:《论我国〈民法典〉中的技术合同规范》,载《知识产权》2023 年第 9 期。
2. 白雅丽:《民法典背景下技术合同解除问题初探》,载《法律适用》2022 年第 12 期。
3. 程书锋、程方伟:《技术开发合同的类型与举证责任》,载《人民司法》2022 年第 8 期。
4. 汤贞友:《技术合同双方对他人侵权的责任分担——〈民法典〉第 874 条的解释适用》,载《知识产权》2022 年第 1 期。
5. 刘强:《〈民法典〉技术合同章立法研究——兼论与知识产权法的互动》,载《科技与法律(中英文)》2021 年第 6 期。
6. 徐卓斌:《技术合同制度的演进路径与司法理念》,载《法律适用》2020 年第 9 期。
7. 崔建远:《技术合同的立法论》,载《广东社会科学》2018 年第 1 期。

第十三章　保管合同

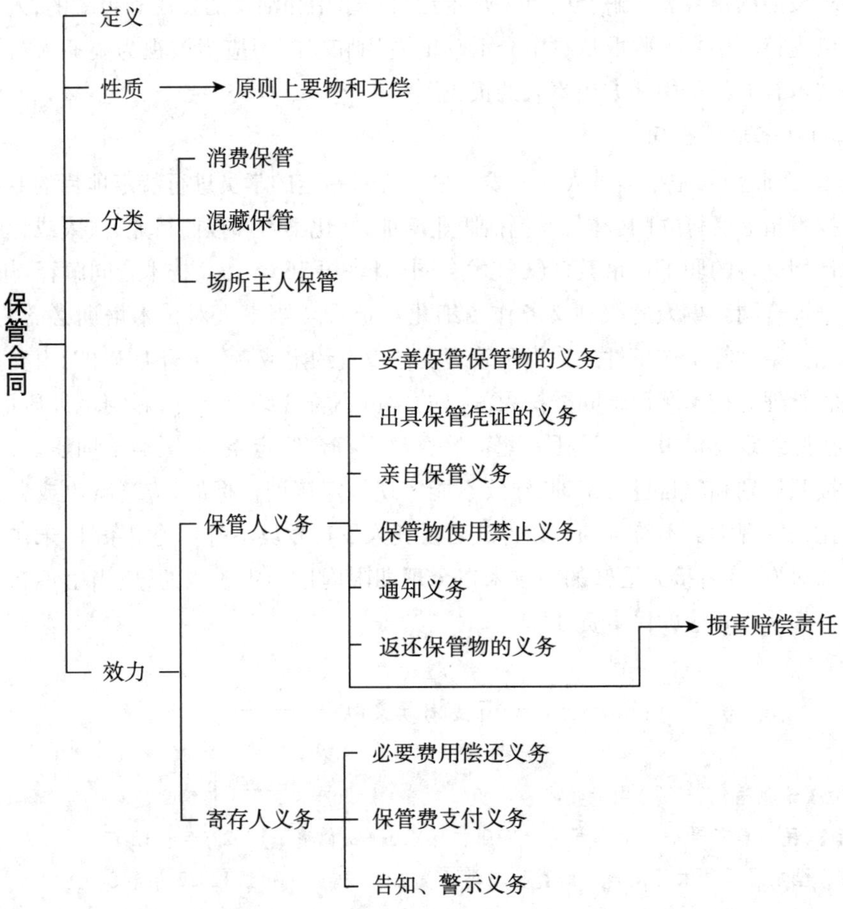
保管合同
定义
性质
原则上要物和无偿
分类
消费保管
混藏保管
场所主人保管
效力
保管人义务
妥善保管保管物的义务
出具保管凭证的义务
亲自保管义务
保管物使用禁止义务
通知义务
返还保管物的义务
损害赔偿责任
寄存人义务
必要费用偿还义务
保管费支付义务
告知、警示义务

设　例

1. 自然人甲某以每日30元的停车费将机动车停放在乙公司经营的停车场内。三天后，甲某前往停车场开车时发现车辆配件三元催化器丢失。甲某要求乙公司赔偿损失。问：

(1)甲某与乙公司之间是否成立保管合同？

(2)甲某能否要求乙公司赔偿损失？为什么？

2. 自然人丙某自驾入住丁酒店。丁酒店为住店客人提供免费停车服务，丙某将车辆停在丁酒店指定停车处。第二天早上，丙某发现车辆后备厢被撬开，后备箱内包括名贵首饰在内的物品被悉数盗走。丙某遂要求丁酒店赔偿损失。问：

丙某能否要求丁公司赔偿损失？为什么？

保管合同的特色在于以物的保管这一相对限定的劳务作为其标的。[1]《民法典》承继原《合同法》规定，在《民法典》第888～903条规定了保管合同；同时，在原《合同法》的基础上，《民法典》增加了场所主人保管的规则。

第一节　保管合同概述

一、保管合同的概念与特征

保管合同是保管人保管寄存人交付的保管物，并返还该物的合同(《民法典》第888条第1款)，又称寄托合同、寄存合同。以保管他人之物作为债务，并非保管合同特有的内容。例如，在租赁合同中承租人妥善保管租赁物的义务(《民法典》第714条)、融资租赁合同中承租人妥善保管使用租赁物的义务(《民法典》第750条)、承揽合同中承揽人应当妥善保管定作人提供的材料以及完成的工作成果的义务(《民法典》第784条)等。但是，上述典型合同中的保管，应依该典型合同中关于法律效力的规定予以处理。[2] 与上述典型合同中的保管义务不同，保管合同是专以物之保管作为标的的合同。

保管与保管合同

从《民法典》的定义来看，保管合同中，寄存人要转移保管物的占有[3]但并不取得保管物的使用收益，因此不同于租赁、借用等。保管合同是要物合同、不要式合同，且为持续性合同；原则上为无偿、单务合同(若特别约定报酬时则为有偿、双务合同)。

---

[1] [日]我妻荣：《我妻荣民法讲义 V_3：债权各论》(中卷二)，周江洪译，中国法制出版社2008年版，第168页。

[2] [日]我妻荣：《我妻荣民法讲义 V_3：债权各论》(中卷二)，周江洪译，中国法制出版社2008年版，第171页。当然，若此等典型合同未对保管涉及的法律效力作出规定，本书认为，保管合同的有关规则可参照适用。

[3] 值得注意的是，有学者认为，在一般寄托中，受寄人只能持有标的物，而不能取得标的物的占有，更不能取得标的物的所有[参见崔建远：《合同法》(第4版)，北京大学出版社2021年版，第624页]；但也有学者认为，保管成立时，寄存人享有以保管人为占有代理人的间接占有，保管人则享有作为寄存人的占有代理人的直接占有[参见[日]我妻荣：《我妻荣民法讲义 V_3：债权各论》(中卷二)，周江洪译，中国法制出版社2008年版，第178页；李永军主编：《合同法学》，高等教育出版社2011年版，第355页]。

保管合同原则上为要物合同(《民法典》第890条)。基于罗马法以来的传统,多数大陆法系国家将保管合同作为要物合同予以规定,但亦有个别立法例转向诺成合同(《日本民法典》第657条)。我国《民法典》维持了保管合同的要物性,但同时也规定,保管合同可基于当事人的约定而为诺成合同。

保管合同原则上为无偿合同。《民法典》第889条第1款规定,"寄存人应当按照约定向保管人支付保管费"。依该款规定,寄存人负有保管费支付义务,保管合同似乎为有偿合同,但该条第2款规定,"当事人对保管费没有约定或者约定不明确,依据本法第五百一十条的规定仍不能确定的,视为无偿保管"。同时,《民法典》第888条关于保管合同的定义,未规定保管费支付义务。故除非保管合同约定保管费或依《民法典》第510条得以确定为有偿的,保管合同为无偿合同。无偿保管合同,因寄存人并不负有对待给付义务,故为单务合同;有偿保管合同,保管人的保管给付与寄存人的保管费支付之间构成对待给付关系,故属双务合同。[1]

二、特殊保管

(一)消费保管

依《民法典》第888条的规定,保管人负有"返还该物"的义务。但在保管实践中,也存在保管人的义务并不是保管并返还标的物本身,而是将标的物消费并返还相同种类、相同等级和相同数量的物的场合。此种保管,被称为消费保管。与通常的保管不同,此时要移转保管物的所有权。《民法典》第901条规定为消费保管的构成提供了规范基础,即"保管人保管货币的,可以返还相同种类、数量的货币;保管其他可替代物的,可以按照约定返还相同种类、品质、数量的物品"。值得注意的是,货币保管为消费保管,但保管货币以外的可替代物,原则上亦是普通保管,只有在约定得以返还相同种类、品质和数量的可替代物时,才构成消费保管或混藏保管。

消费可能性

消费保管与消费借贷的不同之处在于,消费保管关注寄存人的保管利益,而消费借贷则关注使用人之消费使用利益。《民法典》第901条仅规定了得以返还相同种类、数量或相同种类、品质、数量的可替代物,虽然并未规定保管人得以消费或使用保管物,但为消费保管的存在提供了规范基础,当事人得以约定保管人得以消费或使用之保管。但就货币保管而言,依该条规定,即使无特别约定,亦可以相同种类和数量的货币予以返还,且货币具有高度流通性,原则上"占有即所有",故其得以消费的属性亦不言自明。

思 考

储蓄合同与消费保管

在比较法上,银行机构等接纳存款被作为消费保管契约予以看待,认为将金钱存入银行及其他金融机构,当然是消费保管。[2] 但也有观点认为寄存货币的消费保管合同

---

〔1〕 韩世远:《合同法学》(第2版),高等教育出版社2022年版,第537页。

〔2〕 [日]我妻荣:《我妻荣民法讲义 V_3:债权各论》(中卷二),周江洪译,中国法制出版社2008年版,第197页。

与储蓄合同并不相同。寄存货币的消费保管合同目的侧重于为寄存人保管货币，一般不向寄存人支付利息。而储蓄合同中存款的目的除保管外，存款人还可以获取利息。该观点认为，在我国，储蓄合同实际上是一种借款合同，借款合同是独立的有名合同，因此将储蓄合同归入消费保管合同实无必要，而且不利于保护存款人的利益和不符合金融业务的需要。[1] 本书认为，利息之有无，并不能决定其为消费保管抑或借款合同，在消费保管中亦可以约定相应的利息。而且，若将其解释为借款合同，无法解释为何在特定情形下银行得以收取相关服务费用等，而保管合同的构成恰恰得以合理解释。不仅如此，之所以存在借款合同与保管合同之争，也在于比较法上通常存在消费保管与消费借贷之间的准用关系，消费保管得以准用消费借贷之规定。

（二）混藏保管

混藏保管指保管人被多个寄存人委托保管同种、同等的可替代物，将保管物混合在一起保管，最后再从中以接受保管时相同数量的物予以返还。混藏保管区别于消费保管的特征在于未取得标的物的处分权，保管人并不能消费保管物。从《民法典》第 895 条规定的保管物使用禁止义务来看，因保管人原则上不得使用保管物，故《民法典》第 901 条后段规定的情形更接近于不得消费保管物的混藏保管类型。

（三）场所主人保管

《民法典》第 888 条第 2 款规定，"寄存人到保管人处从事购物、就餐、住宿等活动，将物品存放在指定场所的，视为保管，但是当事人另有约定或者另有交易习惯的除外"。学理上，亦称为法定保管。[2]

要构成场所主人保管中的"视为保管"，需具备两个条件：一是需要到购物中心、饭店、宾馆等场所从事购物、就餐、住宿等活动；二是需要将物品存放在指定的场所。顾客

---

〔1〕 黄薇主编：《中华人民共和国民法典合同编解读》（下册），中国法制出版社 2020 年版，第 1268 页；最高人民法院民法典贯彻实施工作领导小组主编：《中华人民共和国民法典合同编理解与适用（四）》，人民法院出版社 2020 年版，第 2381 页。

〔2〕 亦有观点认为，《民法典》第 888 条第 2 款规定的场所主人保管并非法定保管，而是推定的保管合同。消费者"将物品存放在指定场所的"这一事实被推定为消费者与经营者达成了物品保管合意。法律并非把保管合同强加给双方当事人，而是依社会一般观念认定双方当事人存在保管合意。此项推定可被推翻，如果证明存在相反的特别约定或者交易习惯，则不能认定为保管合同。而且，我国《民法典》第 888 条第 2 款规定并非《德国民法典》第 701 条规定的旅店主人对顾客携入物的安全责任，后者并未要求"将物品存放在指定场所"，所以无从成立保管合同，只能成立基于营业风险的法定特别责任（参见杨代雄主编：《袖珍民法典评注》，中国民主法制出版社 2022 年版，第 771 页）。另有相关评释则将该款作为法律拟制对待，认为该款实质上确立了特定场所存放物品合同法律性质不明情形下法律拟制为保管合同的规则[参见王轶等：《中国民法典释评 · 合同编 · 典型合同》（下卷），中国人民大学出版社 2020 年版，第 344 页]。另有观点则认为，尽管《民法典》第 888 条第 2 款采用了"视为"的表述方式，但其并非对当事人意思的拟制，而是推定，因为即使是在该款规定之下，裁判者依旧需要首先通过意思表示解释理论确定当事人的真实意思，仅当该真实意思既无法查明又无可以依据的交易习惯时，才适用法律提供的推定规则；同时认为该款是立法者意在终结司法实践中保管合同与其他类型合同的定性之争，对到经营场所从事"购物、就餐、住宿等活动"的民事主体作出的倾向性保护（参见于程远：《论法律行为定性中的"名"与"实"》，载《法学》2021 年第 7 期）。

视为保管的要件

未实际消费并不妨碍该保管责任的成立。原因在于,此种情形的法定保管责任,并非源于当事人之间约定的保管合同,该制度设计的初衷是店主为招徕顾客而指定物品存放场所,只要具备这一特征,就应该归入法定保管类型,顾客进入此等场所之后并未购物或者未消费,并不影响此等场所法定保管责任的成立,因该“视为保管”并非购物合同等合同的附随义务。[1]

我国《民法典》虽然将其规定为“视为保管”,但并未规定究竟是适用有偿保管规则还是无偿保管规则。本书认为,可以考虑与旅客运输合同中携带行李规则(《民法典》第824条)之间的平衡,参照适用过错责任,而不是根据是否支付报酬简单地适用有偿保管或无偿保管的规则。

若当事人另有意思表示或者另有交易习惯,并不成立场所主人保管。但值得注意的是,《民法典》第888条第2款规定的“当事人另有约定”,值得商榷。例如,旅店业主等提供自助寄存柜但明确表明不承担保管义务之情形,旅店业主并无保管之意思,但也不存在与旅店客人的另行约定,虽然此时只存在“意思表示”而无“当事人约定”,但若按第888条第2款也“视为保管”,与当事人意思明显不符。[2] 除非立法政策上有足够的理由认为,场所主人保管情形下,场所主人不得以其单方意思排除此等法定保管责任,否则仅当事人得以合意排除此等法定保管责任。

第二节 保管合同的效力

一、保管人的义务

(一)妥善保管保管物的义务

《民法典》第892条规定:“保管人应当妥善保管保管物。当事人可以约定保管场所或者方法。除紧急情况或者为维护寄存人利益外,不得擅自改变保管场所或者方法。”我国《民法典》第892条不区分有偿无偿,一体规定了“妥善保管”义务。但结合《民法典》第897条关于保管人损害赔偿责任的规定,其实质上做了区分,即“保管期内,因保管人保管不善造成保管物毁损、灭失的,保管人应当承担赔偿责任。但是,无偿保管人证明自己没有故意或者重大过失的,不承担赔偿责任”。

维护义务

保管人的义务特别是妥善保管义务中是否包括“维护义务”,学理上存有争议。例如,机动车的保管、牲畜的保管等,机动车需要适当使用始能维持电瓶等的正常使用,牲畜等活物则需要喂养等,这些都需要积极的管理或者其他劳务的付出,此时的妥善保管义务如何界定。既有观点认为此时仍然是保管合同,保管人的义务可通过诚信原则等予以扩张,包括积极的维护义务;也有观点认为此时构成混合合同,属于包含保管与委托的

---

〔1〕 谢鸿飞、朱广新主编:《民法典评注·合同编·典型合同与准合同》(第4册),中国法制出版社2020年版,第9页。

〔2〕 周江洪:《关于〈民法典合同编〉(草案)(二次审议稿)的若干修改建议》,载《法治研究》2019年第2期。

混合合同。但无论哪种解释，均肯定了保管人在此种情形下的“维护义务”。

（二）出具保管凭证的义务

《民法典》第891条规定，“寄存人向保管人交付保管物的，保管人应当出具保管凭证，但是另有交易习惯的除外”。保管凭证的出具，并非保管合同的成立要件，亦非保管合同的书面形式，仅是证明保管合同关系存在的凭证。[1]

（三）亲自保管义务

《民法典》第894条第1款规定，“保管人不得将保管物转交第三人保管，但是当事人另有约定的除外”。亲自保管，不仅包括保管人自己保管，也包括保管人使用履行辅助人进行保管。[2] 保管人之所以负有亲自保管义务，源于寄存人对确定保管人为谁的识别需求以及对保管人的人身信任，或者对于特定保管技术、设施的特殊要求等。若违反亲自保管义务，保管人应承担责任，即“保管人违反前款规定，将保管物转交第三人保管，造成保管物损失的，应当承担赔偿责任”（《民法典》第894条第2款）。此时，保管人的赔偿责任构成并不需要《民法典》第897条规定的归责事由要件，只要存在亲自保管义务的违反即可。当然，若符合《民法典》第892条规定的“紧急情况”，不转保管将导致保管物毁损、灭失，又无法及时联系寄存人征得其同意。此时，为了维护寄存人之利益，实现保管合同之目的，保管人将保管物交给具有相应保管能力和条件的次保管人代为保管，不仅是履行其妥善保管义务的要求，符合合同目的，亦符合诚信原则和公平原则的要求，因此应当允许其转保管。[3] 若交由第三人保管经寄存人同意，此时则可参照适用《民法典》第923条规定的转委托相关规则。[4]

例外情形的转保管

（四）保管物使用禁止义务

除非是消费保管，保管人不得使用保管物，否则有违保管合同之目的。《民法典》第895条规定，“保管人不得使用或者许可第三人使用保管物，但是当事人另有约定的除外”。因保管合同中的使用禁止义务的存在，也就使其区别于借用合同或租赁合同中的借用人或承租人对标的物的妥善保管义务，后者以使用为目的而附有保管义务，而保管合同中，其目的在于保管，只有在消费保管等特殊情形下，才有使用之可能。若违反使用禁止义务，保管人或第三人既可能承担违约责任，亦可能构成不当得利；若造成保管物毁损、灭失，还可能构成侵权损害赔偿责任。

（五）通知义务

《民法典》第896条第2款规定，“第三人对保管人提起诉讼或者对保管物申请扣押的，保管人应当及时通知寄存人”。此处的“第三人对保管人提起诉讼”，乃是承接该条第1款规定之“第三人对保管物主张权利的”情形，因此，一方面，该“提起诉讼”仅限于保管物被第三人主张权利等存在保管物返还危险的司法或仲裁救济程序，而不能扩张至

“提起诉讼”的限缩与扩张

[1] 崔建远：《合同法》（第4版），北京大学出版社2021年版，第627页。

[2] 黄薇主编：《中华人民共和国民法典合同编解读》（下册），中国法制出版社2020年版，第1249页。

[3] 黄薇主编：《中华人民共和国民法典合同编解读》（下册），中国法制出版社2020年版，第1250～1251页。

[4] 最高人民法院民法典贯彻实施工作领导小组主编：《中华人民共和国民法典合同编理解与适用（四）》，人民法院出版社2020年版，第2366页。

第三人对保管人提出的任何诉讼,如第三人对保管人提起的不涉及该保管物的其他诉讼并不在其范围之内;另一方面,该"提起诉讼"应作扩大解释,不限于向法院提起诉讼,也包括执行程序、财产保全以及向仲裁机构申请仲裁等。之所以规定保管人的通知义务,旨在保障寄存人返还请求权的实现等,以便寄存人得以及时采取措施来维护自身的合法利益。

典型案例 株洲海川实业有限责任公司与中国银行股份有限公司长沙市蔡锷支行、湖南省德奕鸿金属材料有限公司财产保全执行复议案(指导案例121号)

[裁判要点]

被保全情形的保管

财产保全执行案件的保全标的物系非金钱动产且被他人保管,该保管人依人民法院通知应当协助执行。当保管合同或者租赁合同到期后未续签,且被保全人不支付保管、租赁费用的,协助执行人无继续无偿保管的义务。保全标的物价值足以支付保管费用的,人民法院可以维持查封直至案件作出生效法律文书,执行保全标的物所得价款应当优先支付保管人的保管费用;保全标的物价值不足以支付保管费用,申请保全人支付保管费用的,可以继续采取查封措施,不支付保管费用的,可以处置保全标的物并继续保全变价款。

(六)返还保管物的义务

"保管期限届满或者寄存人提前领取保管物的,保管人应当将原物及其孳息归还寄存人"(《民法典》第900条)。也就是说,除非依《民法典》第901条规定得以返还可替代物,保管人以返还原物及其孳息为原则。而且,第三人主张权利之情形,原则上也应当向寄存人为返还义务,即"第三人对保管物主张权利的,除依法对保管物采取保全或者执行措施外,保管人应当履行向寄存人返还保管物的义务"(《民法典》第896条第1款)。

寄存人提前领取保管物,并不构成违约,即使保管定有期限,寄存人亦可以随时领取保管物(《民法典》第899条第1款),保管人因寄存人之要求而负有随时返还保管物之义务。这点与仓储合同并不相同(《民法典》第914~915条)。当然,约定保管期限的,因该期限乃是为寄存人之利益而设,属于寄存人的期限利益,保管人并不能要求寄存人

提前领取

提前领取,即"当事人对保管期限没有约定或者约定不明确的,保管人可以随时请求寄存人领取保管物;约定保管期限的,保管人无特别事由,不得请求寄存人提前领取保管物"(《民法典》第899条第2款)。

(七)损害赔偿责任

保管人的损害赔偿责任,在构成要件上,区分有偿与无偿而有所不同,即"保管期内,因保管人保管不善造成保管物毁损、灭失的,保管人应当承担赔偿责任。但是,无偿保管人证明自己没有故意或者重大过失的,不承担赔偿责任"(《民法典》第897条)。另外,若因寄存人未告知交付的保管物有瑕疵或根据保管物的性质需要采取特殊保管措施的有关情况,致使保管物受损失,保管人并不承担赔偿责任(《民法典》第893条)。

除赔偿责任的构成外,《民法典》就一些情形的保管也作出了赔偿范围上的限定。例如,依《民法典》第898条的规定,"寄存人寄存货币、有价证券或者其他贵重物品的,应当向保管人声明,由保管人验收或者封存;寄存人未声明的,该物品毁损、灭失后,保管人可以按照一般物品予以赔偿"。所谓"按照一般物品予以赔偿",指的是依照保管物的外观,按社会一般人标准所能确认的该保管物的价值。如果法律、行政法规对此有明文规定或经国家机关认可的标准合同中对赔偿标准有明确规定,优先适用规定内容,没有规定的,按一般人所能确认的价值赔偿。值得注意的是,此处的货币寄存,并非《民法典》第901条意义上的消费保管或混藏保管,货币的消费保管并不需要寄存人的声明。原因在于,《民法典》第898条的"寄存货币",需要"验收或者封存",尤其是"封存",是要求将此等货币特定化,类似于"封金"等。《民法典》第898条规定的仍然是一般保管,保管人需返还原物,该条规定的保管不是可以消费并返还同种类物品的消费保管。[1]

贵重物品与一般物品

拓　展

除了贵重物品的保管问题,实践中也存在一些具有特定人格象征意义或特别纪念意义的物品的保管问题,此时的损害赔偿范围还有可能包括精神损害赔偿。对此,《民法典》第996条规定,"因当事人一方的违约行为,损害对方人格权并造成严重精神损害,受损害方选择请求其承担违约责任的,不影响受损害方请求精神损害赔偿"。

人格表征意义物品的保管

二、寄存人的义务

(一)必要费用偿还义务

必要费用,是指保管人为了实现物的保管目的,以使保管物能够维持原状而支出的费用。[2] 必要费用并非作为对价的保管费(报酬),即使在无偿保管中,寄存人虽无保管费支付义务,但亦应承担必要费用的偿还义务。《民法典》第903条规定保管人留置权担保的债权范围包括了"保管费或者其他费用",此处的"其他费用"就包括了必要费用。

(二)保管费支付义务

有偿合同中,寄存人负有保管费支付义务。保管费,是保管人因保管保管物所应获得的报酬。保管费是有偿保管合同中的对价,并非因保管所生之费用,与前述"必要费用"有别。对此,《民法典》第889条第1款规定,"寄存人应当按照约定向保管人支付保管费"。同时,保管费的支付期限亦遵循服务类合同"非服务无报酬"的一般原则,除非当事人另有约定,报酬支付期限以"后付"为原则,即"有偿的保管合同,寄存人应当按照约定的期限向保管人支付保管费。当事人对支付期限没有约定或者约定不明确,依据本法第五百一十条的规定仍不能确定的,应当在领取保管物的同时支付"(《民法典》第902

保管费后付原则

[1] 谢鸿飞、朱广新主编:《民法典评注·合同编·典型合同与准合同》(第4册),中国法制出版社2020年版,第62页;黄薇主编:《中华人民共和国民法典合同编解读》(下册),中国法制出版社2020年版,第1261页。

[2] 王利明:《合同法》(下册),中国人民大学出版社2021年版,第328页。

条)。寄存人未按照约定支付保管费或者其他费用的,保管人对保管物享有留置权,但是当事人另有约定的除外(《民法典》第903条)。

(三)告知、警示义务

贵重物品的声明义务,是寄存人的告知义务之一,该义务为寄存人的不真正义务。依《民法典》第898条,该寄存人未履行该声明义务的,寄存人自己受有不利益,保管物毁损灭失时仅能依一般物品获得赔偿。

告知义务性质的多样性

保管物需采取特殊保管措施的,寄存人负有告知义务。此等义务的违反,可能使寄存人自己受有不利益,不得向保管人请求因此造成的保管物损失;若因该义务的违反造成保管人损失,除非保管人恶意且未采取补救措施,寄存人负有赔偿责任。前者具有不真正义务的特点,而后者则可归入保管合同附随义务的范畴。[1] 对此,《民法典》第893条规定,"寄存人交付的保管物有瑕疵或者根据保管物的性质需要采取特殊保管措施的,寄存人应当将有关情况告知保管人。寄存人未告知,致使保管物受损失的,保管人不承担赔偿责任;保管人因此受损失的,除保管人知道或者应当知道且未采取补救措施外,寄存人应当承担赔偿责任"。从该条规定来看,此等告知义务,其实质是服务类合同中因相互协作关系而形成的警示义务之一。在服务类合同中,通常应对提供或受领服务时对相对人可能造成的损害予以关注并予以警示,以防止不必要的损失。当然,若违反《民法典》第893条意义上的告知义务致使保管人受有损害,寄存人亦可能因此承担侵权损害赔偿责任,进而构成违约损害赔偿责任与侵权损害赔偿责任的竞合。

拓展阅读文献

1. 李伟伟:《保管人违反安保义务时的责任竞合研究》,载《甘肃政法学院学报》2020年第3期。
2. 汤征宇、陈亚男:《车辆保管合同与场地租赁合同之辨》,载《人民司法(案例)》2011年第4期。
3. 万建华:《〈中华人民共和国合同法〉第378条之理解与完善——兼论我国货币保管合同的民商分立》,载《法商研究》2010年第2期。
4. 宁红丽:《论我国保管合同制度的法律适用》,载《暨南学报(哲学社会科学版)》2008年第6期。

〔1〕 杨代雄主编:《袖珍民法典评注》,中国民主法制出版社2022年版,第774页。

第十四章　仓储合同

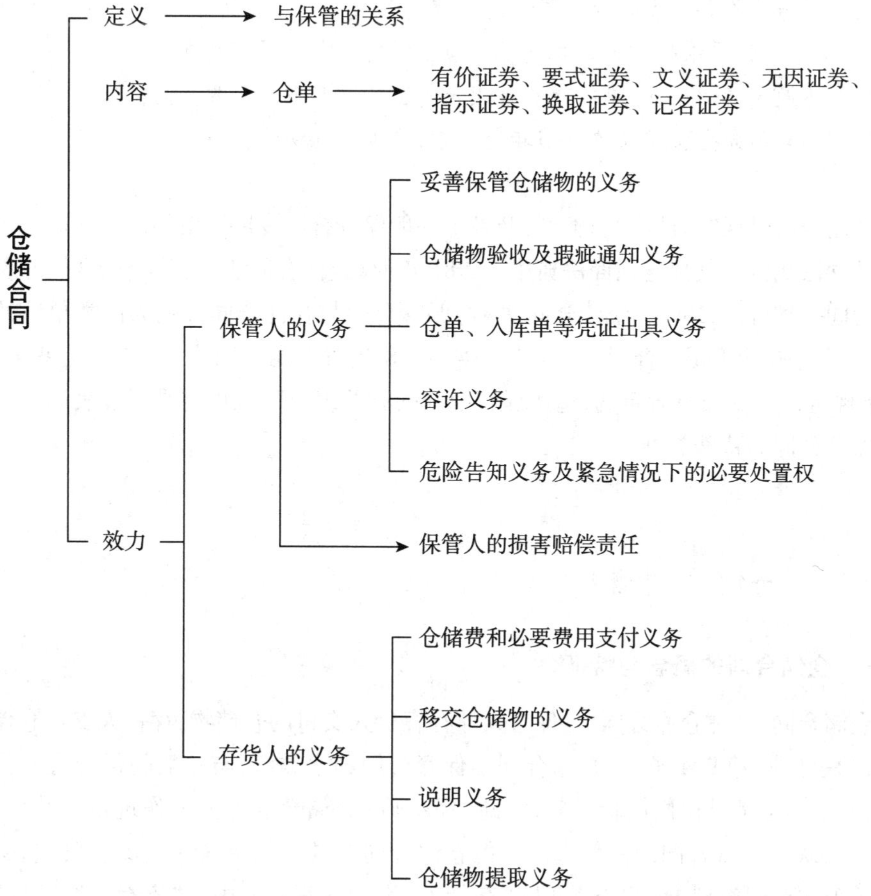
仓储合同
定义
与保管的关系
内容
仓单
有价证券、要式证券、文义证券、无因证券、指示证券、换取证券、记名证券
效力
保管人的义务
妥善保管仓储物的义务
仓储物验收及瑕疵通知义务
仓单、入库单等凭证出具义务
容许义务
危险告知义务及紧急情况下的必要处置权
保管人的损害赔偿责任
存货人的义务
仓储费和必要费用支付义务
移交仓储物的义务
说明义务
仓储物提取义务

设 例

1. 甲贸易公司与乙仓储公司签订仓储合同，约定由乙公司储存甲公司的一批货物，乙公司向甲公司签发了仓单。甲公司与丙公司签订了该批货物的买卖合同，并将仓单以背书转让的方式转让，现丙公司成为仓单持有人。问：

(1)仓单背书转让后，甲公司能否要求检查该批货物或提取样品？

(2)丙公司凭仓单提取货物后发现该批货物存在霉变、数量不符等瑕疵，且此等瑕疵因乙公司保管不善导致。丙公司遂向法院起诉要求甲公司承担买卖合同上的违约责任，同时请求乙公司承担损害赔偿责任。丙公司的诉求能否得到支持？

2. 上述题干情形中，仓单的背书转让未经乙公司签名或盖章。问：

若乙公司因此主张该仓单背书转让无效，能否得到法院支持？

仓储合同是保管合同的子类型，乃是由一般保管合同发展而来的商事合同。采民商分立的立法例常将其规定在商法典中。1981 年原《经济合同法》曾将仓储合同与保管合同视为同一种合同，1999 年原《合同法》将保管合同与仓储合同分列为两类单独的典型合同，《民法典》承继原《合同法》，在第 904 ~ 918 条对仓储合同作了规定。《民法典》第 918 条规定，“本章没有规定的，适用保管合同的有关规定”，该规定进一步表明仓储合同乃是保管合同的特殊类型。

第一节 仓储合同概述

一、仓储合同的概念与特征

仓储合同，又称仓库合同，是保管人储存存货人交付的仓储物，存货人支付仓储费的合同(《民法典》第 904 条)。仓储合同是保管合同的子类型，与一般的保管合同具有相同之处，本质上都是提供保管服务，因此《民法典》仓储合同部分未作规定之情形，适用《民法典》关于保管合同的一般规定。但仓储合同亦具有其特殊性，《民法典》将其作为一种单独的合同类型予以规定，并以“存货人”表述保管合同中的“寄存人”。其特殊性主要体现在以下几个方面：

仓储合同与保管合同的不同

1. 在合同性质上，仓储合同为有偿、诺成合同，而一般的保管合同为实践性合同，有偿或无偿均可。《民法典》第 904 条关于仓储合同的定义明确将存货人的仓储费支付义务作为其主要义务予以规定。不仅如此，《民法典》第 905 条规定，“仓储合同自保管人和存货人意思表示一致时成立”。这一规定明确表明仓储合同的诺成性。

2. 保管的标的物不同。保管合同中的保管标的物，既可以是动产，也可以是不动产；而仓储合同中的标的物则只能是动产。[1] 仓储合同中的保管，采用的是仓库储藏的方式，不动产无法成为仓储物；《民法典》合同编仓储合同章将合同主体称为“存货人”，保

〔1〕 黄薇主编：《中华人民共和国民法典合同编解读》(下册)，中国法制出版社 2020 年版，第 1276 页。

管的对象称为“仓储物”，均在一定意义上表明仓储合同的标的物仅限于动产。

3. 仓储合同中的保管人有营业资质要求。仓储合同中保管人须具有仓储营业资质，[1]特定情形下甚至需要特别的许可；而通常的保管合同对于保管人并无此等要求。《民法典》第 906 条第 3 款对于危险物品的仓储保管，亦规定了保管条件之要求，即“保管人储存易燃、易爆、有毒、有腐蚀性、有放射性等危险物品的，应当具备相应的保管条件”。

4. 保管期限的严格性上并不相同。依《民法典》第 899 条的规定，一般保管合同中，寄存人可以随时终止保管合同；如果没有关于保管期限的规定，保管人也可以随时终止合同。但依《民法典》第 914 条，在未定储存期限之情形下，虽然存货人或仓单持有人可以随时提取，保管人也可以随时要求提取，但需给予必要的准备时间；定有储存期限时，则并不适用这一“给予必要准备时间随存随拿”的规则。[2] 但是，《民法典》第 915 条又同时规定，“储存期限届满，存货人或者仓单持有人应当凭仓单、入库单等提取仓储物。存货人或者仓单持有人逾期提取的，应当加收仓储费；提前提取的，不减收仓储费”。此处规定的“提前提取的，不减收仓储费”表明并不否定提前提取，只不过存货人或仓单持有人仍需支付仓储费。从这层意义上来说，结合两条规定，仓储合同领域采取了与普通的保管合同不同的制度，虽然肯定存货人或仓单持有人的提前提取，但并不“终止”合同，仍然需支付仓储费。

储存期限与仓储费用

5. 仓储合同中的“保管凭证”具有特殊性。仓储合同中，存在仓单这一有价证券形态的“保管凭证”，而保管合同中则只需保管凭证即可，无须签发仓单。《民法典》第 908 条规定，“存货人交付仓储物的，保管人应当出具仓单、入库单等凭证”。

当然，因仓储合同为保管合同的子类型，依《民法典》第 918 条的规定，仓储合同章未规定的，适用保管合同的有关规定。具体情形包括：支付仓储费义务的规定（第 889 条第 1 款和第 902 条）；妥善保管仓储物义务的规定（第 892 条）；存货人主动告知义务的规定（第 893 条）；返还仓储物与危险通知义务的规定（第 896 条）；亲自保管义务的规定（第 894 条）；禁止使用仓储物的规定（第 895 条）；保管人留置权的规定（第 903 条）。[3]

二、仓单

仓单和入库单等凭证都可以作为保管人与存货人之间仓储关系的证明，也都是提取仓储物的凭证，但仓单是有价证券之一种。对此，《民法典》第 909 条规定，“保管人应当在仓单上签名或者盖章。仓单包括下列事项：（一）存货人的姓名或者名称和住所；（二）仓储物的品种、数量、质量、包装及其件数和标记；（三）仓储物的损耗标准；（四）储存场所；（五）储存期限；（六）仓储费；（七）仓储物已经办理保险的，其保险金额、期间以及保险人

可流转仓单

[1] 黄薇主编：《中华人民共和国民法典合同编解读》（下册），中国法制出版社 2020 年版，第 1276 页。

[2] 谢鸿飞、朱广新主编：《民法典评注 · 合同编 · 典型合同与准合同》（第 4 册），中国法制出版社 2020 年版，第 205 页。

[3] 徐涤宇、张家勇主编：《〈中华人民共和国民法典〉评注》（精要版），中国人民大学出版社 2022 年版，第 949 页。

的名称；（八）填发人、填发地和填发日期”。《民法典》第910条规定，“仓单是提取仓储物的凭证。存货人或者仓单持有人在仓单上背书并经保管人签名或者盖章的，可以转让提取仓储物的权利”。另外，也有学者认为，根据我国《仓单要素与格式规范》（GB/T 30332—2013）的规定，仓单有普通仓单和可流转仓单之分。普通仓单，指的是保管人依据仓储合同向存货人出具的不可转让的存储仓储物的凭证。[1] 但从我国《民法典》第910条的规定来看，《民法典》仓储合同章规定的“仓单”指的是可流转仓单。

思 考

仓单转让中的保管人签名或盖章

《民法典》第910条规定，“仓单是提取仓储物的凭证。存货人或者仓单持有人在仓单上背书并经保管人签名或者盖章的，可以转让提取仓储物的权利”。在《民法典》编纂过程中，曾有建议认为，关于依仓单背书转让提取仓储物权利的规定，应删去保管人签字盖章要件，修改为“仓单是提取仓储物的凭证。存货人或者仓单持有人可以通过在仓单上背书转让提取仓储物的权利”。其主要理由是，原《合同法》第387条及承继该条的《民法典》草案规定，使仓单的“有价证券性”“减等”，妨碍了仓单作为有价证券的流通性，甚至不如《民法典》合同编规定的普通的债权让与，因为普通的债权让与都无须债务人之“签字或盖章”等类似需要债务人同意的要件。[2] 《民法典》实施后，也有学说进行了反思，认为这种模式对保管人的保护固属周到，但其结果反较一般债权让与严格，不仅对交易效率有所阻碍，与有价证券的原理也有所背离，不如仿照票据法、提单的规定，不以保管人的签字或盖章为要件，仅背书交付就发生转让的效果，但可赋予保管人记载禁止背书转让的权利。[3] 而在原《合同法》时代，有释义书认为，因仓单是基于保管人和存货人之间存在合同关系而签发，存货人将提取仓储物的权利进行转让，保管人理应知道有关情况，故而需要保管人在仓单上签字或者盖章，以示保管人知道存货人已经将仓储物出卖。保管人在仓单上签字或者盖章，还有更重要的意义在于，表明保管人确认买受人在持仓单提取货物时，自己像对待存货人一样对待买受人，负有返还仓储物的义务，确认买受人已经取得了存货人在仓储合同中的地位。[4] 但是，从立法论上来说，一方面认为仓单为有价证券，另一方面又对其转让施加比普通债权让与更为严格的要件，法理逻辑上并不连贯。因此，如何实现仓单的有价证券性以促进其流通，又能适当兼顾保管人之利益，仍有待结合我国仓储营业的交易习惯予以进一步思考。

从仓单的性质上来看，仓单是有价证券、要式证券、文义证券、无因证券、指示证券、换取证券、记名证券。文义证券，指的是证券上的权利和义务仅依证券记载的文义而确

〔1〕 刘平：《论我国存货担保的体系构造与制度协同》，载《法学家》2022年第3期。
〔2〕 周江洪：《关于〈民法典合同编〉（草案）（二次审议稿）的若干修改建议》，载《法治研究》2019年第2期。
〔3〕 崔建远：《合同法》（第4版），北京大学出版社2021年版，第641页。
〔4〕 魏耀荣等：《中华人民共和国合同法释论》（分则），中国法制出版社2000年版，第545页。

定的证券。仓单所创设的权利和义务是依仓单所记载的文义予以确定的，不能以仓单记载以外的其他因素加以认定或变更。无因证券是指证券权利的存在和行使不以作成证券的原因为要件，证券的效力与作成证券的原因完全分离；虽然也有不少学者主张仓单为要因证券，但大多数学者通常认为仓单为无因证券。指示证券，又称背书证券，是指可以通过背书方式加以转让的证券。换取证券，又称缴还证券，是指有价证券的签发人自己为给付义务后，权利人须将证券返还给义务人的证券。仓单的记名证券性，指的是仓单需记载存货人的姓名或名称。[1] 关于仓单的记名证券性，原《合同法》背景下的司法实践中亦有观点认为，“合同法虽规定了仓单应记载事项，但合同法及相关司法解释中均没有关于欠缺仓单应记载事项（如存货人）的仓单效力的规定。……涉案仓单在法定形式上的欠缺——未记载存货人信息，并不必然导致其为无效仓单”[2]。

仓单性质

此外，我国学者多主张仓单为物权证券，[3] 认为仓单是货物所有权的凭证，持有仓单者享有该仓单所载明物品的所有权。但本书认为，仓单为物品证券。物品证券的物权效力，并不是物品证券本身代表着所有权或质权，而是物品证券以外的其他实体法律关系及其规则决定了是否依物品证券的持有而发生特定的物权效力。

思　考

仓单记载与仓储合同的关系

仓单记载与仓储合同之间的关系，主要涉及仓单是否为设权证券以及文义证券的理解。对此，有学说认为，依《民法典》第908条，仓单是保管人在存货人交付仓储物时给予存货人的一种凭证，其不同于签发本身就导致了权利产生的设权证券，并非创设合同权利义务，在仓单签发前，当事人所享有的权利已存在，如存货人要求保管人返还仓储物的权利。[4] 也有学说认为，仓单填发后，保管人与存货人存在两种法律关系：一是仓储合同关系，二是仓单的证券债权关系。仓单一经填发，就与前者分离，但仓储合同关系也不因仓单的填发而受影响。仓单移转后，仓单持有人对保管人可依仓单请求交付仓储物（物权请求权），但无仓储物返还请求权（债权请求权），亦无支付报酬的义务。保管人填发仓单后，故意或过失地毁损了仓单所表彰的仓储物的，对仓单持有人应负不完全履行或不能履行的责任。该种债务不履行责任，本于仓单的证券债务而发生，并非直接源于仓储合同。[5] 关于这点，涉及仓单的性质问题，尤其是存货人转让仓单后，仓单持有人与保管人之间的关系，需要就我国法律关于仓单的规定及实务操作作进一步考察分析，仍有待学说和实务的进一步发展。

---

〔1〕 房绍坤：《仓单若干问题探讨》，载《求是学刊》2002年第1期；王利明：《合同法》（下册），中国人民大学出版社2021年版，第345～346页。

〔2〕 董世华：《未记载存货人信息之仓单的效力》，载《人民司法（案例）》2020年第17期。

〔3〕 王利明：《合同法》（下册），中国人民大学出版社2021年版，第345页；崔建远：《合同法》（第4版），北京大学出版社2021年版，第639页；房绍坤：《仓单若干问题探讨》，载《求是学刊》2002年第1期；等等。

〔4〕 王利明：《合同法》（下册），中国人民大学出版社2021年版，第346页。

〔5〕 崔建远：《合同法》（第4版），北京大学出版社2021年版，第641页。

第二节　仓储合同的效力

一、保管人的义务

（一）妥善保管仓储物的义务

依《民法典》第 904 条的规定，保管人负有“储存存货人交付的仓储物”的义务。虽然该条只是规定了“储存仓储物”，但通常认为，“储存存货人交付的仓储物”，就是要“妥善保管仓储物”，并认为其为保管人的主要义务。[1] 另外，从《民法典》第 918 条对保管合同规定的援用中，同样可以得出保管人负有妥善保管仓储物的义务。

妥善保管仓储物，保管人需具备特定的保管条件。《民法典》第 906 条第 3 款规定，“保管人储存易燃、易爆、有毒、有腐蚀性、有放射性等危险物品的，应当具备相应的保管条件”。保管人不具备保管条件而进行仓储活动的，依相关的法律法规承担责任。例如，《危险化学品安全管理条例》第 76 条规定了行政处罚。保管人不具备相应储存条件而与存货人订立合同的，若导致维持仓储物价值的目的不能实现，存货人有权解除合同，并要求赔偿因此造成的损失。通常来说，保管人不具备相应的仓储资质而进行储存，虽然违反相应规定，但不属于合同无效的情形。[2] 另外，仓储实践中，亦有不少仓储合同明确约定了仓储物的出库手续，保管人亦应予以遵守。仓储物出库时的审核义务，是仓储合同中妥善保管义务的具体体现之一。

（二）仓储物验收及瑕疵通知义务

《民法典》第 907 条规定，“保管人应当按照约定对入库仓储物进行验收。保管人验收时发现入库仓储物与约定不符合的，应当及时通知存货人。保管人验收后，发生仓储物的品种、数量、质量不符合约定的，保管人应当承担赔偿责任”。该处的验收，指的是保管人应当审核存货人实际交付的货物与合同约定的仓储物是否一致。该条没有规定验收义务及通知义务未履行之后果。从体系解释角度而言，虽然该条规定“保管人验收后，发生仓储物的品种、数量、质量不符合约定的，保管人应当承担赔偿责任”，但《民法典》第 917 条同时规定，因仓储物本身的自然性质等造成仓储物变质、损坏的，保管人不承担责任，因此采“推定”说较为合适；即“验收之后，如果发生仓储物的品种、数量、质量不符合约定，则可以推定保管人未尽到妥善保管义务”[3]；因此，《民法典》第 907 条更多的是关于证明责任分配机制的规定，而不是法律拟制。[4]

---

〔1〕 黄薇主编：《中华人民共和国民法典合同编解读》（下册），中国法制出版社 2020 年版，第 1277 页。

〔2〕 谢鸿飞、朱广新主编：《民法典评注 · 合同编 · 典型合同与准合同》（第 4 册），中国法制出版社 2020 年版，第 118 页。

〔3〕 黄薇主编：《中华人民共和国民法典合同编解读》（下册），中国法制出版社 2020 年版，第 1285 页。

〔4〕 谢鸿飞、朱广新主编：《民法典评注 · 合同编 · 典型合同与准合同》（第 4 册），中国法制出版社 2020 年版，第 126 页。

（三）仓单、入库单等凭证出具义务

《民法典》第 908 条规定，“存货人交付仓储物的，保管人应当出具仓单、入库单等凭证”。仓单或入库单等凭证，既是表明保管人收到仓储物的凭证，也是存货人提取仓储物的凭证。对此，《民法典》第 915 条第 1 句规定，“储存期限届满，存货人或者仓单持有人应当凭仓单、入库单等提取仓储物”。值得注意的是，依《民法典》第 910 条的规定，仓单是有价证券，可以背书转让，且仓单持有人可以凭仓单提取仓储物。但《民法典》并未规定“入库单持有人”可以凭入库单提取仓储物，而是存货人应当凭入库单提取仓储物；而且，入库单不是有价证券，《民法典》也没有规定入库单具有背书转让或者出质的功能。[1] 我国《民法典》就仓单采一券主义，不区分提取仓单和出质仓单。即保管人只填发一张仓单，该仓单除作为已收取仓储物的凭证和提取仓储物的凭证外，既可以背书转让，也可以用于出质。[2]

仓单与入库单

（四）容许义务

保管人负有同意存货人或仓单持有人检查仓储物或提取样品的义务。《民法典》第 911 条规定，“保管人根据存货人或者仓单持有人的要求，应当同意其检查仓储物或者提取样品”。值得注意的是，仓单背书转让后，对于存货人是否仍然得以检查仓储物或提取样品，会有一些疑问。仓单持有人不仅仅可能是通过背书形式转让的持有人，亦可能为因仓单出质而形成的质权人。此种情形，由于出质本身并非意味着存货人丧失其权利，质权是否被实现有赖于主债务之履行与否等，此种情形，存货人不应完全丧失对仓储物的控制权，仍然有权检查和提取样品。与此同时，仓单出质情形下，质权人持有仓单，其拥有债务不履行情形下的变价优先受偿权，仓储物保管状态的变化等会对其交换价值产生影响，应当认为质权人亦得以检查仓储物或提取样品。

仓单出质后的检查

（五）危险告知义务及紧急情况下的必要处置权

仓储物处于保管人的直接控制之下，保管人对仓储物的情况最为熟悉，若仓储物出现变质或其他损坏，保管人负有告知义务。对此，《民法典》区分仓储物是否危及其他仓储物安全和正常保管而分别规定了“及时通知”和“催告”两种义务。对于前者，《民法典》第 912 条规定，“保管人发现入库仓储物有变质或者其他损坏的，应当及时通知存货人或者仓单持有人”；对于后者，《民法典》第 913 条第 1 句规定，“保管人发现入库仓储物有变质或者其他损坏，危及其他仓储物的安全和正常保管的，应当催告存货人或者仓单持有人作出必要的处置”。值得注意的是，无论是及时通知义务还是催告义务，均以保管人“发现入库仓储物有变质或者其他损坏”为前提，保管人似乎得以用“未发现”而免除此等危险告知义务。但保管人除具有危险告知义务以外，还负有妥善保管义务。若保管人未尽到妥善保管义务而未发现，属于应当发现而未发现，既构成妥善保管义务之

[1] 亦有个别观点将入库单与仓单同等化处理。例如，有观点认为，仓单、入库单为物权证券，是仓储物所有权及其交付请求权的表征，持有仓单、入库单，意味着享有请求保管人交付仓储物的权利［参见徐涤宇、张家勇主编：《〈中华人民共和国民法典〉评注》（精要版），中国人民大学出版社 2022 年版，第 940 页］；但从《民法典》刻意没有规定入库单的背书转让来看，《民法典》并未将入库单作为有价证券对待。

[2] 黄薇主编：《中华人民共和国民法典合同编解读》（下册），中国法制出版社 2020 年版，第 1287 页。

违反,亦构成危险告知义务之违反;若保管人尽到了妥善保管义务而未发现,保管人并不存在危险告知义务。当然,无论是否尽到了妥善保管义务,只要发现入库仓储物有变质和其他损坏,保管人均负有危险告知义务。保管人违反危险告知义务的,应当承担责任。保管人履行告知义务后,因存货人或仓单持有人未采取措施导致仓储物进一步损坏的,保管人无须就扩大之损害承担责任。若入库仓储物有变质或者其他损坏,危及其他仓储物的安全和正常保管,而存货人或者仓单持有人未作出必要处置,则保管人可以进行必要的处置。情况紧急的,未进行催告保管人亦可以采取必要的处置措施,即"因情况紧急,保管人可以作出必要的处置;但是,事后应当将该情况及时通知存货人或者仓单持有人"(《民法典》第913条第2句)。

危险告知义务亦会涉及告知的对象问题。对此,《民法典》第912条、第913条规定的都是"存货人或者仓单持有人"。若仓单已背书转让,存货人对仓储物的权利已转移至仓单持有人,且依《民法典》第910条,保管人亦得以知道仓单持有人,则此时只需通知或催告仓单持有人;此时若仅通知或催告存货人,则并没有履行危险告知义务。若仓单出质,此时无须保管人之同意或盖章,保管人无从知晓仓单持有人,则保管人通知或催告存货人即可,无须通知持有仓单的仓单质权人;但保管人知道仓单质权人的,则同时负有通知或催告仓单质权人的义务。

(六)保管人的损害赔偿责任

《民法典》第917条规定,"储存期内,因保管不善造成仓储物毁损、灭失的,保管人应当承担赔偿责任。因仓储物本身的自然性质、包装不符合约定或者超过有效储存期造成仓储物变质、损坏的,保管人不承担赔偿责任"。值得注意的是,该条仅规定了"储存期内"的责任问题,若储存期限届满,存货人或仓单持有人逾期提取的,保管人可以加收仓储费,此时可视为"展期",保管人仍负有妥善保管义务,因保管不善造成仓储物毁损灭失的,保管人仍应承担赔偿责任。当然,逾期情形下的保管人保管注意义务,因发生债权人迟延而有所减轻。另外,《民法典》第917条对此未规定请求权人。若未发生仓单背书转让之情形,则存货人享有损害赔偿请求权无疑。若已背书转让仓单,仓单持有人对于保管人的损害赔偿请求权,是基于仓储合同所生之权利抑或基于仓单所表征的仓储物返还请求权或仓储物所有权而产生的赔偿请求权,在具体法律构成上,则需依仓单与仓储合同的关系如何确定而定。通常认为应当随仓单的移转而移转。

依《民法典》第918条的规定,"本章没有规定的,适用保管合同的有关规定"。据此,除了上述义务,保管人还负有返还仓储物及其孳息的义务(《民法典》第900条)、亲自保管义务(《民法典》第894条)、仓储物使用禁止义务(《民法典》第895条)、第三人提起诉讼或者对保管物申请扣押时的通知义务(《民法典》第896条第2款)等。

二、存货人的义务

(一)仓储费和必要费用支付义务

仓储合同为有偿合同,支付仓储费是存货人的主要义务。除了仓储费,存货人还应支付其他必要费用。《民法典》仓储合同章部分虽然对仓储费及其他必要费用的支付未作规定，但依《民法典》第918条的规定，保管合同关于保管费及其他费用的规定同样适用于仓储合同。但值得注意的是，在储存期限届满前，提前提取仓储物的，并不减收仓储费（《民法典》第915条）。

（二）移交仓储物的义务

依《民法典》第905条的规定，仓储合同为诺成合同，与保管合同的实践性并不相同，故移交仓储物成为合同上的义务，而并非合同成立的前提。虽然对该义务是否可以要求继续履行尚有争议，但依《民法典》第908条的规定，若未交付仓储物，则不能要求保管人出具仓单等凭证。

（三）说明义务

《民法典》第906条第1款规定，“储存易燃、易爆、有毒、有腐蚀性、有放射性等危险物品或者易变质物品的，存货人应当说明该物品的性质，提供有关资料”。与《民法典》第893条规定稍有不同，仓储合同情形下的存货人说明义务，不仅限于《民法典》第893条规定的“保管物有瑕疵或者根据保管物的性质需要采取特殊保管措施”情形的“有关情况告知”义务，而且规定了仓储物为危险品或易变质物品情形的积极的说明义务。《民法典》第893条更多是从寄存人的不真正义务角度所作的规定，若因此造成保管物损失，由寄存人承受不利益；《民法典》第906条更多是从保管人权利的角度对存货人说明义务的积极规定，不仅规定了“存货人应当说明该物品的性质，提供有关资料”的说明义务履行具体要求，而且在其第2款规定了保管人拒收仓储物的权利和费用增加请求权，即“存货人违反前款规定的，保管人可以拒收仓储物，也可以采取相应措施以避免损失的发生，因此产生的费用由存货人负担”。

（四）仓储物提取义务

《民法典》第915条规定，“储存期限届满，存货人或者仓单持有人应当凭仓单、入库单等提取仓储物。存货人或者仓单持有人逾期提取的，应当加收仓储费；提前提取的，不减收仓储费”。第916条规定，“储存期限届满，存货人或者仓单持有人不提取仓储物的，保管人可以催告其在合理期限内提取；逾期不提取的，保管人可以提存仓储物”。从这两条规定来看，存储期限届满后，存货人或者仓单持有人负有提取仓储物的义务。但从义务的性质来看，虽然名为“义务”，但更多的是就受领迟延层面而言，《民法典》第915条规定的“加收仓储费”，亦更多的是《民法典》第589条意义上的“增加的费用”的赔偿。

拓展阅读文献

1. 刘平：《论我国存货担保的体系构造与制度协同》，载《法学家》2022年第3期。
2. 张瑞涵：《论仓单质押的法律风险及其防范》，载《社会科学动态》2021年第8期。
3. 陈本寒：《动态质押监管人的角色定位与义务承担》，载《法学家》2021年第4期。
4. 董世华：《未记载存货人信息之仓单的效力》，载《人民司法（案例）》2020年第17期。
5. 陈本寒：《企业存货动态质押的裁判分歧与规范建构》，载《政治与法律》2019年第9期。

6. 常鹏翱:《论存货质押设立的法理》,载《中外法学》2019 年第 6 期。
7. 周江洪:《日本法上的提单效力问题研究》,载《东方法学》2015 年第 1 期。
8. 房绍坤:《仓单若干问题探讨》,载《求是学刊》2002 年第 1 期。

第十五章　委托合同

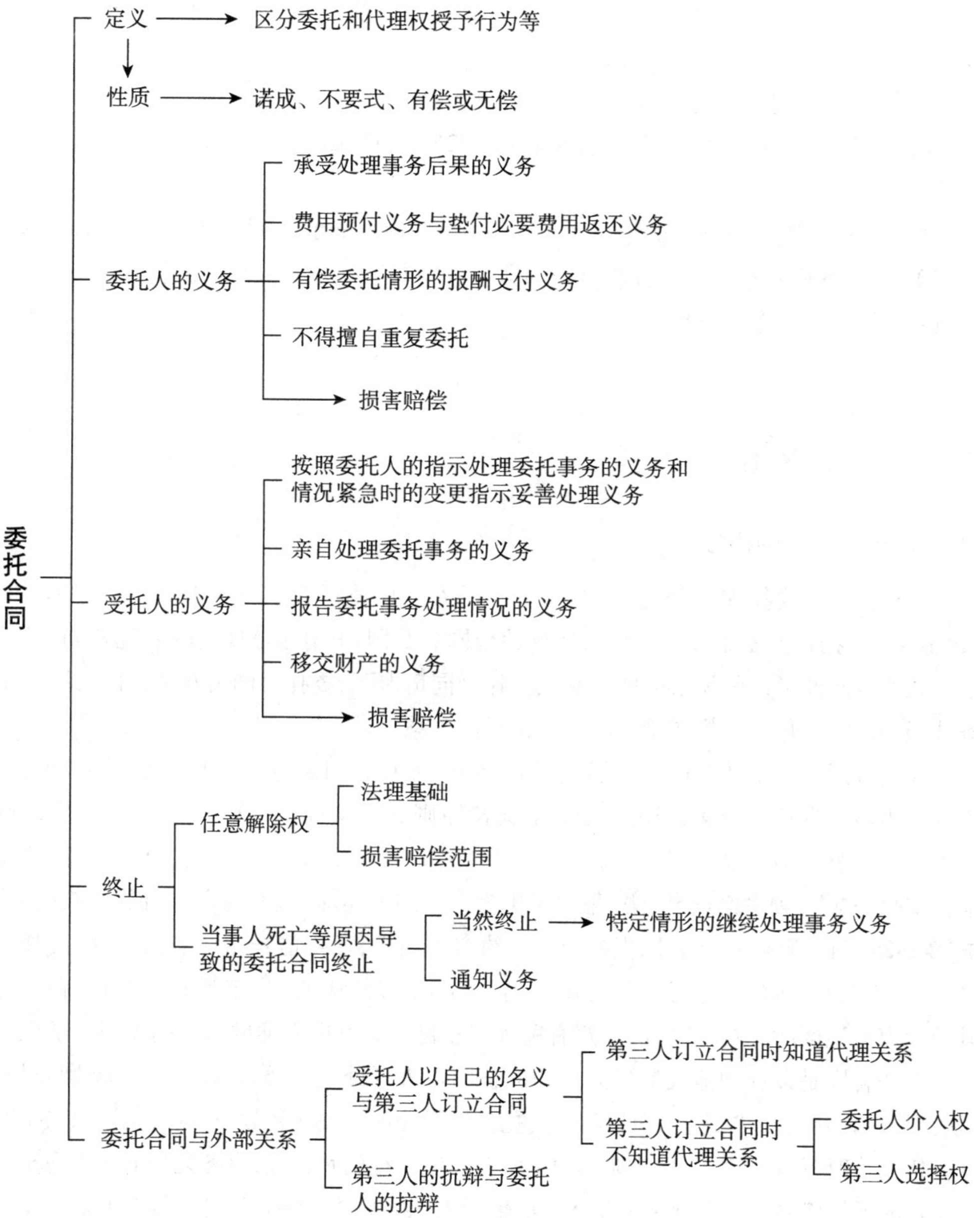
委托合同
定义
区分委托和代理权授予行为等
性质
诺成、不要式、有偿或无偿
委托人的义务
承受处理事务后果的义务
费用预付义务与垫付必要费用返还义务
有偿委托情形的报酬支付义务
不得擅自重复委托
损害赔偿
受托人的义务
按照委托人的指示处理委托事务的义务和情况紧急时的变更指示妥善处理义务
亲自处理委托事务的义务
报告委托事务处理情况的义务
移交财产的义务
损害赔偿
终止
任意解除权
法理基础
损害赔偿范围
当事人死亡等原因导致的委托合同终止
当然终止
特定情形的继续处理事务义务
通知义务
委托合同与外部关系
受托人以自己的名义与第三人订立合同
第三人订立合同时知道代理关系
第三人订立合同时不知道代理关系
委托人介入权
第三人选择权
第三人的抗辩与委托人的抗辩

设 例

甲国际物流公司与乙进出口公司签订合同,委托其办理一批服装的外贸业务。乙公司与丙国际物流公司签订合同,委托后者办理相关订舱事宜,丙公司以无船承运人的身份向乙公司签发提单。丙公司又与丁国际货运代理公司签订合同,以自己名义委托丁国际货运代理公司订舱,丁公司作为无船承运人向丙公司签发了记名提单。随后,丙公司收回了自己签发的提单,并将丁公司签发的提单通过乙公司转交给了甲公司。货物出运后,因国外客户未付款赎单,最终导致涉案货物在目的港灭失。甲公司遂起诉要求丁公司赔偿因无单放货导致的货款损失。问:

(1)上述三份合同的法律性质分别是什么?

(2)试厘清转委托、复代理与《民法典》第925条、第926条之间的关系。

委托合同是服务类合同的重要类型之一,是一种古老的合同类型。我国《民法典》第919~936条延续原《合同法》将其作为典型合同予以规定,并就委托合同任意解除时的损害赔偿规则等作了完善。

第一节 委托合同概述

一、委托合同的概念

委托合同是委托人和受托人约定,由受托人处理委托人事务的合同(《民法典》第919条)。委托合同是诺成、不要式、持续性合同。我国《民法典》规定的委托合同,既可以是有偿合同亦可以是无偿合同。有偿委托合同情形下,委托合同为双务合同,其中,事务处理与报酬支付之间构成给付与对待给付的关系。

委托合同经历了从无偿到有偿的历史沿革。委托合同作为一种古老的合同类型,随着社会生活的变迁而变化,经历了从绝对无偿原则到无偿推定原则,再到有偿推定原则的发展。《民法典》第928条第1款规定"受托人完成委托事务的,委托人应当按照约定向其支付报酬",较之原《合同法》采取了更为中性的表述即"按照约定"。据此,依《民法典》第928条的规定,委托合同报酬乃是以约定为前提,而不能推定为有偿委托;委托合同,既可以是有偿合同,也可以是无偿合同。因我国《民法典》规定了有偿委托,在研究其他国家与地区相关规定时,应注意有关规定立足于无偿性而形成的不同规则与学说。

委托合同是以处理他人事务为目的的合同。事务处理的委托,既可以是特别委托,也可以是概括委托。"委托人可以特别委托受托人处理一项或者数项事务,也可以概括委托受托人处理一切事务"(《民法典》第920条)。但无论何种情况,事务处理的托付在于在特定目的下将相关事务交由受托人合理处置,受托人被赋予了一定程度上的自由裁量权。

事务的处理,委托人既可以委托一个受托人,也可以委托数人共同处理。两个以上的受托人共同处理委托事务的,对委托人承担连带责任(《民法典》第932条)。之所以

共同受托人

承担连带责任,是因为数个受托人对委托人负担同一项给付,委托人得以向任一受托人

请求全部或部分给付;任一受托人的给付,在其给付的范围之内亦使其他受托人的债务消灭。[1] 同时,在共同受托人对委托人承担连带责任的同时,在无特别约定的情况下,共同受托人也对委托人享有连带债权。[2]

委托所处理的事务类型多样,从事事务的方式亦多种多样,既可以是法律行为,[3] 也可以是事实行为;既可以是财产行为,也可以是非财产行为。但是,民法及其他法律就具体特殊类型事务的处理,设有特别规范的,如《民法典》就行纪、中介、保管、仓储、物业服务等合同专门设置规则,属于特殊委托规范,应当优先适用,《民法典》关于委托合同的规定不得越俎代庖。[4] 当然,并非所有的事务都可以委托。一般而言,法律特别规定或者依事务性质不得由他人代为处理的,委托人不得处理。例如,进行婚姻登记,就需要本人亲自办理,而不能委托他人代办。[5] 另外,依《民法典》第 153 条的规定,违法事项的委托亦会因违法而无效。

委托人事务与委托人自身事务

因《民法典》第 919 条规定的是处理"委托人事务",故对于基于委托合同所处理的事务是否限于委托人自身的事务,有一些分歧。传统理论认为,受托人处理的对象还应当包括第三人事务。虽然第三人事务与委托人无直接利益关系,但只要委托人认为依其自身利益有处理必要,便可委托他人处理,如委托他人寻找第三人的遗失物。在解释上,既然委托人委托受托人处理第三人事务,那么第三人事务与委托人就有利益关系,它可被认为属于《民法典》第 919 条规定的"委托人事务"。[6] 当然,无论如何,一般认为,"事务"必须是他人——受托人以外的人,即委托人或第三人的事务,换句话说,不可以是受托人自身的事务。[7]

二、委托合同与相关法律关系辨析

委托与咨询建议

委托合同不同于单纯的好意施惠。好意施惠并不存在效果意思,不属于法律行为,而无偿委托,仍属于典型的法律行为。另外,除非就咨询等达成合同,建议或者推荐等通常并不形成契约关系,他人听从了建议而遭受损失时建议者或推荐者并不因此承担损害赔偿责任,只有特别保证了其准确性时,才负有契约上的责任。[8]

委托合同与委托代理不同。我国《民法典》总则编第七章规定了代理,并于其第二

---

〔1〕 杨代雄主编:《袖珍民法典评注》,中国民主法制出版社 2022 年版,第 800 页。

〔2〕 王轶等:《中国民法典释评·合同编·典型合同》(下卷),中国人民大学出版社 2020 年版,第 455 页。

〔3〕 《日本民法典》第 643 条将处理的事务限于"法律行为",对于法律行为以外的事务所成立的合同,称为"准委托"合同,依《日本民法典》第 656 条规定准用关于委托合同的规定。另外,《意大利民法典》第 1703 条也将委托的事务限定为从事法律行为。

〔4〕 崔建远:《合同法》(第 4 版),北京大学出版社 2021 年版,第 649 页。当然,这些合同与委托合同之间的关系,严格意义上来说并非类合同与子合同的关系,其在法律规则上并不一定构成一般规则与特殊规则之关系。

〔5〕 王利明:《合同法》(下册),中国人民大学出版社 2021 年版,第 352 页。

〔6〕 谢鸿飞、朱广新主编:《民法典评注·合同编·典型合同与准合同》(第 4 册),中国法制出版社 2020 年版,第 213 页。

〔7〕 [日]我妻荣:《我妻荣民法讲义 V_3:债权各论》(中卷二),周江洪译,中国法制出版社 2008 年版,第 125 页。

〔8〕 [日]我妻荣:《我妻荣民法讲义 V_3:债权各论》(中卷二),周江洪译,中国法制出版社 2008 年版,第 126 页。

节规定了“委托代理”。《民法典》第162条规定，“代理人在代理权限内，以被代理人名义实施的民事法律行为，对被代理人发生效力”。代理权的授予采书面形式的，还专门规定了授权委托书的相关内容（《民法典》第165条）。从这些规定看，代理人从事的是法律行为，且需要代理权的授予，其关注的是代理人行为的效果是否归属于本人。而委托合同中，受托人处理的事务既可以是法律行为，亦可以是法律行为以外的事务；即使是处理法律行为相关事务，委托合同中并不必然伴随代理权的授予；只有存在代理权授予的，受托人才享有代理权。若法律行为的委托没有授予代理权，则受托人以自己的名义为法律行为，并将其法律效果移转给委托人。[1]

委托与代理

委托与无因管理不同。无因管理，是指没有法定的或者约定的义务，为避免他人利益受损失而管理他人事务（《民法典》第121条、第979条）。委托合同中，受托人是依照委托合同的约定处理受托事务，与无因管理中管理人无法定或约定义务而管理事务明显不同。委托合同作为法律行为的典型，其遵循法律行为能力等要求，合同的缔结受制于行为能力，而在无因管理中，对于管理人并无行为能力之要求。基于无因管理产生的债是法定之债，而基于委托合同产生的债则是意定之债。当然，在事务处理方面，两者具有一定的共通性，因此，《民法典》第984条规定，“管理人管理事务经受益人事后追认的，从管理事务开始时起，适用委托合同的有关规定，但是管理人另有意思表示的除外”。

委托与无因管理

第二节　委托合同的效力

一、委托人的义务

委托合同中，无论有偿与否，委托人均负有相应的义务。原因在于，即使是无偿的，委托人也负有不因委托而给受托人造成任何经济负担，以及不使受托人因委托而遭受损失的义务，这是委托理应遵守的规则。[2] 若委托为有偿合同，则委托人还负有报酬支付义务。

（一）承受事务处理后果的义务

委托乃是受托人接受委托，为委托人之目的而处理事务。因此，一方面，受托人处理委托事务取得的财产，应当转交给委托人（《民法典》第927条）。另一方面，委托人亦应承受相应的法律后果。在受托人根据委托人的要求完成委托事务之后，无论相关的法律后果是否对委托人有利，委托人都应当承受该法律效果。[3]

（二）费用预付义务与垫付必要费用返还义务

费用不同于报酬。因此，无论有无约定报酬，因受托人处理事务均可能支出一定费用，无偿委托和有偿委托的委托人均负有费用预付义务。值得注意的是，比较法上，有不

---

〔1〕［日］我妻荣：《我妻荣民法讲义V_3：债权各论》（中卷二），周江洪译，中国法制出版社2008年版，第137页。
〔2〕［日］我妻荣：《我妻荣民法讲义V_3：债权各论》（中卷二），周江洪译，中国法制出版社2008年版，第149页。
〔3〕王利明：《合同法》（下册），中国人民大学出版社2021年版，第358页。

少立法例在规定委托人负有费用预付义务的同时，会规定该义务乃是基于受托人之请求。[1] 但与此不同，我国《民法典》第921条第1分句并未规定“受托人请求”的要件，而是规定“委托人应当预付处理委托事务的费用”。据此，不管受托人有无请求，委托人均负有费用预付义务。也就是说，若委托合同约定了预付费用，则费用预付义务依合同产生，若委托合同中未约定预付费用，则费用预付义务依《民法典》第921条产生，[2] 均无须受托人之请求。而且，若多付了费用，受托人应当予以返还。当然，费用预付义务与委托事务处理义务之间并不构成给付与对待给付的对价关系，委托人不能行使同时履行抗辩权，反倒是费用预付构成了事务处理的前提。因此，若委托人拒绝预付费用，受托人即使不为事务的处理也不构成履行迟延或承担拒绝履行的责任，[3] 且受托人可以以此为由解除合同。违反费用支付义务，受托人可以催告委托人继续履行，经催告不履行的，可以解除合同，但并不能要求委托人强制履行。

受托人虽无费用垫付义务，但受托人可垫付费用。若垫付了费用，依我国《民法典》第921条第2句，“受托人为处理委托事务垫付的必要费用，委托人应当偿还该费用并支付利息”。值得注意的是，垫付费用的偿还，与前述费用预付义务中的“费用”不同，限于“必要费用”，通常指的是完成委托事务所必须支付的费用。必要的判断标准，可以依费用的直接性、有益性和经济性等标准予以综合考虑，即受托人支出的费用应与处理的事务有直接联系；应有利于委托人，目的是让委托人受益；受托人在直接支出费用时，应尽善良管理人的义务，采用尽量节约、适当的方法处理事务。[4] 另外，亦有学说主张应依相关性、合理性和适当性予以判断。[5]

垫付费用

（三）有偿委托情形的报酬支付义务

报酬不同于费用，《民法典》对此作出了专门规定。《民法典》第928条第1款规定，“受托人完成委托事务的，委托人应当按照约定向其支付报酬”。该规定在原《合同法》基础上增加了“按照约定”。有解释指出，该修改实际上是将原《合同法》以有偿为原则的规则变为以无偿为原则，[6] 委托合同以无偿为原则，以有偿为例外。[7] 但本书认为，此处的“按照约定”，只是强调了支付报酬时应按照约定，并不排除未做明确约定时委托合同仍存在有偿之可能。例如，依《民法典》第510条的规定，当事人对委托合同报酬没有约定或约定不明确的，可以协议补充；不能达成补充协议的，按照合同有关条款和交易习惯确定。据此，在法律实践中，即使当事人未约定报酬，但依委托事务的性质或者交易习惯，当事人之间仍有可能属有偿委托关系，委托人仍应支付报酬。因此，虽

无偿推定的商榷

〔1〕 黄薇主编：《中华人民共和国民法典合同编解读》（下册），中国法制出版社2020年版，第1316页。
〔2〕 谢鸿飞、朱广新主编：《民法典评注·合同编·典型合同与准合同》（第4册），中国法制出版社2020年版，第220页。
〔3〕 崔建远：《合同法》（第4版），北京大学出版社2021年版，第659页。
〔4〕 黄薇主编：《中华人民共和国民法典合同编解读》（下册），中国法制出版社2020年版，第1317页。
〔5〕 谢鸿飞、朱广新主编：《民法典评注·合同编·典型合同与准合同》（第4册），中国法制出版社2020年版，第221页。
〔6〕 王利明：《合同法》（下册），中国人民大学出版社2021年版，第357页。
〔7〕 谢鸿飞、朱广新主编：《民法典评注·合同编·典型合同与准合同》（第4册），中国法制出版社2020年版，第245页。

然《民法典》第928条规定了“按照约定”支付报酬，但其只不过是软化了原《合同法》的有偿推定，并不能说我国《民法典》转向了无偿委托原则，毕竟未作约定时仍可以依交易习惯确定为有偿委托。也就是说，即使委托合同中并没有约定报酬，但依据习惯或者依据委托事务的性质应该由委托人给付报酬的，委托人仍然有向受托人支付报酬的义务。[1]

风险代理报酬

实践中，也存在类似“风险代理报酬”的约定，约定报酬支付以事务处理取得特定成果为前提，而不仅仅是《民法典》第928条规定的“完成委托事务”。对此，有观点认为，如果当事人约定报酬的支付以处理事务取得特定成果为前提，此时成立承揽关系。例如，如果当事人约定报酬支付以律师胜诉为前提，则该约定在性质上属于承揽合同。[2]但本书认为，虽然取得特定成果是承揽合同中承揽人的主要义务，但并非所有约定取得特定成果时有报酬给付请求权的事务处理均为承揽，毕竟两者在权利义务等方面均有所不同，合同性质仍应依当事人双方的意思以及依此确定的权利义务等予以确定。以律师胜诉为前提之报酬约定中，律师对于事务处理的自由裁量等完全不同于承揽，且未取得胜诉之结果并不会因此而承担承揽合同中的违约责任，故难以认定其为承揽，仍应定性为委托。

服务类合同相关立法例通常会有比例报酬之规定。例如，我国《民法典》第782条规定了承揽合同中部分交付成果时的比例报酬规则。我国《民法典》第928条第2款亦承继原《合同法》第405条，规定了委托人支付相应报酬的义务，即“因不可归责于受托人的事由，委托合同解除或者委托事务不能完成的，委托人应当向受托人支付相应的报酬。当事人另有约定的，按照其约定”。“相应的报酬”，通常指的是委托人根据受托人处理委托事务所付出的工作时间的长短或者所处理事务的大小及完成情况，向受托人支付相应的报酬；[3]其实质上指的就是比例报酬，根据委托事务完成部分的比例以及重要性程度等因素酌定。[4]

不可归责事由

依《民法典》第928条文义，委托人支付相应的报酬，需以不可归责于受托人之事由致使委托合同解除或委托事务不能完成为要件。例如，因委托人不预付费用而不能完成事务的，受托人此时仍得以请求相应的报酬。但是，若因可归责于受托人之事由致使委托合同被解除或者委托事务不能完成，受托人能否请求相应报酬，或者说委托人是否仍负有支付报酬义务？若依《民法典》第928条第2款之反对解释，如果是因可归责于受托人之事由，则委托人无须支付相应报酬。而且，依《民法典》第928条，受托人只有完成委托事务时始有报酬请求权；《民法典》第928条只是为“未完成委托事务”情形下的报酬请求权设定了例外。也就是说，除非另有约定，除此例外之外应遵循《民法典》第928条

---

[1] 黄薇主编：《中华人民共和国民法典合同编解读》（下册），中国法制出版社2020年版，第1336页。
[2] 谢鸿飞、朱广新主编：《民法典评注·合同编·典型合同与准合同》（第4册），中国法制出版社2020年版，第245页。
[3] 黄薇主编：《中华人民共和国民法典合同编解读》（下册），中国法制出版社2020年版，第1337页。
[4] 谢鸿飞、朱广新主编：《民法典评注·合同编·典型合同与准合同》（第4册），中国法制出版社2020年版，第247页。

的“非完成无报酬”原则。但是,从委托处理事务的性质来看,受托人的主给付义务是处理委托事务,若未约定特定的结果义务,即使因可归责于受托人之事由而不能完成事务,受托人仍然提供了具体的劳务、处理了事务,委托人对此仍应支付相应的比例报酬。而对于因可归责于受托人之事由引起的事务不能完成给委托人造成的损害等,则完全可以根据《民法典》第929条予以处理。也就是说,受托人的报酬请求权与委托人的损害赔偿请求权,完全可以同时存在,两者并行不悖。因此,从这层含义上来说,对《民法典》第928条第2款的反对解释,应当予以限制,即使是由于可归责于受托人之事由,亦应肯定受托人之比例报酬请求权。

（四）不得擅自重复委托

重复委托,乃是在现有委托关系的前提下,委托人就同一事务的处理又委托第三人予以处理的行为。因委托合同具有较强的人身信任属性,若重复委托第三人进行同一事务的处理,势必会影响此等信任关系,而且若事务处理涉及对外的交易处理等事务,也会增加多个受托人之间相互冲突、矛盾的风险,不利于受托人处理事务,故委托人不得擅自重复委托。《民法典》第931条规定,“委托人经受托人同意,可以在受托人之外委托第三人处理委托事务。因此造成受托人损失的,受托人可以向委托人请求赔偿损失”。该条并未明确禁止重复委托。从理论上来说,委托人委托他人处理事务,乃是委托人之权利,其有权决定委托谁处理事务,与先受托人合同关系的存在,并不妨碍委托人重复委托他人处理事务。事实上,《民法典》第931条也并未禁止未经受托人同意的重复委托,而只是规定了由此造成受托人损失的,委托人应当承担损害赔偿责任。

重复委托的非禁止性

未经受托人同意之重复委托,造成受托人损失的,受托人可以要求赔偿损失。从委托合同法律关系的结构来看,即使是重复委托,委托人与先受托人之间的委托合同也并未终止,先受托人的报酬请求权的规范基础在于《民法典》第928条,而并非《民法典》第931条的损害赔偿请求权,两者在规范基础和构成要件上并不相同。若受托人还有其他损失,报酬请求权的存在并不妨碍其损害赔偿请求权的发生。而且,重复委托情形下先受托人的报酬请求权,依《民法典》第928条的规定,也并非必然是全额报酬的请求权,需根据报酬请求权的规范基础具体确定。即使是按照因“可归责于债权人(委托人)事由”之履行不能(事务处理给付义务因重复委托而履行不能)而享有对价(报酬)之请求权,仍然需就报酬做损益相抵。从这层意义上来说,将报酬视为损失赔偿并不合理,而是应当根据各自的构成要件分别计算,但在弥补先受托人损失方面,两者之间会相互影响,应当进行综合平衡。当然,未经受托人同意重复委托的,先受托人亦可依《民法典》第933条随时解除合同,且先受托人并不因此承担损害赔偿责任。值得注意的是,委托人与第三人(后受托人)之委托合同关系,并不因重复委托未经先受托人同意而受影响,委托人与第三人的委托合同并不因此而无效。

损失赔偿与报酬

（五）损害赔偿义务

《民法典》第930条规定,“受托人处理委托事务时,因不可归责于自己的事由受到损失的,可以向委托人请求赔偿损失”。这种责任,乃是基于利益衡量而特别设立的责任,不是通常意义上的违约责任,因为不存在义务被违反的事实,委托人亦非行为人,受

受托人受损与委托费用

托人所受损失与委托人的行为之间没有因果关系。[1] 本书认为,之所以规定该损害赔偿请求权,主要考虑是受托人是以委托人之费用处理事务,而且委托人也享有受托人处理事务之结果,也就应承担事务处理之风险。实际上,该条规定与《民法典》第 921 条的规定相辅相成,均表明委托合同中受托人是以委托人之费用处理事务,此等"费用"甚至会包括受托人因不可归责于自身事由而遭受的损失。[2] 委托人之所以负有此等损害赔偿义务,乃是"不因委托事务的处理而给受托人增加任何经济负担这一委托的宗旨"[3]的体现。

《民法典》第 930 条意义上的损害赔偿义务,并不以委托人有过错为要件。[4] 而且,《民法典》第 930 条并不区分有偿委托和无偿委托而一体适用。当然,也有观点认为,该条主要适用于无偿委托,而不适用于有偿委托,但主流观点认为,可无差别地适用于无偿委托和有偿委托。[5] 从前述"费用"的角度来理解,不要求委托人的过错要件,亦不区分有偿委托、无偿委托一体适用,更符合委托的宗旨。

思 考

委托人的损害赔偿义务是否应区分有偿与否、委托人过错与否

从立法论上而言,以无偿为原则的委托中,作为一种损害担保责任,对委托人的损害赔偿义务予以肯定没有问题,但是否也同样适用于有偿委托中,则会存在争议。在日本民法学中,关于《日本民法典》第 650 条第 3 款规定的委托人损害赔偿义务,虽然多数学说认为其也适用于有偿委托情形,但有力说则认为,该损害赔偿请求权只有在无偿委托中才得以正当化,不能扩及有偿委托。我国亦有学说主张,在有偿委托合同中,委托事务如果是涉及经济活动的"高级劳务",委托人在事务处理过程中具有较高的独立性,则受托人对于事务处理事实上具有自身经济利益,不宜一概由委托人承担无过失责任。尤其受托人是银行、证券公司等营利组织的情况下,委托人可能反而处于弱势地位,由委托人对受托人的损失承担无过失责任,显失公平。因此主张应对该条规定以目的论限缩解释,将此等情形排除在其适用范围外。[6] 另外,《民法典》在其他提供劳务情形下劳务提供人的损失如何处理方面,亦有一些规定。例如,在无因管理之情形下,管理人因管理事务受到损失的,可以向受益人请求的是"适当补偿"而非损失赔偿。依《民法典》第 1192 条的规定,个人之间形成劳务关系之情形,若因第三人行为造成提供

---

〔1〕 崔建远:《合同法》(第 4 版),北京大学出版社 2021 年版,第 660 页。

〔2〕 周江洪:《民法典中介合同的变革与理解——以委托合同与中介合同的参照适用关系为切入点》,载《比较法研究》2021 年第 2 期。

〔3〕 [日]我妻荣:《我妻荣民法讲义 V_3:债权各论》(中卷二),周江洪译,中国法制出版社 2008 年版,第 153 页。

〔4〕 比较法上亦有立法例(如《瑞士债务法》第 402 条第 2 项)要求委托人具有过错,但委托人要免除其责任应举证其没有过错,而且一般认为该举证并不那么容易[参见[日]我妻荣:《我妻荣民法讲义 V_3:债权各论》(中卷二),周江洪译,中国法制出版社 2008 年版,第 153 页]。

〔5〕 谢鸿飞、朱广新主编:《民法典评注·合同编·典型合同与准合同》(第 4 册),中国法制出版社 2020 年版,第 254 页。

〔6〕 杨代雄主编:《袖珍民法典评注》,中国民主法制出版社 2022 年版,第 799 页。

劳务一方损害，提供劳务一方得以请求的也只是“补偿”而非“赔偿”。而在承揽合同中，依《民法典》第1193条，除非定作人对定作、指示或者选任有过错，否则定作人并不对承揽人完成工作中造成的自己损害承担责任。若体系性地解释这些规定，似乎应该区分有偿与无偿、区分委托人过错与否，始能体系周延。实际上，受托人在上述情形中是否享有损害赔偿请求权取决于委托合同中，是否坚持不给受托人增加负担、以委托人之费用完成委托事务之宗旨。若是坚持该宗旨，无论有偿与否、无论委托人有无过错，委托人对处理委托事务时不可归责于受托人事由的损失均负有赔偿责任。

二、受托人的义务

《民法典》第919条规定，“委托合同是委托人和受托人约定，由受托人处理委托人事务的合同”。据此，受托人的主要义务在于处理事务。

（一）按照委托人的指示处理委托事务的义务和情况紧急时的变更指示妥善处理义务

受托人应当按照委托人的指示处理委托事务。需要变更委托人指示的，应当经委托人同意；因情况紧急，难以和委托人取得联系的，受托人应当妥善处理委托事务，但是事后应当将该情况及时报告委托人（《民法典》第922条）。委托原则上为委托人之利益而设，故委托人有权决定如何处理事务始符合其自身利益，委托人是其自身利益的最佳判断者，受托人原则上不得变更委托人的指示，以防止受托人任意行事而损害委托人之利益。例如，委托人委托受托人以低于市场价的方式销售某商品，此时受托人不能认为此等低价销售有损委托人利益而变更指示。原因在于，委托人之所以作出此等指示，可能是出于促销等各种原因。受托人认为需要变更的，应征得委托人之同意。若为情况紧急，难以取得联系，因而无法等待委托人是否同意变更之情形，因受托人负有为委托人之利益妥善处理事务之义务，此时不仅不应等待变更指示的同意，而且“应当”予以妥善处理并报告。从《民法典》第922条的规定来看，“情况紧急”且“难以联系”，是受托人免于取得委托人同意的豁免事由，而且在此情形下妥善处理委托事务亦是受托人之义务；也就是说，此等情形，既赋予受托人变更指示之权利，也科加了“妥善处理委托事务”之义务。[1] 若受托人未尽到此等“妥善处理委托事务”之义务，构成善管注意义务或“就自己同一事务注意义务”之违反，委托人可以依《民法典》第929条要求受托人承担损害赔偿责任。

与依指示处理委托事务义务相关的是，受托人亦当然负有在授权范围内处理事务的义务。依《民法典》第920条的规定，委托既可以是特别委托，也可以是概括委托；受托人应在授权的范围内处理委托事务。受托人超越权限造成委托人损失的，应当赔偿损失（《民法典》第929条第2款）。

---

〔1〕 崔建远：《合同法》（第4版），北京大学出版社2021年版，第654页。

（二）亲自处理委托事务的义务

在服务类合同领域，普遍性地承认服务提供人的亲自履行义务，而以第三人履行为例外。[1]《民法典》关于委托合同的规定，亦是如此，即"受托人应当亲自处理委托事务"（《民法典》第923条第1句）。

亲自履行原则的缘由

之所以在服务合同领域以"亲自履行"为原则，乃是因为从服务及服务合同特性来说，服务质量或效果往往受制于服务提供人的特质，服务的实际提供人本身的技能，在很大程度上决定了服务的内容、质量，特别是在那些只能依赖于特定服务提供人的服务中，代替给付、第三人履行等都会面临障碍。从服务受领人角度而言，其对于特定的服务提供人的技能等，往往具有一定的期待，如果没有特殊理由，其希望的是由特定的服务提供人提供服务。而且，服务提供人在提供服务过程中需要介入服务受领人权益领域，如果没有特定信任关系的存在，往往无法达成最佳的服务效果，这一信任关系的存在，也决定了亲自履行的必要性。当然，亲自履行原则也有例外，在服务受领人同意等个别情形下，由第三人提供服务并没有问题。[2] 同样地，委托合同中的事务处理，亦需同样的政策考量，故有受托人应当亲自处理事务之规定。

转委托

但特殊情况下，受托人亦可以转委托。例如，委托人同意或者紧急情况需要转委托之情形，即"经委托人同意，受托人可以转委托。转委托经同意或者追认的，委托人可以就委托事务直接指示转委托的第三人，受托人仅就第三人的选任及其对第三人的指示承担责任。转委托未经同意或者追认的，受托人应当对转委托的第三人的行为承担责任；但是，在紧急情况下受托人为了维护委托人的利益需要转委托第三人的除外"（《民法典》第923条后段）。此处所说的紧急情况，可参考委托代理情形中转代理场合的"紧急情况"的界定，即"由于急病、通讯联络中断、疫情防控等特殊原因，委托代理人自己不能办理代理事项，又不能与被代理人及时取得联系，如不及时转委托第三人代理，会给被代理人的利益造成损失或者扩大损失的，人民法院应当认定为民法典第一百六十九条规定的紧急情况"（《民法典总则编解释》第26条）。

未经同意或追认的转委托

依《民法典》第923条的规定，委托人同意是受托人可以转委托的情形之一；另外，紧急情况下为维护委托人利益之情形亦可以转委托。那么，既未经同意亦非紧急情况，受托人能否转委托？从《民法典》第923条后段的文义来看，似乎亦得以转委托，只要受托人就第三人之行为承担责任即可。但体系性解释第923条规定可以得知，若未经同意亦非紧急情况，受托人并不能转委托，否则构成亲自履行义务的违反，应当承担违约责任。[3] 原因在于，第923条第1句明确强调了受托人"亲自处理委托事务"的义务，未经同意且亦非紧急情况下得以豁免同意情形的转委托，当然构成此等义务的违反。而第923条后段之规定，并非赋予委托人得以转委托的权利，而是旨在区分不同情形的责任

---

〔1〕 周江洪：《服务合同立法研究》，法律出版社2021年版，第272页。

〔2〕 周江洪：《服务合同立法研究》，法律出版社2021年版，第273页。

〔3〕 同样主旨的主张，参见谢鸿飞、朱广新主编：《民法典评注·合同编·典型合同与准合同》（第4册），中国法制出版社2020年版，第229页；该评注书认为，"如果转委托未经委托人同意或追认，那么受托人属于未依债之本旨作出给付，应当承担债务不履行责任"。

承担:经同意或追认之情形,受托人仅就第三人的选任及其对第三人的指示承担责任;未经同意或追认之情形,受托人则应就第三人之行为承担责任。因此,未经同意或追认之转委托,构成亲自履行义务之违反,受托人因此应承担违约责任,对于若不转委托就不会产生的损害,受托人负有赔偿责任;因委托合同中委托人与受托人之间特别的信赖关系,委托人此时亦可以解除合同。

(三)报告委托事务处理情况的义务

《民法典》第 924 条规定,“受托人应当按照委托人的要求,报告委托事务的处理情况。委托合同终止时,受托人应当报告委托事务的结果”。据此,受托人负有依要求报告事务处理情况以及委托合同终止时的事务处理结果报告义务。本书认为,该规定应予以适当扩张。例如,若委托合同特别约定相应的报告义务,应依合同约定予以报告,而不应待委托人要求才予以报告;在委托人未要求以及合同未约定时,如果在事务处理过程中出现需要报告的情形,则受托人不必等待委托人要求,而应依诚信原则主动报告。〔1〕同样地,依《民法典》第 590 条的规定,因不可抗力不能履行委托合同时,受托人亦负有报告义务,而不是等待委托人的要求。无论如何,受托人的报告义务,不应该仅限于“委托人要求时”或“委托合同终止时”,至少在委托事务面临障碍时,不管委托合同是否终止、委托人是否要求,依诚信原则都应该向委托人报告。〔2〕 另外,委托合同终止时,不管事务是否已处理完毕,无须委托人要求,受托人均负有报告义务,且此等报告义务并不限于文义上的“结果”,还应包括事务处理的经过。也就是说,委托合同终止时,受托人应向委托人全面报告办理委托事务的经过和结果,如处理委托事务的始末、各种账目、收支计算等,并提交必要的书面材料和证明文件。〔3〕

扩张解释

(四)移交财产的义务

《民法典》第 927 条规定:“受托人处理委托事务取得的财产,应当转交给委托人。”受托人乃是为了委托人的利益处理事务,委托人承受事务处理的结果,因事务处理取得的财产亦归于委托人,受托人应将处理委托事务取得的财产转交给委托人。此处所谓处理委托事务取得财产,包括取得的金钱、实物、金钱与实物所生孳息,以及其他财产权利。〔4〕 处理委托事务取得的财产,也包括为了处理事务而取得的财产。例如,事务处理所必要的文件材料、预先支付的剩余费用等。不仅如此,无论是以委托人名义取得的财产,还是以受托人名义取得的财产,受托人均负有转交的义务,只不过两者在所有权等权利变动上存在区别——《民法典》第 927 条“转交”的用词并不表明一定要先由受托人取得相应权益(如所有权)然后再转移。例如,在受托人享有代理权且为直接代理之情形下,因效果直接归属于本人,财产权无须“转交”即直接由委托人取得;同时,受托人若违反转交义务,既可能承担继续履行、损害赔偿等违约责任,亦可能负有物权法意义上的原

〔1〕 谢鸿飞、朱广新主编:《民法典评注·合同编·典型合同与准合同》(第 4 册),中国法制出版社 2020 年版,第 232 页。
〔2〕 周江洪:《服务合同在我国民法典中的定位及其制度构建》,载《法学》2008 年第 1 期。
〔3〕 黄薇主编:《中华人民共和国民法典合同编解读》(下册),中国法制出版社 2020 年版,第 1325 页。
〔4〕 黄薇主编:《中华人民共和国民法典合同编解读》(下册),中国法制出版社 2020 年版,第 1334 页。

物返还义务等,而委托人因此享有的是财产返还请求权。

(五)损害赔偿义务

依《民法典》第 577 条的规定,受托人违反合同义务的,负有债务不履行责任;造成委托人损失的,应当承担违约损害赔偿责任。当然,受托人负有的事务处理义务,通常为手段之债,未达成预期结果并不一定构成违约。而且,《民法典》委托合同章就此作了特别规定,而不同于《民法典》合同编通则层面的违约损害赔偿责任。首先,受托人的违约损害赔偿责任采过错归责,而非无过错责任。不仅如此,因委托合同有偿与否,受托人违约损害赔偿责任的归责事由并不相同,即"有偿的委托合同,因受托人的过错造成委托人损失的,委托人可以请求赔偿损失。无偿的委托合同,因受托人的故意或者重大过失造成委托人损失的,委托人可以请求赔偿损失"(《民法典》第 929 条第 1 款)。我国民法学说通常认为,无偿委托系不完全双务合同,受托人处理事务不能获得作为对价的报酬,故不应承担与有偿委托相当的注意义务。[1] 另外,我国《民法典》的相关规则也多遵循无偿情形应减轻义务人责任的立法旨趣。据此,应该说《民法典》第 929 条区分有偿与否而规定不同的归责事由,是符合我国《民法典》的实际的。

拓 展

受托人越权情形的过错损害赔偿

《民法典》第 929 条第 2 款的规定,受托人超越权限造成委托人损失的,应当赔偿损失。该款文义表明,受托人越权情形,委托人是否追认,不影响其赔偿请求权,受托人是否具有过错以及过错程度亦不影响其损害赔偿请求权。但本书认为,受托人处理事务超越权限虽然构成了委托合同上的合同义务违反,但并不等于其损害赔偿责任的构成不存在免责事由。例如,紧急情况下的转委托本身亦构成权限超越,但仍然具有免责事由。因此,若有正当理由不得不超越权限处理事务以维护委托人利益,则受托人并不因此而承担损害赔偿责任。综上所述,受托人超越权限时的损害赔偿责任,同样需要考虑受托人是否存在可归责事由。委托人是否存在注意义务的违反,仍然是责任构成要件之一;若存在正当理由,则委托人并不承担损害赔偿责任。

第三节 委托合同的终止

一、委托合同终止的原因

委托合同的终止,既有因合同解除而终止权利义务关系的(《民法典》第 557 条第 2 款),也有因《民法典》委托合同章的专门规定而终止的。前者如《民法典》第 533 条规定的因情势变更而解除;第 562 条规定的协商解除、约定解除事由的解除;第 563 条规定的

---

〔1〕 谢鸿飞、朱广新主编:《民法典评注 · 合同编 · 典型合同与准合同》(第 4 册),中国法制出版社 2020 年版,第 249 页。

法定解除、不定期持续性合同的随时解除；以及第580条第2款规定的司法终止等，作为通则性规定，此等规定同样适用于委托合同领域；后者如《民法典》第933条规定的任意解除以及第934条规定的因当事人死亡、丧失民事行为能力引起的终止等。也正是因为存在不同的终止原因，实践中应注意委托合同终止的不同原因、当事人行使的不同权利等，尤其是要厘清委托合同任意解除权与其他解除权之间的关系。

（一）委托合同因当事人一方任意解除而终止

任意解除制度的规范目的

《民法典》第933条第1句规定："委托人或者受托人可以随时解除委托合同。"在学理上，因此等"解除"的含义与《民法典》第563条意义上的"解除"的含义并不完全等同，故有时会以"委托人撤销委托""受托人辞去委托"等用词来表述。学界多认为委托的任意解除制度乃是基于信任关系原理，认为委托合同乃是基于当事人之间的信任而订立，委托合同的履行也有赖于此种信任关系。委托人让难以信任的受托人继续处理受托事务，或者是受托人为难以信任的委托人处理受托事务，对于当事人而言都是难以忍受的，并无益处，故有必要规定委托合同的任意解除。[1] 但是，委托合同中的任意解除权并非仅凭信任关系说得以圆满解释的。原因在于，无论何种债权债务关系，均有信任原理作用之空间，只是程度不同。同样地，委托合同作为持续性合同的持续性特征，也不足以说明任意解除的正当性。若委托合同定有合同存续期间，因"依法成立的合同，对当事人具有法律约束力"（《民法典》第119条），"依法成立的合同，受法律保护"（《民法典》第465条第1款），当事人并不能擅自变更或者解除合同，此等期间当然也具有合同上的拘束力，并非所有的持续性合同均得以随时终止。因此，除信任关系原理和持续性合同的特性之外，尚需其他正当性基础，特别是商事委托合同中，委托人选择受托人处理委托事务，关注的是受托人的商誉及经营能力而非人身信赖关系。在这点上，委托合同与其他类型的合同并无区别。[2] 之所以赋予当事人任意解除权，对于委托人来说，既有可能是基于委托人收回事务处理之考量，也可能是基于事务处理本身对于委托人已无利益可言，甚或是对特定事务处理事项的事先不了解的一种救济。[3] 而对于受托人而言，之所以赋予其任意解除权，既可能涉及无偿委托的义务弱化问题，也可能涉及行为义务之不可强制问题，其利益考量并不相同。实际上，委托合同任意解除权的制度目的，因委托的有偿与否、任意解除权发动主体的不同而不同。[4]

（二）当事人死亡等原因导致的委托合同终止

《民法典》第934条规定，"委托人死亡、终止或者受托人死亡、丧失民事行为能力、

---

〔1〕 魏耀荣等：《中华人民共和国合同法释论》（分则），中国法制出版社2000年版，第582页；梁慧星编：《中国民法典草案建议稿附理由：合同编》（下册），法律出版社2013年版，第718页；崔建远：《合同法学》，法律出版社2015年版，第501页。当然，也有学者认为，将源于无偿委托的信任关系原理扩张适用于有偿委托并不合理，主张应对任意解除作目的性限缩，对于一些商事交易性质的事务委托合同，不宜允许当事人行使任意解除权[参见王利明：《合同法研究》（第3卷），中国人民大学出版社2012年版，第739页]。

〔2〕 王轶等：《中国民法典释评·合同编·典型合同》（下卷），中国人民大学出版社2020年版，第457页。

〔3〕 桑岡和久「民法学のあゆみ——丸山絵美子中途解約と契約の内容規制」法律時報88巻4号（2015年）104頁；丸山絵美子『中途解約と契約の内容規制』（有斐閣，2015年）25頁，267～271頁。

〔4〕 周江洪：《委托合同任意解除的损害赔偿》，载《法学研究》2017年第3期。

终止的，委托合同终止；但是，当事人另有约定或者根据委托事务的性质不宜终止的除外”。其中，“死亡”“丧失民事行为能力”是对自然人而言，“终止”则是针对法人和非法人组织而言。[1] 原《合同法》第411条规定了“委托人或者受托人死亡、丧失民事行为能力或者破产的”，委托合同终止。因该规定的文义易引起歧义，会被认为委托人丧失行为能力、委托人或受托人破产将导致委托合同的终止，但事实上，委托人丧失行为能力并不导致委托合同终止，而法人被宣告破产后其法人资格并非当然消灭，尚需经过清算等程序，作为破产人仍然可以承受合同的权利义务关系；[2]受托人或委托人进入解散清算或者破产清算阶段，并不必然导致委托合同终止。[3] 而且，即使认为破产会导致合同终止，破产也只是法人或者非法人组织终止的原因之一，法人或者非法人组织终止的原因还有解散等。[4]

关于委托人死亡是否必然导致合同的终止，亦有再考察之必要。从理论上来说，当事人的死亡原则上不发生合同终止，这不仅是因为当事人的契约地位会因继承而承继，而且亦有不少委托事项可能是身后事项处理的委托，此时并不必然发生委托合同终止。

委托人死亡与终止

在我国法上，对于原《合同法》规定的当事人死亡导致合同终止的问题，虽然多数学者认为受托人死亡原则上使委托合同终止，是委托合同当事人之间的信赖使然；[5]但也有学者认为，当事人的死亡之所以引起合同终止，是由于事务处理权与事务处理义务，都不得作为继承的标的。[6] 当然，也有一些反对的意见。例如，有学说认为，原《合同法》第411条的规定，从比较法观察颇为特别。委托人方面的原因，通常并不妨碍受托人对于事务的处理，特别是在我国以有偿委托为原则的背景下，更有保护受托人合理信赖的必要，不使委托合同当然终止。该学者因此建议就该规则作限缩解释，将大多数情形归属于“根据委托事务的性质不宜终止”之列，以期避免不合理结果的发生。[7] 同样地，《民法典》第934条的规定，亦可以作同样理解，且不限于当事人死亡之情形，对于其他情形，也应当就“根据委托事务的性质不宜终止”作出合理解释，以避免不合理的结果。

受托人行为能力丧失与终止

另外，依《民法典》第934条的规定，受托人丧失行为能力导致委托合同终止，但就“丧失行为能力”是否包括部分丧失行为能力，尚有争议。通常来说，导致委托合同终止的“丧失行为能力”，应当指的是“丧失相应的行为能力”。理由在于，如果受托人并未完全丧失行为能力，而是成为限制民事行为能力人，但依据其年龄、智力状况仍然具有处理委托事务的能力，则此时没有必要让委托合同终止；但是，如果受托人成为限制民事行为能力人，并且依据其年龄、智力状况不具有处理委托事务的能力，考虑到受托人负有处理

〔1〕 黄薇主编：《中华人民共和国民法典合同编解读》（下册），中国法制出版社2020年版，第1350页。

〔2〕 谢鸿飞、朱广新主编：《民法典评注·合同编·典型合同与准合同》（第4册），中国法制出版社2020年版，第266～267页。

〔3〕 黄薇主编：《中华人民共和国民法典合同编解读》（下册），中国法制出版社2020年版，第1350～1351页。

〔4〕 黄薇主编：《中华人民共和国民法典合同编解读》（下册），中国法制出版社2020年版，第1350页。

〔5〕 王利明：《合同法研究》（第2版第3卷），中国人民大学出版社2015年版，第733页；韩世远：《合同法学》（第2版），高等教育出版社2022年版，第558页。

〔6〕 崔建远：《合同法》（第4版），北京大学出版社2021年版，第665页。

〔7〕 韩世远：《合同法学》（第2版），高等教育出版社2022年版，第558页。

委托事务的注意义务，并在违反注意义务时可能要承担赔偿责任，为保护受托人的利益，此时原则上委托合同终止。[1] 但从行为能力制度的目的来看，其指向的是“法律行为”，若委托事务的处理并不涉及法律行为问题，行为能力制度并没有适用之余地。更为妥当的做法是，受托人因丧失或部分丧失行为能力而丧失或部分丧失委托事务处理能力的，委托合同终止，而不单是行为能力丧失或部分丧失的问题。

另外，值得注意的是，《民法典》第934条对原《合同法》第411条作出了修改，删除了委托人“丧失民事行为能力”导致委托合同终止的情形。理由在于，委托人丧失民事行为能力，一般情况下并不影响受托人继续处理委托事务，受托人依然可以完成委托事务。同时，也与《民法典》第173条的规定相一致。依《民法典》第173条的规定，委托代理因代理人丧失民事行为能力而终止，但并不因被代理人丧失民事行为能力而当然终止。[2] 例如，《民法典》第33条规定了成年任意监护，若成年任意监护的委托亦得以参照适用《民法典》委托合同章的规定，此时委托人丧失民事行为能力并不发生委托合同的终止。原因在于，成年任意监护，其本身就是“以书面形式确定自己的监护人，在自己丧失或者部分丧失民事行为能力时，由该监护人履行监护职责”，若委托人行为能力丧失导致委托合同终止，并不符合委托事务的性质。

二、委托合同终止的法律效果

（一）当事人任意解除时的损害赔偿责任

委托合同任意解除之情形，其解除面向将来发生效力，并无溯及力，实为“合同之终止”，但为平衡当事人利益，比较法上诸多立法例一方面赋予当事人可以任意解除合同的权利，另一方面又通过损害赔偿来矫正当事人之间的利益得失。《民法典》及原《合同法》亦遵循这一立法进路，但与原《合同法》第410条不同，《民法典》第933条区分有偿与否分别采取不同的损害赔偿规则，即“因解除合同造成对方损失的，除不可归责于该当事人的事由外，无偿委托合同的解除方应当赔偿因解除时间不当造成的直接损失，有偿委托合同的解除方应当赔偿对方的直接损失和合同履行后可以获得的利益”。

任意解除时的损害赔偿请求权的构成，其前提是不存在“不可归责于该当事人的事由”。若解除方存在此等事由，则无须承担此等损害赔偿责任。《民法典》第933条强调的“除不可归责于该当事人的事由外”，其实质上并非强调解除权人是否存在过错的问题，而是强调其是否存在“不得已的事由”。例如，委托事务的处理已变得毫无必要时委托人任意解除、受托人因病无法处理事务而辞去委托等，很难说是注意义务违反与否的过错层面的判断问题，难谓是否“可归责”的问题，而更多的是“不得已事由”与否的判断问题。

《民法典》第933条区分有偿与无偿规定了不同的损害赔偿范围。其中无偿委托时的损害赔偿范围被限定在“因解除时间不当造成的直接损失”。从《民法典》第933条的 解除时间不当

---

〔1〕 王轶等：《中国民法典释评·合同编·典型合同》（下卷），中国人民大学出版社2020年版，第464页。

〔2〕 黄薇主编：《中华人民共和国民法典合同编解读》（下册），中国法制出版社2020年版，第1351页。

规定来看,解除时间不当的问题,只是对无偿委托任意解除损害赔偿范围的一种限定,且仅限于无偿委托情形,不适用于有偿委托。其实际上强调的是,无偿委托中任意解除权的行使更为宽松,其赔偿责任较之有偿委托之情形要减轻,而并非对任意解除的行使作出限制。解除时间不当,乃是在不利于对方当事人的时期为任意解除。

直接损失

无论是无偿委托还是有偿委托的任意解除,《民法典》第933条都特别强调了“直接损失”的赔偿。所谓直接损失,是指现存利益的积极减少,其含义等同于所受损害和实际损失。其中,实际损失是指当事人信赖合同能够履行并为得到履行利益所提前支出的费用或财产因任意解除而遭受的损失,包括缔约费用、为准备履行而支出的费用以及准备受领而支出的费用等。受托人的直接损失主要表现为必要费用以外的前期投入的损失。[1] 当然,“直接损失”通常来说是相对于“间接损失”(如机会的丧失等)而言的,而《民法典》又是首次规定了“直接损失”的概念,此处“直接损失”的含义当如何理解,与其他类型合同任意解除时的“损失”的概念如何区分或是否无须区分等,仍有待司法实践和学说进一步发展。[2]

履行利益

有偿委托合同任意解除之情形,除直接损失外,还需要赔偿“合同履行后可以获得的利益”(《民法典》第933条)。虽然任意解除本身并不构成违约,但在损害赔偿上,与《民法典》第584条的违约损害赔偿规则一样采用了“合同履行后可以获得的利益”的表述。因此,《民法典》第584条(原《合同法》第113条)积累的司法实践经验和学说亦同样具有参考作用。

思考

任意解除损害赔偿范围的反思

值得注意的是,就有偿委托合同的任意解除而言,《民法典》第933条同时规定了“直接损失”和“可得利益”的赔偿,此点有进一步商榷之必要。如前所述,“直接损失”通常包含了为获得合同履行利益的投入成本,若既赔偿“直接损失”又赔偿“可得利益”,难免存在重复计算之可能。通常来说,若合同正常履行,则前期投入得以在履行后获得的利益中得到弥补,既赔偿履行利益,又赔偿此等前期投入,势必会引起重复计算。因存在重复计算之可能,故在具体计算时应扣除重复计算部分;否则,任意解除情形,解除方将承担较之拒绝履行的违约责任更重之损害赔偿责任,其并不符合赋予当事人任意解除权以摆脱合同拘束的任意解除原理。而且即使不存在重复计算,“可得利益”之赔偿与违约损害赔偿无异,赔偿可得利益是否符合任意解除之制度本旨,仍有再考之必要。受托人任意解除有偿委托的,并不构成违约,受托人并不因此承担拒绝履行的违约责任,应区分是否得以采取替代措施,分别承担因解除而增加费用的赔偿责任或者是因解除而无法继续处理该事务所引起的损害赔偿责任。不仅如此,委托人任意解

---

〔1〕 谢鸿飞、朱广新主编:《民法典评注·合同编·典型合同与准合同》(第4册),中国法制出版社2020年版,第265页。

〔2〕 周江洪:《委托合同任意解除情形的“直接损失”》,载《浙江学刊》2023年第3期。

除有偿委托的，可归入因可归责于债权人事由的履行不能，受托人可依风险负担规则请求将来报酬并作相应扣减，此等报酬并非《民法典》第933条（原《合同法》第410条）意义上的可得利益损失。[1]

（二）因当事人死亡等终止委托合同的法律后果

1.当然终止

通常来说，委托合同终止，指的是当然终止，无须当事人主张双方当事人均不再受委托合同的约束。但此等终止，仅对将来发生效力，终止前已履行的部分并不受影响。而且，因不同的原因终止，其法律效果亦不同。例如，因当事人死亡而终止的，已成立的权利义务发生继承的效力。因法人分立、合并等导致原法人解散的，其权利义务依《民法典》第67条承继。值得注意的是，依《民法典》第934条规定，当事人死亡或终止的，因合同主体资格消灭，原则上应当终止委托合同。但《民法典》第934条亦规定了例外不终止的但书，此时就存在委托合同例外不终止的效力。

2.特定情形的继续处理事务之义务

为避免委托事务因合同终止无人处理而损害委托人利益，《民法典》第935条和第936条也分别规定了合同终止后特定情形下受托人继续处理事务的义务，以及受托人的继承人等义务人的通知义务和必要措施采取义务。但无论是第935条还是第936条，其适用的前提都是委托合同终止，若符合《民法典》第934条但书规定而不发生委托合同终止之情形，并不适用《民法典》第935条、第936条。

《民法典》第935条规定："因委托人死亡或者被宣告破产、解散，致使委托合同终止将损害委托人利益的，在委托人的继承人、遗产管理人或者清算人承受委托事务之前，受托人应当继续处理委托事务。"该条规定了受托人在特定情形下继续处理委托事务的义务，并规定其期限为"委托人的继承人、遗产管理人或者清算人承受委托事务之前"。

《民法典》第935条规定的继续处理事务义务的构成要件之一是委托合同因委托人死亡等原因终止将损害委托人利益。但此处的委托人利益，实质上并不仅仅是委托人利益，毕竟委托人死亡等情形下，委托人主体资格本身因此而消灭或终止，无所谓"委托人"利益之说，故此处的"委托人利益"，尚包括继承人等承继委托人相关利益之人的利益。

3.报告及通知义务

委托合同终止的，受托人负有报告义务（《民法典》第924条）。因《民法典》第934条规定的原因终止的，受托人同样负有报告义务。但受托人死亡、丧失民事行为能力或者被宣告破产、解散，致使委托合同终止的，因发生民事主体资格消灭之情形，受托人势必无法履行此等报告义务。但如此一来，委托人可能因并不知情而无法采取必要的善后处理措施，或者虽然知情但无法采取必要的善后处理措施。于此情形，受托人的继承人、

〔1〕 周江洪：《委托合同任意解除的损害赔偿》，载《法学研究》2017年第3期。

遗产管理人、法定代理人或者清算人因委托合同终止虽然不负有继续处理事务的义务，但为了保护委托人的利益，受托人的继承人等负有通知义务，应当及时通知委托人。《民法典》第936条第1句对此作出了规定。不仅如此，“因委托合同终止将损害委托人利益的，在委托人作出善后处理之前，受托人的继承人、遗产管理人、法定代理人或者清算人应当采取必要措施”（《民法典》第936条第2句）。此等“采取必要措施”与前述“继续处理委托事务”并不相同，采取必要措施只是为了维护委托人的利益，减少委托人因委托合同终止产生的损失。[1] 但与“继续处理委托事务”一样，此等“采取必要措施”的义务，其期限也不是委托人实际作出善后处理之前，而是委托人能够作出善后处理之前，委托人能够作出善后处理而怠于实际作出时，受托人的继承人等不负有采取必要措施的义务。[2]

另外，《民法典》第936条只是规定了受托人方面出现委托合同终止事由时的通知义务，并未规定委托人方面出现合同终止事由时的通知义务。但是，在出现委托人死亡、丧失民事行为能力等合同终止事由的情形中，受托人在不知道并且不应当知道合同终止时仍然可能继续处理委托事务，还可能在处理委托事务过程中与第三人发生交易等，此时，更有必要为保护受托人和第三人的利益，而使委托人的继承人、遗产管理人、法定代理人或者清算人负有对受托人的及时通知义务。[3]

第四节　委托合同与外部关系

一、受托人以自己的名义与第三人订立合同

交易结构设计的多样性

委托人委托受托人处理的事务若为与第三人从事交易，势必就会涉及外部关系问题。通过委托合同中不同权利义务的设置和不同的交易结构的框架设计，当事人之间可以形成代理关系、行纪关系等。其中，委托人若授予受托人以代理权，受托人在授权范围内与第三人从事交易，既可能以被代理人（委托人）名义，亦可能以自己名义。对于前者，《民法典》第162条作了专门规定，并在《民法典》总则编第七章第二节专门规定了“委托代理”的规则。因《民法典》第162条强调“以被代理人名义”实施法律行为，对于那些以受托人（代理人）自己名义实施的行为，《民法典》第162条无法将其纳入其中。对此，《民法典》合同编委托合同章第925条、第926条作出了规定。而在以受托人名义实施的行为中，既有效果直接归属于委托人的类型，也有以受托人名义且效果直接归属于受托人，但随后通过转交间接归属于委托人之类型，还有以受托人名义但效果不直接归属于委托人，而赋予委托人介入权及第三人选择权之类型等。

《民法典》第925条、第926条源于原《合同法》第402条、第403条。但是，无论是该

---

〔1〕 黄薇主编：《中华人民共和国民法典合同编解读》（下册），中国法制出版社2020年版，第1356页。
〔2〕 王轶等：《中国民法典释评·合同编·典型合同》（下卷），中国人民大学出版社2020年版，第469页。
〔3〕 王轶等：《中国民法典释评·合同编·典型合同》（下卷），中国人民大学出版社2020年版，第470页。

条规定所表述的代理类型的判断，还是此等规定的体系定位及其价值，学界均有争议。[1] 之所以存在争议，主要是源于此等规定本身就是结合中国原外贸代理制混合继受而成。在改革开放早期的外贸体制下，当时很多企业由于没有外贸经营权，在需要进出口货物时，只能委托专业外贸公司代理，而外贸公司也只能以自己的名义与外商订立进出口合同。而当时严守"以被代理人名义"实施法律行为的代理制度无法满足这一需求。为此，在制定原《合同法》过程中，经过反复酝酿研究，参照《国际货物销售代理公约》的有关规定，同时吸收大陆法系和普通法系代理制度的精髓，既在行纪合同一章规定了类似大陆法系的间接代理制度，又在委托合同一章规定了类似普通法系的披露委托人和不披露委托人的代理制度。[2] 而这一混合继受的模式，使原《合同法》第 402 条、第 403 条规定的代理，与大陆法系和普通法系乃至《国际货物销售代理公约》的规定均不相同，学界也因此产生了诸多争议。另外，自原《合同法》第 402 条、第 403 条规定上述代理制度以来，因委托合同中得以作为合同内容的事务处理广泛多样，此等规定的适用并不限于外贸代理领域，而被广泛地适用于以受托人名义对外签订合同的类型中，如委托借款合同、委托型借名合同等。

外贸代理制与混合继受

二、第三人订立合同时知道代理关系时的当事人关系

《民法典》第 925 条规定，"受托人以自己的名义，在委托人的授权范围内与第三人订立的合同，第三人在订立合同时知道受托人与委托人之间的代理关系的，该合同直接约束委托人和第三人；但是，有确切证据证明该合同只约束受托人和第三人的除外"。据此，要适用该条规定，需具备如下要件：

1. 受托人以自己名义与第三人订立合同。若非以受托人自己名义，而是以委托人名义订立合同，则适用《民法典》第 162 条。另外，即使受托人以自己的名义与第三人订立合同，若受托人以自己之计算行事，而非为被代理人（本人）之计算，其效果并不直接归属于委托人，不适用《民法典》第 925 条。代理，乃是为了被代理人的利益行事，而不是为了代理人自身利益行事。

2. 受托人在委托人授权范围内订立合同。无论是代理授权的要求，还是委托合同的要求，受托人均应在授权范围内处理事务。有疑问的是，若受托人的代理权有瑕疵，比如说无代理权、超越代理权或代理权终止后仍然实施代理行为，在以受托人名义订立合同时，能否类推适用《民法典》第 171 条、第 172 条规定的无权代理规则和表见代理规则本书认为，适用《民法典》第 925 条尚需具备"第三人在订立合同时知道受托人与委托人之

代理相关规则的类推适用

---

[1] 谢鸿飞：《合同法学的新发展》，中国社会科学出版社 2014 年版，第 623 页；方新军：《民法典编纂视野下合同法第 402 条、第 403 条的存废》，载《法学研究》2019 年第 1 期；朱虎：《代理公开的例外类型和效果》，载《法学研究》2019 年第 4 期；胡东海：《〈合同法〉第 402 条（隐名代理）评注》，载《法学家》2019 年第 6 期；尹飞：《代理：体系整合与概念梳理——以公开原则为中心》，载《法学家》2011 年第 2 期；尹飞：《论我国民法典中代理制度的类型与体系地位》，载《法学杂志》2015 年第 9 期；方新军：《货运代理转委托行为的效力规则》，载周江洪、陆青、章程主编：《民法判例百选》，法律出版社 2020 年版，第 420 页；胡东海：《〈民法典〉第 926 条（间接代理）评注》，载《苏州大学学报（法学版）》2021 年第 2 期；等等。

[2] 魏耀荣等：《中华人民共和国合同法释论》（分则），中国法制出版社 2000 年版，第 570～571 页。

间的代理关系”的要件。该要件也表明,第三人的意思不在于与受托人进行交易,而是基于所知晓的代理关系订立合同,故以受托人以自己名义订立的合同直接约束受托人与第三人为由,认为没有必要借助无权代理规则和表见代理规则来保护第三人的利益,其理由并不充分,并不符合第三人的意思。故此处采肯定说,即若第三人在订立合同时知道受托人与委托人之间的代理关系,则受托人超越权限范围订立合同,同样可以类推适用《民法典》第171条、第172条的规定。

“知道”而不包括“应当知道”

3. 第三人在订立合同时知道代理关系。根据合同相对性原则,受托人以自己名义订立合同,通常并不能将所订立合同的效果直接归属于委托人(被代理人)。但若第三人订立合同时知道受托人与委托人之间的代理关系,此时就第三人而言,其明知其并非与受托人(代理人)为交易,而是与受托人背后的委托人(被代理人)为交易,故此时订立的合同若约束的是受托人与第三人,并不符合第三人之意思。且就受托人而言,其与第三人订立合同,虽然是以自己名义,但却是在委托人授权范围内为代理,故亦没有受该合同约束之意思。因此,在此种情形下,所订立的合同的效果直接归属于委托人,直接约束委托人与第三人,并不会有意思表示层面的障碍。《民法典》第925条之所以强调“订立合同时”这一要件,而不包括合同履行过程或纠纷解决过程中知道以及第三人事后追认等情形,也正是顾及了意思表示的基本原理。但是,因此时会产生订立合同的名义人与实际承受合同的当事人之间的不一致,为防止科加第三人过重的注意义务引起的交易风险,《民法典》第925条规定的要件是“知道”;仅仅是第三人“应当知道”代理关系之情形,并不构成《民法典》第925条的适用。事实上,在继受《国际货物销售代理公约》第12条的过程中,原《合同法》第402条在制定之初也是刻意限制了其中“相对人知道或者应当知道”的内容,将其限定为“知道”,有意地排除了“应当知道”这一情形。[1] 当然,就“知道”的对象而言,只要知道“代理关系”即满足该要件,并不要求知道被代理人的特定身份。[2]

第925条但书的理解

4. 若有确切证据证明该合同只约束受托人和第三人,则不发生直接约束委托人和第三人的代理直接归属效果。有确切证据证明该合同只约束受托人和第三人的情形主要有以下几种:受托人与第三人明确约定该合同只约束受托人和第三人;虽未明确约定,但是根据合同解释规则明显可以得出只约束受托人和第三人的结论;有交易习惯表明该合同只约束受托人和第三人,如行纪合同;有证据证明如果委托人作为合同当事人,第三人

---

〔1〕 最高人民法院民法典贯彻实施工作领导小组主编:《中华人民共和国民法典合同编理解与适用(四)》,人民法院出版社2020年版,第2499页。

〔2〕 不少观点认为,此处“知道”的对象,应包括知道委托人即被代理人具体是谁[参见黄薇主编:《中华人民共和国民法典合同编解读》(下册),中国法制出版社2020年版,第1329页]。另有观点认为,“第三人唯有在订立合同时知道具体的被代理人,才具有与之缔约的意思”[参见谢鸿飞、朱广新主编:《民法典评注·合同编·典型合同与准合同》(第4册),中国法制出版社2020年版,第237页]。还有观点认为,第三人知道的内容包括:一是知道具体的被代理人;二是知道授权的内容和期限[参见王利明:《合同法》(下册),中国人民大学出版社2021年版,第364页]。但亦有观点主张第三人要明确知道被代理人姓名或者名称,但不要求第三人必须知道代理的具体内容和权限[参见最高人民法院民法典贯彻实施工作领导小组主编:《中华人民共和国民法典合同编理解与适用(四)》,人民法院出版社2020年版,第2502页]。

就不会订立该合同;[1]委托人与受托人明确约定“在发生受托人与第三人之间的纠纷时,由受托人先行承担责任”,且第三人知悉此约定;[2]等等。另外,值得注意的是,若受托人与第三人缔结的合同是转委托合同,因其并非根据代理授权进行交易,此等情形应适用《民法典》第 923 条的规则,而不适用关于代理效果直接归属的《民法典》第 925 条。实践中,常有法院混淆转委托合同与《民法典》第 925 条意义上的“与第三人订立合同”。[3]

总之,符合上述要件的,委托人自动介入受托人与第三人的合同,取代受托人在该合同中的地位,该合同并不约束受托人,而是约束委托人和第三人。[4]

三、第三人订立合同时不知道代理关系时的当事人关系

《民法典》第 926 条针对受托人以自己名义与第三人订立合同但第三人不知道代理关系时的当事人关系作了规定。从规则上来看,与《民法典》第 925 条明显不同,因第三人并不知道代理关系的存在,故《民法典》第 926 条并未采用效果直接归属的效力规则,受托人以自己名义与第三人订立的合同约束的是受托人和第三人,而在特殊情形下才会产生委托人的介入权和第三人的选择权等问题。《民法典》第 926 条规定了此种情形中的委托人介入权、第三人选择权、受托人的披露义务以及第三人、委托人的抗辩等具体规则。而且与《民法典》第 925 条不同,因《民法典》第 926 条并非效果直接归属规范,故不能类推适用关于无权代理、表见代理的《民法典》第 171 条、第 172 条的规定。[5]

(一)委托人介入权

与《民法典》第 925 条的委托人自动介入、替代受托人成为合同当事人并不相同,《民法典》第 926 条的委托人介入,需要有特定的条件,即“受托人以自己的名义与第三人订立合同时,第三人不知道受托人与委托人之间的代理关系的,受托人因第三人的原因对委托人不履行义务,受托人应当向委托人披露第三人,委托人因此可以行使受托人对第三人的权利。但是,第三人与受托人订立合同时如果知道该委托人就不会订立合同的除外”(《民法典》第 926 条第 1 款)。委托人允许受托人以受托人自己的名义订立合同,可能会有多种考虑。例如,受托人的商业信誉、交易能力较之委托人更好、更强,以受托人名义更易达成更为有利的交易条款等。而对于受托人来说,特别是对于专业从事中间环节交易的营业者来说,若允许委托人直接与第三人交易,则自身作为中间环节的业务势必受有影响。而且,在不少情形中,委托人和受托人都不希望第三人知道两者之间的代理关系,因此不会向第三人披露两者之间存在代理关系。在合同正常履行的情形

介入权的必要性

---

〔1〕 黄薇主编:《中华人民共和国民法典合同编解读》(下册),中国法制出版社 2020 年版,第 1330 页。

〔2〕 最高人民法院民法典贯彻实施工作领导小组主编:《中华人民共和国民法典合同编理解与适用(四)》,人民法院出版社 2020 年版,第 2500 页。

〔3〕 方新军:《货运代理转委托行为的效力规则》,载周江洪、陆青、章程主编:《民法判例百选》,法律出版社 2020 年版,第 420 页。

〔4〕 崔建远:《合同法》(第 4 版),北京大学出版社 2021 年版,第 662 ~ 663 页;黄薇主编:《中华人民共和国民法典合同编解读》(下册),中国法制出版社 2020 年版,第 1330 页。

〔5〕 王轶等:《中国民法典释评 · 合同编 · 典型合同》(下卷),中国人民大学出版社 2020 年版,第 432 页。

下,委托人基于委托合同的效力,对受托人享有权利,可根据《民法典》第 927 条要求受托人转交取得的财产等而享有委托事务处理的利益。而对于受托人与第三人来说,受托人与第三人订立的合同直接约束受托人和第三人。但是,此种交易架构亦会面临风险,特别是作为中间环节的受托人的违约风险及破产风险问题。对于委托人来说,若法律不对其进行保护,使其在中间人违约或者破产时有权向第三人直接主张权利,则委托人就可能会因害怕中间人违约或破产而不愿再进行此种交易。因此,允许委托人在特定情形下通过行使介入权直接向第三人主张权利,有助于商业便利、减少理论逻辑(合同相对性等)与商业现实之间的冲突,同时平衡委托人、受托人和第三人的利益。[1] 但与此同时,若受托人违约乃是自身原因而并非与其订立合同的第三人原因所致,此时若亦允许委托人行使介入权,势必将使并不知道代理关系存在的第三人遭到委托人的突然袭击,且使受托人将自身风险转嫁给不知情的第三人,因此应将此种介入权限定在特定范围内。《民法典》第 926 条将其限定为"受托人因第三人的原因对委托人不履行义务"之情形,对于第三人来说,因委托人行使介入权而需向委托人履行的义务,原本就是其需要向受托人履行的义务,并未增加其新的成本。[2]

委托人得以行使介入权的前提:(1)受托人以自己名义与第三人订立合同。这是《民法典》第 925 条、第 926 条适用的共同前提。(2)第三人订立合同时不知道受托人与委托人之间的代理关系。这是区分《民法典》第 925 条与第 926 条的关键所在。因第三人不知道代理关系的存在,令第三人直接向委托人履行义务的意思自治根基并不存在,因此需要特别的要件,委托人才得以向第三人主张权利。(3)受托人因第三人的原因不履行债务。如果委托合同得到顺利履行,委托人就没有必要介入合同。而且,此种债务不履行,乃是因为第三人的原因不履行。若因受托人自身原因不履行,委托人应向受托人追究违约责任,而不能通过行使介入权将受托人自身违约的风险转嫁给第三人。(4)受托人向委托人披露了第三人。若受托人没有向委托人披露第三人,委托人无从向第三人行使权利,亦难以行使介入权。依《民法典》第 926 条规定,符合前述三个前提的,受托人应当向委托人披露第三人,受托人因此负有披露义务。当然,在实践中,受托人亦可能以拒绝履行等基于自身原因不履行的方式,而不是基于第三人原因不履行的方式来实质上拒绝披露第三人,以规避披露义务之强制履行。若构成此等规避,仍然得以强制受托人披露第三人,以避免委托人利益受损。(5)即使符合上述四个前提,若"第三人与受托人订立合同时如果知道该委托人就不会订立合同",委托人仍然不能向第三人行使受托人对第三人的权利。《民法典》第 926 条第 1 款的但书规定构成了委托人介入权行使的消极要件。之所以设定这一限制,主要在于保护第三人的利益,其理论前提是委托人的介入不得明显违背第三人的意愿。第三人作为合同一方当事人,订立合同时的意思表示蕴含了自身预期,法律应对这种意思表示或者预期予以充分尊重,优先维持受托人

---

〔1〕 王轶等:《中国民法典释评·合同编·典型合同》(下卷),中国人民大学出版社 2020 年版,第 433 页;另参见魏耀荣等:《中华人民共和国合同法释论》(分则),中国法制出版社 2000 年版,第 573 页。

〔2〕 王轶等:《中国民法典释评·合同编·典型合同》(下卷),中国人民大学出版社 2020 年版,第 433 页。

与第三人之间合同关系的稳定性和可预见性。[1]

委托人介入权的行使,乃是形成权的行使。一旦委托人行使介入权,委托人即享有受托人对第三人的合同权利。该介入权的行使,不需要征得第三人之同意,且不可撤回。关于该介入权行使的法理基础,在普通法系国家占主导地位的理论是"转让论"。但从我国《民法典》第926条的用词文义来看,委托人行使介入权,仅产生委托人"可以行使受托人对第三人的权利"的效果,其并未表明受托人对第三人的义务也发生移转。因此,与其说是"合同地位概括承受",还不如说是法定的债权让与。此时相当于法律拟制了委托人和受托人之间的债权转让合意,从而一旦委托人行使介入权,债权便从受托人处移转至委托人处。采取此等法定债权让与的法律构造,就可以将债权让与的规则适用于委托人行使介入权时的法律效果构成,以弥补《民法典》第926条第1款的漏洞。例如,可以通过适用《民法典》第546条,要求委托人行使介入权应通知第三人,否则该债权让与不对第三人发生效力等;因债权让与而发生的相关从权利亦随之移转等。[2]

债权让与构成

(二)第三人选择权

《民法典》第926条规定之情形中,与委托人介入权相对应的是第三人的选择权。与委托人介入权的旨趣类似,第三人选择权要保护的是第三人之利益,同样旨在避免中间环节受托人的违约风险或者破产风险给第三人带来的不利益。同样地,若是受托人因自身原因对第三人不履行义务,并不能将此等风险移转给委托人。但与委托人介入权构造不同的是,第三人并不知道委托人和受托人之间的代理关系,而不似委托人介入权行使时,委托人知晓受托人乃是为自己利益行事,虽然其并不一定知道具体的第三人是谁。因此,在第三人选择权的构造上,会更强调受托人的披露义务;否则,第三人无从知晓受托人背后的委托人的存在,就无法行使其选择权。为此,《民法典》第926条第2款规定,"受托人因委托人的原因对第三人不履行义务,受托人应当向第三人披露委托人,第三人因此可以选择受托人或者委托人作为相对人主张其权利,但是第三人不得变更选定的相对人"。与该条第1款不同的是,在第三人选择权的行使中,《民法典》第926条第2款明确规定了第三人得以向委托人或受托人主张其权利,且该选择权的行使,是作为形成权的行使,一旦行使就不得更换。当然,该选择权的行使,与《民法典》第515条规定的选择之债并不相同。

第三人行使选择权,要么选择委托人作为相对人,要么选择受托人作为相对人,其法律构造与委托人行使介入权稍有不同。虽然《民法典》第926条第2款规定的是第三人可以选择特定的相对人主张"其权利",并未表明该权利究竟是什么权利,但从合同相对性的角度而言,第三人得以主张的是其与受托人之间的合同上的权利,而不是受托人与委托人在委托合同上的权利。选择受托人行使权利时,其行使的仍然是其与受托人订立合同上的权利。因该权利源于受托人与第三人之间的合同,无论第三人是否行使选择

---

〔1〕 最高人民法院民法典贯彻实施工作领导小组主编:《中华人民共和国民法典合同编理解与适用(四)》,人民法院出版社2020年版,第2506页。

〔2〕 王轶等:《中国民法典释评·合同编·典型合同》(下卷),中国人民大学出版社2020年版,第435页。

权，均得以行使，并未发生法律构造的变化。但若第三人选择委托人行使权利，其行使的并非受托人对委托人的委托合同上的权利，并非债权的让与；因第三人行使选择权致使第三人以委托人为相对人行使权利的，乃是将本应由受托人承担的受托人与第三人之间合同上的义务（第三人对受托人的权利）转由委托人承受，此种选择权的行使发生了法定债务承担的效果。这一法律构造，与委托人行使介入权时的法定债权让与的法律构造并不相同。当然，因第三人选择权行使导致法定债务承担之情形，同样得以适用《民法典》第551条、第553～554条的规则，只是该债务承担为法定的债务承担，无须取得委托人（新债务人）的同意而已。同时，因《民法典》第926条第2款规定"不得变更选定的相对人"，且第三人只能选择其中一人行使权利，委托人与受托人并不产生连带债务关系，因此该债务承担亦并非《民法典》第552条意义上的债务加入，而是免责的债务承担。

债务承担构成

"抗辩"的构成

（三）第三人的抗辩与委托人的抗辩

《民法典》第926条第3款规定，"委托人行使受托人对第三人的权利的，第三人可以向委托人主张其对受托人的抗辩。第三人选定委托人作为其相对人的，委托人可以向第三人主张其对受托人的抗辩以及受托人对第三人的抗辩"。委托人行使介入权从而行使受托人对第三人权利的，其实质上就是法定债权让与，就债务人来说，其得以向债权出让人（原债权人）抗辩的，同样也可以以之抗辩债权受让人（新债权人）。因此，第三人可以向委托人主张其对受托人的抗辩，依《民法典》第548条亦可以得出同样的结论。而第三人选定委托人作为其相对人的，其实质上就是法定债务承担，于此情形，依《民法典》第553条，新债务人可以主张原债务人对债权人的抗辩，《民法典》第926条第3款规定委托人可以向第三人主张受托人对第三人的抗辩，其实质上也是主张原债务人对债权人的抗辩。

委托人抗辩制度的体系性缓和

但是，对于委托人为何得以向第三人主张其对受托人的抗辩，法定债务承担的法律构造并不能予以合理说明。对于第三人来说，一旦其选择了委托人作为相对人主张权利，若依《民法典》第926条第3款的文义，因第三人无法知晓委托合同的具体内容，其犹如"拆盲盒"，根本无法预计可能面临的抗辩；而且，第三人的选择权行使，一旦选定即不得更换相对人，即使面临无法预见之抗辩等亦不得再向受托人主张权利，第三人的权益维护因此存在极大的不确定性和风险。事实上，委托人得以向第三人主张委托合同上委托人对受托人的抗辩，若不加限制，必定会存在问题。从解释论上来看，至少应根据具体情形的不同，通过不同的解释论方案来缓和此等抗辩制度设计有可能带来的弊端。例如，委托人以已向受托人履行债务作为针对第三人的抗辩时，若其此等抗辩成立，那么选择权行使后不得变更的规定就会导致第三人的利益受损，此时可以解释为"不存在因委托人原因对第三人不履行义务"，进而否定第三人选择权行使的前提，认为第三人此时并无选择权，其选择委托人作为权利主张对象并不构成选择权行使的选定，其仍然得以依其与受托人之间的合同向受托人主张其权利。在某些情形中，甚至可以导入重大误解撤销制度等来缓和选定后不得变更的僵化规定。总之，为避免委托人对第三人行使其对受托人的抗辩可能造成的不合理性，应通过体系性解释，联动其他制度予以缓和。

拓展阅读文献

1. 游晏:《〈民法典〉第919条(委托合同的定义)评注》,载《南大法学》2023年第4期。
2. 周江洪:《委托合同任意解除情形的“直接损失”》,载《浙江学刊》2023年第3期。
3. 韩富鹏:《民商区分视角下委托合同任意解除权的适用》,载《财经法学》2021年第3期。
4. 周江洪:《民法典中介合同的变革与理解——以委托合同与中介合同的参照适用关系为切入点》,载《比较法研究》2021年第2期。
5. 胡东海:《〈民法典〉第926条(间接代理)评注》,载《苏州大学学报(法学版)》2021年第2期。
6. 仲伟珩:《有偿委托合同任意解除权的法律适用问题研究》,载《法律适用》2020年第17期。
7. 易军:《论中国法上“无因管理制度”与“委托合同制度”的体系关联》,载《法学评论》2020年第6期。
8. 朱虎:《分合之间:民法典中的合同任意解除权》,载《中外法学》2020年第4期。
9. 周江洪:《日本服务合同立法受挫的经验和教训》,载《上海政法学院学报》2020年第3期。
10. 武腾:《委托合同任意解除与违约责任》,载《现代法学》2020年第2期。
11. 周江洪:《作为典型合同之服务合同的未来——再论服务合同典型化之必要性和可行性》,载《武汉大学学报(哲学社会科学版)》2020年第1期。
12. 胡东海:《〈合同法〉第402条(隐名代理)评注》,载《法学家》2019年第6期。
13. 王利明:《信托合同与委托合同的比较》,载《暨南学报(哲学社会科学版)》2019年第4期。
14. 朱虎:《代理公开的例外类型和效果》,载《法学研究》2019年第4期。
15. 方新军:《民法典编纂视野下合同法第402条、第403条的存废》,载《法学研究》2019年第1期。
16. 周江洪:《委托合同任意解除的损害赔偿》,载《法学研究》2017年第3期。
17. 尹飞:《论我国民法典中代理制度的类型与体系地位》,载《法学杂志》2015年第9期。
18. 马忠法、冯凯:《委托合同任意解除的赔偿责任》,载《东方法学》2009年第3期。
19. 崔建远、龙俊:《委托合同的任意解除权及其限制——“上海盘起诉盘起工业案”判决的评释》,载《法学研究》2008年第6期。
20. 周江洪:《服务合同的类型化及服务瑕疵研究》,载《中外法学》2008年第5期。
21. 吕巧珍:《委托合同中任意解除权的限制》,载《法学》2006年第9期。

第十六章　物业服务合同

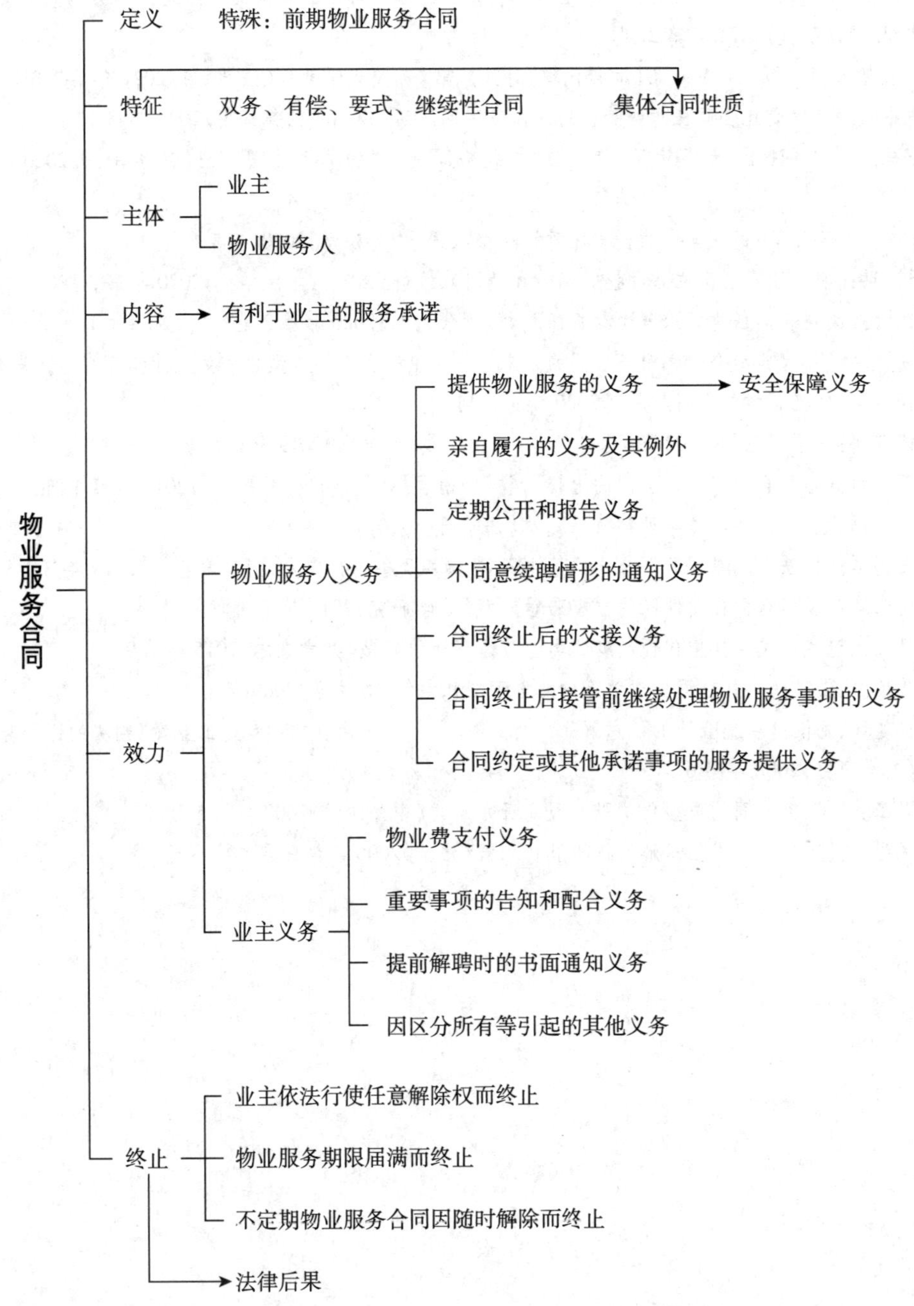
物业服务合同
定义
特殊：前期物业服务合同
特征
双务、有偿、要式、继续性合同
集体合同性质
主体
业主
物业服务人
内容
有利于业主的服务承诺
效力
物业服务人义务
提供物业服务的义务
安全保障义务
亲自履行的义务及其例外
定期公开和报告义务
不同意续聘情形的通知义务
合同终止后的交接义务
合同终止后接管前继续处理物业服务事项的义务
合同约定或其他承诺事项的服务提供义务
业主义务
物业费支付义务
重要事项的告知和配合义务
提前解聘时的书面通知义务
因区分所有等引起的其他义务
终止
业主依法行使任意解除权而终止
物业服务期限届满而终止
不定期物业服务合同因随时解除而终止
法律后果

设　例

1. 自然人甲某为某商品房小区业主，该小区业主委员会依法选聘乙物业服务公司提供物业服务，并订立了物业服务合同。甲某的自行车在小区内被盗后一直未能追回，甲某认为自行车被盗与乙公司未提供保障财产安全的物业服务直接相关，遂拒付物业服务费。问：

(1)物业服务存在瑕疵时，业主是否享有物业服务费的抗辩权？

(2)本例情形下，甲某是否得以拒绝支付物业服务费？为什么？

2. 自然人丙某为某商品房小区业主，该小区业主委员会依法选聘丁物业服务公司提供物业服务，并订立了物业服务合同。该物业服务合同约定的物业服务期限届满前90日，丁公司书面通知该小区业主委员会，不同意续聘。但物业服务期限届满后，该小区业主委员会未能依法选聘新的物业服务公司。问：

(1)丁公司能否在物业服务期限届满后直接退出物业服务区域？退出时应当采取何种措施？

(2)若丁公司继续提供服务的，能否要求丙某支付物业服务合同约定的服务期限届满后的物业服务费？

物业服务合同是《民法典》新增的典型合同之一，同时被认为是我国民法典区别于其他国家和地区立法的创新之举之一。[1] 之所以将其作为典型合同予以规定，有观点认为，随着我国城市化进程的加快和人们居住方式的变化，与物业服务合同相关的纠纷也日益增加。物业服务合同已成为一种具有普遍性、典型性、规则特殊性的合同类型，与广大业主的权益密切相关。为更好地处理这些纠纷，更好地规范物业秩序，合同编积极总结既有的立法、司法经验，将物业服务合同作为独立的典型合同加以规定，并对物业服务合同中的业主单方解除权、前期物业合同、物业交接等突出问题作出了有针对性的规定。[2] 本书认为，在《民法典》典型合同的取舍上，社会生活中的重要性并非充分要件。就物业服务合同而言，其之所以应当设计为典型合同，主要考虑的是典型合同类型与混合合同规则、无名合同规则的联动性。混合合同规则、无名合同规则足以解决的新类型合同，无须纳入典型合同予以规定。但就物业服务合同而言，从其构成内容来看，其构成要素并非现有合同类型的简单组合，虽然其本质上是事务处理类的合同，但同时兼具委托、承揽、劳务等诸多合同类型中的部分给付的性质；同时，由于以建筑物区分所有权的业主为典型业主的我国的物业服务，会涉及业主之间、业主大会、业委会以及物业服务公司之间的关系，会涉及单个业主在物业服务合同中的定位问题。因此，无法简单参照适用其他典型合同规则，其性质决定上会面临诸多问题，混合合同及无名合同的规定不足以应对，故有必要将其设计为典型合同。[3]

---

〔1〕 黄薇主编：《中华人民共和国民法典合同编解读》（下册），中国法制出版社2020年版，第1358页。

〔2〕 石宏：《合同编的重大发展和创新》，载《中国法学》2020年第4期。

〔3〕 周江洪：《服务合同立法研究》，法律出版社2021年版，第200页。

第一节 物业服务合同概述

一、物业服务合同的概念和特征

物业服务合同是物业服务人在物业服务区域内，为业主提供建筑物及其附属设施的维修养护、环境卫生和相关秩序的管理维护等物业服务，业主支付物业费的合同（《民法典》第 937 条第 1 款）。物业服务合同是双务、有偿、要式、继续性合同。

集体合同属性

物业服务合同的特征还在于其集体合同性质。不少学说主张物业服务合同的集体合同性质。[1] 例如，依《民法典》第 939 条的规定，业主委员会与业主大会依法选聘的物业服务人订立的物业服务合同对于业主具有法律约束力。该条规定也表明，在物业服务合同的订立上，为避免集体行动难题，物业服务合同中会出现订立主体和约束主体的分离，物业服务合同对业主具有法律约束力的前提是建设单位或者业主委员会依法订立的物业服务合同符合法定的程序和权限。物业服务合同订立方式正是集体合同的典型表现方式。当然，所称物业服务合同的集体合同性质，乃是针对区分所有等业主为多数人之情形。但实践中，亦有可能存在单一业主就某一物业（如某幢写字楼）与物业服务人签订合同之情形，此时并非集体合同性质。

思 考

集体合同论与框架合同论

《民法典》合同编第二十四章在多种意义上使用物业服务合同的概念，存在集体合同与个别合同两种不同含义的物业服务合同概念。例如，依《民法典》第 937 条关于物业服务合同的定义，合同主给付义务承担者分别是物业服务人（提供物业服务）和单个业主（支付物业费），这其实已经属于另一种意义上的物业服务合同，它与劳动法上的单个劳动合同恰成对应。由此，《民法典》第 939 条和第 937 条所言的物业服务合同并不统一，前者属于集体合同的范畴，后者则为类似于劳动合同的单个物业服务合同，但二者又因前者的规范性效力而交织在一起，此为我国《民法典》关于物业服务合同的立法特色。[2] 而且，在物业服务合同纠纷的语境中，作为一方合同当事人的“业主”有时是集体概念，有时是个体概念，并不统一；进而也导致了物业服务合同一元论还是二元论的争议，其中二元论的观点认为，除建设单位或者业主委员会与物业服务人签订的物业服务合同之外，在物业服务人与单个业主之间实际上还存在具体的物业服务合同。[3] 与“集体合同论”不同的是，该观点主张“框架合同论”，认为物业服务框架合同

---

〔1〕 王利明：《合同法》（下册），中国人民大学出版社 2021 年版，第 373 页；李永军：《合同法》（第 6 版），中国人民大学出版社 2021 年版，第 405 页；王轶等：《中国民法典释评 · 合同编 · 典型合同》（下卷），中国人民大学出版社 2020 年版，第 477 页。

〔2〕 徐涤宇：《物业服务合同法律构造之中国模式》，载《法学研究》2021 年第 3 期。

〔3〕 韩世远：《物业服务合同的解释论——以框架合同为视角》，载《中国政法大学学报》2022 年第 3 期。

> 的效力能够及于作为第三人的单个业主的根源，既非法律的一般规定（《民法典》第939条），也非该框架合同作为“集体合同”的“法规性效力”，而是基于“业主的意思”。换言之，复数的业主采取集体行动，形成多方行为（又细分为共同行为与决议行为），《民法典》第939条所称“业主大会依法选聘”物业服务人，实际上指业主自治组织对此形成决议。该决议在多数决议的情况下，对于未到会的成员或到会而表示不同意思（投反对票或弃权）的成员也有拘束力。因而，《民法典》规定，业主大会或者业主委员会的决议，对业主具有法律约束力（第280条第1款）。业主委员会与物业服务人缔约，不过是落实上述业主大会决议而已。确切地说，并非其所订立的框架合同本身，而是业主大会的决议对各个业主具有约束力；借由业主大会的决议，业主委员会所订立的物业服务框架合同才对具体业主具有约束力。[1]

前期物业服务合同

依《民法典》第939条的规定，我国《民法典》上的物业服务合同还包括前期物业服务合同。前期物业服务合同，既不同于单个业主与物业服务人签订的物业服务合同，也不同于业主委员会与物业服务人签订的物业服务合同，而是建设单位与物业服务人签订的物业服务合同。而且，前期物业服务合同具有过渡性质，合同期限通常只是从合同订立到普通物业服务合同生效之时。对此，《民法典》第940条规定，“建设单位依法与物业服务人订立的前期物业服务合同约定的服务期限届满前，业主委员会或者业主与新物业服务人订立的物业服务合同生效的，前期物业服务合同终止”。虽然前期物业服务合同，是在业主、业主大会选聘物业服务企业之前，建设单位依法与物业服务人签订的合同，但该合同对业主同样具有法律约束力（《民法典》第939条）。前期物业服务合同对业主产生约束力，存在委托代理说和合同转让说等学理解释。前者认为，建设单位构成了将来业主的代理人或者业主事后对代理进行了追认；后者则认为是合同权利义务的概括承受。对此，《物业管理条例》第25条规定，“建设单位与物业买受人签订的买卖合同应当包含前期物业服务合同约定的内容”。据此，至少就业主而言，其之所以接受前期物业服务合同，乃是源于其承诺。[2] 而对于物业服务人来说，则可以认为其是对合同权利义务概括承受的默示同意，毕竟物业服务人签订前期物业服务合同的目的也在于服务未来的业主，并不存在不同意之可能，甚至可以说得以构成强制承诺，不得拒绝同意。

---

[1] 韩世远：《物业服务合同的解释论——以框架合同为视角》，载《中国政法大学学报》2022年第3期。

[2] 当然，《民法典》因采用了“依法”订立的前期物业服务合同均对业主产生法律约束力的表述，并未采用《物业管理条例》第25条的“订入”买卖合同的方式，从这层意义上来说，可以认为此时构成“法定的概括承受”。对此，有观点认为，如果业主与建设单位签订买卖合同时，其中未包含前期物业服务合同约定的内容，侵犯了业主的知情权，但是由于业主已经成为物业服务区域内的建筑物区分所有权人，并接受了物业服务，业主并不能主张不受前期物业服务合同的约束。参见最高人民法院民法典贯彻实施工作领导小组主编：《中华人民共和国民法典合同编理解与适用（四）》，人民法院出版社2020年版，第2570页。

二、物业服务合同的主体和内容

(一)物业服务合同的主体

除前期物业服务合同、单个业主直接缔结的合同类型外,以区分所有建筑物组成的小区内的普通物业服务合同,其合同主体究竟是谁,常有争议。合同当事人的确定,对于各种请求权的构成而言是前提性的关键点。不同的合同主体,会影响业主、后续业主、物业使用人等的义务的构成问题。

全体业主说

有释义书认为,物业服务合同的主体应当是业主,而且是全体业主。虽然与物业服务人签订物业服务合同的可能是业主,也可能是业主委员会甚至是建设单位,但是物业服务合同的当事人是全体业主,由全体业主享有物业服务合同的权利,承担合同义务。[1] 实际上,此种意义上的物业服务合同,乃是从集体合同或者框架合同角度理解的物业服务合同,但集体合同或框架合同的存在,并不排斥业主与物业服务人之间形成个别合同,只不过无论是否存在个别合同,集体合同或框架合同对业主均产生法律约束力,即"业主委员会与业主大会依法选聘的物业服务人订立的物业服务合同,对业主具有法律约束力"(《民法典》第 939 条)。也就是说,就区分所有等类型中的物业服务合同而言,全体业主是合同主体,因为聘用物业对共有部分进行管理属于《民法典》第 278 条规定的业主共同管理权,而《民法典》第 937 条亦包括了对共有部分的维护管理。同时,《民法典》第 280 条第 1 款规定,"业主大会或者业主委员会的决定,对业主具有法律约束力"。因此,物业服务合同对单个业主发生效力,是由于管理规约等业主自治规范的作用,并非直接是合同的效力。但由于物业形态各异,当然也有不少可能是由业主直接作为合同当事人的,如商业写字楼、不存在业主大会或业主委员会的小区等情形。此时则是合同的直接效力,而并不是管理规约的作用使然。

业主的概念

何为"业主"? 对此,《物业管理条例》第 6 条第 1 款规定,"房屋的所有权人为业主"。对此,2020 年修改的《建筑物区分所有司法解释》第 1 条第 2 款亦规定,"已经合法占有建筑物专有部分,但尚未依法办理所有权登记的人"可以认定为《民法典》物权编区分所有建筑物情形的"业主"。构成区分所有建筑物的"业主",当然亦是《民法典》合同编第二十四章"物业服务合同"中的业主,至少是该章规定的"业主"之一。

物业使用人

此外,"物业使用人"是否得以纳入"业主"的范畴,亦多有争议。物业使用人既可能是承租人、借用人,也可能是其他物业使用人等。物业使用人虽然并非业主,不是物业服务合同的当事人,但作为物业服务领域的重要参与人,其仍然会受到业主自治规范以及物业服务合同的约束。例如,《建筑物区分所有司法解释》第 16 条规定,"建筑物区分所有权纠纷涉及专有部分的承租人、借用人等物业使用人的,参照本解释处理。专有部分的承租人、借用人等物业使用人,根据法律、法规、管理规约、业主大会或者业主委员会依法作出的决定,以及其与业主的约定,享有相应权利,承担相应义务"。在物业服务合同领域,《物业服务解释》第 4 条更是明确规定,"因物业的承租人、借用人或者其他物业使

---

〔1〕 黄薇主编:《中华人民共和国民法典合同编解读》(下册),中国法制出版社 2020 年版,第 1369 页。

用人实施违反物业服务合同，以及法律、法规或者管理规约的行为引起的物业服务纠纷，人民法院可以参照关于业主的规定处理”。

物业使用人

物业服务合同的另一方当事人为物业服务人，包括物业服务企业与其他管理人（《民法典》第937条第2款）。《民法典》第284条第1款规定，“业主可以自行管理建筑物及其附属设施，也可以委托物业服务企业或者其他管理人管理”。也就是说，物业服务人并不限于物业服务企业，也可以是其他管理人。例如，城市公有住房，在房改之前多由房屋产权单位自行管理，一些老旧小区没有聘用专门的物业服务企业，而是由社区居委会提供物业服务等。另外，实践中亦有小区实行业主委员会自治管理，司法实践中亦肯定此时的物业服务法律关系，法院判决认为“业主委员会受业主大会的委托负责该小区的物业服务，并制定了《自治管理办法（试行）》，其与业主之间形成了物业服务法律关系”[1]。

（二）物业服务合同的内容

物业服务合同的内容一般包括服务事项、服务质量、服务费用的标准和收取办法、维修资金的使用、服务用房的管理和使用、服务期限、服务交接等条款（《民法典》第938条第1款）。该条规定了物业服务合同的主要条款，但此等条款仅是当事人订立物业服务合同的指引。在实践中，各地房管部门多会发布物业服务合同示范文本及前期物业合同示范文本，且通常会涉及业主装修、经营性收益的分配等内容，而不限于《民法典》第938条规定的内容。

其中，关于服务事项，主要是“建筑物及其附属设施的维修养护、环境卫生和相关秩序的管理维护等物业服务”（《民法典》第937条）。《民法典》第942条对此作出了具体化规定。当然，具体的服务事项仍需在物业服务合同中具体约定。若有特别约定，服务事项可以不限于上述事项，也可以少于上述事项。

法律法规的规定

另外，除了物业服务合同的约定，法律法规的内容同样构成物业服务合同的权利义务内容。例如，《民法典》第282条规定了物业服务人利用业主的共有部分产生的收入，扣除合理成本后归业主所有。据此，物业服务人也应当负有此部分收入的返还义务。《民法典》第285条、第286条就物业服务人接受监督、及时答复询问，业主对于应急处置措施及其他管理措施的配合义务等作出了规定，即使物业服务合同中没有约定，亦同样构成物业服务合同的内容。此外，中央部门或地方通常会有物业服务相关立法，这也会成为物业服务合同内容的来源，尤其是以《物业管理条例》为代表的国务院条例等也都有与物业服务合同内容相关的规定。

服务承诺

《民法典》吸收原《物业服务解释》，将“物业服务人公开作出的有利于业主的服务承诺”也纳入物业服务合同的组成部分。这实质上是对物业服务合同内容的扩张。物业服务人的服务承诺虽然仅为单方意思表示，但是这种服务承诺对于业主的缔约意愿以及业主的合理信赖产生了实质影响；而对于物业服务人来说，其公开作出服务承诺亦表明

[1] 某小区业主委员会诉邓某某物业服务合同纠纷案，最高人民法院发布十起关于弘扬社会主义核心价值观典型案例之七。

其愿意受该承诺之拘束。因此,令物业服务人受其服务承诺的拘束也符合其主观意愿,并未导致其义务的加重。[1] 此等公开承诺,并不限于合同订立前的承诺,物业服务合同存续期间的公开承诺,符合《民法典》第938条规定的条件的,也同样构成物业服务合同的组成部分。同时,此等"公开承诺",并非单方允诺,《民法典》第938条仍将其作为"合同"对待。

第二节 物业服务合同的效力

一、物业服务人的义务

(一)提供物业服务的义务

提供物业服务是物业服务人的主给付义务。《民法典》第942条规定:"物业服务人应当按照约定和物业的使用性质,妥善维修、养护、清洁、绿化和经营管理物业服务区域内的业主共有部分,维护物业服务区域内的基本秩序,采取合理措施保护业主的人身、财产安全。对物业服务区域内违反有关治安、环保、消防等法律法规的行为,物业服务人应当及时采取合理措施制止、向有关行政主管部门报告并协助处理。"

1. 物业服务人员有维修、养护、清洁、绿化的义务和经营管理的义务。上述两项义务指向的都是业主的共有部分,即小区内的道路、绿地、广场等公共场所,电梯、消防设施、公共照明设施和共有的车位车库等公共设施,以及物业服务用房等。《民法典》第942条强调"共有部分",亦表明供水、供电、供气、供热等的相关管线和专业设施设备的维护等,不属于物业服务的范围。[2] 对此,《物业管理条例》第51条第1款明确规定,"供水、供电、供气、供热、通信、有线电视等单位,应当依法承担物业管理区域内相关管线和设施设备维修、养护的责任"。当然,若物业服务合同有特别规定,亦无妨对业主专有部分进行维护和管理;若有此等约定,物业服务人亦负有专有部分的维护管理义务。[3]

2. 基本秩序维护义务,主要指的是维护小区内的共同生活秩序。例如,对外来人员的管理、对小区内停车位使用的管理、对业主损害其他业主利益行为的制止等。[4] 但是,这里的秩序,主要指的是业主生活秩序,而不包括公共秩序,物业服务人并不负有公共秩序的维护义务。公共秩序应当由公权力机关维护,相关开支应当以公共财政支付,而不应当由业主或物业服务人承担并支付相关成本。但关于对公共秩序的维护,物业服务人负有协助义务。《民法典》第942条第2款规定的义务,就是协助义务的体现。[5] 当然,物业服务人在特定公共秩序的维护上,亦负有公法上的执行义务。例如,《民法

---

[1] 谢鸿飞、朱广新主编:《民法典评注·合同编·典型合同与准合同》(第4册),中国法制出版社2020年版,第285~289页。

[2] 王轶等:《中国民法典释评·合同编·典型合同》(下卷),中国人民大学出版社2020年版,第502页。

[3] 王利明:《合同法》(下册),中国人民大学出版社2021年版,第390页。

[4] 黄薇主编:《中华人民共和国民法典合同编解读》(下册),中国法制出版社2020年版,第1382~1383页。

[5] 王轶等:《中国民法典释评·合同编·典型合同》(下卷),中国人民大学出版社2020年版,第505页。

典》第285条第2款规定，“物业服务企业或者其他管理人应当执行政府依法实施的应急处置措施和其他管理措施，积极配合开展相关工作”。

3. 物业服务人也应采取合理措施保护业主的人身财产安全。之所以要求物业服务人承担一定的安全保障义务，多数学者认为乃是基于危险控制理论。因为物业服务人是物业服务区域的实际管理者，对物业服务区域内的危险源的控制力显然要高于业主。另外，对物业服务人课以一定的安全保障义务，也符合业主对物业服务合同的期待。[1] 在判断物业服务人是否尽到安全保障义务时，应考虑损害发生的原因、物业服务人是否尽到了职责、物业收费标准等加以综合判断。[2] 毕竟，安全保障义务的履行与否，并不以是否出现损害结果为充分要件，而是要根据具体案情判断物业服务人应尽的注意义务。物业服务人承担的安全保障义务，应当在一定、合理、正常范围内，不能过于苛求。

4. 制止违法行为、向有关机关报告并协助处理的义务，是《民法典》第942条第2款规定的义务。该义务并不以物业服务合同的约定为前提，也不是根据物业的性质而得出的物业服务义务，而是法定义务。但是，无论如何，治安、环保、消防等公共秩序问题，是相关职能部门的职责，物业服务人更多只是协助义务。

（二）亲自履行的义务及其例外

服务类合同领域，普遍性地承认服务提供人的亲自履行义务，而以第三人履行为例外。[3] 物业服务合同亦同样如此。但同样需要注意的是，《民法典》关于各类服务合同的亲自履行的要求的严格程度及其法律效果并不统一。

《民法典》第941条规定：“物业服务人将物业服务区域内的部分专项服务事项委托给专业性服务组织或者其他第三人的，应当就该部分专项服务事项向业主负责。物业服务人不得将其应当提供的全部物业服务转委托给第三人，或者将全部物业服务支解后分别转委托给第三人。”据此，与承揽人的亲自履行以及受托人的亲自履行不同的是，物业服务人的亲自履行义务，只是强调不得将全部物业服务转委托第三人或支解后分别转委托第三人，而并未从正面直接规定物业服务人的亲自履行义务。而在承揽合同中，《民法典》第772条第1款明确规定“承揽人应当以自己的设备、技术和劳力，完成主要工作”；在委托合同中，《民法典》第923条第1句明确规定“受托人应当亲自处理委托事务”。

不仅如此，在服务提供人将相关事务交由第三人完成的规制方面，《民法典》关于物业服务合同的规定也不同于承揽合同和委托合同。承揽合同领域，《民法典》区分主要工作和辅助工作，承揽人可以将辅助工作交由第三人完成，而未经同意将主要工作交由第三人完成的，定作人可以解除合同（《民法典》第772～773条）。物业服务合同，并不区分主要工作和辅助工作，而是允许采用部分专项事务外包的方式由第三人完成；而且，此等专项事务交由第三人完成，亦不需要征得业主的同意。而在委托合同领域，委托合同的转委托与物业服务合同将部分专项服务事项交由第三人完成，其构成完全不同。委

与承揽、委托的不同

[1] 黄薇主编：《中华人民共和国民法典合同编解读》（下册），中国法制出版社2020年版，第1402～1403页。
[2] 王利明：《合同法》（下册），中国人民大学出版社2021年版，第391页。
[3] 周江洪：《服务合同立法研究》，法律出版社2021年版，第272页。

托合同的转委托，无须同意的情形，仅限于紧急情况下的转委托。而且，委托合同领域的转委托，受托人虽然并未退出原委托合同关系，但受托人的责任因转委托而减轻（《民法典》第923条），而在物业服务合同领域，《民法典》第941条虽然允许物业服务人将部分专项服务事项交由第三人完成，但并未因此减轻物业服务人的责任。在物业服务合同中，部分专项服务事项的转委托合同与物业服务合同亦是相互独立，受托人的专业型服务组织或者其他第三人更多是处于物业服务人的履行辅助人地位，并不适用委托合同的转委托规则。

当然，对于物业服务人的服务事项转委托，亦有限制。除了不得将全部物业服务转委托或支解后全部转委托，物业服务人得以转委托的只是部分专项服务事项，如保安、保洁、绿化以及电梯维护保养等专项服务事项，而不包括服务区域的转委托。物业服务人不能将物业服务区域内部分区域的物业服务事项转委托第三人，这违反了"一个物业管理区域由一个物业服务企业实施物业管理"的规定（《物业管理条例》第33条）。[1]

如果物业服务人擅自将全部物业服务转委托给第三人，或者将全部物业服务支解后分别转委托给第三人，业主可以依照法定程序解聘物业服务人，解除物业服务合同，并请求其承担违约责任。[2]

（三）定期公开和报告义务

《民法典》第943条规定："物业服务人应当定期将服务的事项、负责人员、质量要求、收费项目、收费标准、履行情况，以及维修资金使用情况、业主共有部分的经营与收益情况等以合理方式向业主公开并向业主大会、业主委员会报告。"该条规定，也是配合《民法典》第285条关于业主监督权行使的规定。《民法典》第285条第1款规定，"物业服务企业或者其他管理人根据业主的委托，依照本法第三编有关物业服务合同的规定管理建筑区划内的建筑物及其附属设施，接受业主的监督，并及时答复业主对物业服务情况提出的询问"。

物业服务人的该项义务为法定义务，即使合同没有约定，物业服务人亦负有此等义务，且不能通过另行约定予以排除。若物业服务人未履行定期公开和报告义务，业主可以要求继续履行。在业主有权依照法定程序共同决定解聘物业服务人的任意解除情形中，物业服务人未定期履行公开和报告义务可作为《民法典》第946条第2款中的"不可

法定义务

归责于业主的事由"，业主并不因此而承担任意解除时的损害赔偿责任。但需要注意的是，业主并不能要求物业服务人履行报告义务，此时应区分业主与业主委员会的权利。[3] 若业主起诉要求物业服务人向其履行报告义务或者向业主大会、业主委员会履

---

〔1〕 谢鸿飞、朱广新主编：《民法典评注·合同编·典型合同与准合同》（第4册），中国法制出版社2020年版，第303页。

〔2〕 韩世远：《物业服务合同的解释论——以框架合同为视角》，载《中国政法大学学报》2022年第3期。

〔3〕 实践中，亦存在业主向业主委员会行使知情权之情形。例如，孙某军诉南京市清江花苑小区业主委员会业主知情权纠纷案（载《最高人民法院公报》2015年第12期）裁判摘要中指出，"业主作为建筑物区分所有人，享有知情权，享有了解本小区建筑区划内涉及业主共有权及共同管理权等相关事项的权利，业主委员会应全面、合理公开其掌握的情况和资料。对于业主行使知情权亦应加以合理限制，防止滥用权利，其范围应限于涉及业主合法权益的信息，并遵循简便的原则"。

行报告义务，因接受报告义务的主体是作为业主团体及其执行机关的业主大会、业主委员会而非个别业主，故存在起诉主体不合格的问题。业主如认为物业服务人未履行报告义务，可行使监督权利，或向业主委员会、业主大会反映情况，要求业主委员会、业主大会向物业服务人主张权利。[1]

（四）不同意续聘情形的通知义务

《民法典》第947条第2款规定，“物业服务期限届满前，物业服务人不同意续聘的，应当在合同期限届满前九十日书面通知业主或者业主委员会，但是合同对通知期限另有约定的除外”。该通知义务又被称为物业服务人的“期前通知义务”。在定有合同期限的持续性合同中，当事人双方对于到期后的合同终止本身应该有预期，物业服务期限届满时，物业服务合同即终止，法律为到期后的不延展而设定期限届满前一定期限内的通知义务，并不是十分常见。例如，在作为持续性合同的典型代表之一的租赁合同领域，《民法典》合同编租赁合同章并没有设定承租人到期不续租的通知义务。之所以要求物业服务人的期前通知义务，乃是因为物业服务的特点和当事人双方的利益平衡。物业服务人通常为专门从事物业服务活动的专业性公司或其他组织，对于所提供服务的对象通常不会有特别要求，因而法律推定以物业服务人同意接受续聘为一般情形，不同意续聘为例外，故在不同意续聘时负有特别通知义务，以保障物业服务的稳定性和连续性，避免因物业服务的中断而给业主的生活工作带来不利影响。[2]

期前通知义务的特例

关于期前通知义务的履行期限，理解上存在争议。就《民法典》第947条第2款推定物业服务人的续聘意愿以及保护业主利益的角度而言，在“合同期限届满前九十日”至“合同期限届满”的任何期限内通知均可的解释并不可取，而是应当理解为“合同期限届满前九十日”之前应当作出通知。但是，未在该期限内通知，并不表明物业服务人的默示同意，更不表明物业服务合同的自动顺延，合同期限届满物业服务合同即告终止；而合同终止后原物业服务人的继续处理物业服务事项的义务，是源于《民法典》第950条规定，并非期前通知义务违反的结果。当然，90日的期限要求并非强制性规定，允许当事人在合同中对通知期限作不同约定。

（五）合同终止后的交接义务

物业服务合同是深度介入服务受领人权益领域的服务类合同，而且物业服务的稳妥延续对于物业及业主来说具有重要意义。因此，物业服务合同领域合同终止后的善后措施就显得十分重要。同时，物业服务交接条款也属于《民法典》第938条明确规定的物业服务合同内容之一。但在实践中，物业服务人无正当理由，拒绝退出物业服务区域，拒绝移交物业服务用房等相关设施设备以及物业服务所必需的相关资料，或者不配合新物业服务人做好交接工作的现象也时有发生，导致新物业服务人无法进场或者决定自行管理的业主无法接管，不仅影响业主的正常生产生活，损害业主的共同利益，严重的甚至可

---

〔1〕 最高人民法院民法典贯彻实施工作领导小组主编：《中华人民共和国民法典合同编理解与适用（四）》，人民法院出版社2020年版，第2599页。

〔2〕 谢鸿飞、朱广新主编：《民法典评注·合同编·典型合同与准合同》（第4册），中国法制出版社2020年版，第334页。

能引发群体性事件。[1] 为此,《民法典》规定,“物业服务合同终止的,原物业服务人应当在约定期限或者合理期限内退出物业服务区域,将物业服务用房、相关设施、物业服务所必需的相关资料等交还给业主委员会、决定自行管理的业主或者其指定的人,配合新物业服务人做好交接工作,并如实告知物业的使用和管理状况”(《民法典》第949条第1款)。

违反交接义务的法律后果

物业服务人违反物业交接义务的,应当承担责任。对此,《民法典》第949条第2款规定:“原物业服务人违反前款规定的,不得请求业主支付物业服务合同终止后的物业费;造成业主损失的,应当赔偿损失。”之所以规定不得请求合同终止后的物业费,原因在于合同终止后继续提供服务时物业服务人仍有物业费收取权(《民法典》第950条),但在违反交接义务的情况下,即使仍然在继续提供物业服务,但此时并不符合业主的意愿,而且是对业主权利的侵犯,此种情形下,收取物业费并无法理基础。违背本人意愿的强迫得利,并不能构成不当得利返还的依据。当然,若有相关费用支出,是否得以参照适用无因管理予以处理,则有讨论之空间。同时,若物业服务人违反交接义务造成业主损失,应当赔偿损失。

物业费欠付与交接义务

值得注意的是,实践中,物业服务人往往以业主未足额支付物业费为由拒绝撤场交接。但是对此,若原物业服务人提出存在部分业主未支付物业费因而不愿交接,则因为物业费是否支付属于当事人合同履行中的抗辩权问题,而非关于合同是否终止的抗辩权,在此情况下,物业服务人对物业费的诉求并不能产生对其交接义务的否定,其应当按照法律规定予以交接,物业费的支付问题应在双方交接过程中协商解决或者在交接后通过诉讼、仲裁予以解决。[2] 综上所述,于此情形,原物业服务人对于物业等亦无留置权,故难以产生拒绝交付之合理抗辩。

物业服务合同终止后,除上述返还交接义务外,物业服务人可能还要履行其他义务,包括但不限于:一是物业服务人应当对其提供物业服务期间所掌握的业主有关信息、资料和情况等进行保密。特别是随着智慧小区、智慧城市建设的开展,物业服务人收集的包括生物识别信息在内的个人信息是极为重要的敏感信息,应当遵循个人信息保护等相关规定。二是物业服务人应当返还其占有的属于业主所有的财产,如《民法典》第282条规定的经营收益。三是物业服务人应当退还已经预收的、尚未提供物业服务期间的物业费等(《物业服务解释》第3条)。[3]

(六)合同终止后接管前继续处理物业服务事项的义务

因物业服务的稳定性和持续性需求,物业的持续性维护管理等关乎业主的重要利益。对物业服务合同终止后的原物业服务人课以继续处理物业服务事项的义务,旨在避

〔1〕 黄薇主编:《中华人民共和国民法典合同编解读》(下册),中国法制出版社2020年版,第1434页。

〔2〕 最高人民法院民法典贯彻实施工作领导小组主编:《中华人民共和国民法典合同编理解与适用(四)》,人民法院出版社2020年版,第2645页。

〔3〕 黄薇主编:《中华人民共和国民法典合同编解读》(下册),中国法制出版社2020年版,第1437~1438页。

免物业服务空白期的形成，保障物业服务不因物业服务合同终止而中断。[1] 对此，《民法典》第 950 条规定，“物业服务合同终止后，在业主或者业主大会选聘的新物业服务人或者决定自行管理的业主接管之前，原物业服务人应当继续处理物业服务事项，并可以请求业主支付该期间的物业费”。

思　考

继续处理物业服务事项的合理期限

关于原物业服务人继续处理物业服务事项义务的期限，虽然亦有“接管之前”的期限限制，但因其法定义务性质亦会给物业服务人带来利益上的不平衡。对此，有释义书认为，如果业主因自身原因未能及时订约，所造成的后果不应完全转嫁于物业服务人，否则就会助长业主消极对待物业服务事务的风气。同时，新物业服务人或者决定自行管理的业主究竟何时接管物业服务，并非原物业服务人所能控制，如果其迟迟不进场接管，原物业服务人因此无限期地继续处理物业服务事项，就会由原物业服务人承受迟迟不进场的新物业服务人违约造成的不利后果。即使原物业服务人可以请求物业费，但其仍然无法彻底结清物业服务关系。据此观点认为，原物业服务人继续处理物业服务事项的义务，应当被限制在物业服务合同终止后的合理期限内。该合理期限的具体时间，可以在个案中结合物业服务合同终止的原因、新物业服务人或决定自行管理的业主未接管的原因、物业服务的具体事项和情况、有无应急物业服务等因素具体考量。[2] 就平衡物业服务人和业主利益的角度而言，该补充解释较为妥当，也有利于更好地体现《民法典》第 950 条的精神。

(七)合同约定或其他承诺事项的服务提供义务

除了上述义务，物业服务合同当事人亦可能在物业服务合同中约定了其他义务，且依《民法典》第 938 条第 2 款，物业服务人公开作出的有利于业主的服务承诺，为物业服务合同的组成部分，物业服务人同样应履行此等义务。

二、业主的义务

(一)物业费支付义务

物业服务合同的缔约主体为全体业主，无论是基于其集体合同性质还是基于框架合同的性质抑或基于管理规约的效力，物业服务合同对业主个体均产生法律约束力。《民法典》第 939 条对此作了规定。物业服务合同对业主个体的法律约束力，最为重要的就是业主的物业费支付义务。《物业管理条例》第 41 条规定了业主的物业费支付义务，《民法典》第 944 条在此基础上结合司法实践作出了规定，即“业主应当按照约定向物业

[1] 谢鸿飞、朱广新主编：《民法典评注 · 合同编 · 典型合同与准合同》(第 4 册)，中国法制出版社 2020 年版，第 345 页。

[2] 王轶等：《中国民法典释评 · 合同编 · 典型合同》(下卷)，中国人民大学出版社 2020 年版，第 549 ~ 550 页。

服务人支付物业费。物业服务人已经按照约定和有关规定提供服务的,业主不得以未接受或者无须接受相关物业服务为由拒绝支付物业费。业主违反约定逾期不支付物业费的,物业服务人可以催告其在合理期限内支付;合理期限届满仍不支付的,物业服务人可以提起诉讼或者申请仲裁。物业服务人不得采取停止供电、供水、供热、供燃气等方式催交物业费”。

在物业服务实践中,无论是采用包干制还是酬金制,物业费的构成中,除物业服务人从事管理维护工作的成本外,也包括物业服务人的税费、利润等。对物业服务费用的内涵绝对不能简单地认为其只是物业服务企业的佣金。物业服务费可分为公共性服务费(为物业产权人、使用人提供公用卫生清洁、公共设施维修保养和保安、绿化等公共性服务而收取的费用)、公众代办性服务费(为物业产权人、使用人提供代收代交水电费、煤气费、有线电视费、电话费等公众代办性的服务而收取的费用)和特约服务费(为物业产权人、使用人提供特约服务而收取的费用)。[1] 因此,物业费并非单纯的“报酬”,而是包含了费用与报酬,不仅包括物业服务人的佣金,还包括物业维修养护等产生的必要费用。[2]

特定抗辩事由的排除

业主的专有部分可以相对独立,但与共有部分不可分离、相互依存,对专有部分享有所有权的同时必须履行作为业主团体成员的义务。[3]《民法典》第273条规定,业主对建筑物专有部分以外的共有部分,享有权利,承担义务;不得以放弃权利为由不履行义务。不仅如此,物业服务是针对物业及业主整体的物业服务,除非与单个业主有特别约定,针对个别业主的具体物业服务本身并不常见。因此,《民法典》第944条第1款规定,业主不得以未接受或者无须接受相关物业服务为由拒绝支付物业费。之所以不得以此等事由抗辩,其本质上在于物业的维护管理是业主共同的义务,交由物业服务人维护管理,只不过是将业主团体自身管理事务委托他人处理而已。不少国家和地区的法律规定了不得以放弃共有关系作为拒绝交纳物业费或者管理费的抗辩理由。业主以未接受物业服务(比如虽然交付了房屋但并未实际入住)或无须接受物业服务(比如以其不产生生活垃圾或将生活垃圾带离小区丢弃)为由抗辩的,并不构成有效的抗辩。只要物业服务人未另行表示免除单个业主的物业费,业主支付物业费的义务便因业主团体的决议而产生集体的约束力,不因个体的不同意思而有差异。[4] 当然,在特定情形下业主也可以拒绝支付物业费。业主可以拒绝支付物业费的正当理由包括:一是物业服务人不履行物业服务合同义务或者履行义务不符合合同约定,业主对此可以依法行使抗辩权。二是物业服务人违反物业服务合同约定或者法律、法规、部门规章规定,擅自扩大收费范围、提高收费标准或者重复收费,业主可以就属于违规收费的部分拒绝交纳。[5] 对于后者,

[1] 姚辉、段睿:《物业服务合同履行的相关法律问题研究》,载《法律适用》2010年第1期。
[2] 王利明主编:《中国民法典评注·合同编》(第4册),人民法院出版社2021年版,第1963页。
[3] 最高人民法院民法典贯彻实施工作领导小组主编:《中华人民共和国民法典合同编理解与适用(四)》,人民法院出版社2020年版,第2603页。
[4] 韩世远:《物业服务合同的解释论——以框架合同为视角》,载《中国政法大学学报》2022年第3期。
[5] 黄薇主编:《中华人民共和国民法典合同编解读》(下册),中国法制出版社2020年版,第1416页。

《物业服务解释》第 2 条作了明确规定。

业主违反物业费支付义务的,应承担违约责任,依《民法典》第 577 条、第 579 条,物业服务人可以要求支付。与此不同,《民法典》第 944 条为物业费支付义务迟延履行时的诉讼或仲裁设定了"可以催告"的要件。《民法典》第 944 条第 2 款规定的催告,究竟为前置程序还是倡导性规定,存在争议。从《民法典》第 944 条第 2 款的文义来看,其规定的是"可以催告",因此,物业服务人具有选择催告与否的权利;但一旦进行催告,则在合理期限届满之前并不能提起诉讼或仲裁。但是,就《民法典》第 944 条第 2 款针对催告、提起诉讼和仲裁作出特别规定的角度而言,其实质上是在鼓励、倡导物业服务人通过催告程序来解决物业费的收取问题。[1] 原因在于,通常来说,无论《民法典》是否规定得以催告、是否规定得以提起诉讼或仲裁,物业服务人均有此等权利,无须另行规定;其特别规定者,乃是在鼓励倡导这一纠纷解决方式。

催告程序的倡导性

另外,在通常的合同中,依《民法典》第 563 条,在迟延履行主要债务之情形下,若债务人经催告后仍未履行债务,合同一方当事人可以解除合同。但是,物业服务合同之情形并非如此。原因在于,物业服务合同具有集体合同的特性,物业服务之提供系针对业主共有部分,无从区分提供。对于个别极端业主之惩治,在公法许可范围内,系业主自治事项。物业服务人可以要求物业服务框架合同之相对方(业主委员会)督促相关业主限期交纳物业服务费(《物业管理条例》第 64 条),但不宜直接对个别业主解除合同、拒绝提供物业服务。[2]

解除权的排除

在物业服务实践中,有的物业服务人采取断水、断电等方式催交物业费,对业主的基本生活造成了严重影响,为此,《民法典》第 944 条第 3 款对此作出规定,以规范物业服务人的行为,保护业主的合法权益。[3] 供用水、电、热、气等合同,与物业服务合同为彼此独立的合同,两者之间并不存在牵连关系,无法依此行使同时履行抗辩权。而且,即使供用水、电、热、气的主体委托物业服务人代为缔结合同或代为收费,亦不能以此作为催交物业费的方式。即使物业服务合同中约定,在业主不支付物业费的情况下,物业服务人有中止供电的权利,这一约定也是无效的。[4] 除了合同的相对性,亦有观点认为此系立法者衡量双方利益,以业主之生存利益重于物业服务人之经济利益之故。[5]

物业费催交极端方式的排除

值得注意的是物业费支付的义务主体可能并不限于业主。《民法典》第 944 条仅规定了"业主",但在实践中,也存在建设单位、物业使用人、物业继受人等不同主体介入情

---

〔1〕 在《民法典》编纂过程中,笔者曾建议:通常来说,无论是否规定得以提起诉讼或仲裁,物业服务人均有此等权利,无须规定。应当回归迟延履行的一般规则,即催告后仍不履行的,是否发生解除权、是否发生迟延损害赔偿(迟延利息)以及是否具有持续性合同中的"向后的抗辩权"问题(比如是否可以中止相应的服务等)。参见周江洪:《关于民法典分编物业服务合同部分的意见建议》,载微信公众号"浙大民商法"2018 年 10 月 23 日,https://mp.weixin.qq.com/s/3LzBvp2EqBfvFH0NmuShSw。

〔2〕 韩世远:《物业服务合同的解释论——以框架合同为视角》,载《中国政法大学学报》2022 年第 3 期。

〔3〕 黄薇主编:《中华人民共和国民法典合同编解读》(下册),中国法制出版社 2020 年版,第 1420 页。

〔4〕 王轶等:《中国民法典释评·合同编·典型合同》(下卷),中国人民大学出版社 2020 年版,第 530 页。

〔5〕 韩世远:《物业服务合同的解释论——以框架合同为视角》,载《中国政法大学学报》2022 年第 3 期。

形下的物业费支付问题。[1] 例如,《物业管理条例》第41条第2款就规定了物业建设单位的物业费交纳义务,即“已竣工但尚未出售或者尚未交给物业买受人的物业,物业服务费用由建设单位交纳”。此时,虽然物业服务合同对业主发生法律约束力,但物业尚未交给买受人时,并不符合《建筑物区分所有司法解释》第1条规定的已取得专有部分所有权或已合法占有专有部分的条件,即使有买卖合同的存在,因物业尚未交付占有,买受人此时亦不构成业主,物业服务合同或前期物业服务合同尚未对其发生法律约束力。而对于其他已经购入并合法占有专有部分或取得所有的业主而言,其交纳的物业费也只是根据自己专有部分面积核算的物业费,而不包括建设单位尚未出售或虽出售但尚未移交的物业。后一部分的物业费,由建设单位分担交纳具有其合理之处。

物业使用人与物业费

而对于物业使用人来说,实践中业主作为出租人等常与物业使用人约定由物业使用人交纳物业费。从合同相对性来说,即使物业使用人与业主之间存在这样的约定,物业服务人亦不能据此要求物业使用人支付物业费,物业服务合同对物业使用人也并没有法律约束力,《物业服务解释》第4条也只是规定了物业使用人实施违反物业服务合同、管理规约及违法行为引起的纠纷得以参照适用关于业主的规定,亦并未规定物业使用人对物业服务人的物业费支付义务。所以业主仍要承担支付物业费的义务,如果物业使用人未交纳物业费,物业服务人可以直接请求业主承担。[2] 但是,《物业管理条例》第41条第1款规定,“业主应当根据物业服务合同的约定交纳物业服务费用。业主与物业使用人约定由物业使用人交纳物业服务费用的,从其约定,业主负连带交纳责任”。就《民法典》贯彻实施角度而言,应当删去《物业管理条例》第41条关于物业使用人支付物业使用费的相关规定。业主与物业使用人约定了物业使用人的物业费支付义务时,物业使用人对物业服务人原则上并不负有物业费支付义务,而应根据情形判断是否构成债务加入等确定物业使用人是否负有物业费支付义务。

物业继受人与物业费

物业继受过程中的物业费支付问题,亦是实践中的争议问题之一,即房屋所有权等可能基于买卖、赠与、继承等方式发生移转,如果原业主拖欠了物业费,新业主是否需要承担原业主拖欠的物业费?对此,既有观点认为应当属于原业主的个人债务而不应由继受者承担;亦有观点认为新业主负有查询物业费交纳情况的义务,对于明知物业费拖欠而继受物业的,应当承担原业主拖欠的物业费;还有观点认为应分类型区别对待:继承之情形,若未放弃继承,应当承担被继承人拖欠的物业费,赠与与买卖之情形,新业主原则上不承受拖欠的物业费。[3] 此外,还有观点认为其类似“物上之债”,可以区分新业主是否知道或者应当知道原业主拖欠物业费,如果新业主知道或者应当知道,对原业主拖欠的物业费应当负有支付义务。[4] 从物业费支付义务的产生时点来看,业主之所以产生

---

〔1〕 朱虎:《物业服务合同作为集体合同:以〈民法典〉规范为中心》,载《暨南学报(哲学社会科学版)》2020年第11期。

〔2〕 黄薇主编:《中华人民共和国民法典合同编解读》(下册),中国法制出版社2020年版,第1411页。

〔3〕 黄薇主编:《中华人民共和国民法典合同编解读》(下册),中国法制出版社2020年版,第1412~1413页。

〔4〕 朱虎:《物业服务合同作为集体合同:以〈民法典〉规范为中心》,载《暨南学报(哲学社会科学版)》2020年第11期。

物业费支付义务，在于其自合法占有房屋或取得专有部分之所有权时起成为业主而负有物业费支付义务，除非物业服务合同另有约定或者业主管理规约等另有规定，新业主对于之前拖欠的物业费并不承担支付义务。而且物业费的构成既有管理费用又有报酬等，其能否构成"物上之债"当有商榷之余地。因此，本书认为，物业继受人原则上并不负有拖欠物业费的支付义务。

（二）重要事项的告知和配合义务

物业服务人负有物业服务区域内的基本秩序维护义务，也因此在物业服务区域内具有管理权限。此等管理权限的行使或义务的履行，需要业主的配合。实际上，业主的共同管理权限不限于对共有部分的支配管理，还涉及对共同生活事务的管理，包括对妨害业主共同生活关系、损害业主合法权益的行为进行制止的权利。[1] 虽然《民法典》第286条第2款仅就业主大会或者业主委员会针对损害他人合法权益的行为规定了相应的权利，但通过物业服务合同的委托授权或者法律规定的法定授权，物业服务人亦同样享有此等权利。《物业服务解释》第1条就明确规定了此等权限，即"业主违反物业服务合同或者法律、法规、管理规约，实施妨碍物业服务与管理的行为，物业服务人请求业主承担停止侵害、排除妨碍、恢复原状等相应民事责任的，人民法院应予支持"。为保障物业服务人对物业服务区域内秩序管理权利的行使，维护其他业主的合法权益，业主负有相应的配合协助物业服务人管理之义务，这实际上也是服务类合同履行过程中常见的协助义务的体现之一。对此，《民法典》第945条规定了重要事项的告知义务和相应的配合义务，即"业主装饰装修房屋的，应当事先告知物业服务人，遵守物业服务人提示的合理注意事项，并配合其进行必要的现场检查。业主转让、出租物业专有部分、设立居住权或者依法改变共有部分用途的，应当及时将相关情况告知物业服务人"。其中，业主装饰装修房屋情形的告知配合义务，主要是源于其可能会对物业本身以及对其他业主造成影响和损害，同时亦会妨碍物业服务人妥善提供物业服务。而物业的转让、出租、设立居住权、改变共有部分用途等，虽然均属于业主之权利，但由于会涉及物业服务相对人的变化以及物业本身的变化，故业主负有告知物业服务人相关情况的义务，以最大限度促使物业服务人了解情况、知悉物业的真实使用情况，确定享有物业服务之主体，物业服务人权利救济主张的对象，为物业服务的及时提供与物业服务区域内秩序的有效维护创造前提。[2]

拓　展

业主关于重要事项的告知和配合义务，并非以附随义务得以说明。一是服务类合同中的协作、通知等义务，关涉服务类合同的履行效果，并非都是附随义务的问题。[3] 二

〔1〕谢鸿飞、朱广新主编：《民法典评注·合同编·典型合同与准合同》（第4册），中国法制出版社2020年版，第325页。

〔2〕王轶等：《中国民法典释评·合同编·典型合同》（下卷），中国人民大学出版社2020年版，第530页。

〔3〕周江洪：《服务合同立法研究》，法律出版社2021年版，第261～268页。

附随义务说的局限

是在物业服务合同中，物业服务人乃是针对全体业主整体提供服务，其并非物业服务人与单个业主之间的合同关系，物业服务人义务的履行以及业主义务的履行，亦关涉其他业主及物业本身的维护管理、利益保护问题，附随义务理论在此等集体合同中的适用有限。三是物业服务人依物业服务合同授权或法定授权而享有管理权限，对于业主的相关行为本身具有制止等权利，也有采取积极措施维护基本秩序之义务，并非仅享有损害赔偿请求权，应根据具体的事项个别判断此等告知、配合义务是否得以诉请履行。

（三）提前解聘时的书面通知义务

《民法典》第946条规定了业主依法定程序任意解除物业服务合同的权利。但此等权利的行使，不同于通常的任意解除，要求业主负有提前书面通知义务。结合物业服务合同的特点，提前通知的作用在于在合同任意解除的情况下给予物业服务人必要的准备时间以便安排合同解除后的交接事宜，有其合理性。

合同终止的时点

但是，就违反提前书面通知义务的法律效果而言，学理上存在争议。就文义来说，若任意解除通知到达即发生解除之效力，所谓的“提前60日书面通知”就不再有意义；毕竟无论何种解除导致的合同终止，依《民法典》第949条的规定，均应给予物业服务人以合理的期限进行交接准备，若认为任意解除通知到达后合同即告解除，则“提前60日”书面通知义务的要求的意义就不甚明确。但是，就提前书面通知60日后发生解除的效力而言，该学说亦会面临一些困难。例如，距物业服务期限届满不足60日时，若决定任意解除并通知，此时究竟是合同期限届满合同终止，还是自任意解除通知到达时起合同解除，势必会面临争议。两相比较，后一说更符合《民法典》第946条之文义，但在解除的时点上应当与其他原因引起的终止相协调。例如，若业主共同体行使《民法典》第563条意义上的法定解除权，则依《民法典》第565条确定合同解除的时点。若业主共同体行使任意解除权，但任意解除的通知期限届满60日或届满合同约定的通知期限之前，物业服务合同的服务期限届满，则以服务期限届满之日作为合同终止的日期。

（四）因区分所有等引起的其他义务

我国的物业服务合同，不少是针对区分所有建筑及其业主的物业服务，因此，区分所有、物业服务人行使部分管理权限等亦会导致业主承担一些义务。例如，《民法典》第286条第1款规定，“业主应当遵守法律、法规以及管理规约，相关行为应当符合节约资源、保护生态环境的要求。对于物业服务企业或者其他管理人执行政府依法实施的应急处置措施和其他管理措施，业主应当依法予以配合”。《物业服务解释》第1条规定，“业主违反物业服务合同或者法律、法规、管理规约，实施妨碍物业服务与管理的行为，物业服务人请求业主承担停止侵害、排除妨碍、恢复原状等相应民事责任的，人民法院应予支持”。

第三节 物业服务合同的终止

一、物业服务合同终止的原因

物业服务合同的终止,既有因合同解除而终止权利义务关系的(《民法典》第557条第2款),亦有因《民法典》物业服务合同章的专门规定而终止的。前者如《民法典》第533条规定的因情势变更而解除,第562条规定的协商解除、约定解除事由的解除,第563条规定的法定解除、不定期持续性合同的随时解除,以及第580条第2款规定的司法终止等,作为通则性规定,此等规定同样适用于物业服务合同领域;后者如《民法典》第946条规定的业主依法行使任意解除权导致的合同终止以及《民法典》第947～948条涉及的因物业服务期限届满终止、不定期物业服务合同的随时解除等。也正是因为存在不同的终止原因,在实践中应注意物业服务合同终止的不同原因、当事人行使的不同权利等。就物业服务合同而言,其集体合同性质以及物业服务面向全体业主整体的特点决定了单个业主原则上并无解除权,物业服务人亦不得对单个业主行使解除权。

(一)物业服务合同因业主依法行使任意解除权而终止

因任意解除并不需要特别的理由,不受条件限制,可能会给当事人预期造成冲击并导致损失,故在《民法典》编纂过程中,物业服务合同领域是否规定任意解除权,亦有争议。但为了保护业主的合法权益,构建和谐物业服务关系,《民法典》第946条赋予业主一方任意解除权。[1] 该任意解除权的存在具有合适的理由。特别是作为服务受领人,对于物业服务合同的存续与否,业主是自身利益的最佳判断者,对于认为特定物业服务人提供的物业服务已无必要的物业服务受领人来说,将其固定在物业服务合同的约束中亦无必要,关键则在于任意解除后的利益平衡问题。

全体业主而非单个业主的任意解除

但值得注意的是,业主一方的任意解除权,并非单个业主的任意解除权,而是全体业主的任意解除权。[2] 依《民法典》第946条的规定,其行使需"依照法定程序共同决定解聘",且负有提前书面通知义务。该法定程序,实际上指的是《民法典》第278条规定的"选聘和解聘物业服务企业或者其他管理人"由业主共同决定的程序,应当由专有部分面积占比2/3以上的业主且人数占比2/3以上的业主参与表决。当然,这里的物业服务合同,仅指向普通物业服务合同,而不包括前期物业服务合同。前期物业服务合同的服务期限届满前的终止,依《民法典》第940条的规定,乃是因业主委员会或者业主与新物业服务人订立的物业服务合同生效而终止,并不适用任意解除权之规定。[3]

当然,《民法典》并未赋予物业服务人以任意解除权。其主要原因在于,一方面,物业服务人通常为专门从事物业服务营业项目的专业公司或其他组织,面向社会公众开展

---

[1] 黄薇主编:《中华人民共和国民法典合同编解读》(下册),中国法制出版社2020年版,第1424～1428页。

[2] 黄薇主编:《中华人民共和国民法典合同编解读》(下册),中国法制出版社2020年版,第1428页。

[3] 王轶等:《中国民法典释评·合同编·典型合同》(下卷),中国人民大学出版社2020年版,第539页;王利明:《合同法》(下册),中国人民大学出版社2021年版,第401页。

物业服务活动,通常对于服务对象没有特别要求;另一方面,则是为保障向业主所提供的物业服务的稳定性和连续性。若允许物业服务人任意解除物业服务合同,物业服务的持续性难以保障,将对业主生活工作状态的稳定性造成威胁或破坏。[1]

(二)物业服务合同因物业服务期限届满而终止

物业服务期限届满的,物业服务合同原则上终止。如果物业服务期限届满前,业主依法共同决定续聘的,应当与原物业服务人在合同期限届满前续订物业服务合同(《民法典》第947条第1款)。当然,续聘与否是双方意思表示的结果,原物业服务人亦可以不同意续聘。物业服务期限届满前,物业服务人不同意续聘的,应当在合同期限届满前90日书面通知业主或者业主委员会,但是合同对通知期限另有约定的除外(《民法典》第947条第2款)。另外,续订合同不同于重新签订合同,而是在原物业服务合同其他内容不变的情况下,延长合同的期限。

值得注意的是,也存在物业服务期限届满但并不终止物业服务合同的情形。对此,《民法典》第948条第1款规定,“物业服务期限届满后,业主没有依法作出续聘或者另聘物业服务人的决定,物业服务人继续提供物业服务的,原物业服务合同继续有效,但是服务期限为不定期”。虽然该条与《民法典》第734条第1款关于租赁的法定更新、第976条第2款关于合伙的法定更新类似,都是出于维持持续性合同中当事人之间法律关系的稳定性以及物的使用或事务处理延续的需要,但与租赁和合伙情形不同,物业服务合同的法定更新并不需要以相对人或其他合同当事人没有异议为必要条件。也就是说,只要业主没有依法作出续聘或新聘的决定,无论业主委员会有无异议,原物业服务合同都构成法定更新。因此,除非构成法定更新,否则物业服务合同因物业服务期限届满而终止。

(三)不定期物业服务合同因随时解除而终止

依《民法典》第563条第2款的规定,当事人双方均可以随时解除不定期持续性合同。同样地,不定期物业服务合同的随时解除,与物业服务合同的任意解除仅限于业主一方不同,无论是物业服务人还是业主一方,均可以随时解除。而且,与不定期租赁、不定期合伙的随时解除不同,也与《民法典》第563条第2款规定不同,关于不定期物业服务合同的随时解除,《民法典》明确了“合理期限之前通知对方”的“合理期限”为60日,即“当事人可以随时解除不定期物业服务合同,但是应当提前六十日书面通知对方”(《民法典》第948条第2款)。但是,此等随时解除,亦是物业服务人的解聘,需依《民法典》第278条的规定由业主共同决定。

二、物业服务合同终止的法律效果

物业服务合同终止的,除了因终止原因不同而产生不同的法律效果,《民法典》物业服务合同章对终止后的法律效果也作了规定。例如,因解除而终止的,除了《民法典》第566条的规定,《民法典》第949~950条也就物业服务的交接、接管前物业服务人继续处理物业服务事

---

〔1〕 谢鸿飞、朱广新主编:《民法典评注·合同编·典型合同与准合同》(第4册),中国法制出版社2020年版,第329页。

项等作了规定。此外，在任意解除情形下，《民法典》第946条第2款亦规定了损害赔偿责任。

业主一方依法定程序共同决定解聘时的任意解除，若造成物业服务人损失，除不可归责于业主的事由外，业主应当赔偿损失（《民法典》第946条第2款）。此项赔偿并非违约损害赔偿，因为解除权人是在行使法律赋予的权利，具有正当性，不构成违约。此项赔偿并非解除权人行使解除权的前提条件，而是其结果，因而不能以是否作出了此项赔偿来判断是否发生解除的效果。[1] 但是，该任意解除的损害赔偿范围问题并不十分明确。

任意解除情形的损害赔偿与报酬请求

从《民法典》的用词来看，虽然第946条导入了业主的任意解聘，但对其损害赔偿的范围，并未与委托合同任意解除时的用词保持一致，并没有明确直接损失和利益问题，《民法典》第933条（委托合同）规定的"直接损失"与《民法典》第787条（承揽合同）和第946条（物业服务合同任意解除）规定的"损失"之间，是否具有共通性，是否存在具体差别，仍然有待今后进一步探讨。[2] 而且，关于任意解除时的报酬请求权模式和损害赔偿请求权模式之间本身也存在争议。就委托合同而言，委托人任意解除有偿委托的，受托人对于任意解除后剩余期间的将来报酬也享有请求权，但应依损益相抵规则、减损规则等作相应调整。但此等报酬请求权的规范基础，并不在于任意解除情形的损害赔偿请求权，而是因可归责于债权人的事由而履行不能时的风险负担规则的适用，其规范基础在于委托合同报酬请求权规则的扩张适用。[3] 而且，与委托合同中的"报酬"不同，物业费中不仅包括报酬，也包括费用，即使以报酬请求权构成来确定物业服务合同任意解除的损害赔偿，也应注意两者之间的不同，应当扣除费用部分。

思　考

不定期物业服务合同随时解除的效果

关于随时解除不定期物业服务合同，多数学说认为此时与随时解除不定期持续性合同的基本原理一样，并不存在损害赔偿请求权。实际上，不定期持续性合同的随时解除之所以没有采纳损害赔偿构成，可能的解释在于对于不定期合同，当事人对于合同期限的约束期待相对缓和，将不定期持续性合同作为一种相对非稳定的状态来对待，故只需在解除前的合理期限通知即可。但就"不定期"的角度而言，当事人的意思不尽相同，个别情形中当事人的意思只不过是表明当事人之间的长期合同关系，其追求的恰恰是稳定的合同关系，是因当事人之间稳定的信赖关系等而形成了不定期持续性关系。此种情形下的任意解除，是否应当设置如同委托合同任意解除权行使时的损害赔偿构成，仍有进一步细分之必要，特别是对在"合理期限之前通知"机制难以发挥作用之领域产生的损失，是否仍有损害赔偿请求构成的可能，仍有进一步探讨之空间。当然，就物业服务合同而言，因《民法典》第946条、第947条规定了业主的解聘、续聘程序，对因此等程序难以达成而形成的不定期物业服务合同来说，难谓有稳定合同关系之期待，在提前60日通知随时解除的合理期限保障背景下，无须赔偿损失亦是可取的。

---

〔1〕 韩世远：《物业服务合同的解释论——以框架合同为视角》，载《中国政法大学学报》2022年第3期。

〔2〕 周江洪：《民法典合同编的制度变迁》，载《地方立法研究》2020年第5期。

〔3〕 周江洪：《委托合同任意解除的损害赔偿》，载《法学研究》2017年第3期。

拓展阅读文献

1. 韩世远:《物业服务合同的解释论——以框架合同为视角》,载《中国政法大学学报》2022 年第 3 期。

2. 徐涤宇:《物业服务合同法律构造之中国模式》,载《法学研究》2021 年第 3 期。

3. 朱虎:《物业服务合同作为集体合同:以〈民法典〉规范为中心》,载《暨南学报(哲学社会科学版)》2020 年第 11 期。

4. 杨立新:《物业服务合同:从无名合同到典型合同的蜕变》,载《现代法学》2020 年第 4 期。

5. 王利明:《物业服务合同立法若干问题探讨》,载《财经法学》2018 年第 3 期。

6. 羊震:《物业服务合同履行中业主抗辩权的行使规则》,载《人民司法(应用)》2017 年第 22 期。

7. 张永:《物业服务瑕疵程度的认定》,载《人民司法(案例)》2016 年第 23 期。

8. 刘洋:《论物业服务企业的给付义务及其与第三人侵权之关系——陈书豪与南京武宁房地产开发有限公司、南京青和物业管理有限公司财产损害赔偿纠纷案评释》,载《苏州大学学报(法学版)》2015 年第 4 期。

9. 姚辉、段睿:《物业服务合同履行的相关法律问题研究》,载《法律适用》2010 年第 1 期。

第十七章　行纪合同

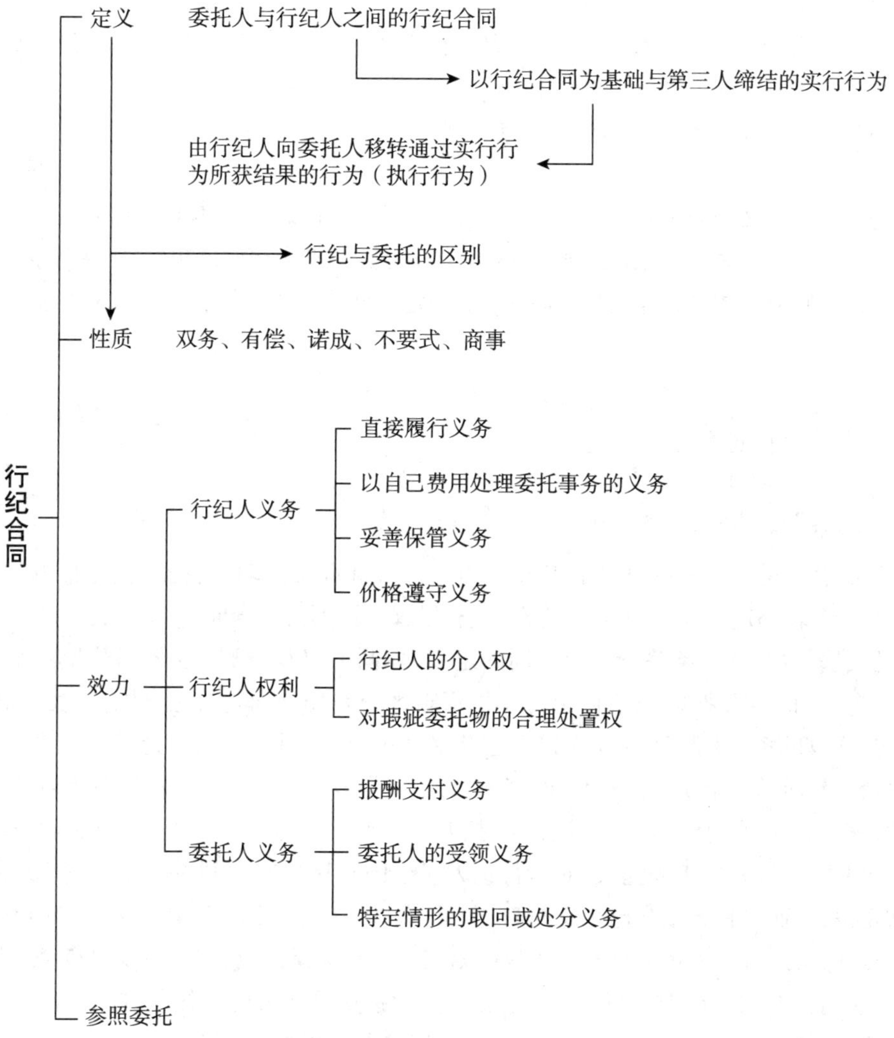
行纪合同
定义
委托人与行纪人之间的行纪合同
以行纪合同为基础与第三人缔结的实行行为
由行纪人向委托人移转通过实行行为所获结果的行为（执行行为）
行纪与委托的区别
性质
双务、有偿、诺成、不要式、商事
效力
行纪人义务
直接履行义务
以自己费用处理委托事务的义务
妥善保管义务
价格遵守义务
行纪人权利
行纪人的介入权
对瑕疵委托物的合理处置权
委托人义务
报酬支付义务
委托人的受领义务
特定情形的取回或处分义务
参照委托

设 例

1. 甲汽车公司委托乙贸易公司销售其生产的汽车。双方约定,乙公司销售时以乙公司名义出售,甲公司根据销售额的一定比例支付报酬,并约定了最低销售价格。问:

(1)因双方未约定销售事务产生的费用负担问题,乙公司能否要求甲公司负担销售费用?

(2)若乙公司以约定最低销售价格的50%出售一批汽车,乙公司能否要求甲公司支付报酬?甲公司能否要求乙公司承担赔偿责任?

2. 上述题干情形下,自然人丙从乙贸易公司购买了甲公司生产的汽车,但该车辆存在转向系统总成方面的安全缺陷。问:

丙得以何种请求权基础向谁主张其权利?

行纪合同是委托合同的子类型之一。《民法典》在其第951~960条作了规定。与原《合同法》相比,《民法典》行纪合同章条文没有非常大的变化,但《民法典》第960条变成了"本章没有规定的,参照适用委托合同的有关规定",修改了原《合同法》第423条的规定。

第一节 行纪合同概述

一、行纪合同的概念和性质

行纪合同是行纪人以自己的名义为委托人从事贸易活动,委托人支付报酬的合同(《民法典》第951条)。行纪合同为双务、有偿、诺成、不要式合同。

《民法典》第951条关于行纪合同的定义,强调了"以自己的名义"和"贸易活动"。就"以自己的名义"来说,其实际上并不能清晰区分委托合同与行纪合同。《民法典》第925条、第926条都规定了受托人以自己名义从事订立合同之活动,此等订立合同当然亦包括贸易活动。事实上,作为行纪营业,其不仅是以自己的名义从事贸易活动,更为重要的是行纪人以自己之费用而不是以委托人之费用从事贸易活动,行纪人从事贸易活动的结果并不直接归属于委托人,而是行纪人对合同直接享有权利、承担义务(《民法典》第958条)。而受托人以自己名义与第三人订立的委托合同情形,其结果有可能直接归属于委托人,或者是委托人享有介入权或第三人享有选择权(《民法典》第925条、第926条)。在行纪合同情形中,"行纪商通过行纪契约接受委托人的委托,以自己名义为委托人计算,与第三人签订买卖契约,将经售的动产或有价证券让与第三人,或者自第三人受让经收的动产或有价证券,最后还需要通过契约,(经售行纪中)将取得的债权让与委托人,或者(经收行纪中)将取得的动产或有价证券让与委托人"。[1] 也就是说,行纪情形通常会涉及三重关系:一是委托人与行纪人之间的行纪合同;二是以行纪合同为基础与第三人缔结的实行行为;三是由行纪人向委托人移转通过实行行为所获结果的行为(执

行纪交易架构

〔1〕 张谷:《从民商关系角度谈〈民法总则〉的理解与适用》,载《中国应用法学》2017年第4期。

行行为)。[1] 在这一交易架构中,行纪人具有两重资格。就内部关系,亦即与委托人之关系言,行纪人系为委托人处理事务之受托人。而就外部关系,亦即与第三人之关系言,行纪人系以自己之名义订立契约。在委托人与第三人之间,并不因行纪人执行业务而发生任何法律上之关系。[2]

就"贸易活动"而言,传统上的贸易指的是商品买卖、交易。在原《合同法》的释义书中,有观点认为"贸易"一词是指商品的贸易,不应当包括不动产,也不应当包括知识产权贸易。[3] 不同国家或地区亦有不少规定将行纪所从事的贸易限于动产或者有价证券的买卖。例如,《瑞士债务法》第 425 条第 1 款和我国台湾地区"民法"第 576 条的规定。我国也有不少学说主张行纪合同虽然主要适用于动产买卖和证券期货的交易,但从有利于促进我国市场经济发展的角度考虑,只要是法律不禁止的贸易行为,都应当允许开展行纪业务,对我国《民法典》第 951 条的"贸易活动"应作广义解释,[4] 认为现代社会的贸易已经不再限于动产的商品交易,行纪活动也不应当再限于传统的商品贸易,而是可以包括更多财产权益的管理、处分,如房地产买卖、证券交易、期货交易和信托等。[5] 另外,在司法实践中,贸易活动亦不限于买卖活动,包括从事汽车租赁等营业活动,也被纳入行纪的范围。[6]

二、行纪合同与委托合同

行纪合同是委托合同的子类型之一。但两者亦有区别,主要有以下几点:

1. 适用范围不同。行纪合同中行纪人所处理的事务乃是贸易活动,而委托合同中受托人处理的事务并不限于贸易活动。受托人处理的事务类型多样,从事事务的方式亦多种多样,既可以是法律行为,也可以是非法律行为;既可以是财产行为,也可以是非财产行为。另外,行纪合同为有偿合同,而委托合同则可以是无偿合同。

2. 处理委托事务的费用负担规则不同。行纪合同中,行纪人为委托人处理委托事务所支出的费用,除当事人另有约定外,由行纪人负担(《民法典》第 952 条);在委托合同中,受托人为委托人处理委托事务所支出的费用,由委托人负担(《民法典》第 921 条)。

3. 事务处理的效果归属不同。委托合同中受托人既可以以自己名义也可以以委托人名义处理委托事务,行纪人则只能以自己名义从事贸易活动,即两者在处理委托事务时的名义并不相同。但更为实质的区别并非"以自己名义"与否,而是事务处理效果的归属问题。行纪人以自己名义与第三人订立合同,该合同与行纪合同是相互独立的两个合同,委托人与第三人之间不发生直接的法律关系,行纪人对合同直接享有权利、承担义

事务处理效果的特殊性

---

〔1〕 韩世远:《合同法学》(第 2 版),高等教育出版社 2022 年版,第 574 ~ 575 页。

〔2〕 梅仲协:《民法要义》,中国政法大学出版社 1998 年版,第 431 页。

〔3〕 魏耀荣等:《中华人民共和国合同法释论》(分则),中国法制出版社 2000 年版,第 590 页。

〔4〕 王利明:《合同法》(下册),中国人民大学出版社 2021 年版,第 406 页;最高人民法院民法典贯彻实施工作领导小组主编:《中华人民共和国民法典合同编理解与适用(四)》,人民法院出版社 2020 年版,第 2659 页。

〔5〕 黄薇主编:《中华人民共和国民法典合同编解读》(下册),中国法制出版社 2020 年版,第 1443 页。

〔6〕 陈某萍、儋州永恒汽车租赁有限公司行纪合同纠纷案,海南省第二中级人民法院(2021)琼 97 民终 2291 号民事判决书。

务(《民法典》第958条)。而在委托合同中,受托人以委托人的名义处理委托事务的,对委托人直接发生效力。受托人以自己的名义与第三人订立合同,如果第三人在订立合同时知道受托人和委托人之间的代理关系,则该合同直接对委托人发生效力,即可以直接约束委托人和第三人。[1] 委托合同中,依《民法典》第926条的规定,受托人以自己的名义与第三人订立合同时,即使第三人不知道受托人与委托人之间的代理关系的,虽然不产生法律效果的直接归属,但在特定情形下委托人享有介入权、第三人享有选择权,进而使得委托人与第三人发生相应的权利义务关系。而行纪合同中,无论是第三人的原因还是委托人的原因导致行纪人不能履行义务,委托人或者第三人都只能向行纪人主张权利,再由行纪人向违约的第三人或者委托人追偿。

4. 破产情形下的后果不同。在行纪中,行纪人与委托人、行纪人与第三人形成两个独立的法律关系,行纪人向第三人购买货物,在第三人将货物交付给行纪人后,货物归行纪人所有,此时如果行纪人破产,委托人并未受领该货物,则委托人只能基于行纪合同上的债权请求权以普通债权人的身份与其他债权人一起参加破产分配。而在委托合同情形下,存在代理权授予的,其效果均归属于被代理人,受托人取得的财产并不能被列入受托人破产时的破产财产。[2]

思 考

委托人的取回权等特别保护问题

虽然对于买入行纪情形的委托物的归属及其取回权问题,《民法典》未予以明确,进而需依《民法典》第958条之规定作上述理解,但是,从立法论上言,亦有不少学者建议给予行纪合同情形中的委托人以破产法上的特别保护。例如,有学者主张,"……行纪合同中如何增补规定,以防止行纪人被强制执行或破产时,殃及委托人的财物或本该取得的付款请求权"。[3] 亦有学说认为,"在行纪人破产时,在委托人和行纪人或其债权人之间的关系上,委托人对委托物应享有取回权或享有优先于一般债权人的权利"。[4] 另外,虽然其论据并不相同,但也有学说主张,在买入行纪中,行纪人的营业外观是促使法律承认委托人取回权的重要因素。[5] 此外,还有学说认为,应借鉴德国法的原则,对委托人给予必要保护,与德国法作类似处理:行纪人通过实行行为的履行而获得的财产虽然归行纪人所有,但只是名义上归其所有,在委托人与行纪人及其债权人的关系上,此类财产视为已经移转于委托人,从而在行纪人陷于支付不能时,委托人享有取回权,在行纪人的债权人对此类财产予以强制执行时,委托人可以提起第三人异议之诉。[6]

---

〔1〕 黄薇主编:《中华人民共和国民法典合同编解读》(下册),中国法制出版社2020年版,第1446页。

〔2〕 黄薇主编:《中华人民共和国民法典合同编解读》(下册),中国法制出版社2020年版,第1446~1448页;王利明:《合同法》(下册),中国人民大学出版社2021年版,第409页。

〔3〕 张谷:《民商合一体制对民法典合同编的要求》,载李昊、明辉主编:《北航法律评论》2016年第1辑,法律出版社2017年版。

〔4〕 其木提:《论行纪合同委托人的取回权》,载《环球法律评论》2005年第1期。

〔5〕 许德风:《论债权的破产取回》,载《法学》2012年第6期。

〔6〕 杨代雄主编:《袖珍民法典评注》,中国民主法制出版社2022年版,第814页。

也正是因为行纪合同与委托合同的上述区别，对于行纪合同未规定者完全适用委托合同规定并不一定合理。例如，《民法典》第 925 条、第 926 条并不能被适用于行纪合同。[1] 故，在《民法典》编纂过程中，将原《合同法》第 423 条规定的“本章没有规定的，适用委托合同的有关规定”修改为《民法典》第 960 条的“本章没有规定的，参照适用委托合同的有关规定”，从“适用”到“参照适用”的变化，也体现出了对行纪合同认识的变化。

第二节　行纪合同的效力

一、行纪人的义务和权利

（一）行纪人的义务

行纪人处于受托人之地位，为委托人之计算（利益）从事贸易活动，但又不同于委托合同中的受托人。《民法典》行纪合同章就行纪人特别规定了若干义务，并得以参照委托合同的有关规定。

1. 直接履行义务

行纪人与第三人订立合同的，行纪人对该合同直接享有权利、承担义务（《民法典》第 958 条第 1 款）。依该规定，行纪人与第三人订立的合同，只约束行纪人和第三人；委托人并非行纪人和第三人缔结合同的主体，对第三人不享有合同权利，不能请求与行纪人缔结合同的第三人直接履行相关合同义务，也不必向第三人履行合同义务；第三人也不能依据其与行纪人订立的合同向委托人主张权利。在行纪合同履行过程中，行纪人为完成委托事务开展的买卖交易，对第三人取得权利应当归属于行纪人而非委托人。之所以作出该制度安排，是因为行纪制度的特殊性。委托人委托行纪人从事特定委托事务，往往是基于对行纪人的职业性商事主体的信任，行纪人因其长期的商业实践经验能够灵活地处理行纪委托事务，因此委托人对于行纪人如何完成委托事务并不需要给予特别关注。行纪人往往是通过与第三人订立合同，直接享受合同权利、履行合同义务来完成委托事务。在此情况下，如果委托人任意干预行纪人和第三人之间的合同，行纪合同的目的就不可能实现，行纪制度的效率性和公平性也会受到影响。[2]

不仅如此，若行纪人因委托人原因对第三人不履行义务或因第三人原因对委托人不履行义务，亦不存在委托人介入权或第三人选择权行使的问题，而是“第三人不履行义务致使委托人受到损害的，行纪人应当承担赔偿责任，但是行纪人与委托人另有约定的除外”（《民法典》第 958 条第 2 款）。对此，有观点认为，该款规定表明，行纪人可以与委托人约定，在第三人不履行义务致使委托人受到损害的情形下，不由行纪人承担损害赔

但书条款的含义

---

〔1〕 崔建远：《合同法》（第 4 版），北京大学出版社 2021 年版，第 675～676 页。

〔2〕 谢鸿飞、朱广新主编：《民法典评注 · 合同编 · 典型合同与准合同》（第 4 册），中国法制出版社 2020 年版，第 389 页。

偿责任,即排除合同相对性原则的适用。其中一种可能的做法是,行纪人与委托人在行纪合同中约定,由行纪人在与第三人订立合同时披露委托人的姓名或名称。这样,第三人可以作出选择。如果第三人不同意与委托人建立法律关系,合同就无从订立。如果第三人同意与委托人建立法律关系,则依照原《合同法》第402条(《民法典》第925条)的规定,行纪人与第三人订立的合同即直接约束委托人与第三人。一旦第三人不履行义务,第三人就应直接对委托人承担损害赔偿责任,而行纪人则得以免责。[1] 而且,即使没有特别约定,亦有学者认为,行纪合同作为一种特别的委托合同,如果发生了委托人的自动取代(《民法典》第925条)或者主动取代(《民法典》第926条),委托人便取代了行纪人的合同当事人地位而由后台走上前台,行纪人退居代理人地位。[2]

效果间接归属抑或直接归属于委托人

但是,从行纪的特殊性来看,《民法典》第925条、第926条以代理关系的存在为前提,其隐含着委托人作为被代理人存在受托人所从事行为的效果直接归属的可能,而不同于行纪人所从事的贸易行为的效果间接归属。不仅如此,《民法典》第960条的适用前提在于"本章没有规定"的,才存在得以参照适用《民法典》委托合同章规定的可能,而《民法典》第958条就委托人、行纪人与第三人之间的关系已作特别规定,所以并无《民法典》第925条、第926条被参照适用的可能。而《民法典》第958条规定的"行纪人与委托人另有约定"的但书,乃是指对行纪人损害赔偿责任减免的特别约定,而并非合同相对性原则的但书规定。原因在于,当事人之间原则上并不能为第三人设定义务(如第三人的损害赔偿责任);依《民法典》第523条的规定,即使当事人约定由第三人向债权人履行债务,第三人不履行债务或者履行债务不符合约定的,仍然应由债务人承担违约责任。也就是说,仅有行纪合同当事人之间关于委托人对第三人享有损害赔偿请求权的约定,并不能约束第三人;即使有此等约定,亦以第三人之同意为前提。因此,《民法典》第958条行纪人与委托人的另行约定,并不是排除合同相对性原则的适用。对此,有释义书也是严格区分行纪合同和行纪人与第三人订立的合同,认为如果第三人不履行义务,将导致行纪人不能完成委托事务,违背行纪人与委托人订立的行纪合同;而委托人不履行行纪合同的义务,如不按约定交付委托物,也会导致行纪人不能履行与第三人的买卖合同的义务。在因委托人原因发生合同违约行为、追究违约责任时,第三人不得直接对委托人主张赔偿请求权,而只能向行纪人主张权利,行纪人也不得以自己没有过错为由拒绝承担违约责任,行纪人只能先承担责任后,再向委托人行使追偿权。同样地,如果第三人违约,委托人不得直接对第三人行使请求权,而只能向行纪人主张权利,行纪人此时也不得以自己无过错为由拒绝承担自己的责任,行纪人只能承担责任向委托人履行后,再行使向第三人的追偿权。[3] 事实上,如果要让委托人得以享有行纪人对第三人的合同权利及其损害赔偿请求权,完全可以通过委托人与行纪人之间的债权让与约定来行使,但其法律构造也不同于《民法典》第958条的特别约定:《民法典》第958条约定的是委托人对行纪人损害赔偿请求权的例外,而不是行纪人对第三人的损害赔偿请求权的让

---

〔1〕 魏耀荣等:《中华人民共和国合同法释论》(分则),中国法制出版社2000年版,第599~600页。

〔2〕 韩世远:《合同法学》(第2版),高等教育出版社2022年版,第577页。

〔3〕 黄薇主编:《中华人民共和国民法典合同编解读》(下册),中国法制出版社2020年版,第1461页。

与。而且,如果允许行纪人向第三人披露委托人而可以使得自己退出行纪合同,那么行纪合同就没有成为典型合同的必要,[1]将其纳入《民法典》第925条、第926条予以处理即可。

2. 以自己费用处理委托事务的义务

《民法典》第952条规定:"行纪人处理委托事务支出的费用,由行纪人负担,但是当事人另有约定的除外。"关于行纪人处理委托事务的费用负担的原则,既存在由行纪人负担的相关规定,亦存在由委托人负担的相关规定。前者如《魁北克民法典》等,后者如《瑞士债务法》等。除报酬外,行纪人可以请求寄存费、运送费及为委托人之利益而支出的费用及其利息。[2] 但即使采用费用由行纪人负担的模式,实践中也通常将此等费用计入行纪人报酬。此种费用承担方式,有利于调动行纪人节省费用的积极性。当然,当事人也可以另行约定费用承担主体。事实上,以行纪人负担费用为原则,也是我国行纪合同与委托合同的区别所在。

3. 妥善保管义务

因行纪中常见的是购入货物的买入行纪或出售货物的卖出行纪,其都会涉及货物的占有,因而也会涉及保管问题。《民法典》第953条就行纪人的保管义务专门作出了规定,即"行纪人占有委托物的,应当妥善保管委托物"。此处的委托物,不仅包括委托出售的物,也包括委托购入的物;不仅包括一般的有形物,还包括委托人交付行纪人保管的金钱以及权利凭证等。[3]

关于行纪人保管义务的注意义务标准,《民法典》第953条规定的是"妥善保管",其用词与《民法典》第892条的保管人的"妥善保管"义务保持一致,且与第897条关于"保管不善"之规定相对应。有不少学说认为,在行纪人处理委托事务的费用中,含有最终由委托人负担的保管费,行纪人属于有偿保管人,因此,与有偿保管中的保管人一样,妥善保管义务可以理解为善良管理人的注意义务。保管合同一章中为保管人设定的有关保管保管物的义务,应当适用于行纪人。[4] 也有观点认为保管合同情形下保管人义务的判断标准问题对于行纪人的保管义务的判断同样可以适用。[5] 虽然在《民法典》编纂过程中,也曾建议直接规定"适用保管相关规定",[6]但是,保管人的保管义务与行纪人

---

[1] 最高人民法院民法典贯彻实施工作领导小组主编:《中华人民共和国民法典合同编理解与适用(四)》,人民法院出版社2020年版,第2694页。

[2] 魏耀荣等:《中华人民共和国合同法释论》(分则),中国法制出版社2000年版,第591页;最高人民法院民法典贯彻实施工作领导小组主编:《中华人民共和国民法典合同编理解与适用(四)》,人民法院出版社2020年版,第2667页;谢鸿飞、朱广新主编:《民法典评注·合同编·典型合同与准合同》(第4册),中国法制出版社2020年版,第361~362页。

[3] 王利明:《合同法》(下册),中国人民大学出版社2021年版,第411页。

[4] 魏耀荣等:《中华人民共和国合同法释论》(分则),中国法制出版社2000年版,第592页;最高人民法院民法典贯彻实施工作领导小组主编:《中华人民共和国民法典合同编理解与适用(四)》,人民法院出版社2020年版,第2671页。

[5] 谢鸿飞、朱广新主编:《民法典评注·合同编·典型合同与准合同》(第4册),中国法制出版社2020年版,第365页。

[6] 周江洪:《关于〈民法典合同编〉(草案)(二次审议稿)的若干修改建议》,载《法治研究》2019年第2期。

的保管义务毕竟有别:保管人的主给付义务就是妥善保管保管物,保管合同是专以保管为目的之合同;而在行纪合同中,行纪人妥善保管委托物乃是行纪事务处理的环节之一,并非行纪人的主给付义务,而是服务于行纪事务的顺利完成这一目的。因此,从这层意义上来说,直接参照适用保管合同中有偿保管人的注意义务标准并不一定妥当。在保管合同以外的典型合同中的保管义务问题,原则上应依该典型合同中的法律效力的一部分予以处理,[1]除非该典型合同就此未作特别规定。

保管义务违反的规则适用

从《民法典》关于行纪合同的规定来看,行纪合同是否有必要适用保管合同之规定,有商榷之必要。从行纪合同角度言,《民法典》第953条规定了行纪人的妥善保管义务,但未规定违反该义务的法律效果及其构成。对此,似乎可以参照保管合同相关规定予以处理。但是,《民法典》第960条规定,"本章没有规定的,参照适用委托合同的有关规定",故首先应当从委托合同相关规定中去寻找相应的参照适用规则,而不是直接参照适用保管合同的有关规定。对此,《民法典》第929条规定了有偿委托合同中委托人的过错损害赔偿责任。虽然无论是援引有偿保管的规则还是有偿委托的规则,对于行纪人和委托人来说,其责任的构成和法律效果并不会有区别,都应承担善良管理人之注意义务。但从行纪人的妥善保管义务乃是服务于行纪事务这一目的来说,其从属于事务处理义务,将其作为委托事务处理中的义务予以对待而援引《民法典》第929条予以处理,应该更符合参照适用的法理,也符合其他典型合同中的保管义务原则上应首先适用该典型合同相关规则的基本原理。

委托物毁损灭失情形的风险负担

《民法典》第953条规定的乃是妥善保管义务,且经《民法典》第960条对委托合同之参照适用,行纪人违反妥善保管义务时须承担损害赔偿责任。但是,若委托物并非因行纪人之保管不善,而是因不可抗力等不可归责于当事人事由而毁损灭失,当如何处理,亦有必要作适当说明。对此,有观点将其纳入风险负担予以讨论,但值得注意的是,其所谓的"风险负担"并非双务合同中通常意义上的价金风险问题,而是就标的物之灭失而引起的物之风险由谁予以承受以及就标的物的灭失是否需要承担责任之问题。该观点认为,就卖出行纪而言,委托人对委托物的保管跟保管合同的寄存人交付给保管人保管并无本质不同,就标的物发生不可归责于行纪人的事由造成的损失,行纪人在将委托物出卖交付给第三人之前,应当由委托人承担风险。就买入行纪而言,行纪人对于买入的委托物享有直接的权利义务,在将委托物交付给委托人之前,行纪人系委托物的所有权人,除非行纪有特别约定,否则行纪人应当自行承担委托物的意外损失风险。[2] 实际上,该观点所谓的风险,并非价金风险,而是物之风险问题。本书认为,就卖出行纪情形,此时行纪人因不存在妥善保管义务之违反,就此等委托物的毁损灭失并不承担责任;而从价金风险角度而言,因不可归责于行纪人事由之委托事务完成不能,遵循服务合同中

[1] [日]我妻荣:《我妻荣民法讲义 V_3:债权各论》(中卷二),周江洪译,中国法制出版社2008年版,第171页。当然,若此等典型合同未对保管涉及的法律效力作出规定,本书认为保管合同的有关规则可参照适用。

[2] 最高人民法院民法典贯彻实施工作领导小组主编:《中华人民共和国民法典合同编理解与适用(四)》,人民法院出版社2020年版,第2672页。

“未为服务之提供,服务提供人不得请求支付报酬”之基本原理,[1]依《民法典》第959条之比例报酬规则确定报酬数额即可。[2] 而对于买入行纪而言,丧失委托物所有权的乃是行纪人,此时行纪人没有违反妥善保管义务,亦不存在损害赔偿责任的承担问题;从价金风险角度而言,同样应遵循服务合同风险负担规则的一般原理,“无服务即无报酬”,只能根据履行比例要求相应的报酬。

拓　展

如果委托人对财物的管理有特别指示,如委托人支付投保费,请行纪人代委托人投保财物保险,行纪人没有投保保险的,损失的责任理应由行纪人承担。但行纪人在既无约定又无指示的情况下,对其占有的财物投保,如果投保是为了委托人的利益且不违反委托人明示或可推定的意思,则行纪人有权请求委托人支付保险费及自支出时起的利息。[3] 对此,有学说认为行纪人自动投保的,投保费用归为行纪费用,[4]若归为行纪费用,依《民法典》第952条,原则上应由行纪人负担行纪费用,并不能要求委托人返还。从理论上来说,此等“保险费用”并不构成《民法典》第952条意义上“行纪人处理委托事务支出的费用”,故得以依无因管理构成要求委托人返还此等保险费。原因在于,投保并非行纪人处理委托事务之内容,而是为避免委托人利益受损的额外作为,因此亦非处理事务支出之费用,在不违背本人意思之前提下,有无因管理费用返还请求权。

委托物投保费用

4. 价格遵守义务

行纪人作为行纪事务的受托人,其亦须遵循委托人之指示处理行纪事务。但《民法典》第955条就行纪人遵循委托人的价格指示作出了特别规定,行纪人得以通过补偿差额的方式而缓和此等遵循指示的义务。在委托人指定了价格时,行纪人需遵循此等价格指示。不遵循此等价格指示之情形,通常包括两类:一类是不利于委托人的价格指示义务违反,如以更高价格买入或以更低价格卖出;另一类则是有利于委托人的价格指示义务违反,如以更低价格买入或者以更高价格卖出。实践中,行纪人为了行纪事务的完成和行纪目的的达成,通常会灵活地调整买卖价格,以促成贸易活动。

行纪人违反价格遵守义务而从事交易行为致使委托人不利者,需经委托人同意,否则委托人有权拒绝受领或者有权否认受领。但是,行纪人可以通过负担差额而排除委托人的否认权。这是因为委托人的目的在于以一定价格达成买卖的结果,行纪人负担差额即已使此目的在经济上达到了。为此,《民法典》第955条第1款规定:“行纪人低于委托人指定的价格卖出或者高于委托人指定的价格买入的,应当经委托人同意;未经委托

[1] 周江洪:《服务合同立法研究》,法律出版社2021年版,第333页。
[2] 当然,就不可归责于双方当事人事由的服务给付履行不能如何处理,仍有进一步探讨之必要。参见周江洪:《服务合同立法研究》,法律出版社2021年版,第335页。
[3] 黄薇主编:《中华人民共和国民法典合同编解读》(下册),中国法制出版社2020年版,第1450页。
[4] 韩世远:《合同法学》(第2版),高等教育出版社2022年版,第578页。

人同意,行纪人补偿其差额的,该买卖对委托人发生效力。”当然,行纪人负担了差额的,只是发生排除委托人否认权的效果,并不因此而免除行纪人因违反价格遵守义务而可能发生的责任,如果因此义务违反而使委托人遭受损害,行纪人尚需负赔偿责任。比如,行纪人故意以低于指定价格卖出,导致物的价格暴跌,委托人尚有大量的该物存货,因此遭受损害的,行纪人在负担差额之外,尚要负损害赔偿的义务。[1] 另外,《民法典》第955条第1款所谓的“该买卖对委托人发生效力”,意指“委托人应依行纪合同受领该买卖的结果”,而并不是说行纪合同情形亦为效果直接归属模式,也不是说该买卖合同对于委托人产生直接的约束力。原因在于,依《民法典》第958条的规定,行纪中的实行行为,其效果直接归属于行纪人,并不对委托人直接产生效果。[2] 而且,即使未经委托人之同意,以对委托人不利之价格与第三人订立合同之情形,对于该合同之相对人而言,即使行纪人未补偿其差额,也并不影响行纪人与第三人之合同效力,违反价格遵守义务之合同仅对委托人不生效力,并不妨碍行纪人与第三人订立之合同。

补偿差额的法律效果

行纪人违反价格遵守义务而从事交易行为致使委托人有利的,因行纪人乃是为委托人之利益从事贸易活动,故其利益应当归属于委托人。此种情形,当事人约定有报酬增加条款的,行纪人可依约定请求增加报酬,即行纪人高于委托人指定的价格卖出或者低于委托人指定的价格买入的,可以按照约定增加报酬;没有约定或者约定不明确,依据《民法典》第510条的规定仍不能确定的,该利益属于委托人(《民法典》第955条第2款)。

但是,委托人就价格指示有可能有特别的考虑。例如,通过降价促销以占领更大的市场,或者是为了快速去库存而特别指定低价销售等。此时,“委托人对价格有特别指示的,行纪人不得违背该指示卖出或者买入”(《民法典》第955条第3款)。此时,行纪人并不能通过负担差额以排除委托人否认权。即使行纪人弥补价格差额,委托人也可以拒绝接受该行为的效果。[3] 《民法典》第955条第3款之所以如此规定,原因主要在于以下几点:第一,在行纪关系中,行纪人是为委托人的利益服务的,而委托人才是其利益的最佳和最终判断者。第二,在特别的场合,委托人可能有更为长远的利益规划。行纪人违背委托人的指示,虽然会给委托人带来短期收益,但也可能会导致其丧失长远利益。对于委托人而言,这显然是得不偿失的。第三,行纪关系的存续以行纪人与委托人之间相互信任为基础,倘若行纪人违背委托人的特别指示,将会严重损害委托人的信任,进而危及行纪关系的存续。[4]

特别指示价格

(二)行纪人的权利

1. 行纪人的介入权

在代理之情形,《民法典》严格禁止“自己代理”(《民法典》第168条第1款)。行纪情形下,行纪人自己可以作为交易的相对人,这是行纪人与代理人的区别之一。由于行

---

〔1〕 韩世远:《合同法学》(第2版),高等教育出版社2022年版,第579页。
〔2〕 周江洪:《关于〈民法典合同编〉(草案)(二次审议稿)的若干修改建议》,载《法治研究》2019年第2期。
〔3〕 黄薇主编:《中华人民共和国民法典合同编解读》(下册),中国法制出版社2020年版,第1455页。
〔4〕 王轶等:《中国民法典释评·合同编·典型合同》(下卷),中国人民大学出版社2020年版,第566页。

纪人利益与委托人利益存在冲突的可能,且行纪人的介入权的行使乃是形成权之行使,一旦表示介入则该买卖契约成立,不以委托人之承诺为要件,[1]因此行纪人自己作为买受人或者出卖人时,要承认其效力,需具备严格的要件,以保证委托人的利益不受损。对此,《民法典》第956条第1款规定:“行纪人卖出或者买入具有市场定价的商品,除委托人有相反的意思表示外,行纪人自己可以作为买受人或者出卖人。”行纪人行使此等介入权,需具备不存在委托人相反的意思表示以及所从事贸易活动涉及的商品具有市场定价两个要件。于此情形下,同样属于完成了行纪事务,且不损害委托人之利益,故行纪人仍然应当享有报酬请求权,即“行纪人有前款规定情形的,仍然可以请求委托人支付报酬”(《民法典》第956条第2款)。值得注意的是,只要委托人没有相反的意思表示,即使违背委托人真实意愿,若委托人没有将此等意愿以意思表示的方式作出,行纪人仍然得以行使介入权。

关于此处“意思表示”的含义,从《民法典》第956条刻意强调“除委托人有相反的意思表示外”,而非如同有的域外规定强调“除有反对之约定外”来看,本书认为委托人相反的意思表示并不限于行纪合同中排除介入权的约定。当然,委托人相反的意思表示,并不能在行纪人行使介入权后作出;行纪人行使介入权前委托人无相反意思表示即已满足该要件,故在行使介入权以后作出的相反意思表示并不影响介入权的成立。

意思表示而非合同约定

行纪人行使介入权后,行纪人与委托人之间形成买卖合同关系。该买卖合同并不为行纪合同所吸收,行纪合同也不为买卖合同所吸收,两者独立存在。也就是说,若委托物存在瑕疵等,委托人既可以依买卖合同主张其权利,也可以依行纪合同上的债务不履行行使其权利。两者竞合之情形,则依竞合之法理予以处理。也正因如此,行纪人仍得以享有行纪合同上的报酬请求权。实际上,介入权行使后形成的两重合同关系分别为:作为实行行为的买卖合同与作为介入权基础的行纪合同。若买入行纪中产生的价款请求权依据买卖合同而产生,此时的买卖合同价款,并不能解释为《民法典》第952条意义上的“费用”,并非依行纪合同产生价款费用的请求权,而是依买卖合同产生的价款请求权。

行纪合同与买卖合同相互独立

2. 行纪人对瑕疵委托物的合理处置

《民法典》第954条规定:“委托物交付给行纪人时有瑕疵或者容易腐烂、变质的,经委托人同意,行纪人可以处分该物;不能与委托人及时取得联系的,行纪人可以合理处分。”此处的“处分”,并非处分权意义上处分,而是合理处置意义上的处分。委托人交由行纪人出售之委托物,无论是否移转所有权,都应授予处分权,否则行纪人无法通过出售以完成行纪事务;而对于买入之物,则行纪人直接享有权利和承担义务,行纪人对该物享有所有权,当然亦有处分权。故无论是否为瑕疵物,行纪人均有处分权当无疑。对此,有

[1] 有学说认为,行纪人行使介入权的结果成立买卖合同,并非经过了行纪人与委托人之间要约、承诺的合同成立程序。参见崔建远:《合同法》(第4版),北京大学出版社2021年版,第679页。但亦有学说认为介入权作为形成权的行使,其行使具有两方面的作用:一为具有要约之性质;二为拟制委托人具有承诺之默示,契约仍系因双方之意思表示合致而成立,而非行纪人介入权之行使直接发生买卖契约之成立。参见林诚二:《民法债编各论》(中册),中国人民大学出版社2007年版,第240页。

观点认为,此处的处分不限于物权性处分,还包括事实性处分以及债法上的处分(比如出租)。[1] 本书认为,《民法典》第954条意义上的处分,并非此等处分权意义上的处分,而是为了委托人利益之合理处置。

委托物的范围争议

《民法典》第954条规定的"委托物",是仅指委托人所交付之委托物,还是也包括第三人所交付之委托物,多数学说认为应当是或者原则上应当是委托人交付的委托物。例如,有观点认为,此处的"委托物",应当为委托人所交付;如果是第三人所交付,行纪人自应不予受领,或者在受领后及时交付委托人。[2] 亦有观点认为,原则上应当系委托人所交付。如果涉案的委托物真的系由第三人所交付,委托物在出现《民法典》第954条所涉情形时,按照日常生活经验法则,行纪人不会丧失理性而从事高风险行为,故行纪人自应不予受领。如果行纪人是基于委托人的特别指示而受领,由于存在高风险,行纪人当会及时向委托人转交。[3] 亦有观点认为此处的"处分委托物"仅指处分委托出售之物,除非万不得已,不包括处分购入之物,以达到委托人签订行纪合同的目的。[4] 如此限缩解释,是否符合《民法典》第954条之本义,尚有探讨空间。首先,对于第三人交付的瑕疵之物,行纪人并非一概得以拒绝受领。除了委托人有特别指示之情形,作为出卖人的第三人交付瑕疵之物时,行纪人作为买受人得以拒绝受领的前提是"因标的物不符合质量要求,致使不能实现合同目的"(《民法典》第610条)。更何况,若标的物自然性质上就是容易腐烂、变质的标的物,此时更难以拒绝受领。其次,不少观点认为若受领上述瑕疵之物应当及时转交,但《民法典》第954条规定的情形之一就在于"不能与委托人及时取得联系",此时转交标的物本身存在困难,应当允许行纪人为了委托人利益合理处置标的物。因此,本书认为《民法典》第954条的"委托物",并不限于委托人交付的委托物,还应当包括第三人交付的委托物。当然,需注意的是,《民法典》第954条规定的是委托物交付时存在瑕疵或者容易腐烂、变质,而并非针对交付后出现的瑕疵或者腐烂、变质。委托物交付后出现瑕疵或者腐烂、变质的,若是由于行纪人之原因引起,应当作为妥善保管义务之违反而由行纪人承担违约责任;若是因不可归责于行纪人之事由引起,行纪人亦负有防止损失扩大的义务,参照适用《民法典》第922条应采取妥善处理行纪事务之相应措施。

二、委托人的义务

(一)报酬支付义务

报酬支付义务是行纪合同中委托人的主给付义务之一。《民法典》第951条关于行纪合同的定义中规定了委托人的报酬支付义务。不仅如此,《民法典》第959条还规定

---

[1] 徐涤宇、张家勇主编:《〈中华人民共和国民法典〉评注》(精要版),中国人民大学出版社2022年版,第980页。

[2] 魏耀荣等:《中华人民共和国合同法释论》(分则),中国法制出版社2000年版,第593~594页。

[3] 最高人民法院民法典贯彻实施工作领导小组主编:《中华人民共和国民法典合同编理解与适用(四)》,人民法院出版社2020年版,第2678页。

[4] 崔建远:《合同法》(第4版),北京大学出版社2021年版,第678页。

了委托人报酬支付义务与事务完成之间的关系，规定了比例报酬，即“行纪人完成或者部分完成委托事务的，委托人应当向其支付相应的报酬。委托人逾期不支付报酬的，行纪人对委托物享有留置权，但是当事人另有约定的除外”。依该条规定，若当事人之间没有另行约定，委托人的报酬支付义务或行纪人的报酬请求权始于完成事务时，部分完成的，则委托人支付比例报酬。也就是说，行纪合同与其他服务类合同相一致，以报酬后付为原则。有学说认为，该事务的完成，通常要求行纪人将卖出行纪情形下出卖委托物的价金或将买入行纪情形下的购入商品交付给委托人。[1] 但该观点有待商榷。原因在于，若移交委托物后始产生报酬请求权，就不可能产生《民法典》第959条意义上的留置权。因此，委托人支付报酬的条件为行纪行为的实行，而并非行纪人与委托人之间的执行行为之后，否则《民法典》第959条的留置权没有任何意义，除非特别约定了报酬支付时期，否则已移交委托物之情形，无从留置。

报酬支付义务产生时点

与《民法典》第928条中委托合同的报酬规则不同，《民法典》第959条并未强调部分完成行纪事务时是否可归责于受托人的事由，仅规定“部分完成委托事务的”即可请求相应的报酬，并无不可归责于行纪人之要求。部分释义书认为，如果因可归责于行纪人的事由导致其不能完成委托的行纪事务，行纪人丧失报酬请求权，委托人可以不向行纪人支付相应的行纪报酬。[2] 但本书认为，从所委托处理事务的性质来看，受托人的主给付义务是处理委托事务，若未约定特定的结果义务，即使因可归责于受托人之事由而不能完成事务，受托人仍然提供了具体的劳务、处理了事务，委托人对此仍应支付相应的比例报酬。而对于因可归责于受托人之事由引起的事务不能完成给委托人造成的损害等，则完全可以根据《民法典》第929条予以处理。也就是说，受托人的报酬请求权与委托人的损害赔偿请求权，完全可以同时存在。因此，从这层含义上来说，《民法典》第928条第2款的反对解释，应当予以限制，应当肯定即使存在可归责于受托人之事由，亦应肯定受托人之比例报酬请求权。同样地，《民法典》第959条并未强调是否可归责于行纪人亦并无问题。因此，行纪人是否享有比例报酬请求权，关键在于其是否部分完成了行纪事务，而不是其是否具有可归责性。报酬请求权与损害赔偿责任完全可以区分考虑。当然，行纪人要享有比例报酬请求权，亦需符合特定的要求，即行纪人完成的部分行纪事务本身具有相对独立性和可分割性，对于其他未完成的行纪事务和整体行纪事务不会产生不利影响。[3]

比例报酬

委托人的报酬支付义务，亦有一些特殊情形，《民法典》行纪合同章对此也作了特别规定。例如，行纪人违反价格遵守义务而从事交易行为但对于委托人有利情形的报酬增加请求权（《民法典》第955条第2款），行纪人行使介入权情形的行纪人报酬请求权

---

〔1〕 谢鸿飞、朱广新主编：《民法典评注·合同编·典型合同与准合同》（第4册），中国法制出版社2020年版，第394页。

〔2〕 谢鸿飞、朱广新主编：《民法典评注·合同编·典型合同与准合同》（第4册），中国法制出版社2020年版，第394页。

〔3〕 谢鸿飞、朱广新主编：《民法典评注·合同编·典型合同与准合同》（第4册），中国法制出版社2020年版，第394页。

(《民法典》第956条)。

委托人违反报酬支付义务的,应当承担违约责任。委托人迟延履行此等义务的,行纪人享有留置权,即"委托人逾期不支付报酬的,行纪人对委托物享有留置权,但是当事人另有约定的除外"(《民法典》第959条后段)。但是亦有观点认为,行纪人之留置权并无必要,反而不如直接规定行纪人对于买入物或者委托物的拍卖或提存权。该观点认为,卖出行纪之情形,行纪人获得了相应的价款,该价款并非委托人的委托物,不成为留置的对象;买入行纪之情形,该委托物被转交给委托人之前,物的所有权归属于行纪人而非委托人,债权人留置自己的物是没有意义的。[1] 当然,若认为《民法典》第959条意义上的留置权,并非《民法典》第447条意义上的一般留置权,而是行纪合同领域的特别留置权,所留置的对象并不限于委托人之财产,则留置归属于行纪人而非委托人之委托物亦无妨。[2]

(二)委托人的受领义务

就买入行纪而言,行纪人按照约定买入的委托物,应转交给委托人,而委托人应及时受领。如果委托人不及时受领,将会加重行纪人保管委托物的负担,亦可能面临委托物毁损灭失之风险。故《民法典》第957条规定了委托人的及时受领义务和行纪人的提存权,即"行纪人按照约定买入委托物,委托人应当及时受领。经行纪人催告,委托人无正当理由拒绝受领的,行纪人依法可以提存委托物"(《民法典》第957条第1款)。委托人的受领义务属于不真正义务。[3] 此外,《民法典》第589条关于受领迟延的规定,亦同样适用于行纪合同中委托人无正当理由拒绝受领之情形。

(三)特定情形的取回或处分义务

就卖出行纪而言,既可能存在委托物无法卖出的情况,亦可能存在因行纪人遵循委托人撤回出卖的指示而不再卖出的情况,于此情形下,若委托人不取回或未对委托物适当处置,同样会增加行纪人保管委托物的负担。故《民法典》第957条第2款规定,"委托物不能卖出或者委托人撤回出卖,经行纪人催告,委托人不取回或者不处分该物的,行纪人依法可以提存委托物"。

值得注意的是,有释义书认为行纪人享有拍卖权,认为拍卖权是指委托人无故拒绝受领或者不取回出卖物时,法律赋予行纪人依照法定程序将委托物予以拍卖的权利,并认为行纪人可以优先受偿,从拍卖后的价款中扣除委托人应付的报酬、偿付的费用以及赔偿金等,如果还有剩余,行纪人应当交给有关部门进行提存。[4] 部分立法例中确实存在关于行纪人的拍卖权规定。但是,就《民法典》行纪合同章而言,其并未规定行纪人的拍卖权。根据《民法典》第570条的规定,只有标的物不适于提存或者提存费用过高的,债务人依法可以拍卖或者变卖标的物,提存所得的价款。因此,除非《民法典》第570条

---

[1] 韩世远:《合同法学》(第2版),高等教育出版社2022年版,第583页。

[2] 关于一般留置权和特别留置权的区分,参见章程:《论我国留置权的规范适用与体系整合——民法典时代的变与不变》,载《法商研究》2020年第5期。

[3] 崔建远:《合同法》(第4版),北京大学出版社2021年版,第681页。

[4] 黄薇主编:《中华人民共和国民法典合同编解读》(下册),中国法制出版社2020年版,第1460页。

意义上的不适于提存或者提存费用过高的例外情形,原则上行纪人无权采取拍卖措施,否则可能因损害委托人的利益而要承担损害赔偿责任。[1]

三、委托合同相关规定的参照适用

《民法典》第960条规定,"本章没有规定的,参照适用委托合同的有关规定"。但如何参照适用,应视具体情况分析:

1.《民法典》第921条关于委托人负担费用的原则,并不能参照适用于行纪合同情形。原因在于,《民法典》第952条已就行纪事务处理的费用负担作了不同规定。

2.《民法典》第922条关于受托人按照委托人的指示处理委托事务的义务和情况紧急情形下的变更指示妥善处理义务的规定,同样得以适用于行纪人之情形。[2] 虽然《民法典》第954条规定了行纪人的合理处置权利,同时也在《民法典》第955条规定了价格遵守义务,但并未就行纪人应当按照委托人的指示处理事务以及紧急情况下的变更指示妥善处理事务作出规定,此等规定同样适用于行纪人之情形。当然,就价格指示而言,存在通过负担差额拒绝委托人的否认权等例外情况。

3.《民法典》第923条关于受托人亲自处理委托事务的规定,亦同样得以参照适用于行纪合同。作为服务类合同的原则之一,行纪人同样负有亲自处理行纪事务之义务,但该义务并不妨碍行纪人使用履行辅助人履行义务。

4.《民法典》第924条关于受托人报告义务的规定,得以参照适用于行纪合同情形,行纪人亦负有此等报告义务。[3] 行纪人在行纪事务处理过程中需及时将行纪事务具体进展向委托人报告,在行纪事务结束后,行纪人应当及时将相应的情况向委托人进行报告。

5.《民法典》第925条、第926条并不能参照适用于行纪合同情形。[4] 从行纪的特殊性来看,《民法典》第925条、第926条以代理关系的存在为前提,其隐含着受托人所从事行为的效果直接归属于委托人的可能,而不同于行纪人所从事的贸易行为的效果间接归属。不仅如此,《民法典》第958条就委托人、行纪人与第三人之间的关系已作特别规定,并无参照适用《民法典》第925条、第926条之可能。

6.《民法典》第927条关于受托人移交财产的义务的规定,得以参照适用于行纪合同

---

〔1〕 最高人民法院民法典贯彻实施工作领导小组主编:《中华人民共和国民法典合同编理解与适用(四)》,人民法院出版社2020年版,第2691页。

〔2〕 最高人民法院民法典贯彻实施工作领导小组主编:《中华人民共和国民法典合同编理解与适用(四)》,人民法院出版社2020年版,第2702页;黄薇主编:《中华人民共和国民法典合同编解读》(下册),中国法制出版社2020年版,第1464页。

〔3〕 最高人民法院民法典贯彻实施工作领导小组主编:《中华人民共和国民法典合同编理解与适用(四)》,人民法院出版社2020年版,第2703页;黄薇主编:《中华人民共和国民法典合同编解读》(下册),中国法制出版社2020年版,第1464页;谢鸿飞、朱广新主编:《民法典评注·合同编·典型合同与准合同》(第4册),中国法制出版社2020年版,第399页。

〔4〕 崔建远:《合同法》(第4版),北京大学出版社2021年版,第675~676页;最高人民法院民法典贯彻实施工作领导小组主编:《中华人民共和国民法典合同编理解与适用(四)》,人民法院出版社2020年版,第2705页。

情形。[1] 也就是说,在行纪合同中,行纪人处理委托事务时取得的财产,也应当转交委托人。事实上,《民法典》第957条关于委托人及时受领义务以及委托人的及时取回与处分义务的规定,也意味着行纪人负有此等义务。

7.《民法典》第928条关于委托人报酬支付义务的规定,无须参照适用。原因在于,《民法典》第959条就行纪人的报酬请求权已作出专门规定。

8.《民法典》第929条关于有偿委托人损害赔偿责任的规定,原则上可以参照适用于行纪合同情形。《民法典》行纪合同章并未就行纪人违反行纪事务处理义务等情形作出损害赔偿方面的规定,故得以参照适用。但在参照适用时,应当注意《民法典》第958条关于因第三人不履行义务致使委托人受到损害时的行纪人赔偿责任的规定。依后者规定,此种情形,并不以行纪人存在过错为损害赔偿责任的要件。

9.《民法典》第930条不能参照适用于行纪合同情形。该条规定了受托人因不可归责于自己的事由受损时的委托人责任。该条规定与《民法典》第921条的规定相辅相成,均表明委托合同中受托人是以委托人之费用处理事务。此等"费用"甚至会包括受托人因不可归责于自身事由的损失赔偿。但与此不同,根据《民法典》第952条的规定,行纪人原则上以自己费用来完成行纪事务,与委托合同中受托人以委托人之费用完成委托事务并不相同,连支出的费用原则上都不能向委托人要求偿付,至于不可归责于行纪人本身造成的损害,就更不能向委托人转嫁。

10.《民法典》第933条规定了委托合同中的任意解除权及其损害赔偿,该条能否参照适用于行纪合同情形,存在争议。从《民法典》第957条关于委托人撤回出卖的规定来看,委托人得以任意解除行纪合同并无问题,否则委托人撤回出卖之说就无从说起。实践中亦有不少案例肯定了委托人的任意解除权。[2] 就行纪人能否任意解除而言,本书认为只要损害赔偿责任得以平衡双方当事人之利益,并无必要将行纪人束缚在行纪合同之中;对于行纪人本身已不愿处理之行纪事务,否定其任意解除的退出可能性,反而不利于行纪事务的开展——即使开展行纪事务,也可能不会为了委托人利益而稳妥处理行纪事务,甚至会损害委托人之利益。在这点上,与注重结果实现之承揽合同并不相同,行纪合同中虽然以完成行纪事务作为报酬发生的条件,但其仍然更多地接近于委托合同,体现为手段债务的事务处理义务,而并非结果实现义务。从这层意义上来说,也没有必要如同承揽合同一样,将任意解除权只限于定作人一方。因此,在《民法典》未就行纪合同的任意解除作出特别规定的情况下,委托人或行纪人享有任意解除权这一点可以参照适用委托合同的规定。实践中亦有不少案例肯定了行纪合同情形下双方当事人的任意

---

〔1〕 最高人民法院民法典贯彻实施工作领导小组主编:《中华人民共和国民法典合同编理解与适用(四)》,人民法院出版社2020年版,第2703页;黄薇主编:《中华人民共和国民法典合同编解读》(下册),中国法制出版社2020年版,第1465页;谢鸿飞、朱广新主编:《民法典评注·合同编·典型合同与准合同》(第4册),中国法制出版社2020年版,第399页。

〔2〕 例如,中澳生物科技有限公司与新疆彩云牧歌农牧生态科技有限公司、陈某云行纪合同纠纷案,伊犁哈萨克自治州分院(2019)新40民终1790号民事判决书;佛山市顺德区蕾驰家具有限公司与佛山市弗克斯家具有限公司、刘某芳行纪合同纠纷案,广东省佛山市中级人民法院(2021)粤06民终12831号民事判决书等。

解除权。

11.《民法典》关于委托合同终止的规定，可参照适用于行纪合同情形。[1]《民法典》委托合同章第 934～936 条就委托合同终止的情形以及相应主体的义务作了规定，但《民法典》行纪合同章并未规定行纪合同的终止，委托合同的相关规定得以参照适用于行纪合同。

拓展阅读文献

1. 杜景林：《行纪中的给付障碍和法律救济——兼论〈合同法〉相关规则的问题及解决》，载《法律科学（西北政法大学学报）》2014 年第 3 期。
2. 尹田：《民事代理之显名主义及其发展》，载《清华法学》2010 年第 4 期。
3. 沈四宝、汪渊智：《我国外贸代理制度的法律冲突及其消解》，载《暨南学报（哲学社会科学版）》2007 年第 6 期。
4. 其木提：《论行纪合同委托人的取回权》，载《环球法律评论》2005 年第 1 期。

[1] 谢鸿飞、朱广新主编：《民法典评注·合同编·典型合同与准合同》（第 4 册），中国法制出版社 2020 年版，第 401 页。

第十八章　中介合同

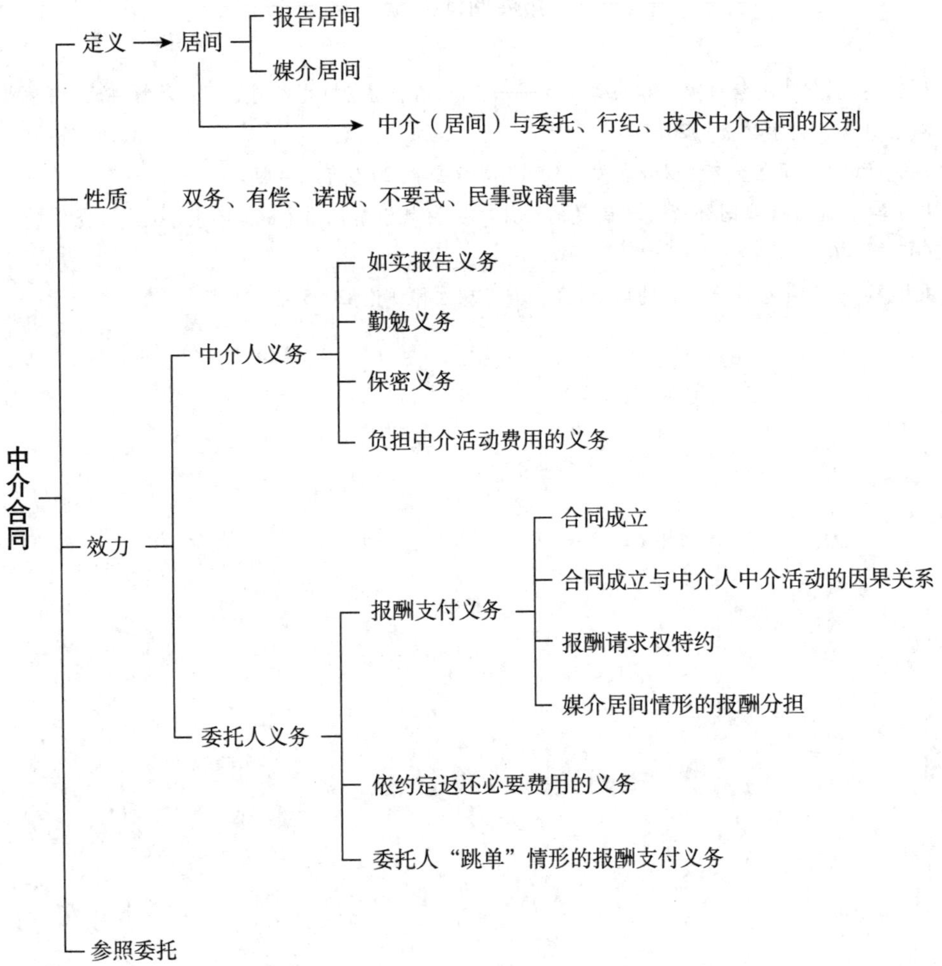
中介合同
定义
居间
报告居间
媒介居间
中介（居间）与委托、行纪、技术中介合同的区别
性质
双务、有偿、诺成、不要式、民事或商事
效力
中介人义务
如实报告义务
勤勉义务
保密义务
负担中介活动费用的义务
委托人义务
报酬支付义务
合同成立
合同成立与中介人中介活动的因果关系
报酬请求权特约
媒介居间情形的报酬分担
依约定返还必要费用的义务
委托人“跳单”情形的报酬支付义务
参照委托

设　例

1. 王某为购置住宅，与某房产中介公司签订合同，委托该中介公司寻找合适房源。在该中介公司中介下，王某与李某达成商品房买卖合同。后发现李某存在欺诈，王某行使撤销权，撤销了该商品房买卖合同。问：

王某能否请求该房产中介公司返还中介报酬？

2. 张某为购置住宅，与某房产中介公司签订合同，委托该中介公司寻找合适房源。该中介公司工作人员陪同张某现场物色了多处房产，张某选中孙某拥有的某房产，并委托该中介公司进一步交涉交易价格等。该中介公司与孙某达成300万元出售给张某的初步意向。后张某得知孙某乃是朋友的朋友，遂通过其朋友自行交涉，并达成以280万元购入该房屋的商品房买卖合同。问：

(1)该中介公司能否要求张某承担违约责任？

(2)该中介公司能否要求张某支付中介报酬？

中介合同是原《合同法》确立的典型合同之一，《民法典》不仅将原《合同法》的“居间”改为“中介”，而且新增了“禁止跳单”规则以及中介合同参照适用委托合同规则的规定等。[1] 将“居间合同”改为“中介合同”，主要是为便于人民群众理解。[2] 而增加参照适用委托合同规则的导入，亦说明对居间合同的认识较之原《合同法》有了变化。另外，我国古代也有居间。战国时期称“驵”“驵侩”，魏晋南北朝称“互郎”，唐朝称“牙人”，至宋代时形成了较为系统的居间法律制度，元明清加以承继。[3] 但原《合同法》上的居间合同制度受到了欧陆比较法制度变迁的影响，特别是从居间合同报酬规则上可以看出部分端倪。[4]

第一节　中介合同概述

一、中介合同的概念和性质

中介合同是中介人向委托人报告订立合同的机会或者提供订立合同的媒介服务，委托人支付报酬的合同(《民法典》第961条)。传统理论一般称其为“居间合同”，[5] 包括报告居间和媒介居间。前者指的是中介人向委托人报告订立合同机会的居间；所谓报告订约机会，是指中介人接受一方委托人的委托，寻觅、搜索信息报告委托人，从而提供订

〔1〕 周江洪：《民法典合同编的制度变迁》，载《地方立法研究》2020年第5期；周江洪：《民法典中介合同的变革与理解——以委托合同与中介合同的参照适用关系为切入点》，载《比较法研究》2021年第2期。

〔2〕 黄薇主编：《中华人民共和国民法典合同编解读》(下册)，中国法制出版社2020年版，第1466页。

〔3〕 吕志兴：《我国古代居间制度及其借鉴》，载《当代法学》2002年第6期。

〔4〕 周江洪：《民法典中介合同的变革与理解——以委托合同与中介合同的参照适用关系为切入点》，载《比较法研究》2021年第2期。

〔5〕 未特别说明，本书不区分居间和中介、居间人和中介人的表述。

立合同的机会。后者指的是提供订立合同媒介服务的居间；所谓提供订立合同的媒介服务，是指介绍双方当事人订立合同，中介人不但要向委托人报告订约的机会，还要进一步斡旋于委托人与第三人之间，努力促成其合同成立。[1]

有偿、单务合同

中介合同为有偿、单务、诺成、不要式合同。与买卖合同等典型双务合同中的“有偿”相比，中介合同中的“有偿”的性质并不相同。虽然中介人达成媒介居间或报告居间目标时具有报酬请求权，但该报酬请求权并非中介人所负担义务之对价；中介人原则上并不负担积极义务，只承担消极的告知义务。中介人并不负有积极查找、调查交易对手或交易对象的义务，只是负有如同《民法典》第962条规定的消极的如实报告义务而已。[2] 中介合同，只不过是使得中介人获得了一个取得报酬的机会，而取得报酬的前提是促成合同的成立。因此，其本质上与委托合同中受托人依委托人要求积极处理受托事务并不相同。[3]

二、中介合同与相关合同的比较

（一）中介合同与委托合同

《民法典》第966条规定，“本章没有规定的，参照适用委托合同的有关规定”。据此，中介合同被定位为特殊的委托合同。但两者也存在不同，中介合同并非纯粹意义上的委托合同子类型，故法律亦仅规定“参照适用”而非“适用”。

两者所处理的事务类型不同。中介合同中，中介人所处理的事务为报告订立合同的机会或提供促成合同成立的媒介服务；委托合同中委托人得以处理的事务范围广泛。

中介合同为有偿单务合同；委托合同则无偿有偿均可，有偿情形则为双务合同。虽然实践中亦存在无偿居间，但《民法典》第961条仅规定了需支付报酬的有偿中介合同。同时，同为有偿之情形，委托合同与中介合同的报酬请求权发生的条件和报酬支付义务主体不同。

报酬请求权构成

中介合同中，中介人不介入委托人与相对人之间的合同关系，仅提供报告缔约机会或者促成合同成立的媒介服务；在委托合同中，会存在代理权授予的情形，且受托人缔结的合同在特定情形下亦可能实质上约束受托人和第三人（《民法典》第925条、第926条）。

中介合同与委托合同的事务处理费用负担规则不同。中介合同中，中介人促成合同成立的，中介活动的费用由中介人负担（《民法典》第963条第2款），未促成合同成立的，则可以依约定请求委托人支付从事中介活动支出的必要费用（《民法典》第964条）；在委托合同中，委托人应当负担受托人处理委托事务的费用（《民法典》第921条）。

（二）中介合同与行纪合同

中介合同与行纪合同均为特殊的委托合同，但两者之间存在不同。

---

〔1〕 黄薇主编：《中华人民共和国民法典合同编解读》（下册），中国法制出版社2020年版，第1470页。

〔2〕 周江洪：《关于〈民法典合同编〉（草案）（二次审议稿）的若干修改建议》，载《法治研究》2019年第2期。

〔3〕 周江洪：《民法典中介合同的变革与理解——以委托合同与中介合同的参照适用关系为切入点》，载《比较法研究》2021年第2期。

两者所处理的事务不同。行纪合同中，行纪人以自己的名义为委托人之利益从事贸易活动，完成行纪事务需要与第三人缔结合同，其从事的是法律行为。而中介合同所提供的服务，无论是报告缔约机会的服务还是媒介服务，均非法律行为。

中介人和行纪人在与第三人的关系上不同。行纪合同中，行纪人以自己的名义缔结合同，且对该合同直接享有权利、承担义务(《民法典》第958条)。中介合同中，中介人并不以自己名义与第三人缔结合同，且对该合同不享有权利和承担义务。

与第三人的关系

中介人和行纪人在是否享有介入权上不同。行纪合同中，行纪人自己可以作为买受人或者出卖人(《民法典》第956条)。中介合同中，中介人并不享有此等介入权。

中介合同与行纪合同的费用负担及报酬规则不同。除当事人另有约定外，行纪人应当自己负担处理行纪事务的费用(《民法典》第952条)。中介人中介活动的费用，则因是否促成合同成立而不同，促成合同成立之情形，由中介人负担；未促成合同成立的，则可以依约定向委托人请求负担费用。在报酬规则上，行纪人仅从委托人一方取得报酬，但中介人促成合同成立的，可以由所促成合同的双方当事人平均负担报酬。

(三)中介合同与技术中介合同

《民法典》第887条将技术中介合同作为技术服务合同之一予以规定。技术中介合同，是指当事人一方以知识、技术、经验和信息为另一方与第三人订立技术合同进行联系、介绍以及对履行合同提供专门服务所订立的合同(《技术合同解释》第38条)。虽然技术中介合同名为“中介合同”，《技术合同解释》的规则也多参考中介合同的相关规则，但其与《民法典》中介合同章中的中介合同存在诸多不同。

1. 两者所提供的服务内容不同。《民法典》中介合同章规定的中介合同只是提供报告缔约机会和合同订立的媒介服务，并不包括合同履行环节的服务；技术中介合同还包括为所订立的技术合同的履行提供服务。技术中介合同中“中介”的含义，与生活用语中的“中介”含义更为一致。当然，在中介行业的实践中，特别是不动产中介行业，中介营业者除提供报告居间和媒介居间服务以外，时常也会提供与所促成合同履行相关的服务。但中介行业提供的此类服务，实质上是《民法典》中介合同的中介服务与其他给付的混合，属于混合合同。

2. 技术中介合同与中介合同的费用负担规则不同。技术中介合同中中介人从事中介活动的费用，是指中介人在委托人和第三人订立技术合同前，进行联系、介绍活动所支出的通信、交通和必要的调查研究等费用(《技术合同解释》第39条)。虽然技术中介费用也是合同订立过程中提供服务的费用，且原则上由中介人承担，亦区分了促成技术合同成立情形的费用负担和未促成技术合同成立情形的必要费用负担，但《技术合同解释》在规定费用由中介人承担的原则时，并没有如同《民法典》第963条第2款一样强调“促成合同成立”，在规定未促成技术合同成立情形的必要费用请求时也没有如同《民法典》第964条一样强调“按照约定请求”，亦即此等必要费用请求权，不以当事人之间有约定为必要。

3. 技术中介合同与中介合同的报酬规则不同。技术合同中的报酬所对应的服务，不仅包括合同订立过程中的服务，还针对合同履行过程中的服务，即“中介人的报酬，是指中介人为委托人与第三人订立技术合同以及对履行该合同提供服务应当得到的收益”（《技术合同解释》第39条第1款第2句）。而且，技术中介合同的报酬，原则上由委托人负担；若要由第三人予以承担，须有特别要件，即“当事人对中介人的报酬数额没有约定或者约定不明确的，应当根据中介人所进行的劳务合理确定，并由委托人承担。仅在委托人与第三人订立的技术合同中约定中介条款，但未约定给付中介人报酬或者约定不明确的，应当支付的报酬由委托人和第三人平均承担”（《技术合同解释》第39条第3款）。

报酬承担主体

第二节　中介合同的效力

一、中介人的义务

根据《民法典》第961条的规定，中介人应当提供报告缔约机会或者提供缔约媒介的服务，但中介人所提供的报告缔约机会或者提供媒介服务的劳务，除非另有特别约定，难谓中介人的给付义务，因为即便其不为此种劳务，或并未促成委托人缔约，也并非违约行为，委托人也不应享有相应的履行请求权。[1]

(一)如实报告义务

中介人虽然不负积极调查义务，但负有如实报告的义务。《民法典》维持了原《合同法》关于中介人不负积极调查义务的基本定位，即“中介人应当就有关订立合同的事项向委托人如实报告”（《民法典》第962条第1款）。订立合同的有关事项，包括相对人的资信状况、生产能力、产品质量及履约能力等，根据拟促成的合同的不同，其事项亦有不同。从文义上来说，就如实报告义务而言，其“只需就其所知道的情况如实报告给委托人”即可。[2] 但不少学说及实践都存在扩张解释的现象。例如，有观点认为，即使未规定调查义务，也并不意味着中介人完全不需要进行任何调查。[3] 司法实践中，亦有不少判决书认为如实报告义务，不仅包括报告，还包括对所报告信息的审核义务。[4] 甚至有法院裁判说理中隐含了营业居间应当负有积极调查义务之可能性。例如，有法院裁判认为，“林某装提供居间服务，就其所知悉的与订立合同有关的事项，负有向陈某昌如实报告的义务。但其并非以居间为营业，就陈某昌所主张洪潭水电公司隐名股东、资产负债情况等事项，不负有积极调查义务”。[5]

如实报告义务的扩张现象

中介人违反如实报告义务的，《民法典》中介合同章仅规定了故意隐瞒或提供虚假情况情形下的法律后果，并未对其他情形作规定，即“中介人故意隐瞒与订立合同有关

[1] 谢鸿飞、朱广新主编：《民法典评注·合同编·典型合同与准合同》（第4册），中国法制出版社2020年版，第426页。
[2] 黄薇主编：《中华人民共和国民法典合同编解读》（下册），中国法制出版社2020年版，第1476页。
[3] 谢鸿飞、朱广新主编：《民法典评注·合同编·典型合同与准合同》（第4册），中国法制出版社2020年版，第418页。
[4] 王轶等：《中国民法典释评·合同编·典型合同》（下卷），中国人民大学出版社2020年版，第582页。
[5] 陈某昌诉林某装居间合同纠纷案，最高人民法院（2017）最高法民申1976号民事裁定书。

的重要事实或者提供虚假情况，损害委托人利益的，不得请求支付报酬并应当承担赔偿责任”（《民法典》第962条第2款）。从该规定来看，中介人丧失报酬请求权及承担赔偿责任的要件在于：(1)违反如实告知义务，且限于故意隐瞒与订立合同有关的重要情况或者提供虚假情况之情形。(2)中介人主观上需故意，提供虚假情况亦限于“故意”之情形。“隐瞒”本身包含故意，不可能存在“过失隐瞒”之说法。从立法表述来看，“隐瞒”本无以“故意”来修饰限定之必要，“故意”一词旨在说明“提供虚假情况”亦需“故意”提供，始符合这一要件。(3)损害委托人利益。对此，有观点认为，居间人如果隐瞒与订立合同有关的重要事实或者提供虚假情况，至少已违反诚实信用原则和忠实义务，即使尚未给委托人造成损失，也丧失了报酬请求权。[1] 但从交易实践看，若存在即使中介人隐瞒事实或者提供虚假情况且委托人知晓此等事实被隐瞒或者知道所提供情况为虚假，但其并未陷入错误之状态，其订立合同并非根据此等事实或情况而订立，难谓损害委托人利益。另外，报酬请求权并非如实报告义务的对价，而是促成合同成立之结果；如实报告义务违反并不必然导致报酬请求权的丧失，仍需依《民法典》第962条第2款之“损害委托人利益”之要件进行判断。

拓　展

因中介人过失导致委托人利益受损时的损害赔偿责任

需要明确的是，《民法典》第962条仅是针对如实报告义务违反中的故意隐瞒或提供虚假情况作出了责任规定，对于其他情形并未作出规定。根据“明示其一则排除其他”的解释规则，过失未告知相关事项或者过失提供虚假情况的情形，不仅不适用该条规定，而且亦不因此而承担责任，否则《民法典》第962条尽可规定违反如实报告义务即应承担责任，而没有必要特别规定故意隐瞒或者提供虚假情况这两种特别情形。若如此解释，导入审核义务或者在营业居间情形下导入更为积极的调查核实义务等，都不符合《民法典》第962条的逻辑。若要肯定比《民法典》第962条更为苛刻的报告义务，则需当事人另有明确约定或得以通过当事人的合同解释出此等义务的存在，或者法律法规对特定的中介营业作出了特别的规定。当然，从立法论上考虑，赋予中介营业者必要的审核义务和一定的积极调查义务有其必要性，但如何在《民法典》中介合同章的框架下通过解释论扩张如实报告义务的内容，构建更加积极的如实报告义务，有必要寻求更多的理论基础支持。就司法实践中积极扩张中介人报告义务的趋势来看，其多数是不动产交易的中介服务。就不动产交易中介来看，中介业者根据合同内容提供的服务往往不限于报告居间和媒介居间服务，尚存在协助当事人办理公证、办理登记，协助履行等诸多内容，因此其并不是单纯的中介合同，而是混合合同，因此可能会存在较《民法典》规定的中介人义务更为严格的审核义务、调查义务等，亦是符合其合同内容构成的。

但是，在如实报告义务以外的其他领域，例如，泄露个人信息或商业秘密等问题，是否存在因中介人过失而承担损害赔偿责任的可能，仍需作适当分析。关于中介人的损害

---

〔1〕 魏耀荣等：《中华人民共和国合同法释论》（分则），中国法制出版社2000年版，第606页。

赔偿责任的问题,《民法典》只是在第962条第2款规定了故意隐瞒或提供虚假情况时的损害赔偿责任,并未对其他合同义务的违反问题作出规定。这里会涉及《民法典》第929条参照适用的可能性问题。因符合《民法典》第966条"本章没有规定"的形式条件,表面上看起来似乎存在参照适用的可能。但从解释论上来说,《民法典》第962条已限制了中介人的损害赔偿责任:只有在故意隐瞒或提供虚假情况时才会存在损害赔偿责任,排除了其他损害赔偿的请求权基础。其原因在于,中介人并不负有积极的调查义务等,并不存在如同《民法典》第929条意义上的"过错"等概念情形下的注意义务违反问题,因此根据其性质也不得参照适用。中介人的损害赔偿责任问题,应在第962条的范围内展开解释,而不是求助于关于委托合同的《民法典》第929条规定。即使有可能存在泄露商业秘密、泄露个人私密信息等侵害委托人利益的行为,也完全可以通过其他请求权构造予以解决,如侵权损害赔偿请求权构成等,而不能随意参照适用《民法典》第929条的规定。[1]

(二)勤勉义务

关于中介人的勤勉义务,虽然《民法典》编纂过程中有学者建议直接规定中介人的勤勉义务,[2]但原《合同法》及《民法典》均未作明确的规定。依《民法典》第966条规定参照适用委托合同的规定并据此导入受托人之义务,存在解释出勤勉义务之可能。中介人在履行这种媒介和报告义务中,应当尽到勤勉义务。例如,在当事人之间出现合意的分歧时,中介人应当尽力调解、斡旋,以促成合同的成立。[3] 另外,也有学说将其归纳为"尽力义务"。[4]

(三)保密义务

在居间合同中,居间人对在居间活动中获悉的委托人的有关商业秘密以及委托人提供的其他各种信息等,应当依照合同约定和法律规定保守秘密(《民法典》第509条对此作了规定)。另外,在隐名居间等特殊场合,尚有不得将委托人的商号等告知相对人等保密义务。

(四)负担中介活动费用的义务

《民法典》第963条第2款规定,"中介人促成合同成立的,中介活动的费用,由中介人负担"。而对于未促成合同成立之情形,依《民法典》第964条,若当事人另有约定的,则可以依照约定请求委托人支付从事中介活动支出的必要费用,没有约定的,则由中介人自行负担。

有必要说明的是未促成合同成立情形下的费用负担问题。原《合同法》第427条规定,未促成合同成立的情形下,中介人可以向委托人请求支付中介活动中支出的必要费

---

[1] 周江洪:《民法典中介合同的变革与理解——以委托合同与中介合同的参照适用关系为切入点》,载《比较法研究》2021年第2期。

[2] 郭泽喆:《居间人损害赔偿责任的司法认定——兼论民法典编撰中对〈合同法〉第425条规范漏洞的填补》,载《时代法学》2019年第3期。

[3] 王利明:《合同法》(下册),中国人民大学出版社2021年版,第424页。

[4] 崔建远:《合同法》(第4版),北京大学出版社2021年版,第685页。

用。[1] 但是，较原《合同法》第427条，《民法典》第964条增加了"按照约定"。所谓"按照约定"，也就是在未促成合同成立的情况下，中介人向委托人请求支付从事中介活动的必要费用，须以中介人和委托人之间存在合同未成立时中介人亦享有费用请求权的约定为前提。结合《民法典》第963条第2款和第964条的规定可知，中介活动的费用原则上由中介人自己负担。在没有特别约定的情况下，无论中介人是否促成合同成立，中介人都要自己负担从事中介活动的费用。从《民法典》的变化来看，除非当事人对此另有约定，否则不会有不同的费用负担规则。

未促成合同成立时的费用

二、委托人的义务

（一）报酬支付义务

报酬支付义务的发生，以中介人促成合同成立为前提。对此，《民法典》第963条第1款规定，"中介人促成合同成立的，委托人应当按照约定支付报酬。对中介人的报酬没有约定或者约定不明确，依据本法第五百一十条的规定仍不能确定的，根据中介人的劳务合理确定。因中介人提供订立合同的媒介服务而促成合同成立的，由该合同的当事人平均负担中介人的报酬"。同时《民法典》第964条规定："中介人未促成合同成立的，不得请求支付报酬……"据此，委托人报酬支付义务发生的两大要素是：合同成立；该合同由中介人促成，即合同成立与中介人中介活动之间存在因果关系。

1. 合同成立

报酬请求权需以"促成合同成立"为要件。关于合同虽成立但无效或被撤销或被解除情形下中介人是否具有报酬请求权，无论学理和实务，赞否两论均有之。本书认为，除非此等合同被解除、撤销、无效是因中介人原因引起（如第三人欺诈情形的撤销、恶意串通情形的无效、因中介人故意隐瞒事实或提供虚假情况使委托人陷入重大误解等），以及属于《民法典》第962条第2款之情形，否则合同的效力瑕疵或者被解除均不影响中介人的报酬请求权。事实上，在技术中介合同领域，《技术合同解释》就采取了类似的做法，中介人对合同效力瑕疵没有过错的，不影响报酬请求权（《技术合同解释》第41条第1款）。

所促成合同无效、被撤销或解除与报酬请求权

2. 合同成立与中介人中介活动的因果关系

一般认为，只要中介人能够证明其在委托人与第三人的合同订立之前，就提供了相应的活动，如向委托人报告了第三人的有关情况，或者经常参与到双方的谈判中，一般就可以认为中介人的这些行为与合同的成立具有因果关系。但是，在多人报告缔约机会或参与媒介服务之情形下，如果对所有居间人都赋予完全报酬请求权，又似乎过分增加了委托人的负担，难谓公平。因此，有观点主张，在多人介入居间促成合同成立之情形下，就会出现中介人只享有分割报酬之可能。[2] 当然，对于委托人召入多人参与中介，进而促成合同成立之情形，从《民法典》的规定来看，要承认比例报酬，唯有将《民法典》第963条第1款第2句的"根据中介人的劳务合理确定"予以扩张解释始有可能，但其解释难度

多人居间与因果关系

〔1〕 魏耀荣等：《中华人民共和国合同法释论》（分则），中国法制出版社2000年版，第609页。

〔2〕 汤文平：《从"跳单"违约到居间报酬——"指导案例1号"评释》，载《法学家》2012年第6期。

在于如何确定没有约定或约定不明确，而且如何区分《民法典》第965条“跳单”相关之规则也尚有难度。

3. 报酬请求权特约

有观点认为《民法典》第964条的规范属性为强行性规范，当事人不得约定排除，法律作出此种规定既符合公平原则，也与居间行为的本质属性相符。[1] 但从意思自治角度而言，当事人之间就促成合同成立的缔约机会的报告或斡旋，既可能约定为有偿，也可能约定为无偿，并无不可。而且，若约定不同于《民法典》第964条规定的报酬支付条件，例如，并不以合同成立为报酬支付条件，即使未促成合同成立中介人亦得以请求劳务报酬亦未尝不可；只是此时委托人与中介人之间的合同，其性质上并不属于中介合同，而是一般的委托合同而已。因此，并不能说约定了不同于《民法典》第964条规定内容的合同就属于无效合同，只是此等合同不一定属于《民法典》中规定的中介合同而已。而且，双方当事人之间亦可以约定其他中介报酬支付条件，实践中有以所促成合同的履行作为条件的，亦当允许。

4. 媒介居间情形的报酬分担

依《民法典》第963条的规定，因中介人提供订立合同的媒介服务而促成合同成立的，由该合同的当事人平均负担中介人的报酬。也就是说，报告居间和媒介居间的报酬负担规则并不相同。有观点将媒介居间报酬平均分担归结为所促成合同的合同相对人也因此受益。该观点认为，因报告居间仅向委托人报告订约机会，中介人不与委托人的相对人发生关系，因此，中介人的报酬应当由委托人给付。在媒介居间中，中介人不仅向委托人报告订约机会，而且要找第三人促成合同成立，由于有了中介人的中介活动，委托人与第三人双方发生了法律关系，委托人与第三人都因此受益，因此，一般情况下，除合同另有约定或另有交易习惯外，中介人的报酬原则上应由媒介居间而订立合同的委托人与第三人双方平均负担。[2] 但该观点的解释依据不一定充分。原因在于，为委托人从事事务处理而对外缔结合同的情形，并不限于中介合同，但委托合同中受托人的报酬并不能由第三人予以分担。本书认为，之所以存在此等报酬分担规则，其更多的是源于商事习惯的继受和中介制度的历史发展。

（二）依约定支付必要费用的义务

较之原《合同法》第427条，《民法典》第964条在未促成合同成立情形下的中介活动必要费用负担规则的立场上有了重大转变。依第964条规定，若委托人和中介人约定中介活动必要费用由委托人承担，则委托人负有支付中介人从事中介活动支出的必要费用的义务。

（三）委托人“跳单”情形的报酬支付义务

原《合同法》并未对“跳单”问题作出规定。最高人民法院指导性案例1号虽然针对委托人“跳单”问题提出了裁判的倾向，但该指导性案例仅解决了委托人不构成“跳单”违约时中介人不享有违约金请求权的问题，并未对其报酬请求权问题作出判断。[3] 在

---

〔1〕 王利明：《合同法》（下册），中国人民大学出版社2021年版，第425页。

〔2〕 黄薇主编：《中华人民共和国民法典合同编解读》（下册），中国法制出版社2020年版，第1488页。

〔3〕 戴孟勇：《禁止“跳单”条款的效力和“跳单”违约的裁判标准》，载周江洪、陆青、章程主编：《民法判例百选》，法律出版社2020年版，第124页。

我国实践中,“跳单”现象频繁发生,已经成为一种常见的中介合同纠纷类型。故《民法典》第 965 条予以特别规定,[1] 即“委托人在接受中介人的服务后,利用中介人提供的交易机会或者媒介服务,绕开中介人直接订立合同的,应当向中介人支付报酬”。该条款的导入,被作为“坚持问题导向,体现时代特征”的《民法典》合同编的重大创新和发展来对待,其对于完善中介规则具有重要意义。[2] 当然,要注意的是,与《民法典》第 965 条规定报酬请求权不同的是,最高人民法院指导性案例 1 号中格式条款中规定的是“违约金条款”,而并非“报酬条款”,其实质是损害赔偿请求权构成。[3] 另外,有观点认为该条虽然规定的是报酬请求权,但其是以报酬请求权方式体现的违约责任,将“跳单”本身定位为“违约责任”。[4]

思　考

“跳单”情形的报酬请求权构成与损害赔偿请求权构成

无论定位为报酬请求权模式还是损害赔偿请求权模式,《民法典》第 965 条规定的“跳单”行为与委托人的任意解除权密不可分。学说上在分析指导性案例 1 号格式条款效力时,也多将其与任意解除权能否事先排除联系在一起予以考虑。[5] 委托人接受服务后“跳单”,与委托人行使任意解除权终止中介合同具有一定的相似之处,其实质都是委托人脱离了原有的中介合同关系。不同的是,在“跳单”情形下,委托人绕开中介人直接订立合同,而在任意解除权情形下,终止中介合同后是否与第三人订立合同并不明确。对于前者,《民法典》第 965 条赋予中介人报酬请求权,而对于任意解除权,若《民法典》第 933 条可以根据《民法典》第 966 条的规定予以参照适用,则中介人享有损害赔偿请求权。当然,亦有观点认为,对以完成特定结果作为报酬请求权发生条件的中介合同来说,委托人任意解除中介合同的构成,与其说与委托合同中的任意解除权构造类似,不如说更接近承揽合同中定作人的任意解除权。但《民法典》并未规定中介合同可以参照适用承揽合同的规则。

虽然中介合同并不排除委托人的任意解除权,但任意解除情形的损害赔偿,并不能简单地参照适用关于委托合同任意解除损害赔偿的规定,应具体分析。对于“禁止跳单”的情形,虽然与委托人任意解除中介合同具有一定的类似性,但即使将其作为任意解除中介合同的一种表现,也只不过是其中的一种情形而已。对于这种特殊的“任意解除”,且在“任意解除”后“利用中介人提供的交易机会或者媒介服务,绕开中介人直接订立合同的”,才会有报酬请求权的存在。也就是说,如果认为委托人任意解除中介合同可以参照适用委托合同的规定、产生以报酬为中心的可得利益赔偿,则无须规定

[1] 黄薇主编:《中华人民共和国民法典合同编解读》(下册),中国法制出版社 2020 年版,第 1493 页。
[2] 石宏:《合同编的重大发展和创新》,载《中国法学》2020 年第 4 期。
[3] 周江洪主编:《合同法案例研习》,法律出版社 2019 年版,第 369 ~ 372 页。
[4] 最高人民法院民法典贯彻实施工作领导小组主编:《中华人民共和国民法典合同编理解与适用(四)》,人民法院出版社 2020 年版,第 2725 页。
[5] 周江洪主编:《合同法案例研习》,法律出版社 2019 年版,第 369 ~ 372 页。

《民法典》第965条也足以涵盖“跳单”情形的报酬请求权。而《民法典》导入第965条本身也说明,任意解除中介合同时肯认报酬请求权的,也仅仅限于构成“跳单”的情形,而不是所有的情形。无论如何,《民法典》第965条的导入,存在与任意解除规则交错的问题。若肯定得以任意解除,则此时的损害赔偿规则与《民法典》第965条的报酬请求权规则应作出适当调适。当然,《民法典》第965条的报酬请求权规则,亦可能被认为是《民法典》第963条规定的“促成合同成立”中的因果关系的认定问题,是因此等因果关系的存在而肯定的报酬请求权而已。不管如何,关于“跳单”情形的报酬请求权构成,特别是如何与相关制度进行协调的问题,仍存在进一步思考的空间。

三、委托合同相关规定的参照适用

参照适用的谨慎性

与原《合同法》不同,《民法典》第966条确立了中介合同得以参照适用委托合同的规则。但是,委托合同与中介合同的同与不同,决定了《民法典》关于委托合同的具体规定是否可参照适用,以及如何参照适用于中介合同。具体取舍时的判断,还需要结合具体规范构成及其立法目的等予以判断。总体上来说,《民法典》关于委托合同的大部分规定都无法参照适用于中介合同,尤其是中介合同任意解除情形的损害赔偿问题,由于已存在《民法典》第965条规定的“禁止跳单”规则,其参照适用更需慎重对待。[1]

拓展阅读文献

1. 周江洪:《民法典中介合同的变革与理解——以委托合同与中介合同的参照适用关系为切入点》,载《比较法研究》2021年第2期。
2. 郭泽喆:《居间人损害赔偿责任的司法认定——兼论民法典编撰中对〈合同法〉第425条规范漏洞的填补》,载《时代法学》2019年第3期。
3. 其木提:《居间报酬请求权的法理依据》,载《法学》2018年第7期。
4. 其木提:《论“跳单”之认定标准——最高人民法院指导案例1号评释》,载《交大法学》2016年第4期。
5. 周江洪:《“上海中原物业顾问有限公司诉陶德华居间合同纠纷案”评释》,载《浙江社会科学》2013年第1期。
6. 汤文平:《多人居间行为共同原因性研究——从“指导案例1号”切入》,载《政治与法律》2012年第12期。
7. 汤文平:《从“跳单”违约到居间报酬——“指导案例1号”评释》,载《法学家》2012年第6期。
8. 税兵:《居间合同中的双边道德风险——以“跳单”现象为例》,载《法学》2011年第11期。
9. 吕志兴:《我国古代居间制度及其借鉴》,载《当代法学》2002年第6期。

[1] 周江洪:《民法典中介合同的变革与理解——以委托合同与中介合同的参照适用关系为切入点》,载《比较法研究》2021年第2期。

第十九章　合伙合同

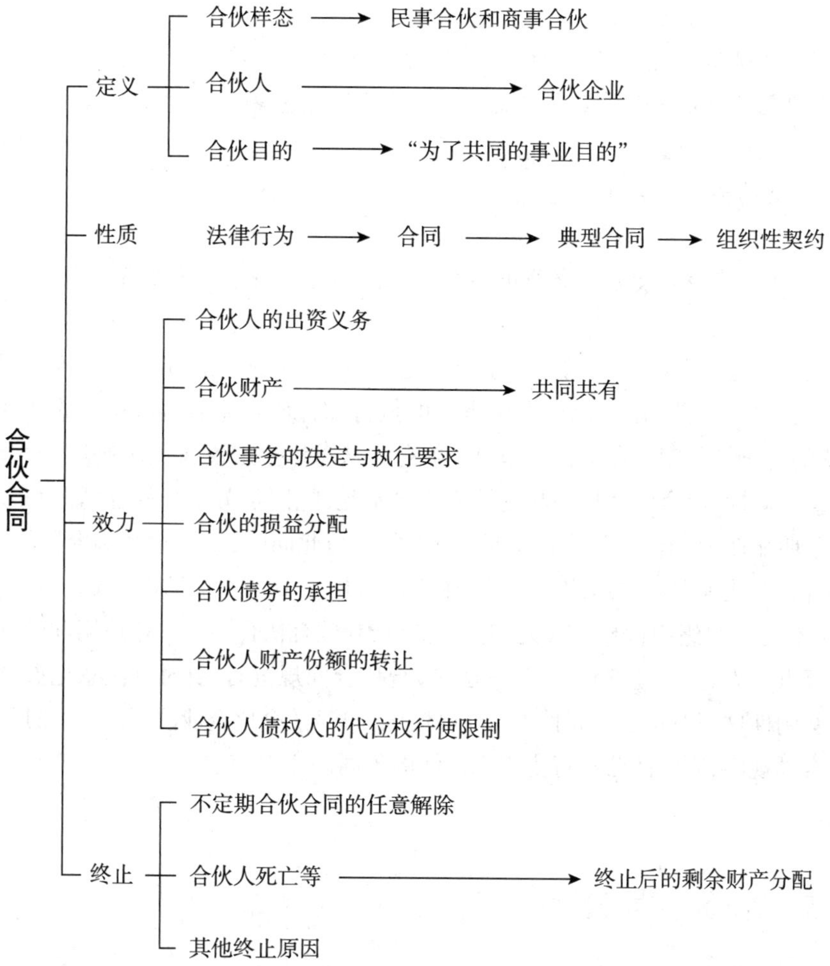
合伙合同
定义
合伙样态
民事合伙和商事合伙
合伙人
合伙企业
合伙目的
“为了共同的事业目的”
性质
法律行为
合同
典型合同
组织性契约
效力
合伙人的出资义务
合伙财产
共同共有
合伙事务的决定与执行要求
合伙的损益分配
合伙债务的承担
合伙人财产份额的转让
合伙人债权人的代位权行使限制
终止
不定期合伙合同的任意解除
合伙人死亡等
终止后的剩余财产分配
其他终止原因

设 例

1. 自然人甲某与A公司协议，甲某出资1000万元，A公司出资2000万元，由A公司委托B公司建造船舶，并由A公司经营管理所建造船舶，甲某参与该船舶经营管理的盈余分配，并与A公司共担亏损，但甲某不参与该船舶的经营管理。问：

该协议是否构成合伙合同？

2. 自然人乙某、丙某、丁某订立合伙协议，共同开展大数据经营业务；协议未约定合作期限。因业务进展不顺，乙某提出要求解除合伙协议。为此，乙某、丙某、丁某三方当事人进行了内部清算，按照约定的比例分配了合伙财产，并终止了相关业务，约定由丁某承担合伙期间产生的合伙债务。终止业务不久后发现，合伙业务经营过程中处理个人信息侵害了个人信息权益造成他人损害。问：

(1)乙某的要求是否得以支持？

(2)合伙财产的分配是否有效？

(3)个人信息权益受侵害者能否要求乙某、丙某要求承担侵权赔偿责任？

合伙合同是《民法典》新增的典型合同之一。《民法典》第967～978条分别从合伙合同的定义、合伙人的出资义务、合伙事务的执行和合伙事业的运营相关的债权债务关系、合伙的终止等角度对合伙合同作出了规范。从总体上来说，《民法典》合伙合同规范虽然侧重合同性，但合同性相关制度供给明显不足，特别是关于合伙合同区别于其他合同的规范明显偏少，出现“契约化不足”的现象。与此同时，因刻意强调合同性，忽略了入伙、退伙、散伙等方面的组织性规范，在法律适用上不得不求助《合伙企业法》等。[1]“契约化不足”和“组织性规范缺失”等问题就会导致合伙合同在法律适用和学理上出现不少争议点。为此，在理解和适用《民法典》合伙合同规范时，要时刻注意把握合伙的组织性和契约性这一双重法律属性，[2]要谨慎区分其与《合伙企业法》规定的不同点，以及与双务合同规则、通常的法律行为规则之间的不同。[3]

第一节 合伙合同概述

一、合伙合同的概念

《民法典》第967条规定，合伙合同是两个以上合伙人为了共同的事业目的，订立的共享利益、共担风险的协议。所谓“合伙”，既有组织意义上的合伙的含义，也有合伙合

---

〔1〕 有观点指出，合伙人的退伙、解散和清算应当拥有独立的规定或者类推适用《合伙企业法》。参见谢立敏：《民事合伙的体系勘误和适用完善》，载《经贸法律评论》2021年第5期。

〔2〕 最高人民法院民法典贯彻实施工作领导小组主编：《中华人民共和国民法典合同编理解与适用（四）》，人民法院出版社2020年版，第2733页。

〔3〕 周江洪：《民法典合同编的制度变迁》，载《地方立法研究》2020年第5期；周江洪：《合伙合同的四个维度》，载《财经法学》2022年第6期。

同意义上的合伙的含义,《民法典》合伙合同章的“合伙”,指的是合伙合同意义上的合伙。

（一）合伙样态

合伙合同是合伙人之间为了共同的事业目的而订立的协议。因此,根据其事业目的的不同,合伙也就呈现多样化的状态,既可能是为了营利性目的,也可能是为了非营利性目的,因此其既可能是商事合伙,也可能是民事合伙。无论是民事合伙还是商事合伙,《民法典》合伙合同章的规范均得以适用。合伙人欲达成的共同事业目的,既可能是临时性的特定事项,也可能是长期性的某项事业。即临时性的合伙,因共同事业目的的达成而解散;持续性的合伙,则具有了一定的团体性,也因此可能登记为合伙企业。无论合伙合同的共同事业目的是持续性的还是临时性的,都不影响合伙合同为继续性合同。合伙人履行义务的行为并不是一次性的,只要共同目的仍未实现,所有合伙人都应持续履行其义务。[1] 但就持续性的合伙而言,既可能是定有合伙期限的合伙合同,也可能是不定期的合伙合同。

（二）合伙人

依《民法典》第967条的规定,合伙合同需有“两个以上合伙人”。从合同的特性来看,任何合同均需两人以上始能称为合同。合伙合同之所以强调“两个以上合伙人”,旨在说明即使只有两个合同当事人,也得以称为“合伙合同”（依《民法典》第1259条,“以上”包括本数）。原因在于,合伙合同若为两个合伙人之间的协议,则其性质上会趋向于通常的双务合同以及基于双方意思表示一致成立的合同,意思表示的相关规则和双务合同的相关规则有可能在仅有两个合伙人的合伙合同中得到参照适用。[2] 但此等规则得以参照适用,并不妨碍上述协议仍然为合伙合同。

合伙人资格

关于合伙人的资格,《民法典》未作限制。对此,有观点认为,不是所有民事主体都可以成为合伙人。该观点以《合伙企业法》第3条规定为由,认为国有独资公司、国有企业、上市公司以及公益性的事业单位、社会团体不得成为合伙企业的普通合伙人,原则上也不得与他人订立合伙合同成为合伙人。[3] 亦有观点认为,对于法人和非法人组织的合伙人资格问题,应视合伙事业目的的营利性与非营利性而定。[4] 但本书认为,除了合伙企业的合伙人资格有所限制,对于合伙合同的合伙人资格,不应作出限制。即使是公益性法人或非法人组织,并非说其不能从事营利性活动,“非营利”本质在于不得分配盈余,而不是不得从事营利性活动。因此,在合伙人资格上,并无区分营利性事业目的抑或

---

〔1〕黄薇主编:《中华人民共和国民法典合同编解读》(下册),中国法制出版社2020年版,第1508～1509页。

〔2〕例如,有观点认为,两个合伙人的合伙合同具有类似于双务合同交换性的特征,在一定程度上得以行使同时履行抗辩权。参见朱虎:《〈民法典〉合伙合同规范的体系基点》,载《法学》2020年第8期。另外也有类似的观点认为,在这样的合伙中,团体性非常弱,且全体合伙人的利益与各当事人的利益不一定能够明确区别,因此,依公平的原则,该情形可认可同时履行抗辩权。参见[日]我妻荣:《我妻荣民法讲义V_3:债权各论》(中卷二),周江洪译,中国法制出版社2008年版,第228页。

〔3〕黄薇主编:《中华人民共和国民法典合同编解读》(下册),中国法制出版社2020年版,第1506页。

〔4〕谢鸿飞、朱广新主编:《民法典评注·合同编·典型合同与准合同》(第4册),中国法制出版社2020年版,第464～465页。

非营利性事业目的而作不同规制之需要。当然，在合伙人资格上，同样受限于法律行为能力的要求。若是以无行为能力人为合伙人，依《民法典》第144条，此等合伙合同无效；若是以限制行为能力人为合伙人，则依《民法典》第145条处理。但《合伙企业法》第14条规定合伙企业中的合伙人需要有完全行为能力。参加合伙企业与从事一般的民事活动毕竟有很大的不同。考虑到订立合伙协议、设立合伙企业不仅是一项重要的投资活动，需要各合伙人之间合伙经营，共担风险，而且还要求各个合伙人必须为合伙企业的债务承担无限连带责任，所以这种投资决策以及随之而来的经营活动既关系到投资人个人全部财产的安危，也影响其他合伙人的利益。既然如此，对于订立合伙协议、设立合伙企业以及参与合伙企业的经营等重大事务，就远非无民事行为能力人或者限制民事行为能力人的智力与经验所及。可见，《合伙企业法》突破了原《民法通则》和原《合同法》关于限制民事行为能力人经其法定代理人同意或追认后可以从事民事活动的规定，要求合伙人应当是完全民事行为能力人，此规定显然是有相应的立法政策基础的。[1] 但因合伙协议并非均指向成立合伙企业，尽管在《合伙企业法》上有完全行为能力之要求，然而就《民法典》合伙合同章而言，限制行为能力人是否得以成为合伙人，仍然需要根据《民法典》第145条规定具体判断。

（三）合伙目的

合伙合同是合伙人为了共同的事业目的而订立，该目的不限于经营性目的。但是，由于要求其积极地从事事业，因此，诸如共有人仅为了确定共有物使用方法而订立协议等情形并不构成合伙合同，除非是为了其他共同事业而确定如何使用该共有物。[2]

无须共同劳动要件

与原《民法通则》第30条就个人合伙要求“合伙经营、共同劳动”不同，《民法典》第967条仅要求“为了共同的事业目的”和“共享利益、共担风险”，并不要求合伙人共同劳动。但亦有观点认为，共同事业目的产生了合伙人对事业目的的促进义务，各合伙人均需依一定的形式参与合伙事务的执行，该执行可以仅仅是最小的业务执行监督权，否则就不构成合伙。[3]《民法典》第970条也规定了即使不执行合伙事务的合伙人，也有权监督执行情况。

虽然要求“共享利益、共担风险”，但若不存在共同协作，而只是确定物的使用对价的计算方法的，并不构成合伙。例如，借款或者租赁合同中约定回报不是固定的利息或者租金是一定的利润分配，此时，当事人对于获得高盈利具有利益和风险，但不用因此为这一目的而共同协作，故该借款或租赁合同也并非合伙合同。[4] 再如，承包经营某企业并上交利润的百分比给发包人，此时并不构成合伙，而是企业的租赁。在以往的司法实践中，曾有判决强调“共同投资”作为合伙成立的要件，但共同目的才是合伙的根本，因为存在共同目的才有各合伙人推动合伙关系发展的共同出资义务，但仅从共同出资中尚

---

〔1〕 戴孟勇：《未成年人及限制民事行为能力人的合伙行为能力问题》，载《人民司法》2004年第8期。

〔2〕 ［日］我妻荣：《我妻荣民法讲义 V_3：债权各论》（中卷二），周江洪译，中国法制出版社2008年版，第238页。

〔3〕 王轶等：《中国民法典释评·合同编·典型合同》（下卷），中国人民大学出版社2020年版，第596～597页；［日］我妻荣：《我妻荣民法讲义 V_3：债权各论》（中卷二），周江洪译，中国法制出版社2008年版，第240页。

〔4〕 王轶等：《中国民法典释评·合同编·典型合同》（下卷），中国人民大学出版社2020年版，第597页。

不足以推导出合伙人之间的共同目的。[1]

此外，"共享利益、共担风险"也要求所有人都受有利益的分配，只有一部分当事人受有利益分配的情形，并不是民法上的合伙。利益仅为特定人所独有的"狮子合伙"leonine，自罗马法以来就被认为是无效的。[2]《合伙企业法》第33条第2款也明确规定，"合伙协议不得约定将全部利润分配给部分合伙人或者由部分合伙人承担全部亏损"。合伙也需要共担风险。合伙人对合伙债务承担连带责任（《民法典》第973条第1句）。但是，若只是约定部分合伙人只承担出资范围的损失，合伙受损时并不负有填补义务，此时并不妨碍成立《合伙企业法》上的特殊合伙企业。

禁止"狮子合伙"

（四）合伙合同为不要式合同

虽然原《民法通则》第31条等规定要求合伙人订立书面协议，但《民法典》合伙合同章并未承继这一规定。另外，设立合伙企业，《合伙企业法》第14条也要求有书面合伙协议。但该规定只是表明合伙企业的设立条件，并不表明《民法典》中的合伙合同亦需书面形式。通常来说，要成立合伙合同，只需要有合伙人、出资以及合伙的意思表示即可，其他相关事项，均可以通过合同解释或者合伙合同章相关规范予以补充确定。

二、合伙合同的性质

合伙合同存在完全不同于其他合同的异质性，具有明显的组织性与契约性相融合的特点，需要从不同维度考虑合伙合同的性质及其法律适用。

（一）作为法律行为的合伙合同

与通常的民事法律行为一样，合伙合同基于双方或者多方的意思表示一致而成立（《民法典》第134条）。但在通常的法律行为中，行为人非依法律规定或者未经对方同意，不得擅自变更或者解除民事法律行为（《民法典》第136条第2款），当事人协商一致，可以变更合同（《民法典》第543条）。也就是说，若依当事人意思变更合同等法律行为，除非法律特别规定，通常亦需要当事人之间意思表示一致。但是，在合伙合同中，合伙合同的成立虽然需各方意思表示一致，但合伙合同的变更属于合伙事务之一，"合伙人就合伙事务作出决定的，除合伙合同另有约定外，应当经全体合伙人一致同意"（《民法典》第970条第1款）。也就是说，就合伙合同具体条款的变更，若合伙合同另有约定，存在采取多数决方式予以决定的可能，而并不一定是全体合伙人意思表示一致。若是依照约定以多数决方式对合同作出变更，则可归入《民法典》第134条第2款意义上的"决议"，适用决议相关的规则。[3]

---

〔1〕严城：《合伙关系的认定》，载周江洪、陆青、章程主编：《民法判例百选》，法律出版社2020年版，第425页。

〔2〕［日］我妻荣：《我妻荣民法讲义 V_3：债权各论》（中卷二），周江洪译，中国法制出版社2008年版，第240页；河上正二「債権法講義［各論］第2部第10章組合（1）」法学セミナー785号（2020年）75頁。

〔3〕当然，决议与意思表示一致的法律行为尚有不同。例如，关于公司决议，有观点认为，行为法规则无法回应公司决议的团体性，也与组织法的原则和价值相矛盾。法律行为制度以契约为原型，其规范重心在意思与表示的一致及双方意思表示的一致。公司决议制度则调整公司意思的形成，亦即部分成员或机关成员的意思如何成为公司的意思从而约束全部。公司决议本质是"公意"，而非"合意"（参见周淳：《组织法视阈中的公司决议及其法律适用》，载《中国法学》2019年第6期）。

作为法律行为，其核心要素在于意思表示，故意思表示瑕疵相关的法律行为效力规则是否得以适用于合伙合同领域是不可回避的问题之一。对此，2017 年修改后的《日本民法典》新增第 667 条之三规定，“合伙人之一人存在意思表示无效或撤销之原因时，于其他合伙人间，亦不碍合伙合同之效力”。据此，受有意思表示瑕疵之合伙人，无论是否与第三人开始交易，均得以主张无效、撤销等，只是此等无效、撤销并不妨碍其他合伙人之间的合伙合同效力。[1] 我国《民法典》对此并未作出规定，但合伙人之一存在意思表示瑕疵事由而主张撤销或无效之情形，其实质上是合伙人之一的退伙，可以参照退伙予以处理，原则上并不妨碍其他合伙人之间合伙合同的效力。对此，《合伙企业法》就行为能力欠缺问题规定，合伙人被依法认定为无民事行为能力人或者限制民事行为能力人的，经其他合伙人一致同意，可以依法转为有限合伙人，普通合伙企业依法转为有限合伙企业。其他合伙人未能一致同意的，该无民事行为能力或者限制民事行为能力的合伙人退伙（《合伙企业法》第 48 条第 2 款）。该规定实际上考虑了行为能力欠缺者的保护与合伙企业作为组织体存续之间的利益平衡。不仅如此，《民法典》合伙合同章也仅将合伙人丧失民事行为能力等作为合伙合同终止的事由，并未对其他效力瑕疵作出考量，据此也可以认为，《民法典》合伙合同章亦考量合伙合同的组织性契约的特点，以合伙合同关系的存续作为其原则。当然，若因某一合伙人的意思表示瑕疵而主张合伙合同可撤销、无效，并进而参照退伙处理时，因此出现导致合伙协议约定的合伙目的无法实现等事由，其他合伙人亦可解散合伙（参见《合伙企业法》第 85 条）。

意思表示瑕疵与合伙存续

（二）作为合同的合伙合同

《民法典》合同编通则作为合同法总则性规定，依《民法典》第 463 条“本编调整因合同产生的民事关系”的规定，理论上应同样适用于合伙合同。但有观点认为，契约法总则的规定乃是关于当事人交换给付场合的规定，而如同合伙这样为了全体当事人共同目的而统合给付的情形，其不适用契约法总则才是合理的。[2] 其中最为重要的就是双务合同相关规则的不适用，尤其是同时履行抗辩权与风险负担、合同解除的规定。对于合同解除，合伙人不履行合伙契约上的债务时，并不是依解除来处理，而是将其作为除名、退伙、解散等团体组成变动的事由来处理才是合适的。[3] 我国学理上持类似见解的也不少。总体上来看，虽然对双务合同的理解与界定的不同会导致合伙合同是否为双务合同的结论上的不同，但即使认为合伙合同是双务合同，也通常会认为其不同于一般的双务合同，不适用合同编通则的相关规定。例如，在合伙合同不适用债务不履行解除和风险负担规则的问题上，并无多大争议，而对于合伙人出资的同时履行抗辩权问题，则不管是持双务合同说还是非双务合同说，其争论也只是个别情形的同时履行请求权的肯定与否问题。[4]

双务合同规则的不适用

从合伙合同不同于双务合同的特性以及同时履行抗辩权、不安抗辩权、风险负担规

---

〔1〕 河上正二「債権法講義[各論]第 2 部第 10 章組合(2)」法学セミナー 786 号(2020 年)84 頁。

〔2〕 [日]我妻荣:《我妻荣民法讲义 V_3:债权各论》(中卷二),周江洪译,中国法制出版社 2008 年版,第 226 页。

〔3〕 [日]我妻荣:《我妻荣民法讲义 V_3:债权各论》(中卷二),周江洪译,中国法制出版社 2008 年版,第 230 页。

〔4〕 岡本裕樹「典型契約としての組合契約の意義」法政論集 254 号(2014 年)732～734 頁。

则、债务不履行解除的制度目的来看,本书也认为合伙合同并不适用此等规则。[1] 而对于合同编通则中规定的其他规则,原则上仍应适用,但应根据各具体规则的制度目的及合伙合同的特性,具体判断是否得以适用。例如,关于合同权利义务移转的规定,在合伙合同领域的适用也应当谨慎,合伙人以合同当事人的身份移转权利义务时,应当适用关于退伙与入伙的规则。《民法典》第 974 条为此规定了合伙人转让财产份额的规则。

(三)作为典型合同的合伙合同

典型合同的规定,不仅仅适用于该具体合同类型。在符合该类型合同相关规范旨趣的限度内,得以通过直接适用、准用或参照适用等方式补充当事人之间的具体合同内容,这也是合同解释时的重要指南。事实上,《民法典》第 467 条第 1 款关于得以参照"最相类似合同的规定"这一规则,为各典型合同相关规范发挥更大作用提供了规范依据。也就是说,即使某一合同并非严格意义上的合伙合同,特别是当事人从事共同事业目的的合同并不限于合伙合同形式,对于那些重视共同事业性的合同类型来说,合伙合同也就具有了典型合同的重要意义。不仅仅对于以共同事业为目的的合同具有"模型"或"典型"的意义,合伙合同也可以发挥三个当事人以上的合同类型的"模型"或"典型"的作用。[2] 但就这方面而言,合伙合同相关规范究竟哪些可以适用或参照适用于以共同事业为目的的合同类型、哪些可以适用或参照适用于三个当事人以上的合同类型,仍有待学说和实务进一步发展。但至少可以考虑,从合伙的"共同事业目的"性质出发,合伙人之间的损益分配规则、"狮子合伙"的禁止等,在其他共同事业目的型合同中都有参照适用的余地。对于三个当事人以上的合同类型,关于合伙合同中多方意思表示一致的合同成立及意思表示瑕疵规则、同时履行抗辩权等双务合同规则的讨论,同样具有典型合同功能上的意义。

类似合同的参照适用

(四)作为组织性契约的合伙合同

合伙协议具有一定的组织规则的属性。因为民事合伙并不纯粹是一种单纯的合同关系,也可能具有组织体的属性,因而,合伙协议的成立也可能成为形成组织体的基础,从而发挥组织规则的功能。所谓组织规则,是指确定组织体及其成员内部和外部关系所应当遵循的规则。某一组织体制定组织规则的本质在于为主体资格的确认提供制度框架,明确组织决策与管理的协商机制,并为与该组织体进行交往的第三人提供保障。合伙协议在合伙组织中实际上发挥了类似于公司章程的组织规则的作用。就对内责任而言,合伙的双重属性决定了合伙人违反合伙协议的双重责任,一方面,合伙人违反合伙协

---

[1] 当然,亦有观点认为,合伙合同的共同行为性决定了不存在危险负担规则是否适用于合伙合同的问题,而只是使得因发生不可归责于自身事由无法出资的人无法成为合伙人而已。参见谢鸿飞、朱广新主编:《民法典评注·合同编·典型合同与准合同》(第 4 册),中国法制出版社 2020 年版,第 484 页。另外,亦有观点认为,无须就合伙人出资义务相关的风险负担规则作出规定,通过《民法典》第 563 条第 1 款第 1 项中的法定解除权统一解决即可。参见王轶等:《中国民法典释评·合同编·典型合同》(下卷),中国人民大学出版社 2020 年版,第 609 页。但就后一观点而言,会涉及合伙合同的"解除"能否适用《民法典》第 563 条规定的问题。本书认为,无论是因不可抗力等不可归责于合伙人的事由引起的出资义务履行不能,还是因其他债务不履行引起的出资义务违反,并不适用法定解除的规定,而应当参照适用退伙规则予以处理。

[2] 岡本裕樹「典型契約としての組合契約の意義」法政論集 254 号(2014 年)753 頁。

议需要对其他合伙人承担相应的责任，此种责任属于典型的债务不履行的责任。另一方面，违反合伙协议的合伙人需要对合伙组织体承担责任。所谓违反合伙协议的责任，是指合伙人违反法定或约定的义务，而应对其他合伙人及合伙组织体承担的责任。[1]

组织型契约

实际上，就替代市场功能的组织功能意义而言，这里所说的合伙合同作为组织性契约，是与以买卖为代表的权利移转型合同、以租赁为代表的财产利用型合同、以委托合同为代表的服务型合同相区别的组织型合同类型，其以实现共同利益且在特定情形下形成组织体为目标。合伙合同是组织型合同类型的典型代表。合伙合同的组织性体现在，其一方面存在将各合伙人聚在一起的特点；另一方面存在将各合伙人的财产聚集为合伙财产的特点，即存在人与财产的集合，因此具有一定的共同体特征。虽然其组织性存在强弱之分，既存在像合伙企业一样的具有较强组织性的非法人组织，也存在并不以形成组织体为目标的较弱组织性的合伙合同，但其均具有一定的组织性本身无法否定，均是以共同事业为目标将人与财聚集起来。

当然，从组织型合同角度而言，乃是与交易型合同相对应的概念，但实际上这亦是一个相对的动态分类。按照组织性的强弱，既存在如一般的买卖一样的较弱组织性的交易型契约，也存在如合伙合同一样的组织性较强的组织性契约，同时也存在两者的中间状态，如保险合同、持续性买卖、连锁合同等中间型契约。[2] 就组织性契约来说，组织性越强，当事人之间相互协作的必要性也就会增强，当事人之间对持续性合作关系的追求、当事人之间的人身信任关系等就会越强，进而在协作义务、合同终止等方面都会表现出不同于交易型契约的诸多特点。若就合伙合同中各合伙人围绕共同事业目的而形成的诸多权利义务关系作出梳理，特别是对与组织性相关的组织的持续性、独立性以及组织的自律性相关的权利义务关系作出分析，可以进一步加深对组织性契约的认识。

第二节　合伙合同的效力

一、合伙人的出资义务

合伙人的出资，是合伙财产的组成部分，是合伙人实现共同事业目的的基础所在。出资是“共享利益、共担风险”的合伙合同原则的体现。通常认为，出资义务是合伙人的根本义务，也是合伙得以成立的前提。[3] 契约中若存在不负出资义务的当事人，已不能说各当事人从事的是共同事业，该契约也不再是合伙契约。[4] 《民法典》第 968 条就合伙人的出资义务作了明确规定，即“合伙人应当按照约定的出资方式、数额和缴付期限，履行出资义务”。

关于履行出资义务的方式，包括出资方式、数额、缴付期限等，《民法典》并未作出限

---

〔1〕 王利明：《论民法典对合伙协议与合伙组织体的规范》，载《甘肃社会科学》2019 年第 3 期。

〔2〕 大村敦志『新基本民法 5 契約編』(第 2 版)(有斐閣，2020 年)175 頁。

〔3〕 黄薇主编：《中华人民共和国民法典合同编解读》(下册)，中国法制出版社 2020 年版，第 1509 页。

〔4〕 [日]我妻荣：《我妻荣民法讲义 V_3：债权各论》(中卷二)，周江洪译，中国法制出版社 2008 年版，第 239 页。

定，而是依当事人意思自治。关于出资方式，《合伙企业法》第 16 条第 1 款规定，“合伙人可以用货币、实物、知识产权、土地使用权或者其他财产权利出资，也可以用劳务出资”。同理，对于不一定形成合伙企业这类组织体的合伙合同来说，合伙人当然亦可以此等方式出资。另外，《合伙企业法》第 16 条就非货币出资规定了评估作价的机制，合伙合同情形当然亦可以采取此等评估作价机制，但评估作价并非合伙合同出资的必需程序。《民法典》第 972 条规定了无法确定出资比例时的损益分配为“平均分配、分担”，亦足以为损益分配提供标准，故即使出资未经评估，亦不妨碍合伙合同之成立和生效。当然，为减少纠纷，合伙人就非货币出资特别是劳务出资情形，事先协商确定评估办法更为妥当。

关于出资的缴付期限，当事人应按约定履行；没有约定或约定不清楚的，则依《民法典》第 510 条、第 511 条规定处理。有疑问的是，合伙财产不足以清偿合伙债务时，是否存在就出资期限未届满之出资义务加速到期之必要？对此，有观点认为，《民法典》以未形成组织的合伙为预设对象，并不要求先以合伙财产清偿合伙债务，故此等出资义务加速到期规则并无必要。[1]

合伙人违反出资义务的，应承担违约责任。但是，就违反出资义务的情形能否行使同时履行抗辩权问题，《民法典》草案阶段虽然曾试图规定，但《民法典》最终未予以规定。对此，学理上也存在着争议。[2] 本书认为，合伙人之一不履行出资义务的，其他合伙人并不能以此为由拒绝出资，合伙人之间的出资义务并不构成给付与对待给付关系，其他合伙人并无同时履行抗辩权。此时，除了请求未履行出资义务的合伙人承担违约责任以外，其他合伙人得以通过除名、退伙、解散合伙等方式予以救济。

出资义务不履行的救济

合伙人迟延履行出资义务，经催告后在合理期限内仍未履行，或者迟延履行出资义务，致使不能实现合同目的，其他合伙人是否得以解除合伙合同，尚有分析之必要。本书认为，从合伙合同的特点来看，合同的法定解除规则并不应予以适用。例如，若数十个合伙人之间订立的合伙合同，因合伙人之一未履行出资义务，且符合《民法典》第 563 条第 1 款法定解除之要件，其他合伙人之一以此为由要求解除合同，而其他合伙人希望维持合伙合同关系，若得以适用法定解除规则，意味着合伙合同的终止和合伙的解散，此时适用解除的原理并不妥当，也不符合合伙合同具有组织性契约的特点。此时，依不同的违反出资义务的情形，通过除名、退伙、解散合伙等方式对其他合伙人予以救济更为妥当。

二、合伙财产

《民法典》第 969 条第 1 款规定，“合伙人的出资、因合伙事务依法取得的收益和其他财产，属于合伙财产”。广义上来说，合伙财产包括合伙存续期间因经营合伙事务取

〔1〕 朱虎：《〈民法典〉合伙合同规范的体系基点》，载《法学》2020 年第 8 期。

〔2〕 谢鸿飞、朱广新主编：《民法典评注 · 合同编 · 典型合同与准合同》（第 4 册），中国法制出版社 2020 年版，第 481 页；王利明：《合同法》（下册），中国人民大学出版社 2021 年版，第 438 页。

得的一切财产，包括合伙债务。但是，《民法典》第969条采取了狭义的合伙财产的概念。〔1〕

关于合伙财产的性质，《民法典》并未作规定，但通常认为其为共同共有。因此，合伙财产的处分等亦须适用或参照适用《民法典》物权编共同共有的规则。之所以有些规则须"参照适用"，乃是因为合伙财产中不仅仅包括物权等财产权，亦包括债权等积极财产。例如，尚未履行的出资，为合伙全体的出资请求权，该出资请求权亦属于合伙财产范围；用于出资的劳务，虽然劳务很难说是财产的标的，但不履行劳务出资义务时，亦存在相应的请求权或损害赔偿请求权，因此其仍然得以构成合伙财产。此等合伙财产的共有，并非物权法意义上的共有。

与合伙企业中的合伙财产的不同

值得注意的是，合伙财产在合伙合同层面的意义并不如其在合伙企业层面的意义突出。《合伙企业法》规定合伙财产是"合伙企业的财产"，归属于合伙企业这一非法人组织（《合伙企业法》第20条）；《民法典》合伙合同章强调的是合伙合同，并不一定形成组织体，故该合伙财产只能归属于全体合伙人。而且，合伙企业首先以合伙企业的财产清偿债务，合伙企业不能清偿到期债务的，合伙人才承担无限连带责任（《合伙企业法》第38条、第39条）。合伙企业中，合伙财产是合伙债务第一顺位的责任财产，对合伙债务负一般担保责任。但与此不同，《民法典》并未采纳《合伙企业法》的"补充连带责任主义"，而是采用了"并存连带责任主义"，由全体合伙人对合伙债务承担连带责任（《民法典》第973条），债权人可以直接向部分或全部合伙人要求清偿债务，并不以合伙财产不足清偿为前提。〔2〕合伙财产，在《民法典》合伙合同中，并未发挥第一顺位一般担保之功能。从合伙合同层面来说，合伙财产的功能仅在于实现共同事业目标，以及合伙合同终止后的剩余财产分配。

合伙财产的共同共有

但是，合伙财产由全体合伙人共同共有，亦应遵循共同共有的一般规则。合伙财产的共同共有意味着，共同共有人对于合伙财产中的具体财物和权利不享有处分权，而只享有类似股份性质的权利。只有所有的共有人才可以作为权利人处分合伙财产中的具体财物和权利，从而使合伙财产至少在实质的管理处分上，具有有别于各合伙人财产的相对独立性价值。〔3〕从这层意义上来说，即使在合伙合同层面，合伙财产也仍然具有其意义。合伙财产的共同共有，决定了其与各合伙人财产的相对分离，进而在合伙财产的管理使用上服务于合伙共同事业的目标。

合伙财产作为一个整体构成的标的的财产、一种物和权利的集合，合伙人在此基础

---

〔1〕谢鸿飞、朱广新主编：《民法典评注·合同编·典型合同与准合同》（第4册），中国法制出版社2020年版，第486页；最高人民法院民法典贯彻实施工作领导小组主编：《中华人民共和国民法典合同编理解与适用（四）》，人民法院出版社2020年版，第2741页；王轶等：《中国民法典释评·合同编·典型合同》（下卷），中国人民大学出版社2020年版，第610页。

〔2〕当然，亦存在不同观点。例如，王利明认为，尽管合伙人要承担无限责任，但首先要以合伙财产对合伙债务承担责任。只有在合伙财产不足以清偿合伙债务的情况下，才有必要以合伙人个人财产来清偿合伙债务。参见王利明：《合同法》（下册），中国人民大学出版社2021年版，第438页。

〔3〕谢鸿飞、朱广新主编：《民法典评注·合同编·典型合同与准合同》（第4册），中国法制出版社2020年版，第488页。

禁止分割合伙财产

上仅拥有类似于公司股东的概括性的份额,而该权利是不可分割的。[1] 而且,合伙人在合伙合同终止前分割合伙财产,往往会影响合伙的正常经营,甚至可能导致共同目的的落空。为避免这种现象的发生,维护合伙的正常经营和全体合伙人的利益,《民法典》第969条第2款规定,“合伙合同终止前,合伙人不得请求分割合伙财产”。[2] 当然,亦有观点认为,该款规定为任意性规范,经全体合伙人的一致同意即可分割合伙财产。但若全体合伙人合意分割全部合伙财产,这实际上是终止了合伙合同关系。[3] 若是并非分割全部合伙财产,则可以将其作为合伙财产的处分予以对待,依共同共有的规则,全体合伙人也得以处分合伙财产。若是就某个合伙人的全部份额财产予以分割,即使经全体合伙人同意,亦应作为退伙处理。

三、合伙事务的决定与执行

(一)合伙事务的决定

合伙事务的决定以全体合伙人一致同意为原则,合伙事务的执行以全体合伙人共同执行为原则。无论是一致同意原则还是共同执行原则,其强调的是,与合伙企业等组织体相比,在合伙合同中,虽然共同执行原则等显得比较笨拙,但对所有合伙人而言并不危险,全体合伙人的安全利益和高度人合性的需要比交易的便捷性更为重要。[4] 另外,关于合伙事务的执行,《民法典》规定了以下方法:全体合伙人共同执行、委托某一合伙人单独执行或部分合伙人共同执行、全体合伙人分别执行和部分受托合伙人分别执行。

合伙人就合伙事务作出决定的,除合伙合同另有约定外,应当经全体合伙人一致同意(《民法典》第970条第1款)。“合伙合同另有约定”,可扩张解释,合伙合同订立后,全体合伙人一致同意或依合伙协议约定予以决议的,亦是合伙合同之一部分。[5] 也就是说,合伙契约并不限于设立合伙当初所为的合意,合伙存续期间所为的合意也是合伙契约。[6] 所谓的“合伙事务”,不仅限于具体的合伙事务,也包括涉及合伙自身基础或者合伙人相互关系的行为,例如订立、修改、补充、终止合伙合同,接受他人入伙或者同意退伙等。但与《民法典》不同,《合伙企业法》第30条、第31条区分了一般事项和特别事项。就特别事项,除非合伙协议另有约定,否则需经全体合伙人一致同意;而对于一般事项,合伙协议未约定或者约定不明确的,实行合伙人一人一票并经全体合伙人过半数通过的表决方法。

(二)合伙事务的执行

合伙事务由全体合伙人共同执行。按照合伙合同的约定或者全体合伙人的决定,可

---

〔1〕 谢鸿飞、朱广新主编:《民法典评注·合同编·典型合同与准合同》(第4册),中国法制出版社2020年版,第491页。

〔2〕 黄薇主编:《中华人民共和国民法典合同编解读》(下册),中国法制出版社2020年版,第1516页。

〔3〕 朱虎:《〈民法典〉合伙合同规范的体系基点》,载《法学》2020年第8期;王轶等:《中国民法典释评·合同编·典型合同》(下卷),中国人民大学出版社2020年版,第613页。

〔4〕 严城:《民法典合同编(草案)合伙合同的成功与不足》,载《法治研究》2019年第1期。

〔5〕 谢鸿飞、朱广新主编:《民法典评注·合同编·典型合同与准合同》(第4册),中国法制出版社2020年版,第496页。

〔6〕 [日]我妻荣:《我妻荣民法讲义 V_3:债权各论》(中卷二),周江洪译,中国法制出版社2008年版,第225页。

以委托一个或者数个合伙人执行合伙事务；其他合伙人不再执行合伙事务，但是有权监督执行情况（《民法典》第970条第2款）。但我国《民法典》并未区分事务执行权和代理权（合伙企业等组织体中则为代表权），似乎认为执行权本身就蕴含了代理权或代表权，另外亦可能是《民法典》合伙合同规范仅关注合伙人之间的内部关系，而对于其对外关系关心甚少，故对此不作规定。从学理上来说，全体合伙人共同执行时，合伙人之间形成了相互代理关系，而委托一个或数个合伙人执行事务时，则属于委托代理，事务执行人得以代理全体合伙人对外执行事务。当然，在委托范围之外的某些事项，全体合伙人也可以临时决定委托给某一合伙人办理。也就是说，在作出对合伙事务执行的一般委托时，并不排除特殊的委托，但需要合伙合同作出约定或者全体合伙人的授权。[1] 另外，《民法典》第970条第2款有意选择使用了"委托"这一词语，意味着除法律另有规定外，只要没有根据合伙合同的特性得出其他结论，有执行权合伙人（执行事务合伙人）的法律地位可以参照适用委托合同的受托人地位的相关规则。但是，《民法典》第933条规定的任意解除权不应予以适用。在具有正当理由时，其他合伙人可以解任执行合伙人并终止其执行权，执行事务合伙人可以辞任而终止执行权。[2]

执行权与代理权

不执行合伙事务的合伙人虽然不直接参与合伙日常事务的经营管理，但是仍然享有对合伙重大事务的参与权和决定权，如参加合伙人会议、对重大事务行使表决权等。[3] 而且，此等合伙人虽然不再执行合伙事务，但是有权监督执行情况。《合伙企业法》第28条规定了监督权的具体行使方式，亦可参照适用于合伙合同中的监督权行使。这种监督权源于合伙事业的共同性和财产的共有性，包括监督合伙事务及检查合伙财产、财务的权利。无论其出资种类如何及出资多少，非执行事务合伙人均有监督权。而且，这种监督权可以单独行使，无须与其他合伙人一起。合伙人的监督权是法定的，不能为合伙合同或者决议所排除或限制，此类约定或决议为无效约定或决定。[4]

不执行合伙事务不排除监督权

合伙人分别执行合伙事务时，其他执行事务合伙人享有异议权。对此，《民法典》第970条第3款规定，合伙人分别执行合伙事务的，执行事务合伙人可以对其他合伙人执行的事务提出异议；提出异议后，其他合伙人应当暂停该项事务的执行。分别执行合伙事务，指的是通过合伙合同约定或者全体合伙人一致决定，可以由合伙的每个合伙人分别执行合伙事务，也可以委托合伙的某几个合伙人分别执行合伙事务。在合伙人分别执行合伙事务时，受托合伙人可以单独执行合伙事务，无须征得其他合伙人的同意，但为维护合伙共同事业之利益，其他受托合伙人，即其他执行事务合伙人有权对其他合伙人执行的事务提出异议。此种异议权仅仅在合伙人分别执行合伙事务之情形下产生，且仅由其他执行事务合伙人享有。不具有执行事务权的合伙人，无权对其他合伙人执行的事务

异议权

---

〔1〕黄薇主编：《中华人民共和国民法典合同编解读》（下册），中国法制出版社2020年版，第1521页。

〔2〕王轶等：《中国民法典释评·合同编·典型合同》（下卷），中国人民大学出版社2020年版，第619～620页。

〔3〕黄薇主编：《中华人民共和国民法典合同编解读》（下册），中国法制出版社2020年版，第1522页。

〔4〕谢鸿飞、朱广新主编：《民法典评注·合同编·典型合同与准合同》（第4册），中国法制出版社2020年版，第498页。但亦有观点认为，对该监督权，可以约定行使的方式，也可以约定予以一定的限制，但限制不能达到实质性剥夺的程度。参见王轶等：《中国民法典释评·合同编·典型合同》（下卷），中国人民大学出版社2020年版，第617页。

提出异议,但可以行使监督权。[1]

一旦执行事务合伙人就其他合伙人的执行行为提出异议,其他合伙人应立即暂停执行,以避免损失的扩大。但暂停之后如何处理,《民法典》并未作规定。对此,《合伙企业法》第 29 条第 1 款援引第 30 条规定的合伙人决议规则来解决纠纷。但是,《民法典》第 970 条规定了全体合伙人一致同意原则,因此,除非另有约定,否则原则上被异议的有执行权的合伙人应当暂停此项事务的执行,如果有必要继续进行,则需要全体合伙人的一致同意。[2]

合伙人不得因执行合伙事务而请求支付报酬,但是合伙合同另有约定的除外(《民法典》第 971 条)。合伙人执行合伙事务也就是在处理自己的事务,因此,原则上合伙人不得以执行合伙事务为由请求支付报酬。而且,合伙本身是共担风险、共享利益,由于合伙的分红等已经使合伙人取得了相应的对价,如果允许执行事务合伙人请求支付报酬,则会使该合伙人获得不当利益。除非另有约定,否则无论是全体合伙人共同执行合伙事务,还是部分合伙人执行合伙事务,均不因执行合伙事务而直接享有报酬请求权。[3]

事务执行无报酬

四、合伙的损益分配

合伙合同指向共同的事业目的,需共担风险、共享利益,故在合伙存续期间,亦会产生损益分配问题。对此,《民法典》第 972 条规定了损益分配的方法,即合伙的利润分配和亏损分担,按照合伙合同的约定办理;合伙合同没有约定或者约定不明确的,由合伙人协商决定;协商不成的,由合伙人按照实缴出资比例分配、分担;无法确定出资比例的,由合伙人平均分配、分担。

值得注意的是,合伙合同没有约定或约定不明确,又协商不成时,损益按照实缴出资比例分配、分担。如果合伙人未按照约定实缴出资,存在应缴而未缴的违约行为,在利润分配上,以实缴出资比例确定利润分配的比例,并无违和感。但是,采用这种确定比例的方式,在亏损分担上却不无疑问。若按照实缴出资比例分担亏损,反而是违约的合伙人承担了较少比例的亏损,因而看起来有因违约而获益的表象。因此,有观点认为,以实缴出资比例作为亏损分担的标准可能引发道德危机:合伙人为避免分担过多亏损,极有可能不实缴出资或少缴出资。如此一来,不仅不利于合伙事务的开展,还有对预先实缴出资之合伙人不公之嫌。[4] 但是,因出资义务违反而引起的违约行为造成损失的,应当承担违约损害赔偿责任。此时,违约合伙人所负的责任就不限于应缴而未缴的出资义务,

实缴出资比例分配方法的优化

〔1〕 谢鸿飞、朱广新主编:《民法典评注 · 合同编 · 典型合同与准合同》(第 4 册),中国法制出版社 2020 年版,第 499 页。当然,亦有观点认为,非执行合伙事务合伙人也可以对合伙事务的执行行使监督权和异议权。但考虑到不执行合伙事务的合伙人一般不了解合伙经营的具体情况,他们可以通过要求召开合伙人会议等办法对合伙经营进行监督,为了保证合伙经营的效率,当非执行事务合伙人提出异议时,合伙事务可以不停止执行,但应尽快召开合伙人会议,讨论并决定有关异议事项。参见黄薇主编:《中华人民共和国民法典合同编解读》(下册),中国法制出版社 2020 年版,第 1524 ~ 1525 页。但从该表述来看,此等"异议权",并非《民法典》第 970 条意义上的异议权。

〔2〕 王轶等:《中国民法典释评 · 合同编 · 典型合同》(下卷),中国人民大学出版社 2020 年版,第 619 页。

〔3〕 王利明:《合同法》(下册),中国人民大学出版社 2021 年版,第 443 页。

〔4〕 杨代雄主编:《袖珍民法典评注》,中国民主法制出版社 2022 年版,第 824 页。

还包括因违约行为导致其他合伙人有较高的亏损分担比例而产生的损失。[1] 对于上述有可能引发的道德危机，在现行法的框架内解释，应在《民法典》规定的按实缴出资比例分担损失的前提下，通过损害赔偿范围的确定来平衡当事人之间的利益关系。

关于以劳务出资的合伙人如何分配利润和分担亏损，不同的国家和地区有着不同的规定。其中，既有我国台湾地区"民法"规定的方式：除非另有约定，劳务出资合伙人原则上不受损失分配；亦有《瑞士债务法》规定的以约定劳务出资人仅分配利润的方式；还存在不对劳务出资人作特别规定，与其他合伙人一并参与利润分配和亏损负担的方式。大多数国家和地区并不强调劳务出资者不承受损失，而是一般性地规定凡合伙人均须依合同约定或者法定进行损益分配。[2] 我国《民法典》并未对劳务出资人作特别规定，应当认为采取了第三种方式，即不对劳务出资人特别对待。[3] 事实上，原《民法通则意见》第 48 条曾规定："只提供技术性劳务，不提供资金、实物的合伙人，对于合伙经营的亏损额，对外也应当承担连带责任；对内则应当按照协议约定的债务承担比例或者技术性劳务折抵的出资比例承担；协议未规定债务承担比例或者出资比例的，可以按照约定的或者合伙人实际的盈余分配比例承担；没有盈余分配比例的，按照其余合伙人平均投资比例承担。"应该说，原《民法通则意见》关于劳务出资人损益分配的精神，在《民法典》背景下仍然得以适用。也就是说，劳务出资人并不被特别对待，仍然与其他合伙人一样按照约定或法定的方式参与损益分配。

劳务出资人不被特别对待

五、合伙债务的承担

关于合伙债务的承担规则，《民法典》编纂过程中的各草案经历了一个变化的过程。在形成组织的合伙中，债务人就是合伙组织，且合伙财产为合伙组织所有，其与合伙人个人财产的区分较为清晰，合伙债权人不先请求以合伙组织的财产清偿而直接请求以合伙人的个人财产清偿的，合伙人有权据此抗辩，这对债权人不会造成其他损失，故《合伙企业法》第 38 条和《民法典》第 104 条都规定先以合伙组织的财产清偿。但在未形成组织的合伙中，债务人是全体合伙人，且合伙财产属于全体合伙人共有，与合伙人个人财产的区分较弱，并且经全体合伙人的一致同意即可分割合伙财产，如果合伙人仍享有上述抗辩，则会使债权人的债权实现成本增加。[4] 因此，《民法典》第 973 条规定了合伙人的连带责任。当然，是否采用了并存连带主义，尚有解释的空间。通常来说，并存连带意味着既可以向合伙请求，也可以向合伙人请求，而《民法典》第 973 条并未突出"合伙"，而是直接规定合伙人承担连带责任。[5] 不过，从解释上来说，合伙债务的债权人得以要求从

补充连带抑或并存连带

[1] 王轶等：《中国民法典释评·合同编·典型合同》（下卷），中国人民大学出版社 2020 年版，第 629 页。

[2] 谢鸿飞、朱广新主编：《民法典评注·合同编·典型合同与准合同》（第 4 册），中国法制出版社 2020 年版，第 515 页。

[3] 王轶等：《中国民法典释评·合同编·典型合同》（下卷），中国人民大学出版社 2020 年版，第 629 页。

[4] 王轶等：《中国民法典释评·合同编·典型合同》（下卷），中国人民大学出版社 2020 年版，第 631 页；朱虎：《〈民法典〉合伙合同规范的体系基点》，载《法学》2020 年第 8 期。

[5] 《民法典》采纳契约型合伙与组织型合伙的二分法体例后与《合伙企业法》关于合伙财产、合伙债务的定位的不同。参见赵玉：《民法典背景下合伙企业财产制度构造》，载《中国法学》2020 年第 6 期。

合伙财产中清偿债务,并无限制之必要。

合伙人就合伙债务承担连带责任具体可适用《民法典》合同编通则关于连带债务的规则。但就清偿了合伙债务的合伙人的追偿权,《民法典》第973条并未如同《民法典》第519条第2款一样规定"有权就超出部分在其他连带债务人未履行的份额范围内向其追偿,并相应地享有债权人的权利,但是不得损害债权人的利益"。从解释论上而言,即使是合伙人之间的追偿,亦应服从连带债务人之间追偿的规则,应与《民法典》第519条作同样解释。不仅如此,包括《民法典》第519条第3款规定的追偿不能的风险分担规则,亦同样适用于合伙人之间。而关于《民法典》第973条规定的"超过自己应当承担份额"中的"份额"的确定,则依《民法典》第972条关于利润分配和亏损分担份额的规定。

另外,《民法典》合伙合同章并未就新入伙合伙人、退伙合伙人的债务承担问题作出规定。此时可以参照适用《合伙企业法》的规定。通常来说,新入伙合伙人就其入伙前的债务承担连带责任(《合伙企业法》第44条)、退伙人就基于退伙前的原因发生的合伙债务承担连带责任(《合伙企业法》第53条)。

六、合伙人财产份额的转让

《民法典》第974条规定:"除合伙合同另有约定外,合伙人向合伙人以外的人转让其全部或者部分财产份额的,须经其他合伙人一致同意。"依该条规定,合伙人的财产份额转让需经全体合伙人一致同意。合伙人的财产份额,虽然名为"份额",但并非按份共有中的"份额"。首先,合伙份额是合伙人地位或者资格的一部分,除财产份额之外,还包括共同执行合伙事务、利润分配、剩余财产分配等权利,是具有复合性的权利,包括自益和共益的权利以及亏损分担等义务,类似于公司中的股权或者股份。其次,合伙份额所体现的合伙人权利与义务主要是针对其他合伙人的,并因合伙的性质而使合伙人连带地对合伙债权人承担责任。公司股份尽管与股东地位相连,但其是股东与公司之间关系的反映,非股东与股东之间关系的体现。[1]

合伙份额与合伙人地位

《合伙企业法》第22条和《民法典》第974条规定的合伙财产份额的转让,事实上也就是合伙人地位或者"合伙份额"的转让,该份额不同于物权法意义上共有中的份额。[2]若是如此理解,则合伙人就其财产份额转让的限制也就理所当然。原因在于,对第三人转让份额,不管部分还是全部,都意味着第三人加入了合伙,其实质上是入伙。对于新入伙而言,从合伙合同及合伙的高度人合性出发,合伙人之间的高度信赖具有重要意义,因此势必需要得到全体合伙人的同意方可。而若是转让全部份额,则意味着原合伙人脱离合伙,属于退伙,亦同样需要特定的条件(参见《合伙企业法》第45条)。[3]

未经全体合伙人同意的合伙份额转让,虽然对其他合伙人和合伙人的债权人不产生

〔1〕 谢鸿飞、朱广新主编:《民法典评注·合同编·典型合同与准合同》(第4册),中国法制出版社2020年版,第527页。

〔2〕 朱虎:《〈民法典〉合伙合同规范的体系基点》,载《法学》2020年第8期。

〔3〕 关于《民法典》合伙合同章合伙份额与《合伙企业法》合伙份额属性之异同,参见宋晓庆:《民法典体系下合伙份额法律属性阐释》,载《政法论坛》2021年第4期。

效力，但并不妨碍份额转让协议在出让人和受让人之间产生债权性效力。受让人得以据此要求出让份额的合伙人承担违约责任。当然，《民法典》第974条规范的是合伙份额转让导致合伙人地位变化的情况，若是因合伙份额所产生的利益分配请求权、清算后剩余财产的分配请求权，均无专属性，可以自由转让而不受《民法典》第974条的限制。[1]

另外，《民法典》第974条仅就合伙份额的对外转让作出了规定，对于合伙人内部转让并无规定。对此，《合伙企业法》第22条第2款规定，“合伙人之间转让在合伙企业中的全部或者部分财产份额时，应当通知其他合伙人”。《民法典》第974条参考了《合伙企业法》第22条第1款规定了合伙份额对外转让的规则，但却未如同《合伙企业法》一样规定合伙人之间的转让，其间考量不得而知。对此，有观点认为，虽然《民法典》第974条没有对此作出规定，但因为合伙份额的内部转让不会破坏合伙人之间应有的信赖关系，故除非合伙合同有特别要求，应当允许自由为之，但须通知其他合伙人。[2] 也有观点虽然在结论上与上述观点类似，但亦对合伙份额内部转让自由说持谨慎态度。原因在于，若完全允许合伙人内部自由转让，则很有可能出现某个合伙人转让全部财产份额，从而间接地实现退伙目的。如果说此等结果在《合伙企业法》的语境下尚可接受，但对于人合性极强的合伙合同而言则可能会引发疑虑。[3] 本书认为，至少在全部转让份额时，即使是内部转让，也需要全体合伙人之同意始为妥当。原因在于，转让全部合伙份额时，其实质就是退伙；退伙，需要特定的事由，而并不是自由退伙。内部转让全部合伙份额无须其他合伙人之同意，其实质上就是受让合伙份额的是合伙人之一即可同意出让人退伙。《合伙企业法》的规定值得商榷。因此，从这个角度来说，《民法典》第974条未对合伙份额的内部转让作出规定，是“留白”，为内部转让规则完善的实践探索提供了一定的空间。

合伙份额的内部转让

七、合伙人债权人的代位权行使限制

《民法典》第535条第1款规定了债权人代位权。若依该条之文义，合伙人对其他合伙人享有债权或者针对全体合伙人享有债权之情形下，合伙人怠于行使此等权利影响合伙人个人债务所对应的债权人的到期债权实现的，合伙人个人债务的债权人似乎可以行使债权人代位权以保全其债权。例如，合伙人对其他合伙人享有出资请求权、对其他合伙人违约享有损害赔偿请求权、对外承担连带债务而享有追偿权等，此时合伙人个人债务的债权人能否行使《民法典》第535条意义上的债权人代位权，关键在于此等权利是否专属于债务人（合伙人）自身。对此，《民法典》第975条规定，“合伙人的债权人不得代位行使合伙人依照本章规定和合伙合同享有的权利，但是合伙人享有的利益分配请求权除外”。其中，利益分配请求权包括了《民法典》第972条规定的利润分配请求权与第

---

〔1〕 谢鸿飞、朱广新主编：《民法典评注·合同编·典型合同与准合同》（第4册），中国法制出版社2020年版，第533页。

〔2〕 谢鸿飞、朱广新主编：《民法典评注·合同编·典型合同与准合同》（第4册），中国法制出版社2020年版，第529页。

〔3〕 王轶等：《中国民法典释评·合同编·典型合同》（下卷），中国人民大学出版社2020年版，第636页。

978 条规定的合伙剩余财产分配请求权。《民法典》第 975 条的规定，实际上区分了合伙人个人债务与合伙债务，而且区分了第三人针对合伙人个人的债权和合伙人针对其他合伙人基于合伙合同或合伙关系享有的权利。

合伙人在合伙合同上的权利，多基于合伙人之间的特别信赖而产生，因此形成的合伙关系具有强烈的人身属性，合伙人因其合伙人身份而享有合伙权利，其行使该合伙权利不能与其合伙人身份相分离，若允许合伙人个人债务的债权人代位行使，会发生第三人介入合伙关系的不当结果。[1] 也就是说，在面对合伙人个人债权人时，合伙人仅以个人名义且以个人财产负责，包括合伙份额中的财产性权利。合伙人个人的债权人也只能以合伙人财产份额中的财产性权利作为债权实现的保证，除非依第 974 条规定进行合伙份额的转让。[2] 也正因如此，《民法典》第 975 条仅允许就利益分配请求权行使代位权。但是，《民法典》排除了利益分配请求权以外的一切权利，是否妥当，需谨慎判断。例如，因承担债务而对其他合伙人享有的追偿权，虽然基于合伙关系而产生，但该追偿权已转化为个人财产权而非合伙财产；同样地，虽然出资请求权本身是基于合伙关系产生的，但是若因其他合伙人未履行出资义务等产生的违约损失，特别是合伙人个人的损失，此等损害赔偿请求权虽有赖于合伙合同或合伙关系的存在，但为合伙人个人之债权，与合伙人之间的高度人身属性无关，债权人行使代位权亦不会介入合伙关系。因此，从这层意义上来说，与其说不能行使基于合伙合同享有的权利，还不如说不能针对合伙财产行使债权人代位权，或者说不能代位行使与合伙事务管理相关的、与人身属性密切相关的权利。也正因如此，关于《民法典》第 975 条规定的“依照本章规定和合伙合同享有的权利”，应该根据具体的权利作出具体分析，作限缩性解释，以兼顾合伙人个人债务的债权人的权利保护与合伙合同作为组织性契约的特有权利构造。

利益分配请求权的代位

第三节　合伙合同的终止

一、合伙合同终止的原因

（一）不定期合伙合同的任意解除

合伙合同的不定期，一是源于当事人没有约定或约定不明确且无法通过补充协议、相关条款或者交易习惯予以确定；二是源于定期合伙合同期限届满后持续的合伙。对此，《民法典》第 976 条第 1 款和第 2 款分别作了规定：“合伙人对合伙期限没有约定或者约定不明确，依据本法第五百一十条的规定仍不能确定的，视为不定期合伙。”“合伙期限届满，合伙人继续执行合伙事务，其他合伙人没有提出异议的，原合伙合同继续有效，但是合伙期限为不定期。”

---

〔1〕 谢鸿飞、朱广新主编：《民法典评注 · 合同编 · 典型合同与准合同》（第 4 册），中国法制出版社 2020 年版，第 536 页。

〔2〕 谢鸿飞、朱广新主编：《民法典评注 · 合同编 · 典型合同与准合同》（第 4 册），中国法制出版社 2020 年版，第 540 页。

不定期合伙之情形，依《合伙企业法》第46条的规定，合伙人得以有条件退伙，即"合伙协议未约定合伙期限的，合伙人在不给合伙企业事务执行造成不利影响的情况下，可以退伙，但应当提前三十日通知其他合伙人"。合伙人的退伙，并不意味着合伙关系的终止。就合伙企业来说，合伙企业并不因退伙而解散，合伙关系仍存在于其他合伙人之间。但是，《民法典》合伙合同章并未规定退伙，在不定期合伙合同情形中，亦仅规定了合伙人得以任意解除，即"合伙人可以随时解除不定期合伙合同，但是应当在合理期限之前通知其他合伙人"（《民法典》第976条第3款）。[1]

我国《民法典》之所以采纳不同于《合伙企业法》的方式处理不定期合伙，有理由认为是契约型合伙不同于合伙企业的特性使然，应当将其定位为《民法典》第563条第2款规定的任意解除不定期持续性合同规则在合伙合同领域的具体体现。即合伙企业是独立的民事主体，对于不定期限的合伙企业，一般也不宜随意终止，但是可以允许合伙人在不影响合伙企业事务执行的情况下自行退伙。而《民法典》合伙合同章规定的契约型合伙，本身就是松散型的合伙，如果不定期合伙，应当允许合伙人行使任意解除权解除合伙合同。但一旦任意解除，合伙合同即告终止，此时如果其他合伙人仍有意继续原合伙事业，可以继续订立新的合伙合同。[2]

（二）合伙人死亡等引起的合伙合同终止

与不定期合伙合同任意解除规则类似，在处理合伙人死亡、丧失民事行为能力或者终止时的合伙合同境遇时，《民法典》合伙合同章规范与《合伙企业法》的导向亦明显不同。依《合伙企业法》第48条第1款，作为自然人的合伙人死亡，是当然退伙的法定情形之一。当然，依《合伙企业法》第50条，按照合伙协议或者经全体合伙人同意，该合伙人的财产份额继承人可以取得合伙企业合伙人资格。而对于合伙人丧失或部分丧失民事行为能力的，依《合伙企业法》第48条第2款，经其他全体合伙人一致同意，可以依法将该合伙人转为有限合伙人；只有在未能一致同意的情形下，该合伙人退伙。对于作为组织的合伙人终止之情形，依《合伙企业法》第48条，亦是当然退伙的法定情形之一。但《民法典》合伙合同章的规范，将此等事由均作为合伙合同终止的事由，即"合伙人死亡、丧失民事行为能力或者终止的，合伙合同终止；但是，合伙合同另有约定或者根据合伙事务的性质不宜终止的除外"（《民法典》第977条）。之所以存在如此不同，不少观点亦同样将其归结为契约型合伙与组织型合伙的不同。

合伙人亦可另行约定上述事由的发生不导致合伙合同的终止。另外，依合伙事务性质不宜终止的，不产生合伙合同的终止。但何为"根据合伙事务性质不宜终止"的情形，仍有待实践和学理的进一步明晰。通常来说，主要是指一些合伙的事务正在进行，如因

---

〔1〕 当然，在《民法典》编纂过程中，亦有意见建议将此处的"任意解除"改为"退伙"［参见周江洪：《关于〈民法典合同编〉（草案）（二次审议稿）的若干修改建议》，载《法治研究》2019年第2期］，但《民法典》仍然采用了任意解除的规则。然而，在《民法典》颁布后，相关释义书在归纳该条的"条文主旨"时，明确将其归纳为"本条是对合伙协议未约定合伙期限时合伙人自愿退伙情形的规定"［参见黄薇主编：《中华人民共和国民法典合同编解读》（下册），中国法制出版社2020年版，第1539页］，将条文中的"随时解除"归纳为"自愿退伙"，亦表明该条与《合伙企业法》相关条文之间的适用困惑。

〔2〕 黄薇主编：《中华人民共和国民法典合同编解读》（下册），中国法制出版社2020年版，第1541页。

合伙人死亡等而终止合伙,将严重影响其他合伙人利益;或者合伙事务涉及公益,合伙事务停止将影响公益等不宜终止合伙的情形。此时应以退伙处理或者待合伙事务进行完毕后再予以终止。另外,关于《民法典》第977条的"合伙合同另有约定",学说和实践中多将其进行扩张解释,解释为既包括初始合伙合同的约定,也包括出现合伙人死亡或终止、丧失民事行为能力后,其他合伙人以决议、协议作出的规定或以行为表现的意愿。[1]

(三)其他终止原因

除了上述原因,合伙合同亦因以下事由而终止:一是合伙期限届满。依《民法典》第976条第2款的规定,合伙期限届满,原则上合伙合同终止,除非符合该款规定的合伙人继续执行合伙事务且其他合伙人未提出异议。二是参照适用《合伙企业法》合伙企业解散事由的各种事由。连作为组织性合伙的典型的合伙企业都因此等事由而解散,对于契约型合伙来说,更有理由终止合伙合同。例如,参照《合伙企业法》第85条的规定,合伙合同约定的终止事由出现,全体合伙人决定终止合伙合同,合伙人仅存一人时,合伙合同约定的合伙目的已经实现或者无法实现等,均可以作为合伙合同终止的事由。[2]

另外,亦有部分观点将《合伙企业法》中规定的退伙、除名等事由亦作为合伙合同法定解除权产生的事由或法定终止事由;同时认为合伙合同另有约定或者合伙人另有约定时,可以认为该解除权仅针对行使解除权的部分合伙人发生,合伙合同继续在其他合伙人中存续。[3] 亦有不少观点认为,合伙合同同样发生与其他合同一样的法定解除问题。[4] 该观点的实质在于坚持《民法典》合伙合同规范的契约型合伙本质,认为发生退伙、除名等事由时,或者因解除权行使而导致合伙合同终止,或者直接发生合伙合同终止;但当事人另有约定时除外。本书认为,将《合伙企业法》规定的退伙、除名等规则,借助"解除"的通道适用于合伙合同之中,不仅会造成"解除"概念含义的混乱,而且在其"解除"的效果上,亦需与退伙、除名等规则进行权衡。合伙合同,原则上不适用因债务不履行解除的规则,而除名等事由中,明显存在不履行出资义务等债务不履行的情形(参见《合伙企业法》第49条)。更为妥当的方法应当是在立法上规定合伙合同中的退伙、除名等规则;退而求其次的方法则是参照适用《合伙企业法》的退伙、除名等规则予以填补漏洞,但在填补漏洞时需注意《民法典》合伙合同章规范的体系协调。

债务不履行解除规则的排除

二、合伙合同终止后的剩余财产分配

合伙合同终止后,合伙人之间的合伙合同关系已消灭,合伙合同上的权利义务终止,

---

〔1〕 谢鸿飞、朱广新主编:《民法典评注·合同编·典型合同与准合同》(第4册),中国法制出版社2020年版,第553页;王轶等:《中国民法典释评·合同编·典型合同》(下卷),中国人民大学出版社2020年版,第653页。

〔2〕 学说上,虽然没有明确表明是《合伙企业法》第85条的参照适用,但亦将此等事由作为合伙合同终止的原因。参见王利明:《合同法》(下册),中国人民大学出版社2021年版,第446~448页;龙卫球:《中华人民共和国民法典:合同编释义》(下册),中国法制出版社2020年版,第1132~1134页。

〔3〕 王轶等:《中国民法典释评·合同编·典型合同》(下卷),中国人民大学出版社2020年版,第653页。

〔4〕 例如,不少观点将"解除合同"作为合伙合同终止的原因之一。参见魏振瀛:《民法》(第8版),北京大学出版社、高等教育出版社2021年版,第576页;黄薇主编:《中华人民共和国民法典合同编解读》(下册),中国法制出版社2020年版,第1545页。

但在清算结束前,合伙人之间仍然作为清算中的合伙存在,其对于清算结束前的合伙财产的共同共有状态持续。虽然《民法典》中并未有如同《民法典》第107条关于非法人组织解散、《合伙企业法》第86条关于合伙企业解散一样规定合伙合同终止后的清算,但为了使合伙财产从共同共有的联结中脱离出来,亦需要对合伙的财产关系予以清算。《合伙企业法》第87条规定的清算人在清算期间执行清理合伙企业财产、处理与清算有关的合伙企业未了结事务、清缴所欠税款、清理债权债务、处理剩余财产等规则,可参照适用于合伙合同。当然,《合伙企业法》第21条第1款"合伙人在合伙企业清算前,不得请求分割合伙企业的财产;但是,本法另有规定的除外"的规定,与《民法典》第969条第2款"合伙合同终止前,合伙人不得请求分割合伙财产"的规定并不相同。合伙合同终止后,合伙人即可请求分割合伙财产,此等合伙财产的分割,可被列入合伙合同终止后的清算环节予以处理。因合伙合同中的合伙人对合伙债务承担连带责任,而非合伙企业中的补充连带责任,此时清算的目的并非保护合伙债权人的利益,而是保障合伙人之间的公平,仅仅是内部清算。因此,较之《合伙企业法》规定的合伙企业的清算程序,《民法典》合伙合同终止后的清算规定更为简略,更尊重合伙人之间的意思自治,仅规定了合伙财产的剩余分配比例,[1]即"合伙合同终止后,合伙财产在支付因终止而产生的费用以及清偿合伙债务后有剩余的,依据本法第九百七十二条的规定进行分配"(《民法典》第978条)。

剩余财产分配与清算

有疑问的是,依《民法典》第978条的规定,合伙剩余财产的分配,是"合伙财产在支付因终止而产生的费用以及清偿合伙债务后有剩余的"再进行分配;如果合伙人在支付清算费用和清偿合伙债务前进行了合伙财产的分配,分配仍然有效,但未支付的费用和未清偿的合伙债务仍然要在合伙人内部分担。[2] 合伙人之间在清算过程中的内部财产分配顺序、债务承担协议等,仅在合伙人之间产生效力,并不能对外产生拘束力。[3]

拓展阅读文献

1. 徐强胜:《论合伙财产份额的转让——〈民法典〉第974条解析》,载《法学家》2023年第5期。
2. 唐勇:《〈民法典〉第967条(合伙合同的定义)评注》,载《法学家》2023年第2期。
3. 周江洪:《合伙合同的四个维度》,载《财经法学》2022年第6期。
4. 张其鉴:《股东出资义务的请求权主体研究——兼评〈民法典〉合伙合同、利他合同条款》,载《法商研究》2022年第1期。
5. 石一峰:《民法典背景下表见合伙人责任的类型与体系》,载《法学》2021年第12期。
6. 刘洋:《合同条款在私法法源中的优先地位及其实现——以隐名合伙的商事实践为例》,载《法学》2021年第4期。

---

〔1〕 王轶等:《中国民法典释评·合同编·典型合同》(下卷),中国人民大学出版社2020年版,第655页。

〔2〕 王轶等:《中国民法典释评·合同编·典型合同》(下卷),中国人民大学出版社2020年版,第655页。

〔3〕 谢鸿飞、朱广新主编:《民法典评注·合同编·典型合同与准合同》(第4册),中国法制出版社2020年版,第560页;龙卫球:《中华人民共和国民法典:合同编释义》(下册),中国法制出版社2020年版,第1136页。

7. 宋晓庆:《民法典体系下合伙份额法律属性阐释》,载《政法论坛》2021 年第 4 期。
8. 李永军:《〈民法典〉涉他合同中第三人利益的实现途径》,载《苏州大学学报(法学版)》2021 年第 1 期。
9. 朱虎:《〈民法典〉合伙合同规范的体系基点》,载《法学》2020 年第 8 期。
10. 赵玉:《民法典背景下合伙企业财产制度构造》,载《中国法学》2020 年第 6 期。
11. 王利明:《论民法典对合伙协议与合伙组织体的规范》,载《甘肃社会科学》2019 年第 3 期。
12. 严城:《民法典合同编(草案)合伙合同的成功与不足》,载《法治研究》2019 年第 1 期。
13. 肖海军、傅利:《合伙契约性与主体性的解构——基于民法典分则“合同法编”的视角》,载《当代法学》2018 年第 5 期。
14. 郃永林:《民事合伙与商事合伙的区分及适用》,载《人民司法(案例)》2017 年第 20 期。
15. 许德风:《组织规则的本质与界限——以成员合同与商事组织的关系为重点》,载《法学研究》2011 年第 3 期。